단박에
한국사

근대편

한국사

지금
유용한,
쉽게
맥을 잡는

단박에

심용환 지음

근대편

THE
HISTORY
OF
KOREA

ㅂㅍ래
ㅈㄹ스

통사의 힘, 역사의 힘

"요즘에 누가 통사를 읽어요?"

나도 안다. 두툼한 통사가 아닌 명확한 주제를 가진 얇은 책이 대세라는 것을. 그렇다면 통사는 필요가 없을까? 개론서의 시대는 영영 사라져버린 것일까? 이런 식의 관점이라면 책을 쓸 이유가 없다. 사람들은 점점 책을 읽지 않고, 유튜브로 세상을 보며, 확증 편향으로 살아가기를 희망하니까.

작금의 흐름에 문제가 있다는 점은 모두가 알고 있다. 이런 문제가 계속 쌓이면 어떻게 되리라는 것조차 가늠하고 있다. 그럼에도 다들 이렇게 살아가고 있다. 모든 것이 이런 방향으로 흘러갈 때 "아니오!"라고 외치며 보다 대안적인 방향을 설계하는 노력이 있어야 하지 않을까? 내가 《단박에 한국사》를 쓰는 이유이다.

언제부터인가 일반인은 물론이고 대학이나 지성인들 사이에서도 통사와 개론서를 읽는 이들을 보기 힘들어졌다. 긴 시간 가운데 벌어진 인간의 총체적 삶에 대한 진지한 고찰이 사라지고 있으며, 그만큼 보편 교양의 가치가 힘을 잃어가고 있다. 쉽게 말해 거시적인 전망을 위한 체계적인 노력을 포기한 채 단기적이고 자극적인 소재를 통해 쉬운 비법을 모색하고 있다는 말이다. 집은 기초가 단단해야 오래 버티고, 사람은 오랜 훈련을 해야 멀리 나아간다. 조금 어렵더라도 집중해야 하고, 고민해야 한다. 그러한 뇌에서 벌어지는 격렬한 활동으로 인해 감기는 눈꺼풀을 감내할 때 진짜 실력을 구비할 수 있다. 통사와 개론서는 바로 그러한 힘을 길러주는 기초이자 기본이다.

왜 역사를 공부해야 할까? 사람을 알기 위해서이다. 사람은 지구라는 공간에서 무리를 짓고 자신들만의 이야기를 만들어가는 독특한 존재이다. 역사를 공부한다는 것은 공동체로 이루어진, 스스로 이야기를 만들어내는 독특한 존재의 정체성을 탐구하는 과정이다.

왜 한국 근현대사를 공부해야 할까? 오늘 우리를 알기 위해서이다. 사람은 동물이 아니다. 자연법칙에 지배받으며 본능에 충실하게 살아가지 '않는다'는 말이다. 동물적인 측면이 있음을 부정하는 것이 아니다. 하지만 사람은 가치를 추구하고, 명분을 좇고, 누군가와 투쟁을 하며, 이전에는 없었던 새로운 사회를 건설하고자 노력한다. 수천 년의 인류 역사는 오히려 자연법칙을 거스르며 약자도 사람답게, 모든 사람이 사람답게 살아가고자 했던 반자연적인, 매우 투쟁적인 이야기이다.

사람은 심리적 존재 또한 아니다. 마음의 법칙에 지배받기보단 육체에 구속되며, 가족을 비롯한 사람 간의 관계에 구속되고, 무엇보다 땅, 대지에 발을 딛고 사는 존재이다. 심리적인 측면이 있음을 부정하는 것이 아니다. 하지만 사람의 심성이란 대부분 사회적인 성격을 지닌다. 공동체가 이미 만들어놓은 것을 얼마만큼 받아들이냐에 따라 우리의 마음이 결정된다. 사람은 정치적 질서

안에서 안정을 얻고, 노동을 하며 경제적 관계 안에서 위치가 결정지어진다.

그러니 역사를 공부하지 않고 어떻게 우리를 이해하고, 나를 이해할 수 있겠는가. 역사를 공부한다는 것은 진정한 의미에서 오늘 우리와, 우리 속에 포함된 나 자신의 객관적이며 실존적인 위치를 파악해가는 과정이다. 그리고 한국 근현대사를 공부한다는 것은 구체화된 자기 자신을 발견하는 과정이라고 할 수 있다. 이를 위해서《단박에 한국사》가 쓰인 것이다.

한국 근대사는 '멸망'으로 시작되었다. 물론 쉽게 망하지는 않았다. 흥선대원군과 명성황후의 치열한 투쟁과 노력이 있었고 구국운동, 김옥균부터 전봉준까지 간절함은 대단했다. 개화파는 일본을 모델로 조선의 대변혁을 도모했고 민중들은 죽창에 의지해서 세상을 바꾸고자 했다. 하지만 장렬하고 처절하게 실패했다.

그렇다고 역사가 멈추었을까? 그렇지 않다. 조선인들은 한반도를 벗어나서 이유 있는 방황을 시작하였다. 독립운동. 안창호는 왕조를 버리고 민주공화국의 이상을 설계하였다. 그는 전 세계를 활동 무대로 삼았고 기어코 임시정부라는 기적을 일구어냈다. 김구는 절체절명의 위기에서 독립운동사를 구원했다. 이봉창과 윤봉길의 의거가 없었다면 어떻게 해방 직전까지 독립운동이 이어질 수 있었을까?

한국 현대사는 어땠을까? 해방은 도둑과 같이 찾아왔다. 더구나 우리 뜻대로 이루어지지 않았다. 분단은 갈등으로 이어졌고 우리는 서로를 증오하는 가운데 한국전쟁이라는 동족상잔의 비극을 경험했다. 그래서 끝이었던가? 한국에서의 민주주의란 쓰레기통에서 장미꽃이 피어날 만큼의 희박함이었지만 놀랍게도 세계가 주목할 수준의 꽃다발이 되었다. 풍성한 산업화의 성과와 함께 말이다.

이 극도로 격렬했던 시간 동안 세계는 빠르게 변해왔다. 중화 질서가 무너졌고 일본 제국주의는 동아시아를 흔들었으며, 일본이 무너진 자리에서 미국이 주도하는 냉전과 신자유주의의 시대가 도래하였다. 우리가 오늘 우리가 되기까지 내외적으로 참으로 고단했던, 하지만 찬연하고 찬란했던 시간이었다.

지난 150년간 한반도에서는 정말로 많은 일들이 벌어졌다. 고조선부터 조선까지 수천 년간 벌어졌던 전통사회에서의 모든 사회 변동보다 훨씬 격렬했다고 할 수 있다. 하지만 이 시기를 우리는 매번 뻔한 방식으로 지나친다. 무미건조한 문체와 암기 위주의 역사 교육, 주변 정세나 국제 관계를 고려하지 않는 일국사적 관점은 물론이고 난무하는 정치적 해석의 무분별한 개입이 건전하고 미래지향적인 역사 인식을 방해한다.

일국사적 관점, 즉 역사를 우리 민족의 역사로만 살펴보는 태도에 대해 이 책은 극렬히 저항하고 있다. 흥선대원군부터 1945년 해방에 이르는 시간은 그야말로 동아시아의 격변기였다. 중국 중심의 중화 질서가 끝났음은 물론이고 전통적인 황제 지배체제 또한 없어졌다. 더구나 중국에서는 민족주의와 공산주의의 격렬한 싸움이 전개되었다.

일본은 비서구지역에서 유일하게 근대화에 성공했으며 곧장 조선을 식민화한 후 전쟁국가이자 극단적인 군국주의 국가로 발돋움하면서 기존 동아시아 질서의 해체를 종용하였다. 전통 질서가 붕괴하고 제국주의 국가 일본이 등장했다는 것에 가장 큰 영향을 받은 곳이 한반도였다.

1945년 이후의 상황은 또 달랐다. 세계 제국 미국의 등장, 냉전의 시작과 붕괴. 중국과 일본이 아닌 미국의 영향이 컸으며 그 가운데 민주화와 산업화에 성공한 우리는 우리 스스로 만든 것들에 큰 영향을 받았다. 상황이 바뀌었으니 역사 서술이 바뀌어야 하지 않겠는가. 조금 어렵고 이해가 더디더라도 우리의 역사는 반드시 주변의 역사와 함께 읽어야 한다.

우리 자신을 한번 되돌아보자. 우리는 무엇을 알고 있을까? 우리가 알고 있다고 믿는 것은 대부분 시험을 준비하며 얻어진 지식의 파편들 혹은 끼리끼리 쑥덕대는 야사 수준의 정치적 신념 정도가 아닐까? 이제 그러한 것에서 벗어나 앞으로를 전망하고, 미래를 개척하는 도구로 역사를 활용해볼 때가 되지 않았을까? 이 두툼한 책을 통해서 말이다.

8년 만에 《단박에 한국사(근대편, 현대편)》 개정판을 내게 되었다. 좀 더 오랜 시간을 두고 개정 작업을 진행하고 싶었지만 지금 다시 이 이야기를 하는 게 맞다는 생각에 용기를 냈다. 살짝 손을 댄 정도가 아니라 정말로 많이 고쳤다. 절반 이상을 새로 썼고 구성도 많이 바꾸었다. 보다 강렬한 작품이 되었다고 확신한다.

이 책이 세상에 나올 수 있게 된 전적인 힘은 북플랫 박경순 대표의 의지이다. 좋은 책을 만들고자 하는 그녀의 열정을 누가 감당하겠는가. 낙서 수준의 콘티를 멋진 그림으로 완성해준 방상호 작가님께는 매번 감사한 마음뿐이다. '단박에 시리즈'는 오직 그와 함께할 생각이다. 단박에 시리즈는 조선사 개정 작업, 고조선부터 삼국과 고려를 다룬 책의 출간을 통해 총 네 권으로 완성하고자 한다. 그리고 《단박에 중국사》로 시작한 세계사 시리즈도 계속 나올 예정이니 그야말로 30년 프로젝트이다. 독자들의 응원과 사랑 덕분에 기대가 되는 미래이리라.

항상 내 편인 아내와 아이들. 그리고 하나님. 이들 앞에서 언제나 진실한 삶을 살아가길 소망하며.

차례

9강 의회정치의 시작
🌑 독립협회

10강 동아시아의 판이 바뀌다
🌑 러일전쟁

11강 나라가 강해야 백성이 산다
🌑 애국계몽운동 vs 의병항쟁

1강

흥선대원군의 개혁

열망과 절망

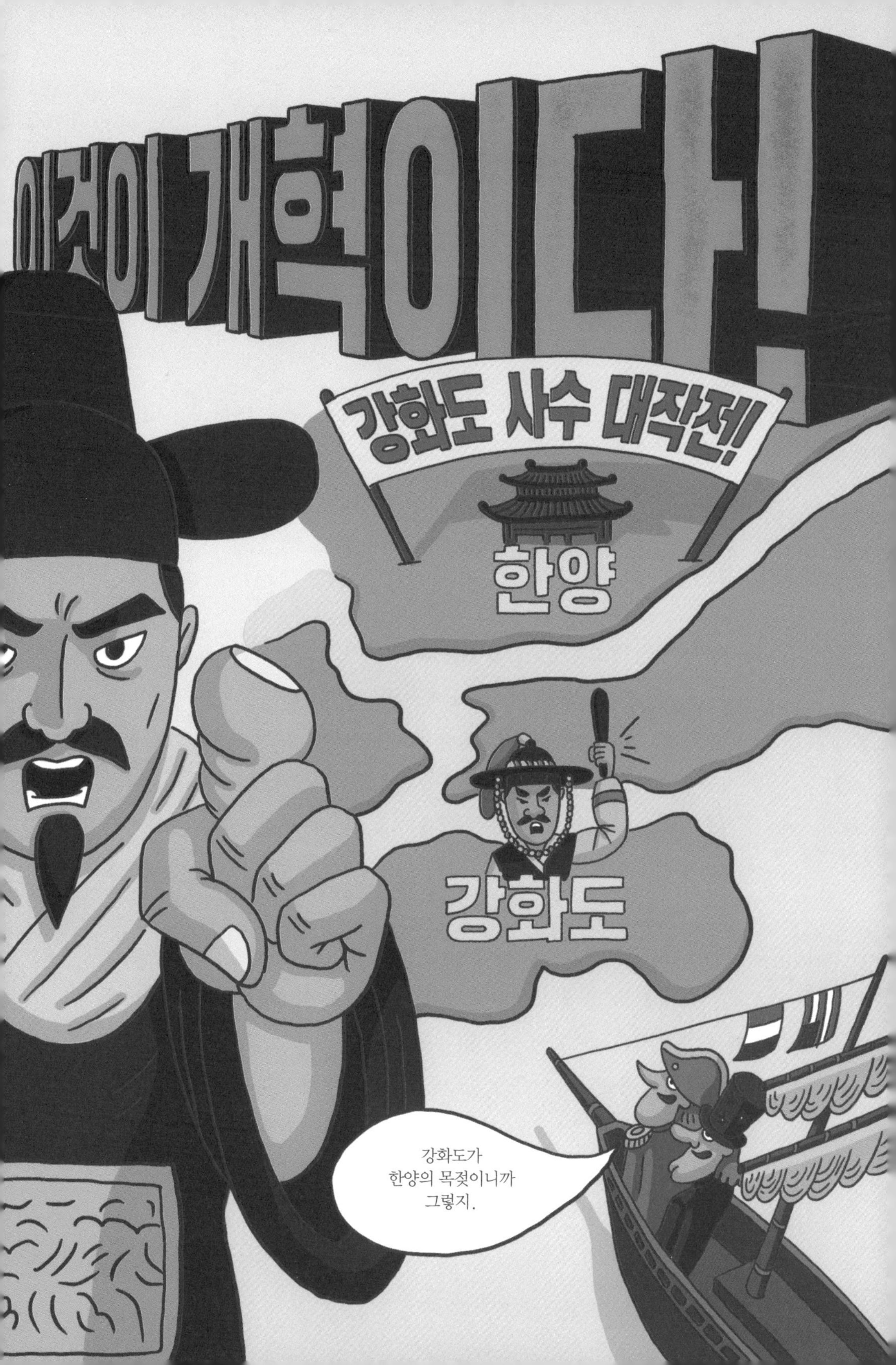
이것이 개혁이다!
강화도 사수 대작전!
한양
강화도
강화도가
한양의 목젖이니까
그렇지.

정조가 죽은 후, 정조의 장인이자 안동김씨의 지도자 김조순(金祖淳, 1765~1832)이 권력을 장악한다. 이때부터 안동김씨, 풍양조씨 등 조선은 특정 씨성이 국정을 좌우하는 약 60년간의 세도정치기를 맞이한다. 이들은 권력을 탐했을 뿐 비전이 없는 정치가들이었다. 국정 운영은 정상적이지 않았으며 매관매직과 가렴주구가 이어질 뿐이었다. 관직을 사고파는 등 온갖 불법이 횡행하면서 세도가나 지방관들은 나날이 부유해졌고 국가와 백성은 그만큼 궁핍해져만 갔다.

　상업의 발전 같은 나름의 역동적인 사회 변화가 있었음에도 정치가 문란하므로 사회가 혼란스러웠고, 따라서 변화는 발전으로 이어지지 못했다. 세도정치에 대한 반발은 각계에서 이어졌다. 홍경래의 난(1811), 임술농민봉기(1862)가 대표적이다. 홍경래의 난은 평안도에 대한 고질적인 지역 차별에 더해 몰락 양반의 등장, 상인과 광산 노동자의 대두 등 조선 후기의 사회 변화를 상징하는 사건이다. 과거에는 볼 수 없었던 새로운 직종의 인물들이 반란을 주도했기 때문이다. 임술농민봉기는 문자 그대로 임술년에 일어난 봉기인데, 향리의 수탈을 견디다 못해 일어난 전국적인 민중 항쟁이었다. 하지만 두 차례의 봉기는 의미 있는 성과를 내지 못했다. 홍경래는 고작 홍씨 왕조를 세우는 것이 목표였는데 반란군은 한양은커녕 평양도 점령하지 못했다. 당시의 농민 수탈은 국왕과 사대부, 고위 관료와 지방관이 얽혀 있는 권력형 범죄였음에도 몇몇의 지탄받던 이들을 처벌하고 수습안을 발표하는 선에서 전국적인 민중 항쟁은 급작스럽게 마무리되었다. 뜨겁게 불타올랐을 뿐 대안도 비전도 변화도 없는 결말. 이제 이 나라는 어떻게 될까? 두 차례 봉기가 실패한 후 새로운 희망을 찾아보기란 힘들었다. 무속에 심취하거나 불만을 담은 괘서(掛書)와 벽서(壁書)가 난무하는 정도였으니 말이다.

흥선대원군,
비변사와 서원을 혁파하다

혼란과 절망감이 차곡차곡 쌓여가던 때에 흥선대원군이 등장한다(1863). 조대비의 후원을 받으며 아들 고종을 왕으로 만드는 데 성공한 흥선대원군은 세도정치와 한판 승부를 벌인다. 그는 비변사를 혁파하고 서원을 정리한다. 비변사는 조선 전기 여진족과 왜구를 처리하기 위해 만들어진(1517) 임시 기관이었다. 하지만 임진왜란(1592)과 병자호란(1636)을 겪으면서 거의 모든 정무를 담당하는 권력기관으로 변화하였다. 비변사를 장악하면 모든 권력을 장악하는 구조. 세도가들은 비변사를 통해 국가를 운영했고, 정조 사후 비변사의 권력은 극단적으로 비대해진다. 흥선대원군은 비변사의 기능을 축소한 후 의정부에 통합하였다(1865). 비대해진 권력기관을 해체, 정상적인 정무 시스템을 회복하고자 한 것이다.

> 대원군은 … 이러한 폐단을 통렬히 바로잡고자 명령을 내리길, "국내의 서원을 모두 훼철하고, 서원 유생들을 내쫓아라. 감히 항거하는 자는 반드시 죽여라!"라고 하였다. … "진실로 백성에게 해를 끼치는 것이라면 설령 공자가 부활하더라도 나는 용서치 않을 것이오. 하물며 서원은 우리나라 선유(先儒)의 제사를 지내는 곳인데 이제 곳곳마다 도적이 되었으니 어떻게 해야겠소!"라고 했다. 마침내 형조와 경조의 군졸을 풀어 궐문에서 호소하는 선비들을 모두 강 밖으로 쫓아내 버렸다.
>
> — 박제형,《근세조선정감》중

　　사설 교육기관이던 서원은 조선 중기 이후 권력의 후방 기지로 변질되었다. 전국의 유명한 서원에서 다수의 과거 합격자를 배출하고, 이렇게 선발된 인사들이 '붕당'이라는 정치 집단을 이루었기 때문이다. 노론, 소론, 남인 등이 대표적인데 붕당정치가 성행할수록 서원을 지으려는 열기가 뜨거워졌다. 서원이 많을수록 과거 합격자가 많아지고 그만큼 붕당의 힘이 강해질 테니 말이다. 서원의 숫자는 기하급수적으로 늘어났고 그만큼 수준이 떨어지는 서원들이 대거 등장했다. 그런데 흥선대원군은 전국의 서원을 47개로 줄인다. 영조 때 600여 개로 줄이는 것도 큰 사건이었는데 사실상 대부분의 서원을 철폐하는 강력한 조치였다.

　　서원은 각종 문제를 일으키고 있었으며, 지방 양반들의 집결지이자 지방 세력의 거점이기도 했다. 서원끼리의 다툼도 심했고, 관립 기관인 향교와도 다툼을 벌였다. 특히 '묵패(墨牌)를 돌리는 관행'이 심각했다. 묵패는 서원이 상민이나 양반들에게 발부하던 문서로, 제사 경비 등 잡부금을 거두는 일종의 고지서

이다. 만약 수령이 경비를 내지 않으면 수령 자리를 유지할 수 없고, 부호들이 내지 않으면 마을에서 따돌림을 당했다. 심지어 '선비를 능멸했다'는 이유로 사형(私刑)을 가하는 일도 있었다. 서원 혁파는 정치구조의 개선과 더불어 잘못된 지방 문화를 바로잡고, 토착 세력의 횡포를 근절하는 것을 목표로 했다.

　서원 혁파에는 명확한 기준이 있었다. 양인(평민)에 대한 이권 침해를 엄중히 조사할 것, 3결의 토지에 면세 혜택을 주되 백성의 토지를 함부로 빼앗아 면세 토지를 만들 수 있으니 이 부분 또한 엄격히 관리할 것, 향현사(鄕賢祠, 고을에 공이 있는 사람을 모시는 사당) 같은 곳에는 하인을 일체 들일 수 없으며 이미 존재하는 하인들은 모두 군적에 올려 병역 의무를 감당하게 할 것, 관아에 제사 비용을 보조하지 말 것 등이 그것이다. 개혁안은 기득권을 해체하는 데 구체적이었고 공격적이었다. 유생들의 반발이 심할 수밖에 없었다. 하지만 서원 혁파에 대한 흥선대원군의 의지는 거침이 없었다. 철폐를 거부하거나 저항하는 서원에는 군사를 동원하여 건물을 부수고, 위패를 땅에 묻고, 기념비에 새겨진 글자를 모조리 정으로 쪼는 등 강경한 대응도 불사했다.

　흥선대원군은 호포법도 실시한다. 호포법은 양반도 2냥씩 군포를 부담하는 제도이다. 임진왜란(1592) 이후 조선은 훈련도감 등을 설치하여 직업군인제도를 운영하였다. 따라서 양인들은 군 복무 대신 군인세를 내게 되었다. 이를 군포라고 하는데, 양반은 양반이라는 이유로 세금을 내지 않았던 것이다. 이 문제를 해결하기 위해 영조가 균역법을 실시했지만 그다지 효과적이지 못했는데, 비로소 흥선대원군이 양반에게 세금을 물리는 데 성공한 것이다. 조선 후기 사회 변동이 심해지면서 호적상 양반의 숫자가 비약적으로 늘어났다는 점을 고려하면, 조세 징수의 형평성은 물론이고 국가의 세수 증대를 이룬 조치라고 볼 수 있다.

민생안정을 위해 노력하다

흥선대원군은 주도면밀했다. 그는 《대전회통(大典會通)》, 《육전조례(六典條例)》를 편찬하였는데 법전을 정비하여 통치의 합리성을 꾀한 것이다. 또한 양전사업(量田事業), 즉 토지조사사업을 실시하여 전국의 토지 현황을 정확하게 파악하고자 하였다. 농업사회에서 자원은 토지에서 나오기 때문에 토지 소유 현황을 파악하는 것은 절대적으로 중요하다. 그럼에도 조선 왕조는 오랫동안 양전사업을 제대로 실시하지 못했으니 대원군은 문제의 원인을 정확히 파악하고 있었던 것이다.

더불어서 그는 사창제를 시도하였다. 환곡의 폐단을 막기 위해서였다. 환곡은 쉽게 말해 춘대추납, 쌀이 부족한 봄철에 값싼 이자 혹은 무료로 쌀을 빌려주고 수확기 때 갚게 하는 제도이다. 일종의 조선판 사회복지제도였는데 실상은 정반대였다. 관리들이 환곡제도를 악용하여 고리대를 취했기 때문이다. 대원군은 환곡을 대신하여 사창을 설치하고, 지방의 양심적인 유생들에게 기금 운영을 맡겨서 문제를 해결하고자 하였다. 하지만 양전사업도 그렇고 사창제 역시 큰 성과를 거두지는 못했다. 사창제는 조선 중기에도 몇 차례 시도된 적이 있으나 그다지 성공적이지 못했고, 경제 개혁은 정치 개혁처럼 단숨에 도달할 수 있는 문제가 아니었기 때문이다. 관료들은 적극적이지 않았고 양반들의 도덕성은 유교 경전에만 갇혀 있었다.

흥선대원군은 부정부패를 근절하기 위해 각별히 노력했다. 1864년 충청도에서는 100섬 이상을 횡령한 자가 76명에 달했고, 그 이하는 헤아릴 수 없는 수준이라는 보고가 올라왔고, 다른 지역도 비슷했다. 흥선대원군은 1,000섬 이상을 횡령한 김노홍과 대동미를 횡령한 윤영관을 사형에 처하는 등 엄격한 사법 처리를 단행한다. 또한 매점매석하는 상인들, 특히 쌀 공급을 독점한 경강상인들을 처벌하였다. 세도가와 상인들의 부정한 관계, 즉 세도가가 상인들의 뇌물을 받아 정치 자금으로 유용하고 그 대가로 상권을 보전해줬는데, 대원군은 그러한 관행에 일침을 가한 것이다.

개혁은 강력했으나 한계는 명확했다

하지만 흥선대원군의 한계는 시작부터 명확했다. 우선 그는 왕이 아니었다. 어린 왕을 보좌하는 입장에서 전권을 휘둘렀기 때문에 권력이 취약할 수밖에 없었다. 그러한 취약성을 극복하기 위해 실시된 적극적인 정책들이 문제를 일으키기도 했다. 경복궁 중건이 대표적인 사례이다. 임진왜란 이후 수백 년간 버려졌던 경복궁을 재건함으로써 흥선대원군은 왕조의 정통성을 확립하고 수도의 위상을 높이고자 하였다. 하지만 부족한 자금을 메우기 위해서 원납전 징수를 강제하고, 당백전을 남발하였다. 화폐를 마구 찍어내자 물가가 급등하였으며, 양반의 묘지림을 무단으로 벌목하고 백성에게는 노역을 강제하거나 통행세 등을 신설해서 부담을 주는 등 무리한 공사는 다양한 문제를 일으켰다.

대원군의 개혁은 강력했지만 방식은 전통적이었다. 왕권 강화를 통해 세도가의 부정부패를 척결하는 방식이었으니 말이다. 독단적인 리더십으로 이루어진 개혁의 성과는 무너지기 십상이다. 대원군이 실각한 후 서원은 복구되었으며 각종 개혁 입법은 아주 쉽게 무력화되었다.

무엇보다 그는 세계의 동향에 대한 이해가 부족했다. 대원군 집권 20여 년 전에 중국에서는 아편전쟁(1840)이 일어났고 집권 중반에는 일본에서 메이지

유신(明治維新, 1868)이 일어나는 등 동아시아를 둘러싼 국제 관계는 빠르게 바뀌고 있었다. 대원군은 변화의 본질을 제대로 이해하지 못했던 것 같다. 집권 초기 대원군은 러시아 선박이 원산을 비롯하여 인근 해역에 등장하는 것을 크게 우려하였다. 직접 서양식 철선을 건조하려는 시도도 했으며, 프랑스와의 외교를 통해 무기 수입 등을 타진하기도 했다.

> 4명의 주요한 대신들(정원용, 김좌근, 조두순, 김병학)은 주교들에 대한 교섭을 공공연하게 비난하기 시작했다. … 혼자서 의견을 달리하던 대원군이 그들이 내놓는 이유로 설복당하고 그들의 광신에 질질 끌려갔던 것인가. 혹은 자신의 권위와 지위를 지키기 위하여 격류에 몸을 맡기지 않을 수 없었던 것인가. … 어떻든 대원군은 굴복하여 모든 서양인 주교와 선교사들에 대한 사형판결과 천주교인들에 대한 국법의 시행에 서명하였다.
>
> – 샤를르 달레,《한국천주교회사》하권 중

하지만 프랑스와의 교섭에서 실패한 그는 돌연 병인박해를 통해 수천의 천주교 신자를 죽였다. 그로 인하여 프랑스와의 외교 갈등이 격화되었으며 이는 프랑스의 강화도 침략, 병인양요(1866)로 이어졌다. 얼마 후 미국과도 비슷한 충돌이 이어졌다. 미국 상선 제너럴셔먼호가 평양에서 관민과 충돌하면서 격침되었고, 이를 문제 삼은 미군이 강화도로 쳐들어온 것이다. 신미양요(1871)가 발발한 것인데, 결과는 병인양요와 비슷했다. 강력한 군사력을 가진 두 나라는 전투에서 압도적인 위세를 보였고 조선의 군대는 무력하기만 했다. 하지만 전투가 장기전으로 이어지기를 원하지 않았던 두 나라가 철군하면서 사건은 빨리 마무리된다.

두 차례 양요에 대한 대원군의 해석은 기괴했다. 자신의 정치적 입지를 높이기 위해 양요를 승전으로 해석하여 전국에 척화비를 세우기까지 한 것이다. 앞으로 다시는 서양 열강과 소통도 교류도 하지 않겠다는 의지를 대내외에 천명했는데, 그렇다면 어떻게 할 것인가. 시대는 전통사회를 넘어 서양 열강이 주도하는 근대화로 나아가고 있었다. 이것이 통상과 수교를 거부하는 방식으로 해결될 문제일까? 개혁의 진정성에도 불구하고, 대원군의 전통적 방식은 시작부터 뚜렷한 한계를 드러냈다.

그럼에도 흥선대원군의 등장은 중요한 사건이었다. 마치 고려말 공민왕의 개혁 정책이 조선의 건국자들에게 무한한 상상력을 제공했듯이 말이다. 수십 년간 조선은 세도정치라는 무기력한 시간을 보냈는데 이에 정면으로 선전포고를 하며 약 10년간의 치열한 투쟁을 벌인 인물이 흥선대원군 아닌가. 나도 흥선대원군처럼! '개혁을 통한 새로운 변화'라는 강력한 상상력은 조선 말기 수많은 뜻있는 자들에게 정신적으로 지대한 영향력을 미치게 된다.

2강

조선, 격랑에 휩싸이다

《조선책략》 논쟁

1873년, 열두 살의 어린 나이에 즉위한 고종은 어느덧 20대 초반의 장성한 나이가 되었다. 이로써 흥선대원군의 집권 명분이 사라졌다. 최익현(崔益鉉, 1833~1906)이 이를 문제 삼은 이후 대원군은 권력을 잃었으며, 대원군 계열의 인사들 또한 대거 관직에서 물러난다. 비로소 고종의 친정이 시작된 것이다.

고종은 본격적으로 개화 정책을 추진하였다. 일본과 강화도조약(1876)을 맺었고, 조미수호통상조약(1882)을 필두로 영국·독일·러시아·프랑스 등과 수교하였다. 불과 얼마 전까지만 하더라도 전국에 척화비를 세웠던 것을 생각한다면 참으로 급격한 변화였다.

불평등한 조약의 덫에 걸리다

일본을 포함한 서구 열강과의 조약은 근대적인 동시에 불평등적이었다. 열강과의 조약을 통해 종래 중국을 황제국으로 모시며 자주권을 인정받던 조공 관계가 청산되었다. 하지만 근대적인 조약은 문장 하나하나가 국제법적인 효력을 가지며, 동시에 열강들에 전적으로 유리하게 구성되어 있었다. 조선은 국제법에 대한 이해가 부족한 상황에서 서둘러 조약을 체결하였으며, 그 결과 당시 아시아의 수많은 나라가 그러했듯 불평등조약의 덫에 걸려들게 된다.

'조선은 자주독립국'임을 규정한 최초의 근대적 조약인 강화도조약은 일본과 맺어졌다. 치외법권, 해안 측량권 등이 담겨 있고 추가로 맺어진 부록 조약에는 무관세, 양곡의 무제한 유출, 무항세 등이 포함된 전형적인 불평등조약이었다. 일본이 굳이 조선을 자주독립국으로 명시한 이유는 명확했다. 청나라와의 관계를 단절시키려고 한 것이다. 청나라 또한 가만히 있지 않았다. 청나라는 조선이 영국(1883), 독일(1883) 등과 수교하는 데 개입하였다. 조선 역시 청나라와 일본을 견제하기 위해 독자적으로 러시아와의 수교(1885)를 추진했다. 프랑스와의 수교(1886)는 조금 늦었는데, 천주교 포교의 자유 때문이었다. 조선은 프랑스와 수교하면서 천주교 신앙의 자유를 허락한다. 이 또한 큰 변화였다. 정조 이래 천주교는 지속적인 박해를 받았고 병인박해 당시 수천 명의 신자가 절두산이나 황새바위에서 목숨을 잃지 않았던가. 이제 하느님을 믿어도 되는 세상이 온 것이다. 개신교는 어땠을까? 공식적으로 조선은 개신교 신앙의 자유를 허락한 적이 없다. 다만 개신교 선교사들과 조선 왕실 간의 관계가 돈독했다. 선교사들의 의료 기술을 비롯한 근대적 지식이 전염병 대처부터 근대 문물을 수용하는 데 중요한 역할을 했기 때문에 왕실은 개신교 전파를 모른 척하였다.

여러 나라와의 수교가 마무리된 후 고종은 본격적으로 개화 정책을 추진하였다. 1차 수신사(1876)와 2차 수신사(1880)에 이어 조사시찰단(1881), 영선사(1881), 보빙사(1883)까지. 조선의 엘리트 관료들은 일본, 청나라, 미국 등을 방문하여 근대 문물을 시찰하였다. 급작스러운 정책 전환에 대한 반발이 컸기 때문에 웃지 못할 일도 벌어졌다. 예컨대 조사시찰단을 파견할 때는 완강한 반대여론 때문에 단원들을 동래부 암행어사로 위장하기까지 했다. 관례상 암행어사로 임명을 받으면 채비를 꾸리고 도성 밖에 나와 봉서를 뜯어 임지를 확인한 후 비밀리에 출발해야 했다. 이 방식을 이용해 일본 시찰을 다녀오게 한 것이다. 한동안 조사시찰단을 신사유람단이라고 불렀는데, 이러한 비아냥 역시 당대의 개화 정책에 대한 반발로 해석할 수 있다.

보빙사는 우리나라 최초의 구미 사절단이다. 이때부터였을까. 오랫동안 중국과 긴밀했던 한반도는 미국과 특별한 인연을 만들기 시작했다. 보빙사는 고종의 총애를 받던 민영익(閔泳翊, 1860~1914)이 이끌었다. 보빙사에 참여했던 유길준(兪吉濬, 1856~1914)은 한국인 최초로 일본 유학을 한 인물인데 또다시 최초의 미국 유학생이 되는 특혜를 누렸다. 더머 아카데미에서 수학하며 에드워드 모스(Edward S. Morse) 등 내로라하는 학자들 밑에서 공부한 것이다. 유길준은 유럽 각국을 시찰하면서 국한문 혼용체로《서유견문(西遊見聞)》이라는 책을 남기기도 한다. 갑오개혁(1894~1896)에 참여하기도 했고 거문도 사건(1885) 당시에는 한반도 중립화론을 주장하는 등 여러 노력을 벌였다. 보빙사는 호머 헐버트(Homer Bezaleel Hulbert, 1863~1949)와 조지 길모어(George William Gilmore), D. A. 벙커(D. A. Bunker, 1853~1932) 등 미국 선교사를 국내로 초빙, 영어 교육기관인 육영공원(1886)이 만들어지는 데 결정적 기여를 하였다.

인상적인 것은 사절단의 리더 민영익의 태도였다. 그는 미국을 다녀온 후 변절에 가까운 인생을 살았다. 부정부패에 연루되었으며 수구적인 인물로 돌변했다. 그는 언젠가 "나는 암흑세계에서 태어나 광명세계에 갔다가 다시 암흑

세계로 돌아왔다"라고 고백한 적이 있다고 한다. 변화의 가능성을 탐색하다가 가능성 자체를 포기하며 쇠락한 인물이 된 셈이다.

> 봄에 김홍집이 수신사로 일본에 방문하고 가을에 돌아왔다. 예전에는 일본을 '왜노(倭奴)'라고 불렀는데, 일본 사람들은 이 호칭을 몹시 싫어했다. 그래서 강화도조약을 맺은 이후부터 그들을 가리키는 언어와 문자는 모두 '일인', '일본'이라고 했다. 홍집의 귀국으로 화의(和議)는 더욱 단단해졌다. 김홍집은 귀국하면서, 당시 외교관 신분으로 일본에서 근무하던 중국인 황쭌센이 저술한 《이언(易言)》이라는 책을 얻어 와 임금에게 바쳤다. … 이 책의 내용이 알려지자 조정과 재야가 한바탕 시끄러워졌다.
>
> – 황현의 《오하기문》 중

수차례의 사절단 파견은 고종이 이끄는 조선의 외교 정책에 지대한 영향력을 행사하였다. 2차 수신사 당시 파견된 김홍집(金弘集, 1842~1896)이 발단이었다. 애초에 2차 수신사의 목표는 조약 개정이었다. 강화도조약의 문제점을 뒤늦게 깨달았던 것이다. 하지만 조약 개정에는 실패하고 만다. 일본이 양보할 리 만무하지 않은가. 번민에 시달리던 김홍집은 우연한 기회에 주일 공사로 있던 황쭌센(黃遵憲)을 만난다.

동아시아 국제 상황이 급변하고 있다.
러시아가 남하하고 있기 때문에 이를 막아야 한다.
대안은 청나라, 일본, 조선 그리고 미국이 연대하는 것이다.
그러니 조선은 미국과 조약을 맺어야만 한다.

김홍집을 만난 황쭌센은 거침없이 자신의 주장을 펼쳤는데, 김홍집은 물론이고 조선 조정에도 충격적인 주장이었다. 러시아라는 신흥 열강이 남하한다는 것, 이에 대항하여 국제적인 외교 전선을 구축해야 한다는 것은 당시로서는 신선하면서도 매우 위협적인 주장이었기 때문이다. 황쭌셴의 주장은 영국의 동아시아 전략을 답습했다는 비판을 받기도 한다. 당시 러시아를 경계하며 제국주의 경쟁을 펼치던 나라가 영국이었기 때문이다. 하지만 전통적인 조공 질서에 익숙했던 김홍집은 큰 충격을 받았고, 이 내용을 옮긴 《조선책략(朝鮮策略)》은 국내에서 엄청난 반향을 일으켰다. 《조선책략》에 자극받은 고종은 본격적으로 개화 정책을 추진했고, 이때부터 전국에서 유생들의 격렬한 위정척사 운동이 일어나기 시작한다.

> 영남의 유생들이 앞장서서 대궐 문 앞에 엎드려 논의를 주도하자, 각
> 지방에서 일제히 호응하며 잇달아 상소문을 올려 김홍집을 공격하였
> 다. … 포천 사람 홍재학의 상소문은 말투가 더없이 준열하고 과격했기
> 때문에, 그를 잡아다가 중죄인을 다루는 국청에서 목을 베어 죽였다. …
> 김홍집은 일련의 사태로 낭패를 당하자 서울을 벗어나 교외의 강가에
> 서 1년 가까이 처벌을 기다렸지만, 임금은 끝내 죄를 묻지 않았다.
>
> – 황현, 《오하기문》 중

위정척사(衛正斥邪), 서양 문물을 배척하며 조선의 성리학적 전통을 지키겠다는 입장이다. 그다지 새로운 주장은 아니었다. 1860년대에 이항로(李恒老, 1792~1868)와 기정진(奇正鎭, 1798~1879) 등이 '척화주전론(斥和主戰論)', 즉 개화를 막기 위해서는 전쟁도 불사하겠다는 주장을 펼쳤기 때문이다. 강화도조약을 맺을 때는 최익현 등이 왜양일체론, 즉 "왜놈들은 서양놈들과 똑같으니 강화도조약을 맺으면 안 된다"라고 주장하였다. 최익현은 꽤 논리적인 개항 반대론을 구사했다. 서양은 공산품을 생산하는 데 반해 우리는 농산품이니 함부

로 개항을 했다가 큰 피해를 입을 수 있다고 주장했다. 위정척사운동은 어쩌면 자연스러운 감정적 반응이라고 할 수 있다. 500년을 유교 왕조에서 살아온 대다수 사람에게 '개항과 개화'가 단박에 친숙해질 순 없지 않겠는가. 이들에게 국가란 무릇 성리학적 정체성을 담는 그릇이며, 국제 관계라는 것은 중국을 중심으로 한 동아시아 질서 이상도 이하도 아니었다. 근대 국제 관계의 변화는 기껏해야 오만불손한 오랑캐의 침탈로 여겨질 수밖에 없었다. 이러한 감정적 열기가 《조선책략》을 둘러싸고 격렬하게 폭발한 것이다. 이만손(李晩孫)을 중심으로 영남 남인들 1만여 명의 유생이 연명 상소를 올리며 《조선책략》을 결사반대하였다. 홍재학(洪在鶴)은 '고종 및 민씨 일파가 사학(邪學)의 주범'이라는 내용을 담아서 척사상소를 올렸다가 서소문에서 참형을 당하기까지 했다.

고종은 입장을 굽히지 않았다. 그는 오늘날 외교통상부 정도 되는 통리기무아문을 세웠고 산하에 12사라는 관련 기관을 만들었다. 구식 군대도 5군영체제에서 2영으로 줄인 후 '별기군'이라는 신식 군대를 만드는 등 과감한 변화를 시도하였다.

동아시아를 둘러싼 서양 열강

당시 동아시아를 둘러싼 서양 열강의 인식은 어땠을까? 눈에 띄는 주장은 앨프리드 머핸(Alfred Thayer Mahan, 1840~1914)의 '러시아 중국 병합론'이다. 머핸이 보기에 국제 질서를 위협할 수 있는 가장 강력한 요소는 '영토가 클수록 번영한다'는 원리였다. 이는 프리드리히 라첼(Friedrich Ratzel)의 가설이기도 했는데 시베리아를 장악하며 남하하는 러시아야말로 이러한 주장에 부합했던 것이다.

러시아가 중국 분할에 가세할 것이다.

연해주를 시작으로 만주 일대의 이권을 노릴 것이다.

그다음은 한반도일 수밖에 없다.

실제로 러시아는 청일전쟁(1894~1895) 당시 프랑스와 동맹을 맺고 독일을 끌어들여 일본의 조선 지배를 좌절시킨다. 동아시아에 대한 러시아의 본격적인 개입으로 풀이될 수 있는 지점이다. 러시아는 만주 일대를 가로지르는 동청철도 부설권에 관심을 가졌고, 더구나 의화단 사건(1899~1900)이 터졌기 때문에 국제 정세는 러시아에 유리하게 전개된다.

머핸은 러시아의 남하 전략을 구체적으로 예상했다. "만주에서의 철도망 확보는 필연적으로 한반도와 중국 남부까지 이어질 것이다." 그가 보기에 중국은 러시아의 남하를 막을 능력이 없었다. 여러 난관이 있겠지만 필경 러시아 철도는 양쯔강까지 내려갈 것이다. 이렇게 되면 동아시아 질서는 크게 뒤바뀌고 말 것이다. "최소한 북중국은 러시아에 편입될 것이며, 국제 열강의 개입이 없다면 중국 전체는 러시아의 지배하에 놓일 것이다." 중국은 자신을 방위할 능력이 없으며 동아시아는 자연 상태와 가까운 무정부 상태이다. 이대로 러시아를 내버려둔다면 러시아-중국 제국이 탄생할 것이다. 여타 나라와는 비교도 안 되는 수준의 영토와 생산력을 자랑하는 초거대 열강이 등장할 수 있다는 말이다.

머핸은 새로운 세계 전략을 제안하였다. 국제조직을 만드는 것은 물론이고 해양 열강은 세계 정책 자체를 전면 재검토해야 한다고 보았다. 역사에서 대륙 세력과 해양 세력의 충돌은 반복적이었기 때문에 대륙 세력인 러시아에 대항하기 위해 미국, 영국, 일본 등은 협조체제를 구축해야만 한다고 주장하였다.

특히 미국은 과감하게 행동할 필요가 있다. 팽창 정책에 여전히 소극적인 미국은 해군력을 극대화하여 국제 질서에 적극적으로 개입해야 하며, 영국 역시 기존의 독자적인 세계 전략을 포기하고 여러 열강과의 공조체제를 마련해야 한다. 일본 역시 이 흐름에 참여해야만 할 것이다.

머핸의 이러한 주장은 극단적이며 과대망상적인 측면이 크다. 러시아를 지나치게 악마화했으며 그만큼 과대평가하였다. 동시에 그는 영국이나 미국을 마치 국제 평화의 주요한 세력인 양 바라보았다. 당시 전 세계에 식민지를 개척하며 제국주의를 주도하는 나라가 영국이었음에도 말이다.

이러한 주장이 대두된 이유는 20세기 이후 서양 열강, 제국주의 국가 간의 갈등이 심각했기 때문이다. 만년 이인자였던 프랑스가 아프리카에서 알제리와 마다가스카르섬을 기반으로 광대한 영토를 확보하였고, 독일 역시 빌헬름 2세가 등장하면서 적극적인 대외 팽창 정책을 추진하였다. 독일의 '신항로 정책'은 해군력 강화가 핵심이었고 이제 독일과 영국은 본격적으로 해군 강화 경쟁을 시작할 것이다. 또한 러시아는 육로를 이용하여 서아시아부터 중앙아시아, 만주는 물론이고 외몽골, 티베트 그리고 아프가니스탄에서 영향력을 행사하였다.

당대 세계 최강이었던 영국 입장에서는 이러한 흐름이 고민스러울 수밖에 없었다. 인도 쟁탈전에서 프랑스에 승리한 이후 남중국부터 동남아시아 그리고 아프리카까지 압도적인 해군력으로 세계의 거의 모든 곳에서 승승장구하던 영국이었지만 감내하기 쉽지 않은 도전들이었다. 게다가 영국은 아프리카 최남단에서 벌어진 보어전쟁(1899)으로 골머리를 앓고 있었다. 네덜란드의 후예인 보어인들이 독일과 프랑스의 지원을 바탕으로 영국군에 끈질기게 저항하였기 때문이다. 보어전쟁은 2년 반 이상 계속됐고 이 기간에 영국은 상당한 외교적 고립에 처한다. 그리고 중국에서 일어난 의화단 사건을 계기로 러시아의 남진이 본격화되었다. 머핸이 우려한 그대로였다. 영국은 이러한 위기에 대처하기 위해 1902년 영일동맹을 맺는다. 메이지유신 이후 근대 국가가 된 일본을 끌어들여 러시아를 저지하려고 한 것이다.

국제 관계는 갈수록 거칠어져만 갔고 제국주의로 무장한 열강의 경쟁은 나날이 가속화되었다. 당시의 사정을 고려한다면 김홍집이 고종에게 바친《조선책략》은 영국의 세계 전략 혹은 야심 찬 미국인들의 제국주의 전략에 불과하다. 조선을 비롯한 동아시아 국가를 묶어서 러시아에 대항케 하고, 결국 동아시아의 이권을 영국과 미국이 차지하겠다는 발상 아닌가. 실제로 아편전쟁 이후 영국은 상하이와 홍콩 등에서 그러한 행동을 하고 있었다. 하지만 조선은 이제 막 개항과 개화를 시작했을 뿐, 험악하게 급변하는 국제 관계의 현실을 해석하는 데는 어려움이 클 수밖에 없었다.

3강

동아시아 국제 질서가 무너지다

황제 지배체제의 위기

당시 중국과 일본의 상황은 어땠을까? 조선을 비롯한 동아시아의 여러 나라는 오랫동안 중국을 중심으로 '조공책봉질서'에 기반을 둔 국제 관계를 유지하였다. 중앙에는 황제가 지배하는 중화 제국이 있고, 주변에는 그러한 황제의 권위를 인정하되 내정을 간섭받지 않는 구조가 2,000년 넘게 유지되어왔다. 때로는 북방 유목민족이 큰 힘을 발휘하면서 중국의 힘이 약해지기도 하고 반대로 중국의 힘이 강성해져서 유목지대나 한반도를 침탈하는 경우도 있었지만, 전반적으로 황제를 중심으로 한 조공책봉질서는 오랫동안 동아시아 국제 질서의 표준이었다고 할 수 있다. 하지만 근대에 들어 모든 것이 근본적으로 변화하고 있었다. 그리고 그 출발점은 중국이었다.

황제 지배체제의 위기

중국의 마지막 민란,
태평천국운동

중국 역사의 대부분이 그렇듯 청나라 때도 민간에는 백련교를 비롯하여 여러 종교 집단이 있었다. 그중 임청(林淸)이 이끌던 천리교는 1813년 베이징으로 진군하여 당시 황제였던 가경제(嘉慶帝, 1760~1820)를 암살할 계획을 세운다. 비록 실패하고 말지만 천리교는 '만주족 황제를 죽여서 한족을 구원하겠다'는 주장을 펼쳤다. 만주족의 지배를 부정하며 한족의 부흥을 꿈꾼 것이다.

중국 남부 지방에서는 삼합회, 천지회 같은 단체들이 활동했다. 이들 집단은 타이완, 푸젠, 광둥, 광시 등에 살던 상인, 선원, 도시 빈민 등이었는데 피의 맹세 같은 의례를 통해 결속력을 강화하며 형제애를 표방하였다. 이들 또한 청나라를 몰아내고 명나라(1368~1644)를 부흥시켜야 한다고 주장했다.

19세기가 되자 개신교가 중국 남부에 전래되었다. 성서가 중국어로 번역되었고 《권세양언(勸世良言)》같이 기독교를 소개하는 도서가 널리 배포되었다. 이때 광둥성 출신의 홍수전(洪秀全, 1814~1864)이라는 인물이 기독교를 독특한 형태로 받아들인다. 그는 오랫동안 질병에 시달리며 환상을 체험했는데 훗날 이를 계시로 해석하였으며, 자신은 하나님이 중국 땅에 보낸 예수의 동생이자 중국의 메시아라는 확신을 갖게 된다. 그는 풍운산(馮雲山), 양수청(楊秀清), 소조귀(蕭朝貴) 등과 의기투합하여 1850년 스징산 기슭의 진톈촌에서 배상제회(拜上帝會), 즉 하나님을 섬기는 종교를 창시하였다. 객가, 좡족, 야오족 등 중국 전통 사회의 주변에 머물던 사람들이 이들 곁으로 몰려들었다. 객가는 토지를 잃은 채 전국을 유랑하며 자신들만의 공동체를 만들어 생활하는 집단이었다. 지주와 농민들은 이들을 멸시했는데 특히 전족을 하지 않아 '큰 발'을 가진 객가의 여성들을 멸시하였다. 좡족이나 야오족은 오랫동안 중국 문화에 흡수되지 않고 자신들만의 전통을 지키며 살아가는 소수민족이었다.

만주족은 사악하다!

유교가 아니라 크리스트교의 가르침을 따라야 한다!

재산을 몰수하여 공유해야 한다!

전족과 축첩 풍습을 금지하라!

신흥 종교의 등장에 청나라는 민감하게 반응하였고, 배상제회는 곧장 민란을 일으켰다. 풍운산·양수청 등은 군사 전략가로 활약하였고, 지주 출신 석달개(石達開)는 배상제회를 따르면서 10만 냥 이상의 자금을 제공하였다. 폭파나 굴착 기술을 습득한 광시 산악 지방의 광부들은 화약을 다루는 데 능숙했기 때문에 민란에서 중요한 역할을 감당하였다. 이즈음 홍수전이 '태평천국'을 선포하였다. 조직을 정돈하고 군율을 만듦으로써 가담자들을 군대 형태로 조직한 것이다. 부정부패·성욕·아편 흡연 등을 엄격하게 다스렸고, 앞머리를 기르면서 변발 풍습을 버리게 하였으며, 여성을 따로 분리하여 여성 장교가 운영하는 독립 부대를 만들기도 하였다. 태평천국군은 청나라 군대와 격전을 벌이며 1852년 한커우, 1853년 우창·안칭을 점령한 후 비로소 중국 남부의 대표 도시인 난징을 점령하는 데 성공한다.

홍수전은 난징에서 천조전무제도(天朝田畝制度)를 발표하였다. 이 새로운 제도의 핵심은 가족의 규모에 따른 토지 재분배, 여성과 남성의 동등한 재산 분배였다. 여성 또한 특별 과거 시험에 응시하여 감독관의 지위에 오를 수 있었다. 토지를 재분배하여 민중에게 나눠준다는 생각은 중국 역사 내내 이어져 온 민란의 핵심 가치였다. 여성의 권리를 중요하게 여기며 남녀평등을 이루고자 했던 생각은 객가나 소수민족들이 겪던 차별에서 온 경험 혹은 크리스트교의 영향 때문이라고 할 수 있다. 하지만 아직은 중국의 남부 일대만 점령한 상황. 청나라와의 싸움은 계속되어야만 했다. 따라서 남녀의 격리, 부부의 제한적 동거, 매춘 금지, 음주·가무의 금지 등 엄격한 금욕주의 정책이 펼쳐졌다.

하지만 난징 점령 이후 태평천국운동은 초기의 역동적인 모습이 급속히 사라진다. 홍수전은 수많은 후궁을 거느리고 종교적 신비주의에 빠져들었다. 태평천국운동의 지도자들 사이에서는 내분이 일어났고, 양수청을 비롯하여 여러 지도자가 처형을 당했으며, 상당수의 세력이 난징을 떠나 독자적인 생존을 도모하게 된다. 내부적인 반발 또한 심했다. 천조전무제도는 제대로 실시되지 않았으며, 지주나 농민 등 전통사회의 질서에 익숙한 이들에게 반발을 샀다. 이 시기 태평천국운동은 서양 열강에 배척당하고 만다. 초기에 서양 열강은 배상제회를 크리스트교의 일파라고 생각했기 때문에 호감을 보였다. 하지만 이들이 기괴한 믿음을 가진 사이비 종파라는 사실을 알게 되었으며, 무엇보다 아편무역을 반대하고 상하이를 공격하는 등 서양 열강을 배척한다는 사실을 알게 된 후 청나라 지지로 돌아서게 된다.

청나라와의 싸움 또한 점점 불리해졌다. 관군은 무기력했지만 증국번(曾國藩), 이홍장(李鴻章), 좌종당(左宗棠) 같은 한족 지배자들의 도전이 거셌다. 이들은 '향용(鄕勇)'이라는 의용군을 조직하여 태평천국군과 치열한 싸움을 벌였고, 1864년 7월 기어코 난징을 점령하는 데 성공한다. 이후 홀로 분투하며 태평천국을 지키고자 했던 충왕 이수성(李秀成)마저 진압당하면서 태평천국은 역사 속으로 사라지고 말았다.

사실 반란을 일으킨 세력은 배상제회만이 아니었다. 염군의 난, 회족(이슬람)의 반란 또한 거세기 그지없었다. 향용의 도움을 받은 청나라는 민란이라는 거대한 파도를 간신히 막아냈다. 하지만 청나라가 얼마나 무기력한지를 증명하는 시간이기도 했다. 진압으로는 불충분하다. 민란이 일어난 원인, 민중의 강렬한 요구에 제대로 부응해야 청나라가 유지될 수 있었다. 증국번, 이홍장 등은 양무운동(洋務運動)이라는 강력한 개혁운동을 통해 무너져가는 청나라를 다시 일으키고자 한다.

서양 열강의 침탈

위기는 양면적이었다. 태평천국의 난이 일어나기 이전인 1842년, 청나라는 영국과의 아편전쟁(1840~1842)에서 패배하면서 난징조약을 체결한다. 상하이·난징 등 5개 항을 개방하고 홍콩을 할양하며 영국인에 대한 치외법권을 인정하는 등 불평등조약에 서명한 것이다. 흥미로운 사실은 조약문에 빅토리아 여왕을 '영국 군주'로 표기했다는 점이다. 청나라와 영국을 대등하게 표기하기 위해서 '왕'이라는 칭호 대신 군주라는 용어를 사용한 것이다. 즉 황제와 제후(왕)의 관계가 아닌 군주 대 군주의 관계로 조약이 성사됐다는 얘기다. 2,000년 이상 고수해왔던 조공책봉체제가 뿌리부터 흔들리기 시작했다. 비슷한 내용은 다른 조약에서도 확인할 수 있다. 2차 아편전쟁(1856~1860) 당시에 맺은 톈진조약(1858)에는 "영국은 자주국으로 중국과 평등하다. 영국의 흠차대신(황제의 특명을 받는 대신)이 국가를 대표하여 황제를 알현할 경우, 만일 국체를 손상시키는 의례가 있다면 실행하지 않는다"라고 쓰여 있다. 이 또한 국가 대 국가의 관계, 서양식 조약 관계가 성립된 부분이다. 1871년에 일본과 맺은 청일수호조규 역시 상호 대등하다는 원칙에 따른 국가 간 조약이었다.

하지만 내용은 굴욕적이었다. 난징조약을 비롯하여 서양 열강과 맺은 조약은 대부분 항구를 개방하거나, 영토를 할양하거나, 막대한 이권을 넘겨준다는 내용이었다. 일본은 청나라에 조공하던 류큐를 병합하여 오키나와현으로 만들어버린다(1879). 러시아는 기존에 청나라와 합의했던 네르친스크조약과 캬흐타조약을 폐기하면서 몽골과 만주 일대에 영향력을 행사하기 시작한다. 이로써 청나라는 전례 없는 비상한 위기에 둘러싸이게 된다.

양무운동:
전통은 지키되 중흥을 도모하라

민란과 서양 열강의 침탈. 양무운동은 이러한 비상 상황에 촉발된 한족 지배층의 노력이었다. 증국번은 청나라의 정신적 위기를 지목하며 유학 교육의 재정비에 온 힘을 기울였다. 부정부패와 금권으로 얼룩진 과거제도를 개혁하고자 했고, 소작인을 보호하기 위해 조세제 역시 개선하고자 했다. 또한 민란으로 혼돈에 빠진 농촌 사회를 안정시키고자 수백만에 이르는 난민의 정착 방안을 모색하였다.

이홍장은 좀 더 공세적이었다. 관독상판(官督商辦), 즉 정부의 감독하에 상인이 운영하는 국영기업을 만들어서 근대적인 산업 발전을 도모한 것이다. 해안가에 조선소와 무기 제조소를 대규모로 건설하여 서양 문물을 적극적으로 받아들이고자 했다. 대규모의 방적공장을 설립하여 값싼 서양 제품의 진출을 막는 한편, 광물 자원을 개발하여 연료를 확보하고자 노력하였다. 국영 전신망도 만들었고, 남만주 지방에 새로운 부두를 건설하였으며, 베이징 부근의 카이핑 탄광에서 생산되는 석탄을 운반하고자 했다. 미국 코네티컷주 하트퍼드로 첫 유학생을 파견한 이후 프랑스·독일·영국 등에 많은 유학생을 보냈으며, 톈진에 해군학교와 육군학교를 설립하기도 했다. 양무운동은 1860년대부터 30여

년간 진행되었다. '중체서용(中體西用)', 중국의 전통을 지키면서 서양의 문물을 선택적으로 수용하여 이용하겠다는 입장이 물리적으로 구현되고 있었던 것이다.

청프전쟁과 청일전쟁에서 패배하다

하지만 현실은 가혹하기 짝이 없었다. 양무운동은 청프전쟁(1884)과 청일전쟁(1894)에서 패배하며 근본적인 한계를 드러냈다. 베트남은 당시까지 청나라의 간섭하에 있었다. 그런데 프랑스가 1·2차 사이공조약(1862, 1874)을 통해 베트남을 장악한 것이다. 이때 천지회의 수령 유영복이 베트남과 중국의 접경지대인 윈난성 부근에서 흑기군을 조성한다. 이를 두고 갈등이 격화됐고, 이 와중에 프랑스는 후에조약(1883)을 통해 베트남을 보호국으로 삼는다. 청나라와의 전쟁이 시작되었고 프랑스는 베트남뿐 아니라 타이완과 평후제도까지 공격한다. 프랑스의 집요한 공세 앞에 끝내 청나라는 굴복하고 만다. 청프전쟁에서 패배한 것이다.

이로부터 약 10년 후 조선에서 일어난 동학농민운동(1894)을 계기로 청나라는 다시 한번 전쟁에 돌입한다. 상대는 일본이었다. 당시 일본은 메이지유신(1868)을 통해 근대화에 성공한 신생 국가였다. 전통과 정체성을 지키며 근대화를 시도한 중국과 전면적인 서구화를 도모한 일본의 대결은 어땠을까? 이 또한 청나라의 대패로 끝나고 말았다. 경기도 안산 풍도 앞바다에서 시작된 해군의 싸움은 일본의 일방적인 승리였으며, 평양 전투와 압록강 전투 등 육전에서도 청나라 군대는 무력하기 짝이 없었다. 이홍장은 청프전쟁에서 남양함대를 잃었고 청일전쟁에서는 주력 함대인 북양함대를 잃었다. 두 차례 전쟁에서 사실상 해군력 전체가 궤멸되고 말았으며, 근대 국가를 향한 수많은 노력이 물거품이 되고 말았다. 중국을 중심으로 한 전통적인 동아시아 국제 관계가 사라졌음은 물론이고 청나라의 미래마저 낙관할 수 없는 상황, 이제 일본과 서양 열강이 주도하는 동아시아의 새로운 역사가 쓰이기 시작하였다.

일본은 어떻게
근대 국가가 되었는가

1868년 메이지유신

일본은 오랫동안 동아시아의 주변 국가에 불과했다. 중국은 물론 북방 민족과도 멀리 떨어져 있었기 때문에 동아시아 역사의 격변기에 영향을 크게 받지 않았고, 그만큼 그들만의 독특한 역사를 발전시켜왔다.

중국이나 우리나라와 달리, 일본에서는 1185년 가마쿠라(鎌倉) 막부가 수립되면서 무사가 권력을 장악하고 영주들이 토지를 나누어 갖는 봉건제 시스템이 발전하게 된다. 가마쿠라 막부 이후 무로마치(室町) 막부와 에도(江戸) 막부가 들어서면서 이러한 경향은 한층 강화되었다. 무사들의 생활양식은 당시로선 상당히 독특했다. 천황이 존재하지만 수많은 무사를 통솔하는 쇼군(將軍)이 나라를 지배하였다. 다이묘(大名)라고 불렸던 무사 영주들은 거대한 성을 중심으로 모여 살았다. 이를 조카마치(城下町)라고 부르는데 상인들이 이들의 생활을 뒷받침했으며 농민들은 농촌에 거주하였다. 조카마치를 중심으로 도시화 과정이 일어났고 상업이 크게 발달하였다. 에도 막부 당시에는 산킨고타이제도(参勤交代制度), 즉 영주와 그의 아들이 1년에 한 번씩 번갈아 가면서 에도의 자택에 머물러야 하는 제도가 있었다. 쇼군이 다이묘를 통제하기 위한 방안이었는데, 그 덕분에 전국적으로 교통로가 발달하였다. 다이묘의 대규모 행렬이 상업·운송업·수공업 발전을 촉진한 것이다.

이러한 흐름에 따라 에도 막부에서는 조닌(町人)이라고 불리는 상인 계층이 막대한 부를 축적하게 된다. 더불어 가부키(歌舞伎)·우키요에(浮世繪) 등 독특한 조닌 문화가 발달하였다.

번 개혁의 성공과 미토학

우연이 필연을 이루었다고 할까? 공교롭게도 일본의 봉건제는 근대화 과정에서 큰 힘을 발휘한다. 일본은 미국에 의해 강제로 개항을 하였다. 페리(Matthew Calbroith Perry) 제독이 이끄는 미 해군의 포함외교에 굴복하며 1854년 미일화친조약을 맺은 것이다. 이때부터 일본은 1868년 메이지유신에 이르기까지 격렬한 정치·사회적 갈등에 돌입한다.

청나라가 그렇듯 에도 막부 역시 쇠락을 거듭하고 있었으며, 개혁에 대한 다양한 논의가 있었지만 뚜렷한 진전이 없었다. 이때 중앙이 아닌 지방에서 중요한 개혁이 일어나면서 일본 역사는 극적으로 전환하게 된다.

그 주인공은 조슈번과 사쓰마번. 조슈번은 일본 열도에서 가장 큰 혼슈섬의 남부 끝자락에 자리한, 오늘날 야마구치현이다. 조슈번은 요시다 쇼인(吉田松陰, 1830~1859), 기도 다카요시(木戶孝允, 1833~1877) 이토 히로부미(伊藤博文, 1841~1909), 야마가타 아리토모(山縣有朋, 1838~1922) 등 유수의 메이지 지사들을 길러낸 곳이다. 조슈번의 강점은 무역에 있었다. 무역 요충지인 시모노세키해협이 있었기 때문이다. 이곳은 남북으로 혼슈섬과 규슈섬이 마주하는 곳이고 동서로는 동해와 세토내해를 가로지르는 곳이기도 하다. 혼슈섬과 규슈섬이 일본의 중심지였고, 서양 열강은 이곳을 통과해야 일본의 주요 도시에 이를 수 있었기 때문에 모든 면에서 시모노세키해협은 중요한 곳이었다. 이미 1762년 부터 조슈번은 지속적으로 간척 사업과 항만 공사를 추진하여 간사이 지방의 선박들을 모았다. 또한 개혁을 지속적으로 추진하여 농업 생산력을 높은 수준 으로 유지, 다른 지역에서는 볼 수 없는 안정적인 재정을 확보하였다.

사쓰마번은 오늘날 가고시마현 일대이다. 규슈섬 최남단인데 오늘날은 관 광지로 유명하다. 이곳에서는 사이고 다카모리(西郷隆盛, 1828~1877), 오쿠보 도 시미치(大久保利通, 1830~1878), 마쓰카타 마사요시(松方正義, 1835~1924) 등 메이 지 시대의 걸출한 인물들을 배출하였다. 사쓰마번은 규슈 남쪽의 많은 섬을 거 느렸고 류큐(오늘날 오키나와)까지 복속시켜 조공 관계를 맺었다. 한때는 재정이 악화되어 500만 냥에 가까운 빚이 있었으나 즈쇼 히로사토(調所広郷)의 과감한 리더십으로 부채를 청산하였고, 무엇보다 사탕수수 재배를 독점하여 크게 성 공하였다. 논을 사탕수수 재배지로 전환하는 과감한 농업 개혁의 성과였다. 이 로 인해 사토지고쿠(砂糖地獄), 즉 사탕지옥이라는 말이 생겨날 정도였다. 조슈 번은 류큐를 활용하여 대중국 무역을 확대하고, 나가사키를 통해 서양 무기를 수입하기도 했다.

조슈번, 사쓰마번은 개혁의 성공을 통해 막강한 부를 구축하였으며, 그로 인 해 중앙정부인 에도 막부와 경쟁 관계가 된다. 당시 에도 막부는 프랑스를 끌 어들여 난국을 타개하고자 했다. 1864년에는 알제리에서 공을 세운 프랑스 외 교관 레옹 로슈(Léon Roches)를 초빙하였으며 요코스카에는 프랑스 기술자들 이 주철공장과 조병창 건설을 이끌었다. 하지만 개혁은 쉽사리 달성되지 못했 다. 이에 반해 같은 시기 조슈번, 사쓰마번 등은 영국과 협력하여 군사력을 강 화하였다. 중앙정부가 실패하는 동안 지방정부가 눈부신 성과를 이룩한 것이다. 확실히 청나라나 조선과는 다른 모습이었다. 청나라와 조선은 오랫동안 강력한 중앙집권제도를 추구하였는데 서양 열강의 침탈 앞에 무력하기 짝이 없었다. 중앙정부가 무력했다는 점에서 일본 또한 동일했지만, 일본은 청나라나 조선에는 없는 지방정부의 성공이 있었다는 점에서 차별적이었다.

일본은 정신적으로도 변화하고 있었다. '미토학(水戸学)'의 등장이 대표적인 사례이다. 아이자와 야스시(會澤安)는《신론(新論)》을 저술하여 쇼군이 아닌 천황이 국가를 운영해야 한다고 주장했다. 이러한 주장에 영향을 받은 도쿠가와 나리아키(德川齊昭)는 미국과의 조약 체결을 쇼군이 아닌 천황이 앞장서서 반대해야 한다고 주장했다. 막부가 잘못된 길을 가고 있으니 천황이 나서야 한다는 운동이 시작된 것이다. 이를 존왕양이운동(尊王攘夷運動)이라고 한다.

존왕양이운동은 정치적 풍파를 일으켰다. 에도 막부는 '안세이(安政)의 대옥(大獄)'을 일으켰다(1858). 100명 이상의 존왕양이파를 처벌했고 그중 8명은 사형에 처했는데, 그 가운데 6명이 참수를 당했다. 할복을 존엄한 죽음이라고 생각했던 사무라이 문화에서 참수는 극히 충격적이며 모욕적인 사건이었다. 천황의 재기는 쇼군의 퇴장을 의미하는 만큼 에도 막부가 강력하게 대응한 것이다. 반발 또한 이어졌다. 존왕양이파는 안세이의 대옥을 주도했던 이이 나오스케(井伊直弼)를 급습, 가마에서 끌어내 목을 잘라버렸다. 이때부터 메이지유신이 일어나기까지 일본은 폭력으로 점철된 혼돈의 시간을 보낸다.

메이지유신의 지도자들

조슈번과 사쓰마번은 존왕양이운동을 지지했으며 무력을 사용하여 에도 막부를 공격하였다. 하지만 막부의 저항은 끈질겼다. 에도 막부의 군대는 조슈번과 사쓰마번을 수세로 몰았고 대정봉환(大政奉還), 즉 쇼군이 천황에게 권력을 돌려준다는 선언을 통해 막부를 유지하고자 했다. 하지만 끝내 에도 막부는 무너졌으며 천황을 전면에 내세운 메이지 정부가 수립된다(1868).

메이지유신이 단행되는 가운데 여러 지도자의 유능함이 돋보였다. 대표적인 인물이 사카모토 료마(坂本龍馬, 1835~1867)다. 그의 중재로 사쓰마번과 조슈번 사이에 삿초동맹(薩長同盟)이 체결되었다. 당시만 하더라도 봉건제의 영향으로 '사쓰마번 사람', '조슈번 사람' 같은 인식이 있었을 뿐 '일본인'이라는 민족의식은 부족했다. 그런데 료마의 노력으로 삿초동맹은 물론이고 여러 번의 동맹을 끌어낼 수 있었던 것이다. 에도 막부가 무너지는 가운데 보수파와 급진파를 중재하여 메이지유신을 이룰 수 있었던 것도 그의 탁월한 리더십 덕분이었다.

마쓰카타 마사요시는 1881년부터 10년 넘게 대장경으로 재직하면서 '마쓰카타 재정'을 운영하여 일본 경제 발전에 큰 영향을 미쳤다. 메이지유신이 성공한 이후에도 어려움은 계속되었다. 사이고 다카모리가 주도한 내전(세이난전쟁)이 일어나기도 했고, 이타가키 다이스케(板垣退助, 1837~1919)가 주도한 자유민권운동으로 어려움을 겪기도 하였다. 정부가 초기에 시도한 국영기업 정책은 실패했고, 인플레이션은 심각해져만 갔다. 이때 '마쓰카타 디플레이션'이라는 긴축재정정책이 추진된다. 산업체를 민간에 넘기고, 정부는 지출을 축소하며, 세금을 부과하는 정책을 실시한 것이다. 마쓰카타가 주도하는 경제정책은 급격한 사회 변화를 일으켰다. 다수의 영세농민이 몰락했으며, 국가 자원이 정부와 금융기관에 집중되었다. 과감한 공기업 매각은 미쓰이(三井), 미쓰비시(三菱), 스미토모(住友), 야스다(安田) 같은 재벌의 등장으로 이어졌다. 급격한 변화가 많은 문제를 일으켰지만 정부 주도의 경제 성장에 기반이 되었다는 것 또한 부정할 수 없다.

오쿠보 도시미치(大久保利通, 1830~1878)는 체계적인 관료 시스템을 구축하여 정부가 수많은 문제를 해결할 수 있다는 행정적 신뢰를 실천적으로 입증하였다. 그는 비스마르크 모델을 수용하여 기술학교를 설립하였고, 관 주도의 산업 발전은 물론이고 군대의 근대화를 지원하였다. 이로 인하여 메이지 정부는 세이난전쟁에서 압도적인 승리를 거두었으며(1877) 효율적인 중앙집권국가로 발돋움하게 된다.

이토 히로부미는 독일 모델을 참고하여 제국 헌법을 만들었다(1889). 서양이 주도하는《만국공법(萬國公法)》의 시대에 걸맞은, 근대적 외교 관계를 위한 서양식 헌법을 마련한 것이다. 야마가타 아리토모는 제국군대의 아버지로 불린다. 그가 주도하는 가운데 일본의 육군은 독일식 모델, 해군은 영국식 모델을 따랐으며 프랑스의 군사 이론과 조직 이론까지 섭렵하였다. 또한 징병제, 지방 자치 그리고 헌병대, 경찰제도 등 국가 시스템에도 관여하였다. 모리 아리노리(森有札, 1847~1889)는 일본 교육제도의 기초를 확립한 인물이다. 그는 초등교육부터 대학제도까지 광범위한 영향을 미쳤다.

메이지유신과 당시 지도자들의 노력은 여러 측면에서 비판이 가능하다. 서구식 민주혁명의 과정이 없었기 때문에 근대화가 진척되었음에도 다양한 문화지체 현상이 일어났다. 또한 메이지 정부의 정책들은 권위주의적 성격이 강했으며, 지나칠 정도로 정부와 재벌 중심이었다. 이러한 측면은 이후 일본 역사에 상당히 부정적인 영향을 미치게 된다. 그럼에도 중요한 점은 메이지유신을 통해 당시 동아시아의 어떤 국가도 이루어내지 못했던 힘을 갖게 됐고, 서양 열강과 같은 근대 국가, 제국주의 국가가 되는 길을 이루었다는 사실이다. 중국은 실패했고 일본은 성공한 것이다.

이와쿠라 사절단

메이지유신 이후 정부는 이와쿠라 사절단을 꾸려 미국과 유럽 각국을 순방하게 한다. 1871년부터 1873년까지 이루어진 이 순방에는 기도 다카요시, 오쿠보 도시미치, 이토 히로부미 등 메이지유신의 지도자들이 참여하였다. 사절단은 순방을 마치고 돌아와 〈미구회람실기(米歐回覽實記)〉라는 보고서를 남긴다. 서양의 도시 구조와 교통제도, 의회와 정치, 학교와 수업, 공장과 노동자를 중심으로 한 자본주의 시스템, 상업과 무역, 통신에서 신문까지. 심지어 인종관, 물과 산림 문제, 의료시설, 과학과 문화, 공공시설과 종교의 역할까지 방대한 기록을 담았다.

이와쿠라 사절단은 벨기에, 네덜란드, 덴마크, 스위스 같은 소국들도 자세히 관찰하였다. 그중에서 스위스에 대한 평가는 인상적이다. 스위스는 소국이지만 독립과 중립을 지킬 수 있는 힘을 가지고 있다고 판단했다.

자국의 권리를 관철한다.

타국의 권리를 방해하지 않는다.

타국의 방해를 막는다.

강소국 스위스에 대한 사절단의 관심은 프랑스와 독일을 방문하면서 금세 시들고 만다. 사절단이 파리에 도착하였을 때는 파리코뮌이 붕괴한 지 1년 반 정도 되는 시점이었다. 독일과 프랑스가 전쟁을 벌여 비스마르크가 나폴레옹 3세를 압도했으며, 프랑스에서는 좌파가 세운 파리코뮌이 처참하게 진압되었다. 사절단은 파리코뮌을 '민당', '적도'라고 부르며 적대적인 태도를 취했다.

이에 반해 독일에 대한 태도는 호평 일색이었다. 국민의 투철한 애국심과 근면·성실한 태도, 협동 정신 등은 모든 면에서 일본의 모범이었다. 더불어 '철과 피'로 상징되는 비스마르크식 근대 국가 건설 노선과 완고한 반공주의, 보수주의적 태도 역시 사절단에게는 인상적인 모습이었다. 사절단이 그랬듯 메이지 정부는 비스마르크식 독일 모델을 바탕으로 국가를 건설하고자 했다. 역사는 새로운 시간을 향해 움직이기 시작하였다.

조선은 독립할 수 있었다 1

임오군란

중국과 일본, 동아시아 역사가 들끓고 있을 무렵 조선 역시 마찬가지였다. 흥선대원군의 개혁, 고종의 개화 정책은 각양의 갈등을 불러일으켰다. 새로운 역사를 향한 비약은 그러한 갈등과의 처절한 다툼과 승리 끝에 얻어지는 법. 때는 조선 말기, 모든 것이 들끓기 시작하였다.

임오군란(1882)과 갑신정변(1884). 흥선대원군의 실각과 고종의 개화 정책은 양극단의 싸움을 불러일으켰다. 임오군란은 구식 군인들이 일으킨 반란이다. 고종은 '별기군'을 창설, 근대화된 새로운 군대를 만들고자 하였다. 표면적으로 본다면 임오군란은 별기군에 대한 구식 군인들의 반발이었지만, 상황은 훨씬 심각했다. 구식 군인들은 오랫동안 합리적인 처우를 받지 못했고 병사 대부분이 사회의 하층민들이었다. 고종이 집권하면서 추진된 개항과 개화 정책이 시대적 당위성을 지녔을지는 모르겠지만 그 직접적 결과에 대한 민심의 반발은 대단했다. 항구가 열리고, 외국 상인들이 포구와 시장을 휘젓고 다니는 모습 자체가 생경할뿐더러 그들이 주도하는 새로운 상거래는 조선 상인 입장에서는 따라잡기 쉬운 것들이 아니었다. 그리고 세금. 새로운 정책은 새로운 재원 마련에 집중되었고, 그 부담은 백성들이 떠안을 수밖에 없었다. 그렇기 때문에 임오군란은 오랫동안 누적되어온 조선 사회의 구조적 문제에 대한 폭로였고 개화 정책이 부딪힐 수밖에 없는 심각한 난관이었다. 여기에 흥선대원군이라는 상상력이 덧붙여지면서 상황은 더욱 심각해진다. 얼마 전까지만 하더라도 강력한 개혁가 대원군의 통치 기간 아니었던가. 부정부패와 맞싸웠으며 외세의 침략을 막아낸 인물. 지금의 집권 세력은 대원군과 비교할 때 과연 어떠한가. '대원군이 돌아와야만 나라를 살릴 수 있는 것은 아닐까.'

세도정치의 부활

민씨들이 집권한 뒤로 풀무치 떼가 농작물을 모조리 먹어치우는 재난이 발생하여 계속 흉년이 들었다. 여기에다 거듭된 무절제한 씀씀이가 겹쳐 국고와 식량을 관리하는 관청의 관리들은 모두 빈 창고를 지킬 뿐이었다. … 원망과 욕설이 자자했다.

– 황현,《오하기문》중

흥선대원군의 실각에는 고종의 아내 명성황후의 영향이 결정적이었다. 그렇다. 고종의 개항과 개화 정책의 배후에는 명성황후와 그를 지지하는 여흥민씨 세력의 지원이 있었다. 그렇다면 개화 정책은 민씨 집안의 세도정치 아닌가? 그렇게 해석할 여지가 너무도 많았다. 민승호(閔升鎬), 민겸호(閔謙鎬), 민태호, 민규호, 민영익, 민영준(閔泳駿), 민영목, 민영위, 민응식 등등. 고종의 친정 이후 수많은 민씨가 조정에서 영향력을 행사하였다. 그렇다면 그들은 대원군의 시대를 대체할 만큼 유능했을까? 남겨진 기록에서 그들의 무능함을 발견하기란 어렵지 않다. "민승호는 지식이 없고 정사를 다루지 못할 만큼 건망증이 심해 용렬하다"라는 비판을 받았고, 민규호는 매관매직을 일삼았으며, 민겸호는 선혜청 당상으로 근무하면서 군인에게 지급해야 할 양곡을 빼돌렸다. 보빙사절단을 이끌었던 민영익은 수구당의 입장을 대변하면서 개화파를 적대시했고, 명성황후와 무려 12촌 사이인 민태호와 민규호 등은 민승호의 양자를 들인 공로로 출세를 한다. 민영준은 나중에 민영휘(閔泳徽)로 이름을 고치는데 동학농민운동에 매우 적대적이었고 적극적인 친일의 대가로 엄청난 부호가 된 인물이다. 수십 년간 세도정치로 고역을 치른 나라가 조선 아니던가.

고종의 인사 정책은 여러모로 비판을 받았다. 고종은 별입시(別入侍)제도를 부활시켰다. 국왕의 정치 자문단 정도로 보면 되는데, 김병시·김보현·정범조·윤자승 등이 대표적인 구성원이다. 이들은 대부분 흥선대원군과 사이가 좋지 못했는데, 역시 유능함과 개혁성에서 강한 의심을 받던 인물들이다. 김병시는 안동김씨의 위세를 이용하기 위해 들인 인사라고 한다. 여전히 세도 가문 안동김씨의 영향력이 강했던 것이다. 고종이 그에게 의견을 구할 때마다 의견이 없다고 하여 '부지적(不知的)'이라는 별명까지 얻었던 인물이다. 김보현은 부정과 비리의 대가였는데 선혜청 당상 시절 세곡선이 바다에 침몰했다며 사건을 조작하여 세곡선 전체를 갈취하고, 그 쌀로 고리대를 해서 지탄을 받았다.

흥미로운 점은 흥선대원군의 형 이최응이 좌의정이 되었는데 그 역시 무능하기로 유명했다. 이최응이 동생 흥선대원군을 늘 시기하고 동생이 추진하는 정책을 반대했기 때문에 등용했다는 이야기까지 돌았다. 이재면이란 인물도 등용됐는데 그는 흥선대원군의 서자로 아버지가 동생만 예뻐하는 것에 불만이 많았던 인물이다. 이러한 비판은 흥선대원군을 지지하는 세력이 노골적으로 퍼뜨린 이야기일 수도 있다. 하지만 고종 시대에 새롭게 등용된 인물들이 책임 있는 정치를 펼치지 못했던 것만큼은 사실이다.

그리고 다시금 매관매직 이야기가 떠돌기 시작했다. 민규호가 1만 냥짜리 자리를 2만 냥으로 올렸는데 지원자가 넘쳐났다는 이야기부터, 감역·호군·통덕랑 같은 직함을 지방 부호에게 강요하며 억지로 벼슬을 안겨서 돈을 갈취했다는 등 사회 풍조는 방향을 잃기 시작했다. 이 모든 것이 흥선대원군 집권 이전, 세도정치기에나 있던 일 아니던가.

구식 군인의 반란과 그 파장

개화 정책을 폐기하고 전통을 회복해야 한다!
명성황후를 몰아내고 흥선대원군을 옹립해야 나라가 산다!

반란의 명분은 명확했다. 개항은 왜놈을 비롯한 오랑캐를 끌어들이는 무책임한 행동이고, 개화란 그들이 활개를 치며 조선의 전통을 무너뜨림은 물론이고 백성을 도탄에 빠뜨리는 망국적인 행동이다. 문제가 무엇일까? 흥선대원군 때는 전혀 그렇지 않았다. 명성황후와 민씨 세력이 권력을 잡았기에 이 사달이 일어난 것이다.

여러 곳에서 음모가 시작되었다. 강화부에 소속된 100여 명의 군인이 복심계라는 비밀조직을 만들었는데, 이들은 별기군 훈련소를 습격하는 등의 거사를 추진하였다. 앞서 말했듯 별기군은 신식 군대이다. 일본식 군복을 입었고 일본식 훈련을 받았으며 일본인 교관에게 가르침을 받았다. 덕분에 '왜별기'라는 별칭이 붙을 정도였다. 왜 조선이 왜놈들의 지도를 받아야 하는가. 일부 군인들은 분노하고 있었다. 이 와중에 이재선 역모 사건(1881)이 발발하여 영남 만인소에 관여했던 강달선 등과 구식 군인들이 대거 체포된다. 민씨 일파를 몰아내고 대원군의 서자 이재선을 옹립, 대원군을 복귀시키려는 반역 음모였다. 이 사건은 '토왜반정 사건'으로도 불렸는데 역모를 넘어 일본을 토벌하려는 의지를 드러냈기 때문이다. 더구나 강달선 등은 위정척사운동을 하던 인물들이 아닌가. 거대한 반민씨 노선이 만들어지고 있었던 것이다.

민씨 일파에 대한 군인들의 반감은 심각했다. 서울을 지키는 대부분의 병력은 주로 도성 주변 10리 안의 장정들이었다. 급료는 한 달에 쌀 4말 정도였는데 군인 가족은 대부분 왕십리와 이태원 등지에서 살았다. 원래 이곳 주민들은 도성을 드나들며 날품팔이를 하거나 오물처리를 담당하는 빈민들이었고, 당시 왕십리 쪽은 '똥파리'라는 별칭으로 불릴 만큼 극심한 빈민가였다. 이들에게 병역의 대가로 주어지는 급료는 생계를 유지하는 데 절대적이었다. 하지만 대원군 실각 이후 하급 군졸들은 급료를 제대로 받지 못했다. 특히 명성황후의 오빠 민겸호가 선혜청 당상을 맡은 후 군인들의 급료가 궁중의 잔치 비용으로 사용되는 등 문제가 심각해졌다.

이 와중에 오랜만에 군인들에게 급여가 지급되었다. 13개월 동안 미루다가 고작 한 달 치의 쌀이 나온 것이다. 그런데 쌀자루에 쌀은 절반이 있을까 말까 하고, 쌀겨와 모래가 태반이었다. 심지어 물에 불렸거나 분량이 한참 모자라는 가마들만 수북이 쌓여 있었다. 군인들은 분통을 터트렸다. 하지만 군인의 일부가 격렬히 항의하자 사형에 처하는 등 가혹한 처사만이 있을 뿐이었다.

1882년 6월 9일 드디어 구식 군인들이 봉기했다. 임오군란이 시작된 것이다. 이날부터 12일까지 4일 동안 구식 군인들은 울분을 쏟아내었다. 300여 채의 세도가 집을 습격했으며 고위 관리 4명과 내시, 보부상 등을 포함하여 사망자만 수십 명에 달했다. 일본인들도 13명이나 죽었다. 문제의 주범이었던 민겸호는 어떻게 되었을까? 그는 수차례의 위기를 피해서 경복궁에 숨어들었다.

하지만 궁궐에 침입한 군인들에게 끌려 나왔다. 일설에 따르면 민겸호가 흥선대원군의 도포를 잡아끌며 살려달라고 요청했으나 대원군이 차갑게 대답했다고 한다.

"내가 어찌 대감을 살리겠소?" 군인들이 그를 "발로 차고 칼로 찌르고 짓밟아 죽였고, 육회처럼 난도질했다"는 기록만이 남아 있을 뿐이다. 이날 민씨 일파이자 민겸호와 더불어 선혜청 당상으로 온갖 패악질을 하던 김보현 역시 살해되었다.

군인들은 흥선대원군을 추대했고, 고종 역시 난을 수습하기 위해 대원군을 불러들일 수밖에 없었다. 대원군 또한 적극적이었다. '내가 아니면 누가 조선을 구한단 말인가.' 창덕궁으로 돌아와 대대적인 개혁 작업에 착수하였다. 삼군부를 복권하고 민씨 일파가 훼손한 행정 시스템을 새롭게 하고자 했다. 그는 대사면령을 내리고 다양한 인재들을 등용코자 했으며, 동시에 민씨들의 궁궐 접근을 막았다. 또한 군인들에게 밀린 급료를 즉각 지불했고 민씨의 후원을 받은 보부상들이 반격을 도모한다는 소문이 돌자 사대문과 성문의 경계를 강화하였다.

하지만 흥선대원군이 다시 권력을 잡은 기간은 한 달 남짓. 상황은 엉뚱하게 전개된다. 간신히 목숨을 부지한 명성황후가 청나라에 지원을 요청한 것이다. 청나라로서는 조선의 내정에 간섭할 수 있는 최고의 기회였다. 사태를 주시하던 일본 또한 빠르게 움직였다. 일본은 군함에 1,500여 병력을 싣고 제물포로 들어왔고, 미국과 영국의 군함들 또한 진을 쳤다. 대원군은 일본 영사관 습격과 일본인 살해 문제를 해결하고자 노력했지만 쉽지 않았다. 이를 기회로 일본 역시 자신들이 원하는 결과를 얻고 싶었다. 일본 공사 하나부사 요시모토(花房義質)는 병력 1개 중대를 거느리고 고종과 직접 면담하는 등 대원군을 도발했다. 상황이 심각해지자 이번에는 대원군이 청나라에 군사 지원을 요청한다. 청나라에 대한 사대 의식은 어느 한 명의 문제가 아니었다.

문제는 일본과 청나라가 조선 문제에 대해 별도의 타협을 보았다는 사실이다. 이들은 제물포에서 별도의 비밀 회담을 열었다. 청일 양국 간 서로 충돌하지 않을 것과 조선에 대한 특권을 상호 보장한다는 내용이었다. 청군은 7월 13일 대원군을 초청한 자리에서 그를 납치했다. 그리고 며칠 후 구식 군인 소탕작전을 벌여 이틀 동안 군인 170여 명을 체포, 그중 주모자 10여 명을 처형하였다. 임오군란은 완벽하게 실패하고 말았다.

그리고 8월 1일 명성황후는 화려한 의장대를 이끌고 남대문을 통과하여 창덕궁으로 들어온다. 일설에 따르면 경기도 광주 지역으로 피난할 때 지역 여인네들이 중전을 지탄했다는 이유로 한 마을을 쑥대밭으로 만든 후 돌아왔다고한다. 자신의 복귀를 예언했던 무당 진령군과 함께 말이다.

> 이 무렵 김창석의 어미가 궁궐을 출입하며 말하기를, '궁궐 가까이 따로 사당을 세우면 관우의 보살핌을 받을 수 있습니다' 했다. 왕후 민씨는 이 말에 현혹되어, 마침내 북악산 밑에 사당을 세웠다. 김창석의 어미는 관우의 딸이라고 스스로 일컬으며 복을 빌고 재앙을 물리치는 술책으로 왕후 민씨의 마음을 미혹시켰다. 그 결과, 상으로 받은 돈과 비단이 무수히 많았다. 조정의 관리 중에 부끄러움을 모르는 자들이 줄지어 점 보러 몰려갔는데, 안팎의 관직 또한 그녀의 손아귀에서 나오는 경우가 많았다. 세상 사람들은 그녀를 진령군이라 불렀다.
>
> — 정교, 《대한계년사》 중

임오군란의 파장은 컸다. 군란을 수습하는 과정에서 조선은 새로운 조약을 맺는다. 제물포조약과 조청상민수륙무역장정이 그것이다. 제물포조약은 일본과 맺은 조약인데 50만 원 상당의 배상금은 물론이고 공사관 경비를 빌미로 일본군이 조선에 주둔하는 걸 허용하였다. 그리고 이 공사관 경비 병력이 2년 후에 일어나는 갑신정변의 빌미가 되고 만다.

조청상민수륙무역장정은 청나라와 맺은 조약으로 '조선을 청나라의 속방', 즉 식민지라고 규정하였다. 대등한 관계가 아니기 때문에 '조약'이라는 용어를 사용하지 않았다. 청나라는 마젠창(馬建常), 묄렌도르프(Paul George von Möllendorf) 같은 고문을 파견하여 조선의 내정에 직접 간여한다. 독일인으로서 청나라에 봉사했던 묄렌도르프는 급진개화파와 사사건건 대립함으로써 역시 갑신정변의 빌미를 제공한다.

이 조약에서 무엇보다 중요한 부분은 '내지 통상권' 확립이다. 이전까지 맺어진 조약은 '거류지 무역', 즉 외국 상인들의 활동 범위를 개항장 인근으로 제한했다. 그런데 무역장정을 통해 청 상인들이 전국 어디든지 돌아다닐 수 있게 되었고, 한성과 양화진에는 점포도 만들 수 있게 되었다.

청나라와 이런 조약을 맺고 나니 다른 나라들 또한 차례대로 조약 개정을 요구하였다. 조선이 얼마나 취약한 나라인지가 낱낱이 드러나지 않았는가. 조약 개정의 결과, 본격적인 변화가 시작되었다. 외국 상인들이 한반도에 정착하기 시작했고 특히 일본 상인과 청 상인의 경쟁이 치열해졌다. 수도 한양에는 일본 상인과 청 상인의 거주지가 형성되었다. 이에 대항하여 조선 상인들도 변화를 모색한다. 장통회사·대동상회 같은 근대적인 회사를 설립하고, 한강을 기반으로 활동하던 선상들은 증기선을 구입했다. 1898년에는 조선 상인들의 이권을 수호하는 황국중앙총상회가 조직되기도 했다. 정치가 무너진 자리에서 경제 전쟁이 시작된 것이다. 과연 조선은 경제 주권을 지켜낼 수 있을까?

6강

조선은 독립할 수 있었다 2

갑신정변

1884 갑신정변 3일 천하!
개혁을 막는 방해세력이 있다!
청 간섭 배격! 명성황후의 수족을 잘라야만 한다!
일본을 보라! 우리도 급진개혁!
길은 하나! 부국강병과 문명개화!
김옥균
박영효

개항과 개화. 문호를 개방하며 서구식 근대화를 추구하는 정책을 모조리 고종과 명성황후의 덕으로 돌릴 이유는 없다. 이미 그 이전부터 조선은 서구 문물을 맛보았으며 흥선대원군 집권 이전에도 개화를 이야기하던 사람들이 있었기 때문이다.

오경석(吳慶錫, 1831~1879)과 유홍기(劉鴻基, 1831~?, 호를 사용한 유대치(劉大癡)로 더 잘 알려짐)가 대표적이다. 이들은 각각 역관과 의관으로 둘 다 중인이었다. 조선시대 중인들은 실무직에 종사하는 사람들로서 농민에 비하면 신분은 물론 경제적으로도 넉넉한 부류였다. 이들은 업무의 특성상 한양 근처에 모여 살았다. 따라서 양반에 비할 바는 아니었지만 교육 수준이 높았고 세상 돌아가는 일에 밝을 수밖에 없었다. 동시에 신분적 제약으로 인해 양반 지배체제에 대한 한스러움이 클 수밖에 없었다.

역관은 사절단의 통역을 담당했기 때문에 청나라를 들락거리며 선진 문물을 접할 기회가 많았다. 역관 오경석은 청나라에서 《해국도지(海國圖志)》와 《영환지략(瀛環志略)》이라는 책을 사서 돌아온다. 아편전쟁의 패배라는 충격 속에 임칙서(林則徐)와 위원(魏源)이 서양 세력을 본격적으로 연구한 결과물로 등장한 책인데, 당대 중국은 물론이고 일본에까지 큰 영향을 미쳤다.

오경석은 친구이자 의관이었던 유홍기 등과 이 책을 읽으면서 개화에 대한 의지를 분명히 하였다. 그리고 이들은 실학의 거두 연암 박지원(朴趾源)의 손자이자 당대의 명사 박규수(朴珪壽, 1807~1877)를 찾아간다. 박규수는 임술농민봉기를 해결하고자 백방으로 분주했던 인물이고 제너럴셔먼호 사건(1866) 당시에는 평안 감사였다. 호방한 성품의 그는 신분을 따지지 않고 오경석과 유홍기를 반겼으며 그들의 뜻에 공명한다. 박규수는 흥선대원군 집권 기간에도 적극적으로 통상과 개화를 주장하였다.

박규수를 매개로 많은 이들이 모이기 시작했다. 김옥균(金玉均, 1851~1894), 박영효(朴泳孝, 1861~1939), 홍영식(洪英植, 1855~1884), 김홍집, 김윤식(金允植, 1835~1922) 등 당대 명문가의 자제들이 박규수의 집을 드나들면서 오경석과 유홍기를 만난다. 이들은 '백의정승'이라는 소리를 들으며 김옥균, 박영효 등에게 큰 영향을 미쳤다. 박규수를 매개로 한 만남은 개화파라는 분파를 만들었다.

개화파는 보통 급진파와 온건파로 나뉘며, 청나라를 대하는 태도를 기준으로 독립당과 사대당으로 분류하기도 한다. 급진파는 김옥균, 박영효가 주도했다. 홍영식, 서광범(徐光範, 1859~1897), 서재필(徐載弼, 1864~1951) 등도 급진파였다. 서광범은 최초로 양복을 입었던 인물이고, 서재필은 이후 독립협회(1896) 활동을 주도했다. 온건파에는 김홍집, 김윤식 등이 있다. 김홍집은 갑신정변(1884)을 수습하는 과정에서 급부상했고 갑오개혁(1894~1896) 때 주도적인 역할을 했으나 저잣거리에서 맞아 죽는다. 또 다른 온건파 어윤중(魚允中, 1848~1896)도 비슷한 운명을 맞이하였다.

급진파와 온건파의 입장 차는 일본과 청나라를 바라보는 시선에서 기인한다. 일본의 메이지유신을 본받아야 한다. 급진적이고 근본적인 개화 정책이 필요하다. 아니다! 청나라의 양무운동을 본받아야 한다. 동도서기(東道西器), 전통을 보존한 채 개화 정책을 수행해야 한다. 청나라는 걸림돌이다. 청나라의 간섭을 배격해야 근본적인 변화를 끌려낼 수 있다. 아니다! 사대의 예를 지키는 것이 국가를 보존하는 길이다. 개화파 내에서는 뚜렷한 입장 차이가 있었다. 하지만 이들은 조정에서 소수파였으며 나라를 좌지우지할 만큼의 힘이 있지도 않았다. 따라서 개화파 사이에서의 입장 차이가 극렬한 파벌 싸움으로 이어지지는 않았다.

김옥균과 젊은 그들의
3일 천하

민씨 일파와 묄렌도르프는 (김옥균을) 불쾌하게 생각했다. 일본 공사 다케조에 신이치로는 묄렌도르프의 말만 믿고, 김옥균에게 불만을 품었다. 김옥균이 일본에 가서 차관 문제를 의논하자, 다케조에 신이치로는 일본정부에게 김옥균을 소외시키도록 했다. 마침내 차관을 얻지 못하였고, 민씨 일파는 당오전을 주조했다. 8월 8일부터 유통되었으나, 얼마 안 있어 물가가 뛰어올랐다. 백성들은 그 때문에 심한 고통을 겪었다.

- 정교, 《대한계년사》 중

초기 개화 정책에서 가장 인상적인 인물은 김옥균과 박영효였다. 이들은 명성황후와 민씨 일파의 개화 정책을 추종하는 무리가 아니었다. 오히려 독자적인 세력화를 도모했으며 적극적으로 개화 정책을 추진했다. 임오군란 와중에도 이들은 개화 정책을 추진코자 하였고, 흥선대원군이 개화 전담 기구인 통리기무아문을 폐지하자 기무처라는 이름의 기관을 세워 정책을 잇고자 하였다. 당시는 명성황후가 귀환하기 전이었다.

박영효는 한성부판윤으로 신식 군대를 조직하는 일에서 중요한 성과를 이룬다. 그는 광주부 유수 시절, 남한산성과 광주에 특별 군영을 설치할 것을 제안하여 고종의 재가를 받는다. 그리고 해산당한 훈련도감 병력과 지방 청년 1,000여 명을 모아서 별군영이라는 새로운 부대를 만드는 데 성공한다. 일본 사관학교로 보냈던 유학생들이 돌아와 교관이 됐고, 특히 신복모(申福模)가 대장이 되어 유능함을 발휘했다. 박영효는 500여 명의 양병을 이끌고 고종 앞에서 사열 행사를 벌이기도 한다. 하지만 박영효의 노력은 지속될 수 없었다. 그의 적극적인 양병 정책은 민씨 일파에게는 위협적인 행보로 비쳤다. 박영효는 병권을 잃었고 새롭게 조성된 부대는 이내 예전으로 돌아갔다.

김옥균은 1883년에 청년 61명을 귀천을 따지지 않고 능력으로만 선발하여 일본으로 보낸다. 그중 절반이 도야마 육군학교에 입학하였다. 이후 17명을 추가로 선발하여 일본의 여러 기관에 파견했다. 문제는 자금. 매번 돈이 부족했다. 김옥균이 일본 공사 이노우에 가오루(井上馨, 1836~1915)에게 특별 차관을 요청하자, 그가 일본 요코하마정금은행을 통해 12만 원을 주었다. 이 돈은 수신사의 활동 경비와 유학생의 보조금으로 활용됐을 뿐 지속적인 개화 정책을 추진하기에는 턱없이 부족한 금액이었다.

재정 문제가 해결되지 않는 한 개화 정책은 한계가 있다. 김옥균은 이 사실을 온몸으로 체감하였다. 따라서 그는 취약한 국가 재정을 해결하고자 했다. 차관으로 들어온 은화를 유통시켜 당오전과 당십전 등 당시 유통되던 악화(惡貨)의 문제를 해결하려 한 것이다. 하지만 민씨 일파를 비롯하여 이조연, 한규직, 윤태준 그리고 청나라에서 파견한 묄렌도르프까지 한패가 되어 그를 방해했다. 당시 조선의 악화 문제는 심각하였다. 신용이 정확히 보증되고, 적절한 화폐 가치를 지닌 통화가 유통되어야만 경제가 정상적으로 운용될 수 있다. 하지만 악화는 방치되었고 통화 정책은 매번 논란이 되었을 뿐 근본적인 개선에 이르지 못하였다. 더구나 이 문제를 해결코자 하는 김옥균의 시도를 반대한 데에는 또 다른 이유가 있었다. 반대자들 중 상당수가 악화를 활용하여 재산을 늘렸기 때문이다.

급진파는 다양한 노력을 벌였다. 근대적 형태의 농업시험장을 설치했고 담배 제조를 위한 권련국, 술 제조를 위한 양춘국, 두부와 떡을 만드는 두병국 등 기업체를 발족시켰다. 정부가 기업을 육성하고 생산 과정에서부터 근대적 수준을 달성하여 시장 경쟁력을 강화하겠다는 발상이었다. 외무아문의 참의로 재직하던 당시 김옥균은 평안도 상인과 종로 상인을 중심으로 주식회사 형태의 상회사를 조직하려 했다. 부호와 상인 자본의 집적을 도모한 것인데, 그렇게 모인 자본은 사업을 이루기에는 미미한 수준이었다. 김옥균은 개척사 겸 포경사라는 직무를 맡아 울릉도, 동해안과 남해안에서 고래를 잡아 이득을 보고자 했다. 하지만 이 또한 장비를 구비할 자금이 부족했기 때문에 무위로 돌아갔다. 매번 이런 식이었다. 아이디어가 있어도 그것을 이룰 자본이 없었고, 새로운 도전을 시도하려고 해도 역시 자본이 부족했다.

김옥균은 차관 도입을 통해 승부를 보고 싶었다. 그는 일본을 찾아갔고 미국에도 손길을 뻗었다. 하지만 일본의 고위 관료들은 김옥균의 성급함과 조정에서의 불안정한 지위를 문제 삼으며 도움을 거절했고, 서양 기업가들과의 만남은 결실을 이루지 못했다. 그의 결단 어린 의지는 매번 결실의 문턱을 넘지 못했다.

1884년 12월 4일, 갑신정변이 발발한다. 김옥균, 박영효 등 급진파가 수백 명의 세력을 규합하여 정변을 일으켰다. 우정국 개국 축하연을 이용하였고 수구파이자 민씨 일파의 거두인 민영익을 암살코자 하였다. 비상한 결단을 내리지 않는 한 조선을 구할 수 없다고 판단한 것일까? 1884년, 급진파의 위기의식은 극에 달했다. 청나라의 내정 간섭은 심각해져만 갔고 묄렌도르프와의 갈등 또한 끝을 몰랐다. 무엇보다 청나라로 인하여 개화 정책이 표류하고 있었다. 문제의 근원이 어디에 있는가. 급진파는 명성황후와 민씨 일파가 문제라고 생각했다. 이들을 제거하지 않는 한 비전은 없다. 이들을 제거한 후 고종을 모시고 일본과 같은 급진적인 근대화, 메이지유신과 같은 일을 벌여야만 한다. 하지만 민씨 일파는 청나라의 비호를 받고 있다. 임오군란 이후 모든 것은 청나라의 손아귀에서 놀아났으며, 명성황후와 민씨 일파는 청나라를 등에 업고 권력을 유지하고 있었다. 그런데 마침 기회가 왔다. 청프전쟁이 발발한 것이다. 조선에 주둔하던 4,000여 명의 청나라 병력 중에 상당수가 지휘관 위안스카이(袁世凱)와 함께 급히 청나라로 돌아가게 된 것이다. 이를 기회로 여겨 급진파는 정변을 일으켰다.

3일 천하. 급진파의 정변은 너무나 간단히 실패했다. 과연 고종이 명성황후나 민씨 일파와 다른 생각을 하고 있었던 것일까? 국왕에 대한 순진한 믿음, 일본 공사의 막연한 립서비스만을 믿고 일으킨 정변은 청나라 군대의 빠른 개입으로 3일 만에 무너지고 말았다. 갑신정변은 민중의 동의나 참여가 없는, 고위층 내에서 일어난 권력 다툼의 성격이 강하다. 임오군란과 같은 민중의 강력한 지지도 없었으며, 고종을 모시는 수많은 권신을 제압할 힘 또한 없었다. 명성황후와 민씨 일파는 기민하게 움직였다. 급진파가 임금과 왕비를 죽이고 의화군을 왕위에 앉혔다는 유언비어가 시중에 나돌았다. 급진파가 일본 공사 다케조에 신이치로(竹添進一郎, 1842~1917)와 짜고 움직였다면서 백성들의 충심과 반일 정서를 한꺼번에 건드렸다. 명성황후와 민씨 일파는 청나라에 매달렸다. 청군이 출동하지 않으면 일본이 조선을 장악한다는 간곡한 주장을 통해 군사를 돌린 것이다.

일본 또한 기회주의적이었다. 다케조에는 정변의 결과가 불확실해지자 일본군을 철수시켰다. 이미 본국으로부터 청군과 충돌하지 말라는 지시도 받았다. 김옥균이 500만 엔을 빌려달라고 하자 300만 엔을 주선해보겠다는 언질로 상황을 어지럽혔다. 정변이 실패한 후 김옥균, 박영효 등은 커다란 나무 궤짝 안에 숨어 일본 배를 타고 망명에 성공하여 간신히 목숨을 부지할 수 있었다.

정변의 결과는 끔찍했다. 변혁을 꿈꿨던 많은 사람이 죽어나갔다. 조선인 140명, 일본인 40여 명, 중국인 10명 등. 홍영식, 박영교(朴泳教, 1849~1884) 등 망명을 거부하며 고종을 모시던 급진파는 대부분 현장에서 청나라 군대의 칼에 맞아 죽었다. 정변의 실패는 가족에게도 화를 미쳤다. 김옥균의 아버지 김병기는 눈이 멀었음에도 천안에서 오랫동안 옥살이를 하다 죽었고, 동생 김각균은 칠곡으로 숨어들었다가 붙잡혀 감옥에서 죽었다. 박영효의 아버지 박양원은 열 살 난 손자를 죽이고 자살했고, 동생 박영호는 이름을 바꾸고 진안의 한 산에서 숨어 지냈다. 서재필의 아버지 서광언과 어머니 이씨는 자살했고, 큰아버지 서재형은 은진의 감옥에서 죽었다. 서광범의 아버지 서상익 역시 옥중에서 죽었고, 홍영식의 아버지 홍순목은 홍영식의 외아들을 죽이고 자결했다. 아내 한씨도 자살했다. 원대한 이상, 이를 감당하지 못하는 무리한 정치적 도전 그리고 이들을 향한 가혹한 칼날은 끔찍한 결과를 불러일으켰다.

갑신정변 당시 개혁 정강 14개 조가 선포된다. 3일 만에 휴지 조각이 되었지만 내용을 살펴보면 자못 의미심장하다. "문벌을 폐지하고 인민 평등권을 확립하겠다." 신분제를 없애고 근대 국가로 나아가겠다는 주장이다. "지조법을 개혁하고 재정은 호조에서 일원화해서 관리하겠다." 방만하고 불투명한 재정 운영 방식을 뜯어고치겠다는 주장이다. "의정부, 육조 외에 불필요한 관청을 일절 혁파하되 대신과 참찬이 협의해서 처리하게 하겠다." 국정 운영의 정상화를 기하겠다는 주장이다. 갑신정변의 지도자들은 정치 개혁을 통한 급진적인 국가 발전을 목표로 하였다. 일본의 사회 개혁 모델을 따랐음을 확인할 수 있는 부분이다. 갑신정변의 주모자들은 대부분 명문가의 자제들이었다. 따라서 개혁은 위로부터의 성격을 벗어나지 못했으며 보다 광범위한 문제들, 즉 향촌사회를 지배하고 있는 성리학적 가치, 백성을 짓누르고 있는 지주소작제 등 사회·경제적 문제의식과는 분명히 괴리가 있었다. 더구나 이들은 메이지유신 이전 상황, 조슈번과 사쓰마번이 보여주었던 개혁의 성과 같은 독자적인 힘을 가지고 있지 않았다. 더불어 양무운동같이 오랜 기간의 물리적 성과 또한 보유하지 못했다. 사정이 이렇다 보니 이들의 주장은 공허할 수밖에 없었고 정변 또한 허망하게 진압될 수밖에 없었다.

그럼에도 역사는 흐르고 정변을 통해 튀어나온 주장들은 의미심장하기만 했다. 고종과 명성황후 그리고 민씨 일파의 리더십은 보잘것없었고, 청나라건 일본이건 외세는 외세일 뿐이며 신분제 혁파, 입헌군주제 도입, 재정과 통화 정책 개혁, 그리고 선명한 정치제도 확립 등이 필요하다는 사실만큼은 명확했기 때문이다. 무엇보다 임오군란이 흥선대원군에 의지한 성격이 컸다면 갑신정변은 왕족이 아닌 양반 계급 내에서 일어난 최초의 정치적 사건이었다는 점에서 의미가 깊다. 그것이 설령 결과적으로 실패였다 하더라도 한반도의 역사는 약동하고 있었던 것이다.

동아시아의 위기와 한반도 중립화론

임오군란과 갑신정변은 동아시아의 정세가 급박하게 돌아가고 있다는 사실을 전 세계에 알렸다. 강화도조약을 맺은 지 불과 8년 만에 두 차례에 걸쳐서 청나라와 일본이 무력 충돌 직전까지 간 것이다. 그리고 이 시점에 서양 열강이 한반도에 관심을 보이기 시작한다.

1856년 2차 아편전쟁 이후 러시아는 본격적으로 동아시아에 영향력을 행사하였다. 전쟁을 수습하는 과정에서 러시아는 연해주의 광대한 땅을 청나라로부터 빼앗았으며, 그로 인하여 조선과 국경이 맞닿게 됐다. 당시 러시아는 영국과 전 세계에서 경쟁을 벌이고 있었다. 러시아의 남하에 대응하여 영국은 전라남도의 거문도라는 섬을 점령(1885), 무력시위를 벌인다. 영국은 거문도를 해밀턴항(Port Hamilton)으로 개칭하고 섬 주민들과 원만한 관계를 유지하면서 상당 기간 군대를 주둔시켰다.

일본과 청에 이어 러시아, 영국까지. 이때 독일 공사 헤르만 부들러(Hermann Buddler)와 유길준이 중립화론을 제기하였다. 조선을 중립국으로 만들어서 열강의 완충지대로 삼으면, 조선도 독립을 보전할 수 있고 열강 간의 무력 충돌 또한 막을 수 있다는 발상이었다. 하지만 명성황후는 유길준의 주장을 급진파의 주장이라 여겨 배척하였고, 향후 10년간 조선 조정은 친청 일변도의 길을 걷게 된다. 이 선택은 올바른 것이었을까? 아니, 왜 갑자기 중립화론까지 제기가 되었던 것일까?

당시의 국제 상황을 돌아볼 필요가 있다. 비슷한 시기 오스만 제국의 속령이었던 이집트가 분리 독립을 시도하였고, 이에 영국과 프랑스가 개입하면서 결과적으로 이집트가 영국의 속국이 되는 사건이 발생하였다. 무함마드 알리 왕조의 이스마일 파샤(Ismail Pasha)는 1867년 헤디브(khediv, 번왕(藩王))가 되면서 오스만 제국으로부터 이집트의 권리를 확보하였다. 무함마드는 영국의 지원을 받으며 통치권을 강화했다. 하지만 무리한 대외 개방, 특히 수에즈운하 문제가 불거지면서 파산 상태가 되고 만다. 이를 해결하기 위해 채무정리위원회가 조직되는데 영국인 재정장관, 프랑스인 공공사업장관 등 사실상 '유럽 내각'이 만들어진다.

당시 세계를 주도하던 나라는 영국과 프랑스였다. 이슬람 왕조인 오스만 제국은 쇠퇴를 거듭했고, 이집트는 독립을 열망했지만 힘이 미약했다. 그리고 영국과 프랑스는 이들 사이에서 자국의 이익을 도모하고 있던 상황. 오스만 제국을 청, 이집트를 조선에 대입하면 구도가 상당히 유사하다. 더구나 임오군란 1개월 전에 이집트에서도 폭동이 일어났고 이를 계기로 영국이 군대를 파견했으니 얼마나 비슷한가. 거대한 영토를 가진 무력한 제국을 무너뜨리고, 식민지를 확보하되 열강끼리의 무력 충돌을 피할 수 있는 방법. 유길준의 진정성을 배제한다면 한반도 중립화론은 그러한 국제사회의 고민이자 기만적인 생각이었다.

동아시아를 둘러싼 논의는 뜨겁게 불타올랐다. 프랑스 법학자 귀스타브 보아소나드(Gustave Émile Boissonade)는 이노우에 고와시(井上毅)를 비롯하여 오키 다카토(大木喬任) 등에게 러시아의 남하에 대항하여 청일동맹을 맺어야 한다고 주장했다. 보아소나드의 주장을 정리하면 다음과 같다.

> 러시아의 동양 침략을 막을 수 있는 방안은 현실적으로 없으며 이미 청국과 충돌 중이다. 러시아는 반드시 조선을 정벌할 것이며 이는 일본의 독립에도 큰 영향을 미칠 것이다.
> 설령 청국이 조선을 완전히 복속시킨다고 해도 일본이 피해를 볼 일은 없다. 만약 일본이 조선을 병합하면 러시아와 대립이 심해질 것이고 오히려 일본에는 국가 위기가 강화될 것이다.

청일동맹이 일본의 자주권을 지킬 수 있는 방책이라는 주장이다. 당시만 해도 일본은 신생 국가였기에 군사력이 러시아에 비교할 수 있는 수준이 아니었다. 더구나 청나라는 영토가 거대하므로 일본 입장에서 러시아를 막을 수 있는 방파제이기도 했다. 이노우에는 이러한 주장을 한 단계 발전시켜 '조선정략'이란 이름으로 정리하였다. 이노우에의 주장에도 조선 중립화론이 등장한다.

일·청·미·영·독 5국이 모여 조선을 중립국으로 한다. 청국은 조선의
상국(上國)이지만 조선이 청의 속국은 아니다. 따라서 청국은 단독으로
조선의 내정을 간섭할 수 없다.

만약 베트남이나 인도처럼 조선이 러시아에 병합되면 일본은 심각한 지
경에 처한다. 더구나 조선 정부의 '용약'성이 심각하고 조선 인민의 '우
매함'까지 고려하면, 조선은 사실상 독립국이 될 가능성이 없다.

이노우에는 단언했다. 조선을 그냥 놔두면 어느 한 나라의 지배를 받게 되고
그러면 동아시아의 갈등이 고조되기 때문에 중립화를 통해 안정을 기하자는
주장이었다. 이러한 생각은 〈야마가타 아리토모 의견서〉(1890)를 통해 더욱 구
체화된다.

국가 독립 자위의 길에는 주권선과 이익선이 있다. 시베리아 철도가 완
성되면 일본의 이익선인 조선의 독립이 위협을 받게 된다. 따라서 일본
의 이익선 확보를 위해 군비를 확충하여 조선을 중립화하되 러시아의
간섭에서부터 자유롭게 만들어야 한다.

당시 조선을 둘러싸고 국제사회에서 제시한 방안은 크게 세 가지였다. 스위
스-벨기에 모델, 이집트 모델, 폴란드 모델이 그것이다. 스위스-벨기에는 주권
국가로서 영세중립국의 지위를 누리고 있었고, 이집트는 다중 지배를 받는 여
러 나라의 속국이었다. 그리고 폴란드는 러시아, 오스트리아, 프로이센 3개국
에 분할을 당한 상태였다.

1880년대 초반 열강들이 보기에 조선은 무력하고 무능한 나라였다. 하지만
당시로선 어떤 열강도 조선을 차지할 만큼의 여력이 없었다. 청나라는 비대함
에 비해 실력이 없었고, 일본은 러시아를 방어할 능력이 없었다. 러시아의 남

하는 영국이 용인할 수 없었고 영국은 조선에 큰 관심이 없었다.

조선의 중립화 혹은 한반도 중립화론. 유길준은 열강들의 틈바구니에서 조선이 독립을 유지할 수 있는 가능성을 보았다. 특정한 열강에 의지하여 갈등을 유발하지 않는다. 중립을 통해 국권을 유지하고 차분히 국가를 발전시켜나간다면 여전히 희망은 있다. 당장의 현실은 어렵지만 그럼에도 조선의 독립은 불가능한 의제가 아니다!

하지만 앞에서 이야기했듯 유길준의 구상은 현실에서 받아들여지지 않았으며, 고종과 명성황후는 꽤 오랫동안 극히 무기력하게 국정을 운영하게 된다. 그리고 약 20년이 흐른 후 일본의 극적인 변화를 통해 동아시아 질서는 크게 바뀐다.

1882년 임오군란, 1884년 갑신정변. 역사는 언제나 갈등 가운데 있으며 수많은 패배는 실상 일상적인 것이다. 실패를 딛고 다음 단계로 나아갈 것인가, 아니면 여기서 그냥 주저앉을 것인가. 이제 한국의 근현대사는 시작에 불과할 뿐, 새로운 이야기는 새로운 사람들이 펼쳐나가야만 했다.

7강

아래로부터의 개혁

동학농민운동

전봉준

손화중

김개남

손병희

전봉준과 함께
동학농민운동을 이끈 지도자들

갑신정변이 실패한 후 약 10년간 조선은 전반적으로 별일이 없었다. 청나라에 잡혀간 흥선대원군은 고초를 겪은 후 돌아왔지만 그의 영향력은 예전만 못했다. 고종 또한 야심 찬 개혁 의지를 보여주지 못했다. 기본적으로 청나라에 의지하면서 국정을 이끌어갈 뿐. 이 시기 과감한 개화 정책은 찾아보기 힘들었으며, 정변의 여파 때문이었는지 김옥균이나 박영효 같은 도전적인 인물의 새로운 행보 또한 기대하기 힘들었다. 그렇게 조선은 모호한 상태에서 마치 제자리를 맴돌듯 시간을 흘려보내고 있었다.

결국 아무 일도 없었기 때문일까. 1894년 1월부터 약 1년간 동학농민운동이 조선을 뒤흔들었다. 동학이라는 신흥 종교와 농민들의 울분이 결합된 '아래로부터의 저항'이 일어난 것이다. 규모에서 홍경래의 난은 비할 바가 아니었고, 격렬한 실천과 원대한 목표에서는 임술농민봉기가 비할 바도 아니었다. 어떻게 이런 일이 일어난 것일까?

조선을 뒤흔든 동학농민운동

19세기 초반 천주교가 소개되고 백성들의 마음을 얻을 무렵 경주의 몰락 양반 최제우(崔濟愚, 1824~1864)가 큰 깨달음을 얻으며 동학이라는 신흥 종교를 창시하였다. 그는 서학과 천주교에 반대하며 유불선에 민간신앙을 결합한 새로운 가르침을 설파하였다. 하지만 조선의 위정자들이 보기에는 이 또한 위험한 이단에 불과했다. '좌도난정(左道亂政)', 즉 '잘못된 가르침으로 백성을 미혹했다'는 이유로 최제우는 처형을 당한다. 하지만 가르침은 이어졌다. 최시형(崔時亨, 1827~1898)이 2대 교조(교주)가 되었고 삼남 지방(충청·전라·경상도)의 농민들은 동학에 빠져들게 된다. 이 시기 《동경대전(東經大全)》, 《용담유사(龍潭遺詞)》 등 경전이 편찬되면서 동학은 민중 사이에서 급속도로 성장한다.

동학은 어떤 종교였을까? 동학의 핵심 교리는 시천주(侍天主, 하늘님을 섬겨라)와 인내천(人乃天, 사람이 곧 하늘이다)이다. 하지만 교리는 교리. 동학은 매우 역동적이며 불안한 신흥 종교의 모습을 보이면서 거칠게 성장하였다. "여신이여 달아나라, 학신이여 물러가라!" 최제우는 저잣거리에서 병자들을 치료하면서 사람들을 불러 모았다. 제단도 만들고 강신문(降神文)도 읽고, 병자에게는 선약을 태워 마시게 하는 방식으로 접근하였다. 최제우 자신은 천명을 받은 동시에 상제(하느님)와 일체화된 존재라고 주장했고, 이는 그가 죽은 후 더욱 강조된다. 도교의 영향 때문인지 동학에는 진인(眞人)이라는 개념도 존재했다. 이필제(李弼濟)가 2대 교조 최시형에게 공식적으로 인정을 받기도 했다. 진인은 예언서 《정감록(鄭鑑錄)》에 나오는 후천개벽(기존의 세계가 멸망하고 새로운 세상이 열린다)의 때에 선택받은 인물로 천왕(天王)이 될 자들이었다. 동학은 태평천국운동을 이끈 홍수전의 배상제회와 유사하였으며 전형적인 민중 종교의 요소를 갖추고 있었다.

한편에서 동학은 상당히 유교적이었다. 《용담유사》에 "동도는 고국이요, 한양은 신부로다. 곤륜산 일지맥은 중화로 벌려 있고, 아동방 구미산은 소중화로 생겼구나"라는 말이 나온다. 조선을 중국 동쪽에 있는 동국(東國)으로 이해하고 중화에 버금가는 소중화로 보는 태도는 전형적인 조선 후기 유학자들의 인식이라고 할 수 있다. 2대 교조 최시형은 직업의 직분, 남녀의 직분, 가족 구성원의 직분을 강조하는 등 유교적인 세계관으로 신도들을 가르쳤다. 그야말로 동아시아의 오랜 종교적 전통이 뒤엉킨 모습이라고 할 수 있다.

조직으로 보더라도 동학은 안정적이지 않았다. 2대 교조 최시형의 영향력은 한계가 있었고, 무엇보다 동학농민운동은 최시형이 주도한 사건이 아니었다. 교단 전체를 아우르는 지도부와 지역을 담당하는 접주 간의 갈등 역시 해결되지 않는 고질적인 문제였다.

2대 교조 최시형은 종교적이었다. 그는 최제우의 사상을 체계화하며 경전을 제작하고 가르침을 구체화하는 작업에 매진했다. 하지만 또 다른 지도자 이필제는 이미 1871년에 교조의 순교 기일에 맞추어서 500여 명의 동학교도와 함께 경상도 영해에서 봉기를 일으켰다. 이후 그는 문경에서도 봉기를 일으키려 하는 등 저항 노선을 고수하였다. 동학이라는 믿음하에 다양한 신념을 가진 이들이 교단에 포진하고 있었던 셈이다.

그리고 농민들이 이들 곁에 모여들기 시작하였다. 1892년에는 삼례에서, 다음 해에는 보은에서 수만 명의 사람들이 모였다. 삼례집회 이후에는 서울로 직접 올라와 궁궐 앞에서 복합상소를 올리기도 하였다. 그 밖의 여러 지역에서도 수천수만의 사람들이 몰려들었다. 이들은 모두 동학교도였을까?

… 그 당으로서 모여든 자들이 매일 수천을 헤아렸는데 골짜기에 물이 모여드는 것과 같았고 요원에 불이 붙은 것과 같아 막을 수가 없었습니다.

… (모여든 사람들은) 탐학한 관리의 횡포에 분개하여 백성을 위해 목숨을

바치고자 하는 자, 향리가 백성의 이익을 빼앗는 것을 통분히 여겨 이를 내쫓겠다고 큰소리치는 자, 탐학한 수령과 이서배의 횡포를 당하고서 호소할 길이 없는 자, 한양 세력가들의 위협을 받아 스스로를 보전할 길이 없는 자 … 농민으로서 곡식을 남기지 못한 자나 상인으로서 이익을 남기지 못한 자 … 빚을 지고 모진 독촉을 견디지 못하는 자, 상놈이나 천민으로서 한번 출세해보려는 자들이었습니다.

– 어윤중의 장계(狀啓) 중

위의 글은 개화파 관료 어윤중이 고종에게 올린 글이다. 수만 명의 민중이 지방 곳곳에서 몰리는 현실을 조정이 어찌 묵과할 수 있을까. 어윤중은 국왕의 명을 받들어 집회의 목적을 파악하고 동시에 집회를 해산하고자 몰려든 사람들을 만났다. 삼례집회, 보은집회의 공식적인 목표는 '교조신원운동.' 동학을 창도한 최제우가 이단이 아니라는 점, 그렇기 때문에 동학의 종교적 지위를 인정해달라는 것이 핵심이었다. 하지만 몰려든 사람들의 입장은 달랐다. 억울한 사람들, 고통받는 백성들, 가난한 민중이 꾸역꾸역 산과 들로 나왔던 것이다. 일부는 탐학한 지방 수령들의 횡포에 피해를 보았고, 일부는 지역의 향리 때문에 고통을 받았고, 일부는 한양에 사는 귀족 양반들 때문에 많은 것을 잃었다. 이에 분개하며 변화를 촉구하기 위해 모여든 사람들부터 말 그대로 쫄딱 망해서 갈 곳이 없는 사람들, 그리고 이러한 격정적인 분위기를 이용해서 한 건 해보고 싶어 하는 사람들 등 조선이 만든 억울함을 풀기 위해 모인 사람들이 대다수였다. 그리고 그들 대부분은 농민이었다.

문제는 이미 오랫동안 지속되었다. 직접적으로는 관리들의 가렴주구, 지주들의 소작농 수탈이었지만 구조적인 병폐는 오랫동안 쌓이기만 했지 좀처럼 개선되지 않았다. 소수의 양반이 신분제와 지주제를 바탕으로 국가의 부를 거머쥐고 있었다. 오직 이들만이 관료가 될 수 있었고, 이들이 소유한 땅을 빌려서 50%가 넘는 가혹한 소작료를 물어야만 생존할 수 있는 구조. 조선 말기로 갈수록 부정부패는 심각해졌고, 그만큼 관료 사회의 구조적인 부정 또한 극에 달하였다. 흥선대원군의 노력은 잠깐, 그 강력했던 개혁은 민중의 삶을 얼마나 개선할 수 있었을까? 이제 억울함을 넘어 동학이라는 틀거지를 통해 농민들은 불만을 토해내고 구체적인 변화를 요구하고자 하였다.

동학교도들은 온건하게, 때로는 위태롭게 움직였다. 복합상소 당시에는 한양에 직접 찾아와서 국왕에게 상소를 올리는 대범한 행동을 취했지만 내용은 온건하기 짝이 없었다. 동학과 유교는 차이가 없으니 신앙의 자유를 허락해달라는 것이 주요 내용이었다. 보은집회 때는 '척왜양', 일본과 서양 열강을 물리쳐야 한다는 주장이 덧붙여졌는데, 이는 아마도 외세의 침략에 곤란을 겪고 있던 고종과 조정의 상황에 부합하기 위한 모습으로 추정된다.

그런데 복합상소 이후 한양에서는 괘서 사건이 발생한다. 기포드 학당에 괘서가 붙었는데 크리스트교를 비판하고 부정하는 내용이었다. 며칠 후 미국 선교사가 세운 여러 교회와 프랑스 공사관에서도 비슷한 일이 일어난다. 내용은 갈수록 과격해졌다. 몇 월 며칠까지 떠나지 않으면 토벌할 것이라는 내용이었다. 날이 갈수록 괘서가 추가되었다. 일본 영사관, 외국인이 운영하는 학교, 선교사의 집, 동대문과 남대문의 주요 장소에 새로운 괘서가 속속 게시되면서 한양은 일대 혼돈에 빠진다. 영국과 독일은 인천에 정박하던 군함에서 군대를 차출했고, 일본 영사 스기무라 후카시는 서울에 거주하던 일본인 부녀자를 본국으로 철수시키고 의용대를 조직할 계획을 세우는 등 바삐 움직였다. 상황을 주시하며 일본 군함 야에야마, 청나라 군함 내원함·정원함 등이 인천에 도착하기도 했다. 하지만 괘서는 괘서에서 그치고 말았다. 서장옥, 서병학 등이 교단 지도부의 지도를 따르지 않고 진행한 독자적인 행동이었는데 위협 수준에서 멈춘 것이다. 하지만 충청도 청산, 경상도 부산 등에도 괘서가 붙는 등 불안감은 쉽게 사그라들지 않았다.

그리고 1894년 1월 10일 전봉준(全琫準, 1855~1895)의 주도하에 고부 지역에서 농민 봉기가 일어난다. 전봉준을 중심으로 모의가 이루어진 것이다. 일대의 동학교도와 농민들은 무장을 한 채 관아로 쳐들어갔고 조병갑(趙秉甲)의 학정을 상징하는 만석보를 무너뜨렸다. 고부 군수 조병갑의 학정은 유명했다. 농민들을 동원해 만석보와 팔왕보 등 저수지를 만들어놓고 보세(물세)를 받았다. 고부와 정읍 일대는 수원이 풍부했음에도 강제로 저수지를 만들고, 게다가 세금까지 거둔 것이다. 5년간 면세를 약속하면서 농민들을 동원하여 황무지를 개간한 후 세금을 받아내기도 했고, 세금을 걷을 때 좋은 쌀은 빼돌리고 모래나 지푸라기가 섞인 쌀을 중앙 국고로 보내기도 했다. 자신의 아버지 조규순의 공덕비를 세운다면서 1,000냥을 거두고, 부호들에게는 2만 냥의 돈을 강제로 징수하는 등 온갖 악행을 일삼았다. 어디 조병갑뿐이던가. 운송을 맡은 전운사 조필영도 부정에 합세했다. 세금을 석 되씩 더 걷는 등 추가적인 부정을 시도했다. 봉기가 일어날 만도 한 상황. 사태는 원만하게 수습되지 않았다. 조정에서는 문제를 해결하고자 안핵사 이용태를 파견했는데, 그는 현지 사정을 무시하고 조병갑의 편을 들면서 농민군을 탄압했다.

이에 격분한 전라도 일대의 동학교도들과 이에 공명하는 농민들이 모여들기 시작했다. 같은 해 4월 전봉준, 손화중(孫華仲, 1861~1895), 김개남(金開南, 1853~1895) 등 전라도 일대의 신망받는 접주들이 농민군을 규합했으며 제폭구민, 보국안민 등 4대 강령과 격문을 발표하며 본격적으로 농민전쟁을 시작하였다. 통상 이 사건을 1차 봉기라고 부른다. 동학농민군의 기세는 드높았다. 아니면 관군이 지독하게 무력했던 것일까? 황토현과 황룡촌에서 동학농민군은 전라 감영 군대와 서울에서 파견된 경군을 격파한 후 전라북도의 중심지인 전주성을 점령하며 기세를 드높인다. 농민군이 전라도 전역을 석권한, 조선 역사에서 찾아보기 힘든 사건이 터진 것이다.

조정은 어리석은 행동을 반복했다. 청나라에 원병을 요청한 것이다. 청나라는 이에 응답했고 또다시 상황은 전혀 엉뚱한 방향으로 전개된다. 일본 또한 조선에 병력을 파견한 것이다. 명분은 갑신정변 후 일본과 청이 맺은 텐진조약. 두 나라 중 한 나라가 조선에 병력을 파견하면 동등한 권리를 누릴 수 있다는 내용 때문이었다. 하지만 실제로는 오랫동안 전쟁을 준비하며 청나라와 결전을 벌이고자 했던 일본의 결정이었다. 조정의 원군 요청이 일본에 크나큰 구실을 준 것이다. 청나라 군대는 아산만으로, 일본 군대는 인천항으로 몰려들기 시작했다.

고종과 명성황후는 당황했다. 조정은 일본군을 내보내고자 동학농민군과 서둘러서 화약을 체결한다(전주화약). 중앙에는 교정청, 전주 감영에는 대도소, 전라도 각 지역에는 집강소를 설치하는 등 개혁을 약속한 것이다.

> 동도(동학교도)는 아마도 사회당(社會黨)의 일종인 듯. 그들은 부자를 강박하여 금전과 곡식을 빼앗아 그것을 빈민에게 판다. 그 값 같은 것은 그들 마음대로 정하여 벼 한 가마니에 500문으로 팔고 또한 소유자들에게 같은 값으로 팔도록 한다. 그 뜻은 아마도 가난한 자, 부자 공통으로 소수인으로 하여금 부를 오르게 하는 것을 허락하지 않는 데 있으며 도처에서 재보를 빼앗는다. 그러면 가난한 자는 기쁘게 매입해도 있는 자는 몹시 불쾌하게 생각한다.
>
> — 〈도쿄니치니치신문〉 1894년 8월 5일 자 중

전주화약이 실천되는 동안 흥미로운 현상이 일어났다. 전주 감사 김학진(金鶴鎭, 1838~1917)이 대표적이었다. '관민상화(官民相和, 군과 민이 합치).' 홍계훈(洪啓薰)의 뒤를 이어 전주 감사로 파견된 김학진은 전봉준과 공동으로 일대를 통치하고자 했다. 그는 수차례에 걸쳐서 전봉준과 회담을 진행했고, 집강소에 힘을 실어주면서 농민들의 개혁을 지원했다. 이후 조정에서는 김학진을 병조판서로 임명하였는데도 그는 이를 거절하고 전주에 남는다. 후임으로 박제순(朴齊純)이

전주 근처까지 내려왔는데, 김학진이 전임 명령을 거부했기 때문에 할 수 없이 박제순은 충청도 관찰사로 취임한다. 심지어 2차 봉기 당시 전봉준이 김학진을 군량 조달을 책임지는 운량관에 임명하는데 그는 이를 받아들인다. 그뿐 아니라 전주 감영에 있는 조총, 위봉산성에 있던 화약 등 무기를 내주기까지 했다.

농민해방전쟁? 혁명?

안타깝게도 관민상화의 개혁 정치는 뜻대로 흘러가지 않았다. 1차 봉기가 성공하자 다양한 사람들이 동학에 입도했다. 개중에는 무뢰배들은 물론이고 하급 관리, 심지어 토벌군 출신들도 있었다. 갑자기 숫자가 늘어나는 만큼 규율은 이완되고, 농민군이 양반이나 농민들의 재화를 약탈하는 일까지 벌어진다.

가장 심각한 문제는 양반들의 무덤을 파헤치는 일, '굴총(掘塚)'이었다. 동학을 등에 업은 농민들 중 일부는 집요할 정도로 양반들의 산소를 공격했다. 이유가 있었다. 조선 시대 조상을 숭배하고 산소를 관리하는 것은 중요한 일이었다. 양반들은 좋은 산소 자리, 소위 명당자리를 얻기 위해 농민들의 묘지를 함부로 강탈했고, 그로 인한 분쟁도 많이 일어났다. 그로 인해 쌓였던 분노가 굴총이라는 형태로 튀어나온 것이다. 또한 10대 소년을 중심으로 구성된 행동대 '동몽', 포수를 중심으로 구성됐다고 추정되는 '포사'들이 벼슬아치나 양반들에게 위압과 폭력을 행사하는 일 또한 많았다. 애초에 지도부가 엄격히 금지한 행위임에도 사건은 지속적으로 발생했고, 놀랍게도 김개남 같은 지도자는 이런 행동을 적극적으로 지지하기까지 한다. 모조리 민심을 잃을 수밖에 없는 행동이었다.

내부적인 갈등 또한 심각했다. 동학농민군의 양대 지도자인 전라우도의 전봉준과 전라좌도의 김개남은 끝내 협력하지 않았으며 충청도를 기반으로 한 북접과 전라도를 기반으로 한 남접 역시 사이가 나빴다. 이 밖에 김덕명, 손화중, 최경선 등이 독자 행동을 취했으니 1차 봉기의 성공 이후 상황은 불안하기만 했다.

무엇보다 체계적인 개혁이 추진되지 않았다. "일체의 잡세를 폐지하라. 토지를 평균 분작하라. 과부의 재혼을 허락하라. 백정에 대한 차별을 금지하라." 이상의 내용은 동학농민운동 과정에서 발표된 〈패정개혁안〉의 핵심 주장이다. 〈패정개혁안〉은 동학농민운동에 참여했던 오지영의 《동학사》라는 책에 나오는 내용이다. 이를 통해 오랫동안 역사학계는 동학농민운동의 혁명적 성격에 주목해왔다. 하지만 〈패정개혁안〉은 《동학사》에만 나올 뿐 당시 어떤 자료에서도 발견할 수 없는 주장이다. 책을 쓴 오지영 역시 동학농민운동 당시 중심인물이 아니었으며, 무엇보다 〈패정개혁안〉과 같은 종합적인 개혁이 추진되었다는 사례가 발견되지 않는다.

농민들의 요구는 대부분 잡세 폐지에 집중되어 있었다. 지방 수령이나 향리는 물론이고 조선 후기가 되면 왕실에서도 각종 세금을 매겼기 때문에 조세 부담이 극심하였다. 종목이 워낙 많아서 일일이 열거하기 힘들 정도이다. 농민들의 요구는 이런 것들로부터의 해방에 머물러 있었다. 세금을 감액하거나 불필요한 세금을 없애서 보다 안정적인 삶을 누리고 싶다는 소박한 수준이었다. 동학농민운동은 조선 후기의 어떤 사건보다 강력한 저항이었으며 초기에는 왕조를 교체하겠다는 목표를 가질 정도로 거대한 힘이었다. 하지만 운동의 목표는 불확실했고, 근시안적이었으며, 온갖 갈등으로 인한 어수선함이 사라지지 않았다.

그리고 9월에 벌어진 2차 봉기. 일본은 군대를 물리지 않았다. 일본군은 경복궁을 무력으로 점령하여 왕실을 손아귀에 넣었다. 또한 군대를 몰아 청나라와의 싸움을 시작하였다. 파죽지세. 일본군은 청나라군을 압도했으며 이제 조선은 일본의 뜻대로 운영되기 시작하였다. 전봉준은 이를 좌시하지 않았다. 입장이 바뀌었다. 나라가 위기에 처했으니 나라를 구해야 한다.

전봉준이 이끄는 동학농민군은 다시 무장을 했다. 북접의 지도자 손병희(孫秉熙, 1861~1922)도 함께했다. 죽창을 만들기 위해 왕대를 베어서 끝을 깎고, 끝부분을 불로 그슬고 참기름을 발랐다. 오줌통의 찌꺼기와 염초(焰硝)로 화약도 만들었으며 부녀자들은 무명옷을 짓기에 여념이 없었다. 짚신, 버선, 감발 등도 넉넉히 만들고 장기전에 대비하여 왕골, 솜, 종이도 모았다. 쇠가죽도 챙겼다. 이는 취사도구로 사용했는데, 나무를 사각으로 세우고 쇠가죽을 걸친 후에 쌀과 물을 붓고 밑에서 불을 지펴 밥을 지으면 수십 명이 끼니를 해결할 수 있었다.

일본군 또한 동학농민군을 주시하고 있었다. 육군 소좌 미나미 고시로의 지휘 아래 1차로 200명 정도의 부대가 편성되었고, 스즈키 소위와 모리오 대위가 이들을 이끌었다. 일본군은 연발식 라이플총을 소지했고, 함께 내려온 조선 관군은 연발 소총인 스나이더총을 지급받았다. 비가 내려도 발사에 지장이 없는 총, 더불어 최신식 대포도 수레에 실은 채 토벌전이 시작되었다.

전봉준과 동학농민군은 공주 우금치 일대를 탐색하면서 공주의 분지 지형을 활용하여 포위전을 벌이고자 했다. 나중에 을사오적(乙巳五賊) 중 한 명이 되는 충청 감사 박제순이 전봉준을 유인하여 잡으려 했으나 실패했다.

싸움은 격렬하게 수차례 이어졌다. 능치 전투에서 동학농민군은 일본군-관군의 연합작전에 대응해서 인해전술을 벌이는 등 격렬한 공방전을 벌였지만 패배하였다. 봉황산 아래 하고개를 넘으면 충청 감영이 있었기 때문에 그곳을 점령하고자 했으나 발각되어 무참하게 패배했고, 효포의 들판에서 진영을 수습할 때도 관군의 공격을 받았다. 어쩔 수 없이 경천점으로 후퇴했다가, 또다시 논산으로 후퇴하니 추위 때문에 이탈자가 생겼고 북접의 농민군은 몇 차례 전투 후 일찌감치 전선을 벗어났다.

우금치 근처에서 농민군은 전세를 회복, 2차 공주 전투가 시작되었다. 일본 군의 대포 발사! 견준봉과 새재를 향해 농민군이 밀려오면 등성이에서는 관군이 일제히 총을 쏘았다. 40~50차례의 일진일퇴. 1만으로 추정되는 농민군은 수천으로, 다시 수백으로 줄었다. "우금재 언저리에 쌓인 시체가 산을 가득 메우고, 효포의 개울에는 피가 가득 고여 흘렀다"라는 기록을 남긴 채 동학농민운동은 비통하게 막을 내리고 말았다. 우금치에서의 패배 이후에도 소탕작전은 계속되었다. 원평과 태인 전투에서 패배, 김경천의 배신과 전봉준의 체포. 운동을 주도했던 지도부는 대부분 붙잡힌 후 처형되었다.

때 만나서는 천지도 내 편이더니
운 다하니 영웅도 할 수 없구나
백성 사랑 올바른 길이 무슨 허물이더냐
나라 위한 일편단심 그 누가 알리

- 전봉준, 김동리 번역

우금치 전투는 수많은 일화를 남겼는데 위의 글은 전봉준의 유시로 알려져 있다. 단숨에 조선을 뒤흔든 인물. 당대에도 수많은 사람이 전봉준에게 관심을 가졌다. 흥선대원군도 그를 주목하여 여러 차례 편지를 썼다. 심지어 일본인들도 전봉준을 주목했다. 승려 출신으로 부산에서 천우협이라는 단체를 조직했던 다케다 한시(武田範之)는 물론이고 일본 육군 대위 출신 우미우라 아쓰야(海浦篤彌) 등도 그를 만나고자 했다.

하지만 그의 노력 그리고 그와 함께했던 동학농민운동은 조선을 뒤흔들었을 뿐 그 이상의 이야기를 이어가지는 못했다. 아마도 그의 유시는 한 시대에 저항하고자 했던 인물의 깊은 회한일 것이다.

불안한 개혁

갑오개혁과 광무개혁

1894년 동학농민운동과 청일전쟁의 여파로 큰 타격을 입은 세력은 명성황후와 민씨 일파였다. 청나라가 무너지고 일본의 영향력이 강화되었기 때문이다. 조선 조정을 장악한 일본은 내정 개혁을 강요하였다. 소위 '조선의 근대화'는 일본 제국주의의 오랜 명분이었다. 강화도조약을 맺을 당시에도 조선을 자주 독립국으로 규정함으로써 청나라의 영향을 배제, 조선에 진출코자 하지 않았던가. 이번에도 일본은 개혁을 빌미로 내정을 장악하고, 명성황후와 민씨 일파의 저항을 막고자 하였다.

어떻게 하면 내정을 장악할 수 있을까? 일본은 흥선대원군을 끌어들였다. 이미 일흔이 넘은 나이, 한때는 개혁의 상징이었으나 세력을 잃은 지 오래였고 임오군란 이후 정계를 떠난 지도 오래였다. 노욕인가. 그는 일본의 손에 이끌려 마지막 여정을 시작한다.

그리고 개화파. 흥선대원군을 제외한다면 명성황후와 민씨 일파를 제어할 수 있는 집단은 사실상 개화파밖에 없었다. 급진파는 와해되었지만 온건파가

갑오개혁과 광무개혁

있지 않은가. 김홍집·김윤식·어윤중 등은 갑오개혁의 중추 세력으로 부상하게 된다.

갑오개혁은 크게 세 차례로 나뉘어 진행되었다. 1894년 7월 1차 개혁이 진행되었고, 그해 12월에 2차 개혁이 있었다. 해를 넘겨 1895년은 을미년. 이해 8월에 명성황후가 암살당하였고 그 가운데 3차 개혁이 진행되었다.

개혁 기구
군국기무처

1차 개혁 당시 흥선대원군이 섭정으로 복귀하고, 한반도 중립화론을 제안했던 유길준 등이 참여한다. 개화파는 1차부터 갑오개혁이 끝날 때까지 주도 세력으로 참여하였다. 이때 등장한 기구가 군국기무처(軍國機務處)이다. 동학농민군의 요구로 만들어진 교정청을 폐지하고 새로운 기구가 들어선 것이다. 군국기무처는 주목해야 할 기구이다. 갑오개혁 기간에 가장 자주적이고 적극적으로 개혁을 추진했기 때문이다. 과거 의정부나 비변사에서 진행되는 회의는 당연히 비공개였다. 하지만 군국기무처는 회의를 공개로 진행했고 방청까지 허용했다. 민씨 일파가 위축되어 있었고 일본은 공식적으로 개혁을 지지하는 입장이었기 때문에 군국기무처는 상당히 자율적으로 활동을 펼쳐나갔다. 군국기무처의 수반인 총리대신은 기존의 영의정보다 막강한 권한을 보유했다. 지방관을 임명하거나 파면할 권한이 있었고, 기무처의 대신들 또한 하위 관직에 대한 임명권을 가지게 된다. 여러 현안을 두고 토론을 벌인 후 다수결로 결정했는데, 의결된 사항에 대해서 고종은 수용할 수밖에 없었다. 신하가 의견을 제시하거나 간언을 하고 국왕이 결정을 내리는 구조가 조선의 전통적인 통치 방식이었다면, 군국기무처는 운영 방식에서 입헌군주제로 나아가고 있었던 것이다. 구조가 이렇다 보니 섭정으로 참여한 흥선대원군 역시 큰 영향력을 행사할 수 없었다.

2차 갑오개혁 당시에는 박영효가 개혁을 주도한다. 박영효? 갑신정변의 주모자이자 급진파의 리더 박영효가 오랜 망명 생활을 청산하고 돌아온 것이다. 김옥균은 어떻게 되었을까? 1894년 3월 28일 상하이에서 암살당했다. 범인은 홍종우(洪鍾宇). 그는 고종이 보낸 자객이었고 향후 보수파의 행동대장으로 나선다. 자비로 프랑스에서 유학하고 《심청전》을 프랑스어로 번역하는 등 이채로운 활동을 벌인 인물인데, 이 시기를 전후하여 가장 완고한 길을 선택한다. 갑신정변이 실패한 후 김옥균은 일본으로 망명하였다. 그렇게 보낸 세월이 10년, 처음에는 대단한 환영을 받았지만 일본은 그가 별 쓸모가 없다는 사실을 알아챘다. 고종은 꾸준히 자객을 보냈고 김옥균은 나름대로 재기를 도모했지만 별 볼 일 없는 시간만 이어질 뿐이었다. 그런 김옥균에게 밀명을 받은 홍종우가 접근했고 그는 김옥균의 신임을 얻기 위해 노력했다. 이홍장을 설득해보자는 홍종우의 제안도 있었고 무엇보다 새로운 전기를 마련하기 위해 김옥균은 중국의 지도자 이홍장을 찾아갔지만, 만나기도 전에 상하이의 한 호텔에서 홍종우가 쏜 권총에 맞아 죽는다. 외교적인 불편을 꺼렸던 이홍장은 그의 시신을 조선으로 보냈는데 고종의 명에 의해 처참하게 난도질을 당하고 만다. 청일전쟁이 같은 해 7월 23일에 일어났으니 홍종우를 믿지 않았어도 김옥균에게 새로운 기회가 열렸을지는 알 수 없는 노릇이다.

어찌 됐건 박영효는 돌아왔다. 사이온지 긴모치(西園寺公望)가 사절로 들어올 때 데려왔는데, 이때까지만 하더라도 갑신정변 때의 기상을 지키며 나름의 자주성을 보였다. 하지만 흥선대원군도 그렇고 박영효도 그렇고 결국은 일본의 영향에서 자유로울 수 없는바, 이노우에 가오루가 일본 공사로 오면서 상황은 급격하게 변화한다. 6개월여 만에 군국기무처가 사실상 해체되고, 고종이 친정을 하되 이노우에가 고문 역할을 맡게 된다. 일본은 그간 적극성을 보여온 군국기무처를 위협적으로 인식했던 것이다. 다시 고종을 내세우고 그 대신 이노우에가 간접 통치를 하겠다는 발상이었다. 박영효의 영향력이 단절되는 순간이었다. 외세의 허락하에 진행된 개혁은 수개월 만에 흐지부지되었다.

청일전쟁 이후 급변하는 상황

해를 넘겨 1895년이 되면서 상황은 급변한다. 청일전쟁에서 일본이 승리를 거두었기 때문이다. 철저하게 청나라를 몰아넣은 일본의 압도적 승리였다. 두 나라는 시모노세키조약을 체결, 일본은 2억 냥의 배상금은 물론이고 랴오둥반도·타이완·펑후제도 등을 할양받기로 한다. 랴오둥반도를 할양받는다는 것은 조선에 대한 청나라의 영향력을 영구적으로 차단, 조선의 식민화를 염두에 둔 조치였다.

하지만 러시아가 끼어들었다. 러시아는 독일과 프랑스를 끌어들여 소위 '삼국간섭'을 일으킨다. 랴오둥반도 할양에 대해 러시아가 격렬하게 항의한 것이다. 러시아는 연해주를 할양받은 이후 만주에 대한 영향력을 확대하고 있었다.

만약 랴오둥반도를 일본이 장악한다면 러시아의 동아시아 전략이 난항을 겪을 수밖에 없었다. 랴오둥반도는 중국과 조선을 잇는 남만주 최고의 요충지로, 이곳을 잃으면 중국은 물론이고 조선 진출도 어려워지기 때문이다. 프랑스는 당시 러시아의 동맹국이었기 때문에 러시아를 지지했고, 독일은 만주 분할이 동아시아의 위기를 불러일으킴은 물론이고 독일 상인들의 활동을 방해한

랴오둥반도와 연해주

다고 파악하였다. 청나라를 이겼다고는 하지만 러시아를 비롯한 서양 열강을 일본이 어떻게 상대하겠는가.

이 상황을 주목한 이들이 있었다. 고종과 명성황후는 물론이고 속칭 정동파가 그들이다. 정동파는 박정양(朴定陽, 1841~1904), 이완용(李完用, 1858~1926) 등을 일컫는데 주로 정동 지역에 있던 외국 공사관을 드나들며 경력을 쌓은 인물들이다. 이들은 러시아를 주목하였다. 청나라를 대신하여 러시아를 끌어들이면 영향력을 회복할 수 있으며, 친일 내각이 아닌 친미-친러 내각을 구성할 수 있다고 보았다.

청일전쟁에서 승리했음에도 일본은 삼국간섭 앞에서 속수무책이었다. 그리고 이 시기 새로 파견된 미우라 고로(三浦梧樓) 공사가 을미사변(1895)을 일으켜 명성황후를 무참하게 살해한다. 얼마 후에는 왕후폐위조처까지 발표한다. 일본은 곧장 박정양을 실각시킨 후 3차 갑오개혁을 추진하면서 단발령을 실시하였다. 유길준, 조희연(趙義淵) 등이 일본군과 대포를 동원하여 단발령을 강요했고, 결국 고종이 먼저 상투를 자르고 양복을 입었다. 단발령은 계속되었다. 전국 각지에 체두관(剃頭官)을 파견했는데, 경무사 허진이 스스로 상투를 자른 후 순검들을 데리고 저잣거리에 나섰고 공주부 관찰사 이종원은 금관나루를 막고 강제로 단발을 실시했다.

1895년, 명성황후 살해부터 단발령까지 일본은 매우 강경하며 극단적으로 조선을 대했다. 러시아의 간섭으로 랴오둥반도를 포기해야만 하는 상황, 나아가 러시아와 조선의 연대, 명성황후 및 민씨 일파의 부활과 그로 인한 고종의 영향력 회복에 대한 경계였고 조바심이었던 듯하다.

일본의 강경책, 을미사변과 단발령은 의병 활동을 촉발하였다. 분노한 전국의 유생들이 거병한 것이다. 이들은 '토역소(討逆疏)'를 올려 명성황후의 억울한 폐위조처에 반대하였으며 전국 각지에서 거병하였다. 유인석(柳麟錫, 1842~1915)이 대표적인 인물인데 그는 위정척사파의 거두 이항로의 문인이었다. 이들은 단발령을 실시하기 위해 파견된 관료와 순검들을 공격했으며, 친일 관리로 평가된 인물들을 처단하여 친일 내각과 일본을 긴장시켰다. 활동이 최고조에 달했을 때는 경기도 광주, 강원도 춘천, 충청도 홍주, 경상도 산청, 전라도 나주 등 전국에서 수천의 무리가 격렬한 저항을 벌였다. 결국 단발령은 철폐되었다. 유인석이 그렇듯 당시 의병을 주도했던 이들은 대부분 위정척사파 계열의 보수적인 유생들이었다. 당장에는 을미사변과 단발령에 대한 반발이었지만 오랫동안 고종이 추진한 개화 정책에 대한 저항, 전통 질서에 대한 강한 애착이 이들을 행동으로 이끌었다고 할 수 있다. 의병 활동은 1896년 1월부터 3월까지 활발했지만 고종이 해산을 권고한 이후 사그라들었다. 다만, 유인석 등은 만주로 근거지를 옮기는데 훗날 이들은 무장 독립운동 단체의 일원이 된다.

고종 또한 결단을 내린다. 1896년 2월 11일 궁녀 복장으로 분장하여 경복궁을 빠져나가는 데 성공한다. 고종은 러시아 공사관으로 도망갔고 이로써 일시적으로나마 일본의 영향력은 차단된다. 아관파천(1896)이 일어난 것이다. 고종을 일본의 손아귀에서 벗어나게 해야 한다. 뜻있는 관료들이 그렇게 생각하였고, 이미 춘생문 사건(1895)을 일으켜 도주를 시도했다가 실패하기도 했다. 을미사변 이후 고종은 내내 암살 위협에 시달렸다. 잠을 편히 잘 수도 없었고 제대로 된 식사 또한 할 수 없었다. 미국인 선교사들이 라이플총을 들고 점호를 섰고, 선교사의 아내들이 직접 요리한 음식이나 미국에서 가져온 통조림으로 끼니를 때우며 때를 기다린 끝에 고종은 간신히 궁궐을 벗어나 러시아 공사관에 들어갈 수 있었다. 이 사건으로 또 한 번의 정치적 진통을 겪게 된다. 개혁을 주도했던 김홍집, 어윤중 등은 저잣거리에서 맞아 죽었고 흥선대원군, 박영효 등 한때의 인물들이 얼마만큼 무용한가 또한 입증되었다. 갑오개혁 도중 물러난 대원군은 몇 년 후 쓸쓸히 숨을 거두었고 일본으로 쫓겨난 박영효는 이후 친일파의 거두로 다시 태어난다.

이로써 기존의 정치 구도는 모조리 파괴되고 말았다. 흥선대원군을 중심으로 한 개혁적 보수 세력이 소멸했으며, 명성황후를 중심으로 한 민씨 일파와 개화 세력 또한 무너졌다. 개화파는 씨가 말랐으며 당대의 정치적 거물들은 은퇴하거나 암살당하거나 쫓겨나고 말았다. 유길준, 박정양, 이완용 등을 친일 내각, 친미-친러 내각, 정동파 등으로 구분하기도 하지만 이 또한 무용하기는 매한가지. 살아남은 관료들은 독자적인 영향력이 없었고, 대표적인 정동파 이완용이 친일 관료로 거듭났듯 그저 바람에 휘날리는 깃발처럼 휘청거릴 뿐이었다. 갑오개혁 그리고 을미사변, 그로 인한 단발령과 을미의병. 그 직접적 결과는 정치적 파탄 그 자체였다.

갑오개혁의 분명한 성과와 한계

1894년부터 1896년까지 극도로 혼란스러웠던 기간은 우리 역사에서 대체 어떤 의미를 지닐까? 정치적 위기 그리고 일본의 간섭에도 불구하고, 개화파가 주도한 개혁은 분명한 성과를 남겼다. 역사를 정치적 사건사로만 볼 수 없는 이유가 바로 이 때문이다.

세 차례에 걸쳐 진행된 갑오개혁은 전통사회에서 근대사회로 나아가는 데 중요한 족적을 남겼다. 첫째, 시간관념에서 중대한 변화가 일어났다. 1차 갑오개혁 당시 '개국(開國)'이라는 기년(期年)을 사용하고, 3차 갑오개혁 때는 '건양(建陽)'이라는 연호를 사용하며 태양력도 도입한다. '개국'은 태조 이성계가 나라를 세운 지 몇 해인지를 기준으로 날짜를 세는 방법이다. '건양'이라는 연호를 사용했다는 것은 청나라의 연호를 폐기하고 독자적으로 시간을 계산했다는 의미다. 이를 통해 중국 중심의 세계관, 동아시아적인 시간관념에서 벗어나기 시작한 것이다. 동시에 태양력을 사용하여 서양 중심의 새로운 시간관에 편입하게 된다.

둘째, 갑오개혁은 신분제를 폐지하고 문관·무관의 차별을 철폐했으며 벼슬아치의 등급을 간소화했다. 무엇보다 과거제가 폐지되었다. 개혁안은 구체적이었다. 실무에 불필요한 유교 경전 지식을 시험 과목에서 퇴출했고, 국문·한문·서예·산술·정치·정세 등 실용적인 과목으로 바꾸었다. 신분제가 철폐되었기 때문에 누구나 시험을 볼 수 있었다. 어떤 사건보다 중대한 결정이었는데 이는 갑신정변 당시 선포됐던 문벌 폐지와 인민 평등권이 구체화된 것이기도 하다.

셋째, 각종 봉건 폐습을 철폐하였다. 태형을 없애고, 과부의 재혼을 허용하며, 조혼을 금지하는 것을 비롯하여 담뱃대의 길이를 줄이는 등 온갖 봉건 폐습을 금지하였다. 또한 노비제도를 없애서 신분제의 폐단을 완전히 뿌리 뽑으려고 했다. 1896년에는 새로운 호적법이 시행되었고 여성들도 비로소 호적에 이름을 올리게 된다. 이전까지는 '하동 정씨 부인', '안동 김씨 부인' 식으로 성만 붙였다. 또한 혼인 연령도 올라간다. 갑오개혁 때는 남자 15세, 여자 14세 이상이었는데 이후 남자 20세, 여자 16세로 연령을 지속적으로 높였다. 이에 따라 조혼 풍습, 여성 억압 문제 등을 해소할 수 있었다. 당연히 봉건 폐습은 단숨에 바뀌지 않았다. 예를 들어 사노비 해방은 양반들의 반발로 1년 만에 수포가 되었다. 봉건 폐습이라는 것은 공동체의 문화관습과 긴밀히 연결되어 있기 때문에 시간이 걸릴 수밖에 없는 문제였다. 그럼에도 갑오개혁을 통해 방향은 정해졌으며 이후 역사에서 이런 모순들은 차차 해결되어간다.

신분제와 과거제의 철폐, 각종 봉건 폐습 금지 그리고 새로운 시간관념에 근거한 근대 국가. 이런 것들이 근대화 과정에서 선언적이며 장기적인 조치였다면, 갑오개혁 기간에 당면한 문제를 해결하기 위한 조치 또한 취해졌다.

우선 조세 합리화 정책을 시도했다. 탁지아문에서 재정을 일원화하여 관리하고 은본위제와 조세의 금납화를 실시하고자 했다. 재정을 일원화하고 체계적으로 관리하는 것, 뚜렷한 기준과 목표를 가지고 화폐경제를 운영하는 것, 그리고 합리적인 조세제도를 운영하는 것이 목표였는데 이는 10년 전 갑신정변 때도 심각한 과제였다. 하지만 조선은 만성적인 적자 국가. 안정적인 재정 운영을 위해서는 안정적인 자금을 확보해야 했고 이를 위해 당시 일본에서 300만 원을 빌린다. 당시 국가 예산의 90%에 달하는 금액이다. 이는 일본이 기다리던 바였고, 경제 예속화의 시발점이 되고 만다.

갑오개혁에서 주목할 부분은 궁내부 신설이었다. 2차 갑오개혁 당시 반포된 홍범 14조에서도 '왕실 사무와 정부 사무를 분리한다'는 주장이 나왔듯, 당시 초미의 관심사는 왕실을 통제하는 것이었다. 왕실 사무를 전담하는 궁내부를 두고 의정부와 사무를 분리한 것은 왕실의 권한 남용을 통제하기 위함이다. 명성황후와 민씨 일파에 의한 자의적인 통치는 수많은 문제를 일으켰다. 따지고 보면 오랫동안 명성황후는 근거 없는 권력을 휘두르고 있었다. 수렴청정이나 대리청정처럼 국왕의 나이가 어리거나 특수한 상황에서 잠시 왕실 여성의 정치적 간여가 있었을 뿐, 조선은 국왕과 과거제로 선발된 관료의 나라가 아니었던가. 더구나 민씨 일파의 세도정치는 수십 년간 지탄을 받은 조선 정치 최악의 모습이 아니었던가. 이들로 인하여 정치가 합리성과 공정성을 잃고 자의적으로 운영되었음은 물론이고, 내탕고(內帑庫)를 통해 왕실에서 국가 재정을 마음대로 활용하는 관행은 온갖 수탈과 비리로 이어지면서 조선을 뿌리 끝까지 혼란에 이르게 하였다.

적어도 개화파는 이 부분을 심각하게 인지하고 있었다. 왕실과 민씨 일파의 자의적인 정치를 통제하지 않고 국정 정상화는 요원하다고 판단한 것이다. 하지만 그것이 다였을까? 갑오개혁의 주역들이 생각했던 문제, 안정적인 정치 구조의 창달을 통해 국가 경제를 재건하겠다는 발상이 만약 끝까지 관철되었다면 조선은 위기를 극복할 수 있었을까? 갑오개혁의 가장 근본적인 문제는 국가 재정 문제와 관련된, 당시 조선의 전반적인 경제구조에 대한 해법이 결여되었다는 측면에 있다. 앞서 살펴보았듯 동학농민운동은 근본적인 경제구조에 대한 불만을 호소하며 촉발된 사건이다. 하지만 농민들은 자신들에게 주어진 '과도한 세금'을 해소해달라는 주장에 멈추었으며 봉기는 권력을 쟁탈하는 방향으로 흘러갔다.

갑오개혁 역시 마찬가지이다. 갑오개혁은 조선 경제구조의 근본적인 부분을 겨냥하지 않았다. 지주제를 바탕으로 농업 생산력을 높이고자 했기 때문이다. 당시에는 조선의 토지 문제, 지주소작제의 폐해를 극복하기 위한 다양한 논의들이 분출되고 있었다. 세금을 감면하는 방법, 토지를 나누어주는 방법, 무엇보다 토지 소유의 복잡성과 그로 인한 양반과 향리의 수탈 문제를 해결하고자 하는 다양한 논의가 있었지만 갑오개혁은 이 부분에서 철두철미한 방안을 제시하지 못했다. 더구나 갑오개혁 당시 보여준 노력, 궁내부와 탁지아문의 활동은 안타깝게도 광무개혁(1897)을 통해 무력화된다.

황제가 주도하는 근대화, 광무개혁

고종은 사태가 안정된 후 러시아 공사관을 빠져나와 궁궐로 돌아온다. 고종은 스스로 황제임을 선포했으며 인근에 환구단을 세워 즉위식을 했고 연호를 광무, 국호를 대한제국으로 고쳤다. 구본신참(舊本新參). '옛것을 본받아 새로운 것으로 나아가겠다'는 것인데 이는 홀로 선 고종의 정치 선언이자 대한제국의 국가 운영 원리이기도 했다.

황제가 주도하는 근대화. 이를 두고 1990년대 역사학계에서는 격렬한 논쟁이 있었다. 전제군주제는 시대에 역행하는 흐름이었기 때문이다. 여하간 고종은 결의를 다졌다. 군사제도를 개선하고자 노력했으며, 특히 식산흥업(殖産興業) 정책, 상공업 진흥 정책에 적극적이었다. 각종 공장과 회사를 설립하고자 했고, 불완전하지만 양전사업(토지조사사업)을 실시하였으며, 근대적인 토지 소유권으로 나아갈 수 있는 '지계(地契)'라고 불리는 토지 소유 문서를 발급하였다.

공간적으로는 덕수궁 일대를 정비하면서 황제권을 높이고자 하였다. 아버지 흥선대원군이 경복궁을 중심으로 도성을 재정비했듯이 말이다. 덕수궁은 전통 한옥 건물과 서양식 건물이 마주 서 있는 독특한 구조이다. 스스로 표방했듯 구본신참의 이상을 공간적으로 구현한 것이다. 당시에는 프랑스 파리의 도시 구조가 각광을 받던 시대였다. 개선문을 중심으로 도시를 방사형으로 구획하고 광장을 조성하는 방식이었다. 오늘날 시청 앞 광장은 원래 덕수궁 앞 광장이었고 궁궐을 기준으로 정동부터 소공동까지 방사형으로 도시를 발전시키고자 하였다. 하지만 이후 일제가 조선을 병합해 경성부청 건물이 들어서고 길이 정비되면서 경복궁에서 남대문까지 일직선 도로가 들어선다. 또한 명동과 소공동 인근에는 미쓰코시 백화점, 조지아 백화점 등 번화한 일본인 거리가 등장한다. 망국의 군주가 보여준 이룰 수 없는 꿈이랄까. 오늘날 덕수궁 일대의 도시 구조는 고종의 그림과는 거리가 멀다.

고종의 리더십은 광무개혁 이전과 크게 달라진 것 같지 않다. 광무개혁 당시 궁내부가 백동화를 남발했기 때문이다. 인플레이션과 악화 문제가 다시 발생한 것이다. 전환국장 이용익(李容翊, 1854~1907)은 외국인에게 특허장을 내주고 동전 주조를 허용했는데, 이 또한 경제에 도움이 되었다고 보기는 힘들다. 무엇보다 갑오개혁 때 지녔던 문제의식, 궁내부를 분리하여 왕실의 민중 수탈을 억제하려는 시도가 무력화되었다. 궁내부는 무수한 잡세를 만든다. 물고기 잡는 그물망에 매기는 어기세, 고기잡이배에 매기는 해세, 미역 따는 일에 매기

덕수궁의 전경. 좌우로 전통 양식의 건물과 서양식 건물이 병렬적으로 늘어서 있다. (자료: 서울관광재단)

는 곽세, 소금 생산에 매기는 염분세, 고기 파는 가게에 매기는 포사세, 배에 매기는 선세, 포구를 이용하는 데 매기는 포세 등등 온갖 새로운 잡세가 만들어졌다. 왕실 재정을 관리하는 내장원에서는 홍삼 생산을 관리하기 위해 삼정사라는 기구를 설치한다. 홍삼 전매제도를 실시한 것인데, 내장원경을 겸임하던 이용익은 1근을 5원 80전씩에 사서 50원씩에 파는 등 폭리를 취했다고 한다. 고종의 낭비벽이 명성황후 못지않았다는 뒷말까지 무성했다. 이러한 소문은 사실이 아닐 수 있다. 중요한 사실은 광무개혁을 위한 재원 마련에 문제가 많았으며 갑신정변 때부터 이어져 온 오류, 백성의 삶의 질을 개선하지 않는 근대화가 얼마나 보잘것없는지를 확인할 수 있는 시간이었다는 것이다.

여성 해방이 시작되다

혹 이목구비와 사지오관(四肢五官)의 육체에 남녀가 다름이 있는가. 어찌하여 병신처럼 사나이가 벌어 주는 것만 앉아서 먹고 평생을 깊은 집에 있으면서 남의 제어만 받으리오. 이왕에 우리보다 먼저 문명 개화한 나라들을 보면 남녀평등권이 있는지라. 어려서부터 각각 학교에 다니며, 각종 학문을 다 배워 이목을 넓히고, 장성한 후에 사나이와 부부의 의를 맺어 평생을 살더라도 그 사나이에게 조금도 압제를 받지 아니한다. 이처럼 후대를 받는 것은 다름 아니라 그 학문과 지식이 사나이 못지않은 까닭에 그 권리도 일반과 같으니 이 어찌 아름답지 않으리오. … 슬프도다. 과거를 생각해 보면 사나이가 힘으로 여편네를 압제하려고, 한갓 옛말을 빙자하여 "여자는 안에서 있어 바깥일을 말하지 말며, 오로지 술과 밥을 짓는 것이 마땅하다(居內而不言外, 唯酒食施衣)."고 하는지라. 어찌하여 사지육체가 사나이와 같거늘, 이 같은 억압을 받아 세상 형편을 알지 못하고 죽은 사람의 모양이 되리오. 이제는 옛 풍속을 모두 폐지하고 개명 진보하여 우리나라도 다른 나라와 같이 여학교를 설립하고, 각기 여자아이들을 보내어 각종 재주를 배워 이후에 여성 군자들이 되게 할 목적으로 지금 여학교를 창설하오니, 뜻을 가진 우리 동포 형제, 여러 여성 영웅 호걸님들은 각기 분발하는 마음으로 귀한 여자아이들을 우리 여학교에 들여보내시려 하시거든, 바로 이름을 적어내시기 바라나이다.

위의 글은 1898년 9월 1일 서울 북촌 지역의 양반집 부인들 300여 명이 기고한 〈여권통문〉의 일부이다. 남녀평등을 주장하고 여성 교육을 강조한 글이다. 사실상 최초로 여성들이 공개적이며 집단적으로 의지를 표명한 것이다. 찬양회의 〈여권통문〉은 조선 말기의 사회 변화를 반영하는 중요한 사건이었다. 갑오개혁에서 여성 차별을 제도적으로 해결하고자 했는데 문화적으로는 이미 오래전부터 변화가 있어왔다. 동학과 크리스트교의 종교 문화가 대표적이다. 동학에서는 남녀가 함께 입도식을 했고 축첩제를 공개적으로 반대했다. 여성의 재혼을 용인했고 남녀가 동등하게 '접장'이라는 존칭을 사용했다. 천주교 역시 이 부분에서는 같은 태도를 보였다. 미사를 드릴 때 남녀가 함께 자리에 앉고 교리적으로도 남녀평등을 가르쳤으니 말이다. 뒤늦게 들어온 개신교는 좀 더 적극적이었다. 처첩제도와 재가금지법을 반대했고 교회 안에서 축첩제를 몰아냈으며 남녀가 함께 예배를 드렸고 여성의 직분을 존중했다. 무엇보다 중요했던 사건은 개신교 선교사들의 여학교 설립 운동이다. 1886년에 여성 선교사 메리 스크랜턴(Mary F. Scranton)이 여성 교육의 필요성을 강조하며 배재학당 옆에 이화학당을 설립한다. 초기에는 학생을 모집하는 데 상당한 어려움을 겪었다. 개신교 신자들조차 딸을 학교에 보내려고 하지 않았으니 말이다.

교복의 노출이 심하다는 이유로 자퇴한 학생들도 있었다고 한다. 손목과 발목이 드러나는 소박한 복장에 대해서조차 거부감이 컸던 것이다. 1887년에는 고아, 기생 등을 모아 간신히 7명의 학생을 가르칠 정도로 외면을 받았다. 다행히도 이를 좋게 여긴 명성황후가 '배꽃같이 순결하고 배 같은 결실을 맺으라'는 뜻으로 '이화(梨花)'라는 이름을 지어주면서 학교가 정착할 수 있었다고 한다.

변화는 시작되었다. 1898년 서울 북촌에 사는 400여 명의 상류층 여성들이 장옷(쓰개치마)을 벗어 던지고 찬양회라는 단체를 조직했다. 이들은 독립협회가 주도한 만민공동회(1898)에 참여하여 식사를 제공하는 등 적극적인 활동을 펼쳤으며, 이듬해에는 교육과 직업 그리고 정치에 참여할 권리를 요구하며 순성여학교(1899)를 세우기까지 한다. 이들의 활동을 좋게 여긴 고종의 도움으로 경기여고의 전신인 한성고등여학교(1908)가 설립되었다. 개성에서는 부자 과부 김정혜(金貞惠)의 주도로 평양의 부자 과부 김진홍과 이현준 등이 기부하여 정화여학교(1908)가 설립되었다. 지독한 차별을 받던 첩들이 모여 권리를 주장하고자 양정회 같은 단체를 만들기도 했다.

여학교의 설립은 한국 여성사에서 가장 중요한 지점이었다. 교육을 통해 여성의 지위를 향상시킬 수 있었기 때문이다. 구국운동가들은 여성 인재를 기르는 시도를 좋게 보았고, 실제로 3·1운동 당시 여학생들이 만세운동을 주도하기도 했다.

이후의 과정은 그리 간단치 않았다. 일제강점기로 들어가면서 신여성이 등장하고 자유연애론이 주창되는 등 분명한 변화는 있었지만, 고질적인 남녀차별은 쉽사리 해소되지 않았기 때문이다. 여성 교육을 바탕으로 한 엘리트 여성에 대한 존중을 넘어 문화적인 남녀평등과 새로운 사회 발전은 보다 오랜 시간이 필요했다. 그럼에도 종교계의 노력 그리고 갑오개혁 당시의 법적 조치가 이후 역사에 중요한 주춧돌이 되었음은 분명하다.

9강

의회정치의 시작

독립협회

새로운 희망이랄까, 아니면 마지막 도전이랄까. 동학농민운동과 갑오개혁의 실패 이후 1896년 독립협회라는 단체가 만들어진다. 시작은 개화파의 영향을 받았거나 친미-친러 계열의 관료들이 모인 온건한 관료들의 사교 모임에 가까웠다. 하지만 이 단체는 1898년에 들어서면서 극적인 변화를 겪는다. 만민 공동회를 개최하면서 다양한 계층의 사람들이 참여했기 때문이다. 공화정을 목표로 고종을 몰아내고자 했던 정교(鄭喬, 1856~1925), 왕실에 협력적이되 민중의 의지를 반영하고자 했던 윤치호(尹致昊, 1865~1945) 그리고 남궁억(南宮檍, 1863~1939), 이승만(李承晩, 1875~1965) 같은 다양한 인물들이 있었다. 무엇보다 갑신정변에 참여했던 서재필이 미국에서의 망명 생활 후 필립 제이슨이라는 이름으로 돌아왔다. 독립협회의 등장은 갑작스러웠다. 각계각층의 인사들은 물론이고 민중이 참여한 구한말 최초의 대중 운동이 시작되었기 때문이다.

초기 독립협회:
신문을 만들고, 독립문을 세우다

초기 독립협회 활동은 〈독립신문〉의 발행, 독립문 건립 등으로 요약될 수 있다. 〈독립신문〉은 최초의 사설 신문이자 순한글 신문이었다. 추가로 영문 지면도 만들었는데 서양인들에게 조선의 사정을 전달하기 위함이었다. 이 신문은 〈한성신문〉 등 친일 신문과 경쟁하면서 다양한 의제를 제시했다. 최대 발행부수는 3,000부 정도였다고 하지만, 신문을 돌려보던 당시 문화를 고려한다면 영향력이 대단했다. 이 시기 독립협회는 조정의 적극적인 지원을 받았다. 당시 내각에는 정동파, 즉 친미-친러 인사들이 많았고 귀국한 서재필에게 중추원 고문직과 농상공부 고문직을 겸직하게 하였다. 당시 농상공부는 언론 기관을 지원하던 부서였으며, 서재필은 지위를 활용하여 신문을 빠른 시간에 성장시킬 수 있었다. 정부는 신문 창간비용 4,400원을 보조하고 신문사 사옥도 제공하였다. 농상공부는 〈독립신문〉을 관보와 동일한 2종 우편물로 지정하여 운송비를 할인해주었고, 학부와 내부는 산하 학교의 생도들과 지방관들에게 신문 구독을 지시했다. 궁내부 역시 의무적으로 〈독립신문〉을 구독했고 기자들의 취재 활동을 보장해줌은 물론, 관리들의 〈한성신보〉 구독을 중지시키기도 했다.

오늘날 서대문구에 세워진 독립문은 영은문을 헐고 세워진 건축물이다. 조선 시대 청나라 사신이 오면 영은문을 통과해서 모화관에 머물렀다. 사대주의를 상징하는 건물을 부수고 인근에 독립관과 공원까지 만든 것이다. 그러니 독립문이 상징하는 '독립'은 아무래도 청나라, 즉 중국에 대한 독립이라는 의미가 컸다. 하지만 현실에서 독립협회는 주로 러시아와 싸웠다. 청일전쟁에서 패배한 청나라는 영향력을 완전히 잃은 상태였고, 일본 역시 삼국간섭과 아관파천으로 위축될 수밖에 없었다.

아관파천 이후 러시아를 비롯하여 서양 열강은 최혜국대우 조항을 이용하여 각종 이권을 요구하였다. 철도 부설권, 광산 채굴권 등이 대표적인데 이권 침탈은 상권 침탈과는 전혀 다른 문제였다. 항구를 열어서 무역을 하고, 한성에 점포를 차려서 상품을 판매하는 것은 기본적으로 상인들의 경쟁이었고 열강은 간접적인 이득을 볼 뿐이었다. 하지만 이권 문제는 다르다. 이권을 장악한다는 것은 특정한 산업 부문 전체를 장악하는 것을 의미한다. 그 자체로 막대한 이윤을 확보할뿐더러 개발에 따른 자금, 즉 차관을 지원하면서 상대국의 경제를 종속시킬 수도 있다. 이런 식으로 다양한 부문에서 이권을 확보하다 보면 충분히 식민화도 가능하기 때문에 수많은 열강은 개항과 통상 다음 단계로 개발을 빌미로 한 이권 침탈에 나섰다. 조선 역시 그러한 국면을 마주하게 된 것이다.

개항 이래 상권 침탈은 계속되고 있었다. 강화도조약과 임오군란 이래 오랫동안 청 상인과 일본 상인들이 상권을 두고 격렬한 다툼을 벌였다. 이 시기 서울에는 일본인 거리, 중국인 거리 등 외국인들의 집단 거주지가 조성되기도 했다. 하지만 청일전쟁의 패배로 청 상인들은 극적으로 몰락했으며, 반면 일본 상인은 개항 이후 근 20년 만에 조선 상권에서 압도적인 우위를 차지하게 된다.

그리고 러시아의 주도하에 이권 침탈 경쟁이 벌어진다. 러시아는 압록강·두만강·울릉도 등의 산림 채벌권을 요구했다. 산림 자원에 대한 관심도 있었겠지만, 지역에 주목할 필요가 있다. 압록강과 두만강 인근은 러시아의 남하와 맞닿아 있는 곳이고 울릉도는 동해를 관통하는 해상 요충지였다.

철도 부설권에 대한 경쟁이 뜨거웠는데 결국 일본이 승리를 거두게 된다. 우리나라 최초의 철도인 경인선(서울~인천)은 미국이 매입했으나 일본이 부설한다(1899). 경부선(서울~부산)은 매입부터 부설까지 일본이, 경의선(서울~의주)은 프랑스가 이권을 확보했지만 역시 일본이 매입하여 부설하게 된다. 한반도를 'X자형'으로 가로지르는 철도인데 호남선까지 추가되면서 일본은 한반도 도로교통사에 획을 그었다. 일제강점기 당시 일본은 'X자형' 철도를 기준으로 각종 지선을 만들어서 한반도를 통치하였다. 경인선이 최초로 만들어지면서 서울역과 용산을 중심으로 서울이 커져 나가고, 영등포 일대에 공업지대가 조성된 것도 이 때문이었다. 부산, 대전 등 현재까지도 지역의 거점을 차지하고 있는 도시들은 모두 철도 건설의 결과물이었다.

 이 밖에도 광산 채굴권과 금광 채굴권 확보 및 저탄소(貯炭所, 석탄 저장 창고) 조차(租借, 타국의 영토를 사용하는 행위) 등을 두고 러시아와 일본은 물론이고 미국, 영국, 프랑스, 독일 등도 경쟁에 뛰어들었다. 미국은 운산 금광 채굴권을 확보하며 막대한 이득을 본 것으로 유명한데, 조선인 광부들이 금에 손을 대지 못하게 소리쳤던 '노터치(No-touch)'가 '노다지'가 되었다는 씁쓸한 유래가 전해지기도 한다. 독립협회는 이권 문제를 두고 서양 열강, 특히 러시아와 치열한 싸움을 벌였다. 상당 부분 성과도 있었지만, 결국 국가를 운영하는 것은 고종 황제와 대한제국 정부가 아니었던가. 정세의 어려움에도 불구하고 일본은 주도면밀하게 조선의 이권을 확보해가고 있었다.

열강의 경제 침탈

갑오개혁부터 진행된 일본의 차관 지원은 금융 지배로 이어졌다. 조선은 스스로의 딜레마를 끝내 풀지 못했다. 개화 정책을 추진하려면 돈이 필요하다. 정부 재원은 안정적인 조세 확보에 달려 있다. 하지만 조선은 만성적인 재정 적

자. 정부는 기껏해야 새로운 통화를 남발할 뿐 적극적인 재정 개혁, 재정 개혁을 위한 농업 경제 시스템의 개혁 같은 것을 도모한 적이 없다. 김옥균 같은 이들은 일본을 지나치게 맹신했으며 큰돈을 빌리면 만사가 해결될 것으로 믿었다. 갑오개혁을 추진했던 이들은 문제의 심각성을 인지했음에도 농민들 사이에 깊이 뿌리 박힌 부패의 커넥션 혹은 왕실을 포함한 양반 사대부들의 기득권을 고치지도 없애지도 못했다. 그러니 돈은 매번 부족할 수밖에 없었고, 거창한 사업이 진행될수록 국가 빚은 나날이 늘어날 수밖에 없었다. 1900년대 초반 대한제국이 일본에 빚진 돈이 1,300만 원에 달했다고 한다. 이 금액은 당시 대한제국 1년 예산이었고 그만큼 일본의 수월한 금융지배에 물꼬를 터주는 역할을 한 것이다.

1905년 1차 한일협약을 통해 재정고문 메가타 다네타로(目賀田種太郎)가 국내로 들어온다. 그는 금본위제를 단행하고 화폐 개혁을 실시하였다. 화폐 개혁의 근간은 일본 제일은행이 조선의 중앙은행이 되는 것. 일본의 민간은행인 제일은행에서 백동화를 비롯한 조선의 구권을 모두 회수하여 제일은행 화폐로 바꾸었다. 단기적으로는 화폐 개혁으로 인해 조선 상인들이 피해를 볼 수밖에 없었다. 기준을 세워 구권 화폐 중 일부는 교환을 해주지 않았기 때문이다. 장기적으로는 조선이 일본의 통화 정책에 종속당할 수밖에 없는, 식민지로 나아가는 기초가 마련되었다.

토지 약탈 문제는 생각보다 복잡했다. 당시 조선은 농업 국가였고 토지는 조선의 근간이었다. 그리고 조선은 오랫동안 토지 모순에 시달리고 있었다. 소작농 문제가 그것이다. 조선의 양반들은 지속적으로 토지 소유를 확대해나갔다. 지역에서 간척사업을 주도하며 대규모의 농장을 일구기도 했고, 한양에서의 압도적인 권력을 바탕으로 전국에 토지를 소유한 이들도 있었다. 그중에는 왕실도 있었다. 소위 '궁방전' 등으로 불렸던 토지인데 그중 상당수는 소유관계가 복잡했다. 전란이나 전염병 등으로 피해를 입은 민중을 구제하거나 황무지를 개간할 목적으로 명목상 소유는 왕실이지만 농민들에게 실질적 소유권을 주고 운영한 토지가 많았기 때문이다.

이 구조는 구한말에 심각한 문제를 일으켰다. 우선은 소작료 문제가 뜨거웠다. 농지 대여비로 생산량의 절반을 징수하는 타조법(打租法)이 문제였다. 대부분의 농지에서는 비율제로 소작료를 거두었기 때문에 생산량이 많을수록 소작료를 더 많이 내야 했다. 그리고 보릿고개 등 농민들의 어려움을 이용하여 고율의 이자 장사를 했기 때문에 추수철이 되면 심각한 경우에는 70~80%를 소작료로 내야 하는 농민도 있었다.

또한 왕실 소속의 궁방전도 문제가 많았다. 개항기 이후 왕실은 개화 정책 등을 명목으로 궁방전을 직접 소유하고자 했다. 문서상 왕실의 토지이니 왕실이 직영으로 관리하겠다는 것인데, 이는 심각한 파문을 일으켰다. 왕실에서 파견된 관료와 향리 등은 대부분 왕실의 정책 변화에 적극 부응하였다. 궁방전 관리를 통해 새로운 이득을 취할 수 있었기 때문이다. 하지만 농민들 입장에서는 억울하기 짝이 없는 조치였다. 오랫동안 실제로 소유하고 경작해왔는데 하루아침에 토지를 빼앗기거나 고율의 소작료를 부담해야 했기 때문이다.

조선의 토지 모순은 일본의 토지 침탈에 뜻하지 않은 호재로 작용했다. 청일전쟁(1894) 이후 일본인들은 전주·나주·군산 등지에서 토지를 매입하여 대규모 농장을 경영하기 시작했고, 1904년에는 정부에 황무지 개간권을 요구했다. 토지 문제로 갈등을 겪고 있던 농민들은 일본인들에게 토지를 팔기도 했고, 일본은 동양척식주식회사를 설립하여 일본인들에게 조선의 토지 매매를 주선하는 등 일본인들의 조선 진출을 적극 지원하였다.

오랫동안 조선인들끼리 살아가던 조선의 생활세계에 열강, 특히 일본의 영향력이 거세지기 시작하였다. 식민지가 된다는 것은 단순히 무력으로 하루아침에 병합되는 과정이 아니었다. 시장 경쟁·자본 경쟁에서의 패배가 식민지를 영속화하는 열쇠였기 때문이다.

후기 독립협회:
최초의 민중집회를 열어 의회를 요구하다

여하간 역사는 결과만 놓고 볼 수 없는 일. 1890년대 말 독립협회는 치열했다. 열강의 이권 침탈 문제를 객관적으로 이해했고, 효과적이고 조직적인 활동을 펼침으로써 의미 있는 승리를 거두었다. 협회는 수차례 상소를 올리고 구체적으로 의견을 표명하여 조정을 압박하였다. 그 결과, 러시아에서 파견한 군사고문과 재정고문을 몰아냈고 한러은행 또한 폐쇄한다. 부산 절영도(오늘날 영도) 조차 투쟁에서도 성공을 거뒀으며, 프랑스와 독일이 요구한 광산 채굴권도 막아낸다.

독립협회의 영향력이 강화될수록 이를 경계하는 시선 또한 커져 갔다. 당시 조정에는 수구파라고 불리는 세력 또한 뿌리를 내리고 있었다. 조병식(趙秉式) 등이 대표적이었는데 이들은 갑오개혁(1894) 당시 바뀐 모든 제도를 복구하자고 주장할 정도였다. 수구파는 서재필을 중추원 고문에서 해고하였으며 미국으로 쫓아내는 데 성공한다. 러시아 공사 스페이에르(Alexei de Speyer)는 친러인사들을 지원하며 조정에 영향력을 행사했으며, 수구파는 독립협회를 비판하며 조정 여론을 주도해나갔다. 이에 대응하여 독립협회는 조병식을 비롯하여 무능하고 부패에 연루된 관료들을 몰아내고자 상소를 올리며 고종의 인사 정책에 적극적으로 영향을 미치고자 하였다. 그런데 이러한 노력이 오히려 고종에게 반감을 일으켰다.

내부적인 갈등 또한 있었다. 윤치호, 이상재(李商在, 1850~1927), 남궁억 등은 황제권을 인정하며 점진적 개혁을 추진하고자 했다. 하지만 정교, 안경수(安駉壽) 등은 대한제국이 표방한 전제군주제도의 한계를 인식하며 보다 급진적인 개혁을 선호하였다. 안경수 등은 고종을 몰아내려는 모반을 꾸몄다는 이유로 유배를 가기도 하였다.

윤치호는 황제와 황실에 대한 불경한 언행, 외국인에 대한 모독, 회원 간 또는 전현직 관료에 대한 비방, 사회 관습에 대한 개혁 논의 등을 엄금한다는 4개 조의 대회 진행 규칙을 공개적으로 천명하기도 했다. 갑오개혁 이후 또다시 망명 생활을 한 박영효도 문제였다. 그는 시모노세키에서 의연금을 보내는 등 독립협회 포섭에 열을 올린다. 이러한 노력 때문인지 최정덕, 이승만 등의 주도로 서재필은 물론이고 박영효의 국내 영입 문제가 대두되기도 했다. 애초에 서재필, 박영효 등은 갑신정변을 주도한 역적이 아니었던가. 서재필은 쫓겨난 지 얼마 되지 않았고 박영효는 당시 대역죄인의 신분이었다.

여러 난관에도 불구하고 독립협회는 이전에는 찾아볼 수 없었던 새로운 도전을 향해 힘차게 발을 내딛고 있었다. 협회의 회원 수는 1896년 말 2,000여 명에서 시작하여 만민공동회가 활발하던 1898년에는 4,000명을 넘었다. 창립하고 수개월이 흐른 후 협회는 관료 중심의 사교 모임에서 민중과 적극적으로 소통하는 단체가 되고자 노력하였다. 독립협회는 매주 일요일에 토론회를 개최하였다. 1897년 8월 29일 독립관에서 '조선의 급선무는 인민의 교육으로 작정함'을 논제로 첫 번째 토론회를 개최하였다. 찬성 측과 반대 측 각 2명씩이 토론을 벌인 후, 방청인이 다수결로 우세를 결의하는 방식을 취했다. 조선에서 민중이 모여 토론을 하고 소통을 하다니! 당시로서는 파격 그 자체였다. 토론회는 1898년까지 총 34회 진행되었는데 신교육 진흥, 산업개발, 위생 및 치안, 민족문화, 미신 타파, 신문 보급 등에 관한 토론부터 열강의 이권 획득 반대, 의회 설립, 민권 신장, 개혁 내각 수립 등 예민한 정치적 현안까지 광범위한 주제를 두고 대화를 벌여나갔다.

반향은 컸다. 토론회는 개방된 행사였기 때문에 회원 이외에도 수십에서 수백 명이 참여하였다. 이들은 문제의식을 공유하고 적극적으로 소통함으로써 집단적 연대감을 만들었고, 정치·사회적 문제의식 또한 빠르게 성장하였다.

교사, 상인, 하급 관료 등 참여 계층이 다양해졌으며 그로 인하여 협회는 더욱 역동적으로 번창할 수 있었다. 과거 어느 때 이런 도전과 노력이 있었던가. 흥선대원군부터 광무개혁에 이르는 극도의 정치적 격랑은 기실 몇몇 지도자의 정치 파동에 불과했던 것이 아닐까? 동학농민운동 역시 분노와 울분을 쏟아낸 민란이었을 뿐 체계적이지도 대안적이지도 않았던 것은 아닐까? 갑오개혁과 청일전쟁으로 인한 정치적 절망의 자리를 독립협회는 놀랍게도 빠른 속도로 메워가고 있었다.

그리고 만민공동회가 열리게 된다. 이권 침탈을 규탄하고, 국정 전반에 대한 개혁을 촉구하는 우리나라 최초의 근대적 민중집회가 '만민공동회'라는 이름으로 열린 것이다. 1898년 3월 10일 종로에서 개최된 1차 만민공동회에는 무려 1만여 명의 사람들이 참여한다. 유례가 없는 일이니 초미의 관심사가 될 수밖에 없었다. 정부 관료들은 물론 러시아 공사 스페이에르, 배재학당 교장 헨리 아펜젤러(Henry Gerhard Appenzeller) 등 외국인들도 만민공동회에 참여하였다. 집회는 정련된 형태로 엄중하고도 진중하게 진행되었다. 특히 백정 박성춘(朴晟春, 1862~1933)의 연설이 인상적이었다. 조선에서 가장 차별받는 백정이 연설에 나섰다는 것 자체가 특별한 일이었으며, 박성춘은 협회와 민중의 단결을 통해 황제권을 수호하자는 연설을 하여 갈채를 받았다. 박성춘은 과거 사경을 헤매던 중에 선교사의 극진한 간호를 받으며 개신교를 받아들인 인물이다. 그가 교회에 출석하자 양반들이 이를 거부하는 갈등이 일어났다. 양반들은 백정과 같은 교회에 다닐 수 없다면서 따로 교회를 차렸지만 호응을 얻을 수 없었고, 박성춘은 이후 교회의 지도자인 장로에 오르기도 한다. 그의 아들 박서양(朴瑞陽, 1887~1940)은 연희전문학교 출신으로 의사가 되었고 만주에서 독립군을 지원하는 의술을 펼치기도 했다. 가정사에서 기적적인 경험을 한 만큼 곤경에 빠진 나라 또한 기적이 일어날 수 있지 않겠는가.

황제는 독립협회를 꺼리어, 법부 민사국장 이기동에게 하나의 모임을 만들도록 시켰다. 황국협회라 이름을 짓고 등짐장수 수천 명을 불러 모아 그 회원으로 만들었다. … 황국협회는 황제의 뜻을 받들어 독립협회에 대항하는 것을 취지로 삼았다.

… 전 군수 완안희가 조병식을 설득해 하나의 모임을 만들고 황국중앙총상회라 칭하였다. 조병식이 회장, 이종래가 부회장이 되었다. 서울 각 점포의 상인들이 회원으로 가입했으며, 신사(紳士)로서 뒤쫓아 달라붙은 사람도 꽤 많았다.

– 정교,《대한계년사》중

만민공동회의 위상은 대단했다. 러시아의 이권 침탈 요구를 막아냈을뿐더러 민중의 지지를 얻었기 때문이다. 그 어떤 때보다 독립협회는 구체적으로 개혁을 요구하며 내부적으로는 고종을 압박하였고 외부적으로는 열강에 대항하였다. 수구파 대신이었던 의정부 참정 조병식은 이를 위협으로 느껴 협회 지도자들을 살해하고 독립협회를 해산하려 했다. 독립협회 또한 물러서지 않았다. 협회는 조병식 파면 운동을 강력하게 추진하여 승리를 거둔다. 문제는 이 싸움이 계속되었다는 점이다. 협회는 고종의 인사 정책에 일일이 문제제기를 했고, 수구파 관료들의 활동을 감시하며 그들을 견제하고 때로는 몇몇 인사를 조정에서 몰아내고자 했다. 고종을 중심으로 제대로 된 개혁 정치가 펼쳐지기를 기대했기 때문이다. 사정이 이러니 갈등이 지속될 수밖에 없었다. 대신들은 독립협회의 영향력을 차단하기 시작하였고 고종 또한 움직였다. 황국협회·황국중앙총상회 등 일종의 어용 단체를 조직하였고, 이들을 후원하여 독립협회를 견제하고자 한 것이다.

독립협회 또한 피로감을 느낀 듯하다. 대신들과의 갈등이 지속되었고 이제는 황국협회, 황국중앙총상회 같은 고종에게 복종하는 새로운 단체와의 경합

마저 일어났으니 말이다. 무엇보다 열강과의 이권 투쟁이 심각했다. 한 건 한 건 싸워가며 열강의 요구를 막는 데는 한계가 있었다. 한두 건을 막아내고 나면 그사이 여러 건이 통과되는 일이 반복되었기 때문이다.

> 저희들은 비록 올곧은 말을 해서 죄를 얻게 되더라도 한 사람이 죽으면 계속해서 열 명이 하고, 열 명이 죽으면 1백 명, 1천 명이 계속 바른말을 할 것입니다. … 만일 권한을 가지고 논할 것 같으면 천자로부터 일반 백성에 이르기까지 각각 정해진 바가 있으니, 전 세계와 동등하고 모든 나라와 평등하게 행하는 것이 폐하의 권한입니다. 폐하의 백성이 되어 폐하의 영토를 지키는데, 정치를 잘못하고 법을 어지럽힌 신하가 나라에 해를 끼친다면 이를 탄핵하고 성토하는 것은 저희들의 권한입니다.
> 일부 사람들이 말하기를, 인민의 권리가 커지면 군주의 권리는 반드시 적어진다고 하는데, 이보다 더 무식한 사람이 어디 있겠습니까? 가령 오늘날 이러한 백성들의 의견이 없다면 정치와 법률은 그에 따라 허물어져 어떤 모양의 재앙의 기미가 어느 곳에서 일어날지 알 수 없을 것입니다. 어찌하여 폐하께서만 홀로 여기에 생각이 미치지 않으시는 것입니까?
>
> — 정교,《대한계년사》중

독립협회는 의회를 만들고자 하였다. 갑오개혁(1894) 때 만들어진 중추원을 의회 기구로 개편하는 방안을 제안한 것이다. 고종과 내각이 정무를 주도하지만 의회에 준하는 기구를 두어서 이권을 비롯한 각종 국가 정책을 감시하는 기구를 만들고자 한 것이다. 광무개혁이 지향한 전제군주제와 서양식 입헌군주제 가운데 타협점을 찾으려는, 독립협회 내부의 갈등 또한 극복하려는 시도였다고 할 수 있다. 독립협회는 고종을 설득하였고 고종 또한 적어도 이 지점에서는 적극적이었던 듯하다. 독립협회는 다시 한번 만민공동회를 열었고 고종의 명을 받은 조정의 관료들이 참여한다. 일명 관민공동회(1898)가 열렸고 이때 '헌의 6조'를 의결한다. 핵심은 관선 25석, 민선 25석으로 하는 의회 형태의 중추원을 만들자는 것이었다. 고종이 25명을 선발하고 독립협회가 25명을 추천해서 총 50명의 의원이 중추원 구성원이 되어 보다 협력적인 국정 운영체제를 구축하겠다는 발상이었다. 하지만 의결 직후 곧장 문제가 발생했다. 조정에서는 헌의 6조를 수용하면서도 황국협회 등 여러 단체가 있기 때문에 25석 모두를 독립협회에 줄 수가 없다는 입장이었다. 어느 시점부터 고종은 수구파로 기울어졌고, 무엇보다 독립협회를 우려하는 의중을 드러내기 시작했다.

고종의 본심

애초에 독립협회는 엄격한 법 집행, 근대적인 행정 집행을 촉구하며 정부의 정책 집행을 엄격하게 감독하고자 하였다. 절차를 위반하거나 위법적인 행태를 보일 때는 강경하게 맞섰다.

1898년 3월 15일 이원긍(李源兢)과 지석영(池錫永, 1855~1935) 등 독립협회 회원 4명이 무고로 투옥됐고, 재판이 열리지 않은 채 황제의 칙명으로 10년 유배형에 처해지는 사건이 발생한다. "마음가짐이 음비(陰祕)하고 민심을 선혹(煽惑)"하는 유언비어를 유포했다는 혐의였다. 독립협회는 이를 즉각 문제 삼았다. 총대위원을 파견하여 불법 체포 행위를 강력하게 규탄했으며, 경무사와 법부대신에게 항의 서한도 발송하였다. 또한 특별회의와 토론회를 잇따라 개최하였고 적극적인 활동으로 이들에 관한 무죄 석방을 끌어낸다.

그리고 김홍륙 독다(毒茶) 사건이라는 전혀 엉뚱한 문제로 고종과 협회의 갈등은 극에 달한다. 김홍륙은 대표적인 친러파 인사였다. 신분이 미천했지만 블라디보스토크에서 일하면서 러시아어를 배웠고, 그 덕에 러시아 공사관에서 통역관으로 일하게 된다. 아관파천 당시 중요한 역할을 하면서 고종의 총애를 받았고 이후 승승장구한다. 학부협판, 귀족원경, 한성부판윤 등 고위 관직을 두루 역임한 것이다. 하지만 권력을 남용하고 사사건건 문제를 일으키면서 고종의 분노를 사게 된다. 고종은 태형 100대와 종신 귀양이라는 벌을 내렸는데 흑산도로 유배를 가게 된 김홍륙은 앙심을 품는다. 뇌물을 주고 황실 인사를 매수해서 고종과 순종이 마시는 커피에 독을 탄 것이다. 고종과 순종은 이 때문에 큰 고초를 치르게 된다. 황제 암살 미수 사건이 터졌기 때문에 조정은 강력하게 대처하였다. 김홍륙은 물론이고 독다 사건을 공모한 공홍식, 김종화 등은 참수형을 당한다. 그들의 시체는 종로 거리에서 끌려다니는 모욕을 당했고, 김홍륙의 처 김소사는 태형 10대를 맞은 후 3년간의 백령도 유배령에 처해졌다.

이 과정에서 경무사 민영기는 잔혹한 고문을 일삼았고, 법부대신 신기선은 이미 폐지된 나륙법(拏戮法, 가족까지 연좌하여 사형에 처하는 법)과 연좌법을 부활하자는 상소를 올렸다. 이에 대해 서양 열강의 공사들은 공식적으로 문제를 삼았다. 고문과 불법적인 법 집행은 문명국가에서는 이루어질 수 없는 일이라며 강경하게 항의한 것이다.

독립협회 또한 강경했다. 나륙법과 연좌제 부활에 강력히 반대하며 신기선을 비롯한 수구 친러 대신들에 대한 파면 운동을 벌인 것이다. 그 결과 수구파 7대신(신기선, 이인우, 심순택, 윤용선, 이재순, 심상훈, 민영기)이 해임되고 박정양 진보 내각이 수립되었는데 이를 위해 상소를 올리고, 철야 투쟁까지 벌였다. 밤에는 50명의 대표를 남겨 인화문을 지키고, 낮에는 민중대회를 열면서 고종을 압박하여 이루어낸 성과였다. 문제는 이 과정에서 고종이 독립협회에 대해 마음을 완전히 닫았다는 것이다. 고종은 적극적으로 수구파와 결탁하였으며 조병식은 의정부 찬정으로, 윤용선은 의정부 의정으로 복귀하는 등 상황은 점점 복잡해

저만 갔다.

그리고 수구파의 반격이 시작되었다. '익명서 사건'을 일으킨 것이다. 독립 협회가 회장 윤치호를 추대하여 황제를 폐하고 공화국을 세우려고 한다는 모함이었다. 독립협회의 치명적 약점이자 고종의 역린을 건드린 것이다. 독립협회 내에 급진파의 존재는 분명했고 고종은 너무나 오랫동안 왕좌를 지키는 데 어려움을 겪었으니 익명서 사건은 양자를 극단으로 치닫게 하는 데 효과적이었다. 윤치호가 회장에서 사퇴하자 이번에는 일본으로 건너간 박영효를 대통령으로 옹립한다는 소문이 퍼진다.

수구파의 공세는 계속되었다. 박정양을 대통령으로, 윤치호를 부통령으로, 이상재를 내부대신으로 하는 공화정 국가를 만든다는 끔찍한 무고를 접한 고종은 종래에 약속했던 헌의 6조를 거부함은 물론이고 만민공동회를 불법집회로 간주하여 독립협회를 해산시키려 한다. 또한 이상재, 정교 등 187명을 체포·구금하고 내각에서는 박정양 등을 파면하면서 더욱 강고한 수구파 내각을 조직하였다.

독립협회 또한 절박했다. 협회의 존망이 걸린 상황, 물러설 곳이 없었기 때문이다. 독립협회는 매일매일 만민공동회를 열었고 철야 시위를 전개했다. 그리고 철야 시위 17일째 되는 날, 홍종우와 길영수가 지휘하는 황국협회 회원 2,000여 명이 몽둥이로 무장한 채 농성장을 습격한다. 고종이 직접 만민공동회를 방문하여 독립협회의 요구사항을 수용하며 화해의 제스처를 취하기도 했지만 본심은 다른 데 있었던 것이다.

독립협회에 대한 무력 탄압이 본격화되었다. 영국과 미국의 공사들은 만민공동회의 무력 진압을 묵인했고, 러시아·프랑스·일본 공사들은 적극적으로 찬성하였다. 독립협회가 상원 설립을 주장하자 하원 설립을 요구했고, 독립협회와 똑같은 권리를 달라며 분탕질을 일삼았던 황국협회는 고종이 보낸 군대와 함께 무장 폭도가 되어 독립협회를 산산이 부수어버린다. 아펜젤러의 집으로 피신한 윤치호의 일기에는 이런 기록이 남아 있다.

이것이 국왕이라니! 거짓말을 능사로 하는 배신적인 어떤 비겁자라도 대한의 대황제보다 더 천박한 일을 하지 못할 것이다. 이제 정부는 친일 노예 유기환과 친러 노비 조병식의 수중에 있다.

… 그들(민중)은 우리의 투쟁을 몇몇 독립주의자들과 정부 측과의 개인적인 다툼으로 간주하고 있다. 수 세기 동안 … 노예적 삶을 살아온 이 사람들은 합의된 6가지 항목이 그들 모두의 나라와 개인적인 이익에 어떻게 영향을 미친다는 사실을 모르고 있다. 이런 유형의 사람들에게 희망을 걸었다니 우리는 참으로 어리석었다. 임금이 그렇듯이 국민도 모두 마찬가지이다. 그들이 노예로 사는 것은 당연한 일이다.

윤치호는 분노했다. 고종은 권력 유지에만 급급할 뿐 비전이 없는 지도자였고, 수많은 백성은 사태의 본질을 파악하기는커녕 황국협회 편을 드는 등 독립협회의 치열한 노력은 허망하리만큼 폭력적으로 무너졌으니 말이다.

이렇게 독립협회의 활동은 끝났다. 고종은 끝내 전제권력의 유지를 위해 수구파를 선택했으며, 근대화로 나아가는 중요한 제도적 장치인 입헌군주제는 관철되지 않았다. 황제권을 수호하는 의회 권력을 구성하여 서양 열강과 맞서려던 독립협회의 원대한 노력, 토론회부터 만민공동회 그리고 합리적인 법 집행과 수구파의 비전 없는 정치에 도전했던 독립협회 활동은 수년 만에 실패로 끝나고 말았다. 이로써 기적처럼 구축되었던 새로운 단위는 너무나 허탈하게 사라졌다. 이제 조선은 어떤 방식으로 살아남을 수 있을까? 조선의 역사는 실패를 거듭하고 있었다.

동아시아의 판이 바뀌다

러일전쟁

결국 20세기 초반의 동아시아 역사는 일본에 의해 바뀐다. 러일전쟁이 발발한 것이다. 10년 전 청나라를 무너뜨렸듯 이번에도 일본은 대담했다. 조선의 식민화, 남만주로의 진출이라는 일본이 주도하는 신세계가 열린 것이다. 동아시아 역사상 한 번도 경험하지 못한 진풍경이 벌어졌다.

미친 듯이 날뛰고 오만방자로 흘러, 국민이 있는 곳마다 함성개가의 무대에서 고주망태가 된 것처럼 장래의 욕망이 하루하루 증장(하고 있다).

청일전쟁(1894)의 승리로 고무된 국민들의 모습을 두고 당시 외무상이었던 무쓰 무네미쓰(陸奧宗光)가 남긴 기록이다. 하지만 러시아의 삼국간섭 때문에 상황은 번잡스러워졌다. "전쟁의 승리를 외교가 훼손"했다는 불만이 대두되었고, 동시에 러시아·프랑스·독일의 포격을 받을까 봐 "경악이 극도에 이르러, 침울에 빠지고 근심에 가득" 찼다. 문제는 러시아가 시베리아 철도 완공을 앞두고 있다는 사실이었다. 시베리아 횡단 철도, 그리고 만주 일대를 가로지르는 동청철도 같은 사업에 러시아는 적극적이었다. 철도가 놓이면 군대가 빠른 속도로 이동할 것이고, 그러면 만주는 물론이고 동아시아 전역에 러시아의 영향력이 극대화될 것이니 말이다. 영국과 프랑스가 해양 세력이었다면 러시아는 육상 세력, 이들에게 필요한 것은 부동항이 아닌 철도였다. 당시 시베리아 횡단 철도의 완공 목표는 1905년. 일본 역시 결단을 내려야만 했다.

협상? 전쟁?

청일전쟁 이후 일본은 또다시 전쟁 준비를 시작한다. 1895년 12월 개회된 의회에서는 전후 10년 계획에 따른 예산이 통과되었다. 총경비 7억 8,105만 엔. 군비 확장안을 중심으로 기간산업 육성과 행정제도 확장 비용까지 고려한 금액이었는데, 1893년 예산의 9배에 달하는 수준이었다. 육군은 7개 사단에서 13개 사단으로, 해군은 6·6함대, 즉 강철 전투함 6척, 순양함 6척을 구비한다는 계획을 세웠다. 국가 예산에서 군사비의 비율은 엄청났다. 향후 10년간 평균 42%를 점했고, 1898년에는 50%를 넘기도 했다. 청나라로부터 받은 2억 냥 가량의 전쟁 배상금 역시 도움이 되었다.

러시아 또한 적극적이었다. 아관파천 이후 본격적으로 조선의 내정에 개입하였고, 의화단이 남만주까지 북상하여 동청철도 지선과 통신시설을 파괴했을 때 러시아는 대군을 보내 만주의 주요 지역을 점령한 후 장기 주둔을 시작한다. 위태로운 시간이 계속되는 가운데 블라고베셴스크 사건이 발발하였다. 헤이룽장성 북부 아이훈에 주둔하고 있던 청나라 군대와 아무르강을 항행 중이던 러시아 기선 사이에서 다툼이 일어났다. 당시 청군은 러시아 아무르주의 블라고베셴스크를 포격했는데, 이를 빌미로 러시아군은 아무르강을 건너 아이훈 등의 중국인 촌락을 불태우고 주민을 학살하였다. 또한 블라디보스토크에 사는 청나라 사람 5,000여 명을 학살하여 아무르강에 매장하였다. 사건의 충격은 일파만파로 퍼져 나갔다. 당시 중국의 청년들은 위안스카이가 이끌던 북양군에 입대하여 러시아와 싸우자는 거아의용군운동을 벌이기도 했다. 황싱(黃興), 쑹자오런(宋教仁) 등을 중심으로 화흥회가 조직되었고, 추진(秋瑾) 등이 참가한 광복회도 만들어진다. 또한 쑨원(孫文, 1866~1925)의 흥중회 등 혁명파 단체들이 통합되어 중국혁명동맹회가 만들어진 것도 이 시점이었다. 청나라에 대한 저항을 넘어 러시아의 침략을 막아내겠다는 위기의식이 중국의 민족주의자들 사이에 널리 퍼진 것이다.

블라고베셴스크 사건으로 인한 일본의 충격도 보통이 아니었다. 어떤 형태로든 담판을 지어야 일본의 미래가 있었다. 협상인가, 전쟁인가? 우선 일본은 협상에 기대를 걸었다. 만한교환론, 즉 만주를 러시아에 넘기고 한반도에 대한 지배권을 확보한다는 구상이었다. 이토 히로부미, 이노우에 가오루 등이 러일협약을 추진하였고 협상은 러일전쟁 직전까지 진행되었다. 하지만 러시아는 협상에 부정적인 태도로 일관했다. 만주가 일본 땅이 아니기 때문에 관여할 근거가 전혀 없고, 조선에 대해서도 일본의 군대 파병 등은 인정할 수 없다고 보았다. 한반도 분할론도 이때 등장한다. 러시아는 북위 39도를 기준으로 중립지대를 설치하여 한반도에 영향력을 행사하겠다고 주장했다. 이에 일본은 만주와 한반도의 경계선 양측에 폭 50킬로미터의 중립지대를 설치하자는 수정안을 제출하였다. 러시아는 이를 받아들이지 않았다.

러시아와의 경쟁에서 승리하기 위한 다른 방안도 고안되었다. 야마가타 아리토모, 가쓰라 타로(桂太郎), 고무라 주타로(小村壽太郎) 등이 주도한 영일동맹이 그것이다. 러시아의 경쟁자인 영국을 끌어들여 일본의 위세를 강화코자 한 것이다. 그러한 노력의 결과로 1차 영일동맹(1902)이 맺어진다. 상호 간의 특수 권익을 존중하며 상대 국가가 교전 상태에 들어갈 때는 중립을 지켜주고, 만약 제3국이 참전했을 경우 동맹국을 원조한다는 것이 주요 내용이었다. 당시 러시아와 프랑스가 동맹 상태였기 때문에 프랑스를 견제할 수도 있었으며, 일본은 주력함의 건조를 영국에 의뢰하고 군사협력규정에 근거하여 러시아에 관한 정보 또한 공유받았으니 중요한 외교적 성과였다. 더구나 '위대한 고립'을 표방했던 영국이 이례적으로 동맹을 맺었기 때문에 일본 입장에서는 국제적 지위가 향상됐음을 대내외에 과시할 수 있었다.

러시아 또한 거침이 없었다. 1903년 7월 하얼빈에서 다롄을 잇는 동청철도가 완성되었고 치타와 블라디보스토크 사이의 전 노선이 개통되었다. 극동 시베리아와 만주를 잇는 주요 노선이 상당 부분 완공된 것이다. 8월에는 러시아 극동 총독부가 설치되어 강경파 알렉세예프(Evgeni Ivanovich Alekseev)가 정책을 총괄한다. 이 시기 러시아는 군대를 파견, 압록강 하구 용암포를 조차지(租借地)로 만들었다. 포대, 전보국, 경편철도를 설치하는 등 러시아의 군사기지가 만주와 한반도의 경계선에 등장한 것이다.

예상과 다른
전쟁의 결과

1904년 2월 8일 일본의 기습 공격으로 러일전쟁이 시작되었다. 일본 해군이 뤼순에 주둔하던 러시아 함대를 공격함으로 시작된 전쟁은 1905년 9월 5일 포츠머스조약으로 강화를 맺기까지 계속되었다.

전쟁의 결과는 예상과 전혀 달랐다. 세계 최고 수준의 군대를 자랑하는 러시아를 상대로 일본이 기적적인 승리를 거둔 것이다. 가까스로 이루어낸 승리였다. 일본은 총 108만 8,996명을 동원하여 8만 7,360명의 전사자, 38만 1,313명의 부상자를 냈고 19개월간 악전고투를 벌였다. 전비 지출 19억 8,612만 엔, 그중 내외공채비가 13억 엔이나 되었다. 전쟁 자금이 부족했기 때문에 엄청난 빚을 져가면서 싸움을 이어간 것이다.

육전은 주로 다롄에서 창춘으로 이어지는 랴오둥반도에서 벌어졌고 해전은 동해에서의 싸움이 결정적이었다. 예상과 달리 일본은 육전의 중요한 전투에서 모조리 승리를 거둔다. 하지만 러시아군을 섬멸, 패퇴시키는 데는 실패한다. 랴오양 전투에서는 이후 군신으로 불리게 되는 다치바나 슈타(橘周太) 중좌를 포함하여 무려 2만 3,533명의 사상자를 내면서 승리를 거두었다. 이 전투는 세계군사상 최초로 시도된 사단 규모의 야습이었다. 전투에서는 이겼지만, 탄약 부족으로 목표선까지 도달하지는 못했다. 육전은 계속 이런 식이었다. 러시아의 반격전이라 칭하는 사하 전투가 벌어지는데, 고전 끝에 이번에도 일본이 이긴다. 같은 시기 노기 마레스케가 이끄는 제3군은 뤼순 요새 총공격에 실패하지만 고다마 겐타로 참모총장의 지원으로 203고지를 탈환한다. 뤼순에서는 사상자만 5만 9,000명이 나왔다. 이후 펑톈 전투에서 러시아 32만, 일본 25만이라는 러일전쟁 최대의 총력전이 벌어졌고 러시아군 사상자 9만(포로 포함), 일본군 사상자 7만이라는 대격전 끝에 일본이 승리를 거둔다.

도고 헤이하치로(東鄕平八郎)가 이끄는 일본 해군은 뤼순항 밖에서 기습전을 벌여 일찌감치 황해 재해권을 확보한다. 뤼순의 러시아 함대는 블라디보스토크로 이동 중 황해 해전에서 타격을 입었고, 울산 해전에서 가미무라 히코노조가 이끄는 2함대에 격파당하였다. 전황을 타개하기 위해 러시아는 발트해에서 주력 함대를 출항시킨다. 당시 영국 해군에 비견될 정도였던 발트함대는 대서양·인도양·남중국해 3만여 킬로미터를 150일간 쉬지 않고 이동하는 무리한 원정을 감행했으나, 쓰시마섬 일대에서 벌어진 동해 해전에서 패배하고 만다. 일본, 일본이 이긴 것이다.

일본의 승리에 열광한 아시아

전쟁에서 승리한 일본은 미국의 도움을 받아 포츠머스강화조약을 맺는다. 조선을 자유롭게 처분할 수 있는 권리는 물론 랴오둥반도 조차권, 하얼빈-뤼순 간 철도의 양도권까지 확보한다. 조선을 넘어 중국으로 나아가는 길목을 확보한 것이다. 응당 배상금을 요청하였으나 러시아는 사할린 남부 지역을 할양하는 대가로 이를 피해 갔다. 협상을 이끌었던 세르게이 비테(Sergei Witte)가 배상금 포기를 끌어낸 것에 대해 "이겼다!"라고 소리쳤다고 하는데, 전후 배상금 부재는 향후 일본의 경기 불황을 낳을 정도로 문제가 된다.

전쟁에서 승리한 일본은 적극적인 기념 사업을 추진하였다. 우선 프랑스의 선례에 따라 '폐병원'을 만들어서 중증 상이군인을 수용한다. 육군과 해군은 사망자를 기리기 위해 합장묘를 건립하였다. 워낙 중요한 승리였기 때문에 이를 기념하기 위해 육군 기념일과 해군 기념일이 정해진다. 육군 기념일은 3월 10일로 펑톈 전투가 극렬하게 벌어졌던 날, 해군 기념일은 5월 27일로 동해 해전에서 가장 많은 희생자가 나온 날이었다.

청일전쟁(1894)이 끝났을 때도 전리품을 전국 각지에 배치하여 국가와 군대를 찬양하는 행사를 진행했는데 러일전쟁 이후에도 마찬가지였다. 황궁에는 진천부와 경안부라는 전리품 기념관이 만들어졌고 민간에는 소학교와 사범학교, 신사, 사원, 관공서 등에 전리품이 배포되었다. 연발 보병 총 한 자루, 연발 보병 총검 한 자루, 3인치 속사 야포용 약협통 하나, 삽 한 자루 등이 '하사'되었는데 수많은 국민, 특히 학생들이 이를 견학하며 용맹한 일본의 승전을 기뻐하고 마음에 새겼다. 군대의 승전을 기뻐하고, 국가의 성공에 열광하는 새로운 열강 국가 일본 그리고 그것을 피부로 체험하는 일본인들의 독특한 역사적 경험이 일어난 것이다.

　일본인만이 아니었다. 조선인을 제외한 아시아의 수많은 사람이 러일전쟁에 열광하였다. 중국의 마오쩌둥(毛澤東, 1893~1976), 인도의 자와할랄 네루(Jawaharlal Nehru, 1889~1964), 베트남의 호찌민(胡志明, 1890~1969) 등 향후 아시아 역사에서 주역을 담당하게 되는 인물들이 일본의 승리 소식을 듣고 큰 감동을 받았다. 황인종이 백인종을 이기다니, 아시아가 유럽을 이기다니! 일본의 승리는 세계적으로 영향을 미쳤다. 이란에서의 입헌혁명, 이집트의 대영국 저항운동 등에 영향을 주었고, 특히 터키와 핀란드같이 러시아 팽창 정책으로 곤란을 겪던 나라들에서는 일본 붐이 일어났다. 터키 이스탄불에는 해군 제독 도고 헤이하치로의 이름을 딴 '도고 거리'가 조성되었고, 핀란드에서는 '도고 맥주'가 만들어졌다. 일본이 동해 해전에서 승리한 직후 수에즈운하를 지나던 선박에서 중국의 혁명가 쑨원은 아랍인들에게 "일본인입니까?"라는 질문을 받는다. "아시아의 민중이 유럽보다 발달할 수 있다는 신념이 아시아 전체의 각 민족에게 전해졌다." 이 사건에 대한 쑨원의 회고인데 당시 조선인들이 느꼈을 심정과는 거리가 있다. 러일전쟁은 향후 한민족의 정체성을 아시아적 보편성과는 다른 형태로 이끌었다. 황인종(일본)에 의한 황인종(조선)의 지배는 아시아에서는 특수한 사건이었으며, 일본에 대한 아시아인들의 동경 또한 한민족의 정서와는 거리가 멀었다. 황인종 사이에서의 탈각화된 민족의식, 아시아적 정체성과는 차이가 있는 민족의식. 러일전쟁의 결과는 한반도를, 한민족을 다른 길로 인도하고 있었다.

타이완,
조선의 식민화를 예비 훈련하던 곳

청일전쟁에서 러일전쟁으로. 이 기간에 일본은 전쟁만 준비한 것이 아니었다. 타이완을 식민화하면서 제국주의 국가로서 노하우를 기르고 있었다. 타이완에는 총독부가 만들어졌고, 총독은 육·해군 대장이나 중장이 맡는데 군부가 직접 식민지를 통치했다. 타이완의 식민화로 일본은 2개의 시간을 갖게 되었다. 중앙표준시인 동경 135도 외에 동경 120도를 기준으로 '서부 표준시'를 정하여 타이완과 근처 해협 및 제도, 야에야마제도, 미야코제도를 관리하게 된 것이다. 2개의 시간을 가지듯 통치 방식도 둘로 나뉘었다. 내지와 외지. 내지는 '의회와 정당'이 존재하는 공간이고, 외지는 내지와는 '다른 법령'으로 운영되는 식민지였다. 일본은 식민지라는 말은 기피하면서 타이완, 조선이라는 말을 사용하다가 1920년대 말부터는 공식적으로 '외지'라는 말을 사용한다.

일본의 지배를 통해 타이완의 사회·경제구조는 근본적으로 변화한다. 일본은 남북 종단 철도를 부설하여 통합적으로 타이완을 관리하였다. 이에 따라 외국과의 무역보다는 내지 무역을 주로 하게 되었다. 이전에는 주로 대중국 무역을 했다면 이제 일본 본토로 들어가는 설탕, 쌀, 석탄, 목재, 비료 등이 주요 생산물이 된 것이다. 본국을 위해 기능하는 식민지 경제구조. 이러한 경험은 식민지 조선을 운영하는 데에도 영향을 미치게 된다.

타이완에서는 격렬한 저항이 있었다. 타이완은 청나라 초기부터 약 300년간 중국이 지배한 땅이었고, 인구의 대부분이 대륙에서 건너온 중국인들이었다. 유명전은 청나라 관료로 파견된 이후, 미약하나마 철도를 비롯한 근대적 시설을 건설하였다. 그의 뒤를 이은 당경숭이 타이완 민주국을 선언했고, 청프전쟁(1884) 당시 흑기군을 이끌면서 프랑스군과 투쟁했던 유영복이 가세하였다. 하지만 이들은 일본군에 패배하고 말았다. 일본은 7만 6,000명의 병력을 투입하여 5,320명의 사상자를 내고, 현지인 1만 4,000명을 죽이는 등 6개월간의 전투를 통해 타이완을 정복하는 데 성공한다.

이후에도 저항은 꾸준했다. 대표적인 인물이 뤄푸싱이다. 그는 쑨원과 함께 혁명운동에 투신했던 인물이다. 뤄푸싱은 싱가포르·인도네시아·미얀마 등의 화교들과 교류했고, 1912년 타이완으로 돌아온 후 타이베이와 먀오리를 오가며 항일투쟁을 준비했으나 계획이 탄로 나면서 붙잡히고 만다. 일명 먀오리 사건이다. 1915년에는 위칭팡, 루어쥔, 지앙딩 등이 주도한 쟈오바니엔 사건이 일어난다. 타이베이, 타이중, 타이난 등지에서 종교 조직을 기반으로 강력한 독립운동이 전개된 것이다. 이들은 타이완의 쟈오바니엔에서 일본군과 무장 충돌을 하게 되는데 2,000여 명이 체포되고, 866명이 사형, 453명이 징역을 선고받았다. 이후 37명 사형, 12명 징역형이 추가되는 등 일본은 투쟁을 가혹하게 짓밟았다.

1930년 고산족의 항일투쟁도 주목할 부분이다. 우서 지역의 산악 원주민들인 타이야족은 일제의 강제 노역에 시달렸는데 고산족 수령 모나 루따오의 아들 혼례 당시 일본 순사가 풍속을 무시하는 행동을 했고, 그로 인해 충돌이 발생한 것이다. 모나 루따오 등 주민 300여 명이 봉기하여 일본인 134명을 처단했다. 일본군은 전투기를 동원해 독가스를 살포하는 등 잔혹한 보복을 자행하였다. 당시 우서의 원주민이 1,399명이었는데 그중 276명이 진압 중 사망하고 450명이 자살하는 등 진압 과정은 처참하기 짝이 없었다.

타이완과 조선 그리고 남만주. 마쓰카타 마사요시 같은 인물은 톈진~베이징을 점령하는 것보다 타이완을 점령하는 것이 훨씬 중요하다고 보았다. 타이완을 미크로네시아 지역, 남양군도로 나아가는 근거지로 본 것이다. 즉 태평양과 동남아시아 해상 진출을 중심으로 한 팽창 전략이었는데 이토 히로부미, 무쓰 무네미쓰 같은 이들도 이에 동조하였다. 여하간 이제 일본은 남방으로 가는 타이완은 물론이고 북방으로 가는 조선마저 움켜쥐게 된 것이다.

그런데 러일전쟁에서의 승리가 일본에 무조건 유리하지만은 않았다. 두 차례 전쟁은 수많은 후유증을 남겼고, 특히 배상금의 부재는 경제 위기를 불러일으켰다. 러일전쟁 시기 급격하게 진행된 설비 투자가 과잉 현상으로 되돌아왔고, 외채 이자 지불 문제도 심각했으며, 무역 적자와 현금보유고 문제 등 온갖 난제가 동시다발적으로 터져 나왔다. 당시 기준으로 일본 경제는 여전히 미약했다. 주력산업은 경공업이었고 방적에 집중되어 있었다. 1913년 기준으로 일본의 공업 생산량은 미국의 36분의 1, 독일의 16분의 1, 영국의 14분의 1, 프랑스와 러시아의 6분의 1, 그리고 벨기에와 캐나다의 2분의 1 수준이었다.

하지만 1914년에 발발한 제1차 세계대전이 모든 것을 바꾸어놓는다. 전쟁의 발발로 선진 유럽 국가들의 공업 생산에 차질이 빚어졌고 이것이 일본에는 크나큰 호재였다. 전쟁 발발 후 수출량이 2배로 늘었고, 경공업의 약진은 물론이고 중화학공업도 본격적으로 발전한다. 1915년 6,900만 엔에서 1916년 2억 7,700만 엔, 1917년 4억 1,500만 엔, 1918년 5억 7,800만 엔. 일본은 해마다 국제수지 흑자를 경험하였다.

경제적 기회만이 아니었다. 제1차 세계대전 당시 일본은 연합국, 즉 독일을 적대하는 영국-프랑스와 한 편이었다. 이 기간에 일본은 칭다오 전투를 경험한다. 중국 산둥반도 일대를 장악하고 있는 독일군과 포병전을 벌인 것이다. 러일전쟁에서 제1차 세계대전으로 가는 길은 보병전에서 포병전으로의 전환, 본격적인 근대전의 시작이었다. 러일전쟁 당시 일본 육군의 용맹한 기상은 유럽의 군사 전략가들에게 강한 인상을 남겼다. 효율적인 조련과 강인한 군인 정신을 통해 적은 숫자로도 승리를 거둘 수 있다는 일본 육군의 신념이 독일의 슐리펜 계획에 반영되었고 타넨베르크 전투 등에 적용되었다. 하지만 전쟁의 양상이 바뀌었고, 일본 역시 칭다오 전투에서 이를 체험한다. 포병이 막강한 화력으로 적군을 무너뜨린 후 보병이 나중에 투입되는 전략의 시작. 숫자가 아닌 화력, 소총이 아닌 포탄, 병사가 아닌 탄환이 많은 쪽이 승리를 거두는 전쟁, 더구나 원거리에서 물량으로 압도하는 전쟁이 시작된 것이다. 당시 전투를 지휘했던 가미오 미쓰오미 중장은 칭다오 전투에서 이를 완벽하게 구현했으니 어느덧 일본은 서양 열강에 버금가는 군사력을 갖추고 있었던 셈이다.

나라가 강해야 백성이 산다

애국계몽운동 vs 의병항쟁

계몽인가?
vs
항쟁인가?
약육강식의 시대, 강해져야 한다! 교육과 산업으로!
여긴 평안도, 서북 지방이라고도 부르지.
독립을 준비하라!
실력양성
VS
조선은 유학자의 나라다! 왜놈들아 물러가라!
여긴 삼남 지방. 인구도 많고 양반도 많아.
조선왕조를 지켜라
의병투쟁

1900년대, 독립협회 활동이 실패한 얼마 후 역사는 20세기의 문턱에 다다랐다. 최후의 노력인가, 아니면 새로운 역사를 예비하는 고통스러운 몸부림인가. 20세기 초반 한반도에는 애국계몽운동과 의병항쟁이라는 두 가지 노력이 나타났다. 두 흐름은 서로를 상당히 적대시했는데 1910년 조선이 멸망하면서 이들은 '민족주의' 둘레에서 하나로 합쳐지게 된다.

애국계몽운동은 주로 서북 지방, 즉 평안도 지방에서 일어났다. 고려 시대 중심지였던 평안도는 조선에 들어 주변 지역으로 전락하고 말았다. 대다수의 양반이 삼남 지방에 살았고 중심지는 한양, 더구나 수백 년간 인구에 비례하여 관료를 뽑았기 때문에 평안도의 위상은 낮아질 수밖에 없었다. 조선 중기 이후 평안도 출신으로 당상관, 고위 관료가 되는 경우를 찾아볼 수 없었고 이는 홍경래의 난의 명분이 되기도 했다. 또한 평안도는 조선에서 천하게 여기던 상공업이 발전했고 '평안도에는 사실상 신분이 없다' 식의 자조 섞인 기록들을 발견하기란 어렵지 않다. 그래서일까. 조선 왕조에서 소외된 지역이었던 평안도는 다른 어떤 곳보다 개신교 수용에 적극성을 보였고, 그만큼 미국을 비롯한 서양 문물에 개방성이 높았다. 애국계몽운동은 이러한 배경을 바탕으로 주로 평안도, 황해도 등 북부 지역에서 적극적으로 일어난다. 이에 반해 의병항쟁은 주로 한반도의 곡창지대인 충청도·전라도·경상도, 삼남 지방에서 활발했다. 인구가 많고 무엇보다 수많은 양반이 거주하는, 그래서 조선 왕조의 중추를 이루는 지역이었기 때문이다.

애국계몽운동과 의병항쟁은 정신적인 부분에서 큰 차이를 보였다. 애국계몽운동은 사회진화론에 영향을 받았다. 진화론을 사회이론으로 발전시킨 사상이 사회진화론이다. 허버트 스펜서(Herbert Spencer), 토머스 헉슬리(Thomas Henry Huxley, 1825~1895) 등이 주도했고 당시 크게 인기를 끈, 무엇보다 제국주의 침략을 합리화하는 이론이기도 했다. 서양 열강의 침략을 문명화라는 이름으로 포장하고 백인종의 황인종 및 흑인종 지배를 합리화한 인종주의적 주장이었다.

사회진화론은 한반도를 비롯한 동아시아에도 크게 영향을 미쳤다. 옌푸(嚴復, 1854~1921)가 헉슬리의《진화와 윤리(Evolution and Ethics)》라는 책을《천연론(天演論)》이라는 이름으로 번역하였고, 당대 중국의 저명한 지식인 량치차오(梁啓超) 역시 사회진화론에 영향을 받았다. 일본에서는 가토 히로유키(加藤弘之) 등이 이를 적극적으로 수용하였는데, 가토는 일본의 제국주의를 사회진화론을 통해 옹호하고자 했다. 애국계몽운동가들은 사회진화론적 세계관, 약한 나라가 강한 나라에 굴복하고 약한 민족이 역사에서 사라지는 사회진화론적 역사관을 수용하여 조선의 생존 방략을 도모하고자 했다.

이에 비해 의병항쟁은 봉건적이었다. 의병항쟁은 위정척사운동을 계승하였고 사상적으로는 성리학을, 구조적으로는 국왕을 중심으로 한 양반 지배체제를 옹호했다. 이를 위해 가산을 털어 자경단을 조직하고 일본을 비롯한 외세와 직접 싸우고자 한 것이다. 또한 임진왜란(1592) 당시 의병 정신을 계승하였다. 그렇다고 두 흐름을 기계적으로 도식화할 필요는 없다. 경상북도 안동의 명문가 출신 이상룡(李相龍, 1858~1932)처럼 의병장으로 활동을 시작했으나 애국계몽운동가로 전환하였고, 나중에는 임시정부에서 국무령을 역임함은 물론이고 서로군정서를 이끌며 간도에서의 무장투쟁을 주도하는 등 다양한 면모를 보인 경우도 있기 때문이다. 충청남도 홍성 출신의 양반 김좌진(金佐鎭, 1889~1929) 역시 애국계몽운동과 무장투쟁을 병행하였다.

애국계몽운동:
교육과 산업

20세기 초반, 대한제국의 마지막 시기에 애국계몽운동과 의병항쟁은 전혀 다른 방향에서 나라를 일으키고자 했다. 애국계몽운동은 직접적 저항을 목표로 하지 않았다. 이들은 보다 장기적인 목표, 교육과 산업의 부흥을 통한 부국강병을 추구했다. 근대적 교육을 바탕으로 인재를 기르고, 회사를 세워서 새로운 민족 경제의 기틀을 만들어야 한다고 생각했다. 당시 애국계몽운동을 대표하는 인물은 이승훈(李昇薰, 1864~1930)과 안창호(安昌浩, 1878~1938)였다. 유기공장, 자기회사 등을 운영하는 등 유능한 실업가였던 이승훈은 청일전쟁과 러일전쟁 도중 사업에 크게 실패하는 등 어려움을 겪었지만 민족자본의 중요성을 일찍부터 간파한 인물이었다. 그는 오산학교를 세워서 인재를 기르고자 했으며 3·1운동 당시에는 기독교 계열의 민족 대표로 중요한 활약을 한다. 이승훈은 안창호의 연설에 크게 감명을 받았는데, 안창호 역시 평양에 대성학교를 세웠으며 일제강점기 대표적인 독립운동가로 활동한다.

민족학교를 세우려는 노력은 곳곳에서 진행되었는데 전국적으로 그 수가 무려 3,000~4,000개를 헤아릴 정도였다. 사립학교령(1908)이 제정되면서 조정기를 거쳤는데 1910년 조선 멸망 당시에 2,000개가 넘는 수준이었으니 당대의 교육 열정이 어느 정도였는지를 짐작할 수 있다. 그중 개신교 계열의 사립학교가 압도적으로 많았다. 1910년 기준 종교 계열 사립학교는 모두 800여 개로 천주교 46개, 불교 5개를 제외하면 모두 개신교 계열의 학교였다. 이 시기 개신교는 발전하고 있었다. 평양대부흥운동(1907) 같은 회개 운동이 뜨겁게 일어나면서 교인 수가 극적으로 늘어나기도 했고 안창호, 이승만 같은 평신도 민족주의자들이 대거 배출되기도 하였다. 이 밖에 양정의숙, 보성학교, 서북학회, 기호흥학회 등 기독교와 무관한 민족주의 활동도 활발했다. 이들은 주로 독립협회의 활동을 계승하였다. 예컨대 보안회(1904)는 일제가 황무지 개간권을 요구하자 이에 반대하는 운동을 펼쳤으며, 헌정연구회는 을사조약 반대 투쟁, 대한자강회는 고종 퇴위 반대 운동을 주도했다.

구국운동의 절정은 국채보상운동이었다. 1907년 대구 갑부 서상돈이 800원을 쾌척하면서 시작된 국채보상운동은 양기탁(梁起鐸, 1871~1938)이 이끄는 〈대한매일신보〉의 적극적인 지원과 〈황성신문〉, 〈제국신문〉의 동참 그리고 민중의 적극적인 참여를 통해 활발하게 진행되었다. 나랏빛을 갚자며 금주·금연 운동도 벌였는데 이들을 응원하는 차원에서 고종이 담배를 끊기도 했다. 하지만 이 운동에서 큰 빛을 발한 이들은 여성들이었다. 동리마다 자발적으로 각종 패물을 모아서 기부운동을 주도했기 때문이다. 많은 학자들이 국채보상운동을 우리 역사에서 여성들이 최초로 등장한 사건으로 평가한다. 여성들이 주도하는 민족운동, 한국에서 여성사의 시작은 남녀차별과 참정권 문제가 아닌 구국운동이었던 것이다.

안타깝게도 당시 대부분의 운동이 그러했듯 국채보상운동 역시 일본의 방해로 실패한다. 〈대한매일신보〉 사주였던 영국인 어니스트 베델(Ernest Thomas Bethell)을 추방하고 발행인 양기탁을 기금 횡령 혐의로 고소하면서 운동을 무력화했다. 그럼에도 애국계몽운동과 국채보상운동은 후대에 분명한 역사적 영향을 미친다. 일제강점기에는 물산장려운동, 민립대학설립운동이 뒤를 이었고 해방 후에는 대한민국 특유의 경제 민족주의에 기반이 되었다. '신토불이'를 외쳤던 국산품 애용 운동, 1998년 외환위기 당시의 '금 모으기 운동' 등이 그러한 영향의 결과라고 할 수 있다.

의병항쟁:
무력 항쟁

의병항쟁은 어땠을까? 의병항쟁은 크게 세 차례 일어났고 시간이 지날수록 원숙한 모습을 보였다. 1895년 을미의병이 최초였다. 당시 의병장 유인석은 처변삼사(處變三事), 즉 의병을 일으켜 적들을 깨끗이 처단할 것, 만주로 망명하여 옛 제도를 지킬 것, 목숨을 바쳐 뜻을 관철할 것을 주장하였다. 유인석은 문제를 일으키기도 했다. 함께 항쟁에 뛰어든 평민 김백선을 양반 안승우에게 대들었다는 이유로 처형한 것이다. 죄를 따지면 안승우의 잘못이 큰데 신분적 판단을 우선한 것이다. 이 사건 이후 사기가 꺾인 유인석의 의병은 제천에서 패배하고 만다.

초기의 의병항쟁은 여러모로 문제가 있었다. 조총 조작법을 모르는 의병이 많았고, 관아에 있는 호피를 차지하기 위해 의병장 간에 다투기도 했다. 심지어 다른 부대 병졸을 빼앗아 와 세를 불리기도 했는데 모두 명예를 높이려는 처사였다. 여주와 이천은 같은 고을임에도 김하락과 심상희가 별도로 거병했고, 강릉에서는 민용호가 유인석의 의병을 강탈하기도 했다. "양반과 상놈, 적자와 서자는 하늘이 낸 것이니 이를 무너뜨릴 수 없다!" 민용호의 의병대가 행진 중에 불렀던 노래라고 한다. 이 밖에 일본군과 싸우기보다는 친일파나 동리 부호의 집을 터는 데 열심이었다는 점, 동학당과 개화파 무리는 사정을 가리지 않고 목숨을 끊으려 했다는 점, 심지어 의병 봉기를 계기로 사적인 복수전을 벌였다는 점에서 을미의병의 한계는 뚜렷했다.

하지만 을사의병(1905)부터는 변화가 있었다. 국권 피탈에 맞선다는 명확한 목표가 있었고 의병 부대의 통합도 이뤄져 1,000여 명에 육박하는 의병 부대가 조직되기도 했다. 충청남도에서는 민종식(閔宗植)을 중심으로 홍주성 공방전을 벌였고, 전라도에서는 최익현과 그의 제자 임병찬(林炳瓚)이 태인과 순창, 담양 등지에서 활동했다. 또한 기우만(奇宇萬), 고광순(高光洵) 등이 구례, 광양, 장성, 남원 등지를 장악하기도 했다.

무엇보다 신돌석(申乭石, 1878~1908)의 등장이 중요했다. 그가 평민이었기 때문이다. 신돌석은 강원도에서 경상도까지 신출귀몰한 활동을 벌였고 정미의병 시기(1907~1910)까지 활동했다. 김순현, 정용기 등도 같은 지역에서 활발히 활동했다. 평민 의병장의 등장은 의미 깊은 변화라고 할 수 있다. 이들은 조선의 전통적 질서로부터 자유로웠고, 일본과 싸우며 자연스럽게 민족의식을 길렀다. 안규홍, 홍범도(洪範圖, 1868~1943), 채응언(蔡應彦, 1879~1915) 등 여러 평민 의병장이 등장하였는데 홍범도 같은 이들은 이후 간도에서의 무장투쟁을 주도하였으며 채응언은 최후의 의병장으로 일본과 치열한 싸움을 벌였다.

정미의병(1907)은 보다 극적이었다. 1907년은 대한제국의 군대가 해산된 해이다. 군관을 양성하는 연성학교와 군악대까지 해산하고 황제를 호위하는 시위대 1개 대대만 남겨둔 것이다. 8월 1일에는 군사 훈련을 맨손으로 할 것을 지시, 일본군 조교가 무기를 거두어들이기까지 했다. 당시 훈련원에는 대한제국 군인 3,162명 중 1,812명이 모였는데 맨손 훈련 이후 해산식을 거행한 다음에는 견장을 떼고 은사금을 지급받았다. 나라를 지키는 군대가 완전히 사라진 것이다.

끓어오르는 분노와 황망한 마음을 참지 못한 시위대 제1대대장 박승환(朴昇煥)이 권총으로 자결했고 이 사건으로 시위대 군인들의 저항이 촉발되었다. 무기를 강탈한 군인들은 오늘날 을지로 일대에서 격렬한 시가전을 벌였고 이후 지방의 의병 세력에 합류하면서 의병의 수준을 한층 높였다. 하지만 애초에 대등한 싸움이 벌어지기는 힘들었다. 지방군인 원주 진위대를 이끌고 강력하게 저항했던 민긍호(閔肯鎬, ?~1908)가 전사하고, 허위(許蔿, 1854~1908)와 이강년(李康秊, 1858~1908) 등이 체포되었으며, 신돌석은 현상금에 눈이 먼 동료들에게 잔혹하게 살해되었다. 무엇보다 서울 진공작전이 허망하게 실패하였다. 1908년 13도 연합의병이라는 이름으로 전국의 의병 1만여 명이 양주에 모여 일본군을 몰아내고 한양을 탈취하고자 한 것이다. 하지만 선발대는 허망하게 무너졌고 부친의 사망 소식을 접한 의병대장 이인영(李麟榮)은 '불효는 곧 불충'이라는 말을 남기고 전선을 일탈, 장렬한 항전은 허망하게 실패하고 말았다.

그리고 한 해를 보낸 1909년. 일본은 조선 병합의 마무리 단계로 '남한 대토벌 작전'을 진행하였다. 의병의 마지막 근거지는 전라도. 임진왜란 때부터 오랜 의병 전쟁을 자랑하는 곳이기도 했고, 당시 철도가 가장 늦게 부설된 곳이었기 때문에 의병 활동에 유리한 측면도 있었다. 하지만 조직적인 군사작전을 감내할 수는 없었다. 결과는 일방적이었고 학살에 가까운 참극이었다. '130대 1.' 일본군 1명이 죽을 때 130여 명의 의병이 죽었다는 보고가 있을 정도였다. 일본은 의병 토벌전을 공개적으로 진행하였다. 잡혀 온 의병장들의 처참한 몰골은 물론이고 작두로 목을 자르는 등 끔찍한 처형 장면을 사진으로 남기기까지 했다. 조선의 마지막 저항 의지까지 없애고자 한 것이다.

임진왜란 당시 의병과는 정반대의 결과였다. 그렇다고 항쟁이 끝난 것은 아니었다. 이들은 간도와 연해주 등 새로운 저항의 근거지를 찾아 떠났으며 일제강점기 내내 투쟁을 이어갔다. 의병항쟁에서 독립군 무장투쟁으로, 고통스러운 발걸음은 힘겹게 새로운 이야기를 만들고 있었다.

신민회와 공화주의

애국계몽운동과 정미의병이 한창이던 1907년 신민회(新民會)가 만들어진다. 신민회는 윤치호, 안창호, 신채호(申采浩, 1880~1936), 박은식(朴殷植, 1859~1925), 이동휘(李東輝, 1873~1935), 이승훈, 이동녕(李東寧, 1869~1940), 이회영(李會榮, 1867~1932) 등 독립협회 이래 구국운동의 주역부터 새롭게 등장한 젊은 인사들, 그리고 주로 개신교 인사들이 주도하여 만들어진 단체였다.

조선의 멸망은 이미 현실화되고 있었다. 받아들일 수밖에 없는 현실이지만, 대안이 필요했다. 신민회는 두 가지 목표를 세웠다. 공화주의와 독립전쟁론. 신민회는 최초로 공화주의를 표방했다. 입헌군주제가 아니라 공화주의, 조선이 아닌 새 나라를 건설하겠다는 발상이었다. 독립협회와는 전혀 다른 방향이었고 대한제국 멸망 2년 전이었다. 사실 공화주의라는 발상은 미주 지역의 교민들로부터 시작됐다. 미국의 민주주의를 경험하며 조선의 몰락을 지켜보던 미주 지역의 교민들은 어느 지역보다 급진적이었으며 조선의 부활이 아닌 민국의 건설을 주장했다. 당시 안창호가 하와이, 샌프란시스코를 거점으로 국내와 국외를 연결했던 것 또한 신민회의 주장에 주요한 기반이 되었다. 공화주의는 복벽주의, 조선 왕조를 부흥하자는 의병 계열의 주장을 극복하고 민족주의 진영의 주요 이념이 된다.

신민회는 동시에 독립전쟁론을 주창하였다. 만주에 무관학교를 건설해서 보다 항구적인 저항의 기반을 마련코자 한 것이다. 신흥무관학교를 세우는 데 이회영이 큰 역할을 했다. 이회영은 조선 시대 소론의 대표적인 가문 출신으로 어마어마한 재산을 보유하고 있었다. 대부분의 양반이 조선의 멸망에 순응하는 사이 이회영은 이석영(李石榮, 1855~1934)을 비롯하여 가문의 친척들을 설득한다. 이회영 일가는 엄청난 재산을 급매하여 오늘날 수백, 수천억대에 달하는 재산을 마련한 후, 수십 명이 함께 간도로 망명한다. 이회영을 비롯한 신민회 회원들은 간도에 정착하여 경학사 · 부민단 등 자치 마을을 세웠으며 신흥무관학교를 건설, 독립군 양성소를 세우는 데 성공한다. 그리고 독립에 뜻을 둔 수많은 청년이 신흥무관학교 문을 두드렸다. 대표적인 인물이 일본육군학교에서 장교 교육을 받고 탈출한 지청천(池靑天, 1888~1957), 김경천(金擎天, 1888~1942)이다. 이곳에서는 한때 2,000명에 달하는 독립군이 훈련을 받았고, 이들은 북로군정서와 서로군정서에 참여하여 봉오동 · 청산리 전투에서 크게 활약한다.

이회영은 임시정부에 참여하는 등 활발한 독립운동을 벌였고, 1920년대 이후에는 당대 가장 급진적인 사조를 수용하며 아나키스트가 된다. 조선의 명문가 양반이 모든 것을 포기하고 독립운동에 투신한 후, 공화주의를 거쳐서 아나키즘으로 전향한 것이다. 이회영의 선택은 가족을 극심한 가난으로 몰아넣었다. 더구나 독립운동 과정 중에 막냇동생 이시영(李始榮, 1868~1953)을 제외하곤 가계가 멸문의 수준에 이르기까지 했다. 그만큼 독립운동은 가혹한 선택이었고, 힘든 선택은 일제강점기라는 역사의 대세를 거스르며 새로운 이야기를 만들어내고 있었다.

동남아시아 피압박 민족의 독립운동

제국주의로 인한 말할 수 없는 고통은 우리만의 것이 아니었다. 아시아와 아프리카의 수많은 민족이 나라를 잃고 식민지로 전락하는 가운데 끔찍한 고통을 겪었고, 동남아시아 또한 예외가 아니었다.

몇 나라를 살펴보자. 베트남은 조선과 비슷한 과정을 거쳤다. 베트남 최후의 왕조는 응우옌이었다. 베트남의 지사들은 근왕운동을 일으켜 프랑스의 침공에 대항했다. 청프전쟁에서 승리한 프랑스는 베트남 근왕파와 1885년부터 10여 년간 싸움을 지속하였다. 주전파 관리들이 어린 황제와 함께 수도를 탈출하여 근왕령을 발표, 전국의 유학자들과 민중이 합세하며 적극적으로 저항했다. 하지만 근왕운동은 실패하였고 두 차례 사이공조약(1862, 1874)을 통해 프랑스는 베트남을 식민화하는 데 성공한다.

이후 판보이쩌우(Phan Bôi Chau)를 중심으로 베트남 독립운동이 전개된다. 판보이쩌우는 베트남 민족주의자였는데 러일전쟁에 승리한 일본에 크게 고무된다. 직접 일본을 찾아갔고, 망명객 신세였던 중국의 지성 량치차오와 교류하면서 《월남망국사(越南亡國史)》를 집필했다. 이 책은 베트남에 소개되어 반향을 일으켰다. 판보이쩌우는 베트남 학생들을 일본에 유학시키는 '동유운동(東遊運動)'을 벌였으며 '베트남유신회'를 조직하여 독립운동을 이끌었다. 하지만 프랑스와 일본이 협약을 통해 1908년 유신회를 일본에서 쫓아내면서 운동은 중단된다. 판보이쩌우는 포기하지 않았다. 그는 중국에서 신해혁명(1911)이 일어나자 '베트남광복회'를 조직하여 활동을 이어간다.

비슷한 시기 판쩌우찐(Phan Châu Trinh)은 무장투쟁을 비판하고 프랑스와의 협력을 강조하며 근대적 개혁을 추진하였다. 메이지유신(1868)의 사상적 지주 후쿠자와 유키치(福澤諭吉)가 설립한 게이오의숙을 본떠 하노이에 도쿄의숙을 만들었는데, 학교는 1년 만에 폐쇄되었고 판쩌우쩐은 프랑스로 끌려간다. 베트남의 독립운동은 우리와 비슷한 과정을 거쳤다. 오랜 전통과 역사, 유교 왕조인 응우옌. 이들 또한 의병항쟁에 버금가는 근왕운동을 펼쳤고 민족주의적인 독립운동을 지향하였다. 하지만 조선이 실패했듯 베트남 역시 프랑스의 탄압으로 실패를 거듭했다. 하지만 응우옌아이꾸옥(Nguyễn Ái Quốc), 후에 호찌민이라고 불리는 공산주의 지도자에 의해 향후 베트남은 새로운 역사적 전기를 마련한다.

필리핀은 오랫동안 스페인의 지배 아래 있었다. 하지만 1898년 스페인과 미국 간에 전쟁이 발발하면서 미국의 수중에 들어가게 된다. 애초에 미국은 유럽의 제국주의를 경멸했고 식민지 운영 또한 적극적이지 않았다. 그 때문에 1903년 필리핀에서는 지방 선거가 실시됐고, 1907년에는 필리핀 국회까지 구성된다. 하지만 미국 역시 자국의 이해관계에 따라 필리핀을 대했기 때문에 독립은 간단치 않았다. 1918년 필리핀 의회는 독립위원회를 조직했고, 1927년에는 즉각적인 독립을 위한 국민투표를 실시하였다. 하지만 미국은 이를 거부하였고, 1935년이 되어서야 마누엘 케손(Manuel Luis Quezon) 대통령과 부통령 세르히오 오스메냐가 이끄는 과도 정부가 출범하게 된다.

하지만 이번에는 일본의 태평양전쟁이 문제가 된다. 1941년 일본이 진주만 폭격 후 4시간 만에 필리핀을 공격했다. 필리핀에 주둔하고 있던 더글러스 맥아더(Douglas MacArthur) 장군 휘하 미군을 무력화하기 위함이었다. 케손 대통령이 이끄는 과도 정부는 오스트레일리아를 거쳐 미국으로 망명했고, 필리핀은 일본의 수중에 들어간다. 일본은 필리핀에 위성 정부를 조직한 후 1944년에는 대미·대영 선전포고를 종용하지만, 당시 살바도르 라우렐(Salvador Laurel) 대통령이 이를 거부한다. 일본은 필리핀애국동맹을 조직하여 위성 정부를 무너뜨리려 했지만 이 또한 뜻대로 되지 않았다. 필리핀은 미국과 협조하며 저항을 하였고, 1945년 2월 27일 맥아더 장군이 과도 정부의 오스메냐에게 권력을 이양하면서 독립한다.

　인도네시아는 네덜란드의 오랜 지배를 받았는데 라덴 아젱 카르티니(Raden Adjeng Kartini)가 등장하면서 새로운 변화에 직면한다. 자파라 주지사의 딸이었던 그녀는 자주적이고 근대화된 인도네시아를 주장하였다. 여성 해방을 주창하였고, 유럽인과의 동등한 대우를 요구하며 네덜란드의 식민지 착취는 물론이고 잘못된 전통문화도 비판했다. 카르티니의 영향 가운데 1908년 자바에 '부디 우또모(Budi Utomo)'라는 전국 조직도 결성되었다.

　1911년에는 무슬림상인연합이라는 최초의 대중 정당이 등장했고, 이후 이 단체는 '이슬람동맹'으로 발전한다. 1920년대 이후 인도네시아는 민족주의, 사회주의, 이슬람의 저항적인 흐름이 동시에 나타나는데 이를 한데 묶고자 노력한 인물이 아크멧 수카르노(Achmed Sukarno, 1901~1970)였다. 그는 1928년 '인도네시아 국민당'을 결성하여 투쟁을 이어갔다. 네덜란드는 수카르노를 체포·구금하는 등 인도네시아의 민족운동을 강력하게 탄압하였다.

　인도네시아에서는 일본이 해방자 노릇을 했다. 태평양전쟁 당시 일본군이 네덜란드군을 항복시키면서 독립의 기회를 얻게 된 것이다. 일본은 인도네시아의 독립을 약속했고, 수카르노도 석방하였다. 네덜란드를 몰아내고 인도네시아인들의 마음을 사고자 내린 조치였다. 하지만 태평양전쟁 패배 이후 일본이 물러난 자리에 네덜란드가 돌아왔으며, 인도네시아 사람들은 이들과의 4년에 걸친 치열한 전투 끝에 1949년 독립하였다.

　동남아시아의 여러 나라는 각자의 상황에서 제국주의를 맞이하여 식민화가 되는 운명을 겪었다. 베트남 같은 나라는 조선과 비슷한 형태의 투쟁을 벌였지만 민족주의 세력이 소멸하면서 공산주의 운동이 그 자리를 대신하게 된다. 필리핀과 인도네시아 등은 오랫동안 스페인과 네덜란드의 지배를 받으며 발전했기 때문에 그들의 투쟁과 해방은 우리와 똑같다고 할 수 없다. 하지만 제국주의의 가혹한 식민지 통치 방식은 현지인들에게 민족주의적 감정을 불어넣었다. 여기에 더해 사회주의나 아나키즘 같은 이데올로기, 기독교와 이슬람 같은 종교운동 등이 결합하여 거센 저항이 일어났다는 점에서 각국의 20세기 초반 역사는 비슷한 과정을 겪게 된다.

12강

안중근은 그런 이유로
이토를 죽이지 않았다

동양평화론

우치무라 간조
반전 평화주의자

고토쿠 슈스이
동아시아 해방운동가

호머 헐버트
조선을 위해 일생을 바친 선교사

소수자의 길, 우리를 기억해주오

양칠성
조선의 노동자로 네덜란드와 싸워
인도네시아 독립 주도

후세 다쓰지
국적 불문, 인권 변호사

러일전쟁으로 일본이 비상일로의 길을 걷는 동안 조선의 구국운동은 힘겹게 마지막을 내달리고 있었다. 1905년 을사조약, 러일전쟁이 마무리되는 가운데 조선은 외교권을 박탈당했다. 이에 따라 반대 투쟁이 들불처럼 일어났다. 500년 사직이 종잇장 하나로 사라졌다며 최익현은 분개하며 의병을 이끌었다. 민영환은 자결했다. 민씨 척족 중 유일하게 좋은 평가를 받았던 인물, 그가 죽은 자리에는 혈죽이 돋아났고 〈대한매일신보〉는 이를 찍어 보도하며 울분을 달랬다. 이상설(李相卨, 1870~1917)은 을사조약 반대 상소를 수차례 올렸으나 의견이 받아들여지지 않자 블라디보스토크로 망명, 연해주와 간도 그리고 상하이를 오가면서 독립운동에 매진한다. 이상설은 초기 독립운동사에서 가장 중요한 인물이다. 상하이에 신한청년단을 세우는 데 중요한 역할을 했는데, 이 단체에는 김규식(金奎植, 1881~1950)과 여운형(呂運亨, 1886~1947) 등 수많은 독립운동가가 참여하였다. 이들은 1919년 3·1운동 당시 크게 활약하였으며, 파리강화회의에 김규식을 파견하여 외교 활동을 벌이기도 했다. 이상설은 간도에 서전서

동양평화론

숙이라는 학교를 세웠고, 이준(李儁, 1859~1907)과 함께 헤이그 특사(1907)로 파견되어 만국평화회의장 앞에서 조선의 독립을 외쳤다. 이후 미국을 거쳐 연해주로 돌아온 후에는 대한광복군 정부(1914)에서 정통령을 역임하기도 했다. 나철(羅喆), 오기호(吳基鎬) 등은 을사오적을 처단하기 위해 암살단을 조직한다. 하지만 척살 활동은 실패하였고, 이후 나철은 단군을 숭배하는 대종교(1909)를 세운다. 천도교와 더불어 민족종교이자 독립운동의 거점으로 대종교는 중요한 역할을 하게 된다.

특사단,
황제권이 아닌 민권을 주장하다

러일전쟁 당시 고종의 행동은 이중적이었다. 전쟁이 일어나자 중립화를 선언하는 등 독립을 꾀했지만 뜻대로 되지 않았고, 이토 히로부미에게 금전적 지원을 받는 등 친일적인 행보를 보이기도 했다. 이 와중에 고종은 은밀히 미국인 선교사 헐버트와 이준을 각각 부른다. 네덜란드 헤이그에서 벌어지는 만국평화회의에 가서 조선의 외교권 박탈에 항의하기 위함이었다. 고뇌 끝에 선교사 헐버트는 망해가는 조선을 위해 헤이그로 향했다. 이와 별도로 이준은 블라디보스토크에서 이상설을 만나고, 다시 모스크바에서 주러 공사 이범진(李範晉)을 만난다. 이범진은 자신의 아들이자 언어에 능했던 이위종(李瑋鍾, 1887~?)을 소개해준다. 헤이그 특사단이 만들어진 것이다. 이준, 이상설, 이위종은 헤이그에 도착, 만국평화회의에 참여하려 했지만 열강은 모두 조선을 외면한다. 다행히 당시 회의를 취재하던 기자단의 눈에 띄었고 적극적인 언론 활동을 통해 일본의 침략상을 세계에 알렸다. 하지만 거기까지. 잠시간의 화제를 제외하고 특사단은 무력할 수밖에 없었다. 이준은 무력감과 분개감 가운데 급작스러운 발병으로 생을 마감하였고, 이상설과 이위종은 미국에서 새로운 활동을 모색하였다.

유럽에서 미국으로. 헤이그 특사단의 주장이 변모하기 시작했다. 유럽에서 이들은 일본의 불법적 국권 피탈을 설명하였다. 일본이 만국공법을 어기고 불법적인 방식으로 조선의 외교권을 빼앗았기 때문에 을사조약이 무효라는 주장이 핵심이었다. 하지만 미국에서의 활동은 달랐다. 이들은 드디어 '황제권이 아닌 민권'을 주장하기 시작하였다. '우리는 황제가 보낸 특사가 아니라 조선 민중이 보낸 민족의 대표이자 민중의 대표이다.' 특사단의 존재 이유를 전혀 다른 곳에서 찾기 시작한 것이다. 아마도 이러한 주장은 미국이라는 환경 때문이었을 것이다. 미국이 민주공화국이었고 국민들이 대표를 뽑기 때문에 황제권보다는 민권을 강조하는 것이 효과적이라고 판단했을 것이다. 더구나 황제가 보낸 특사라는 주장을 이어가기조차 어려웠다. 당시 일본은 헤이그 특사를 불법으로 규정하였고 특사단에 죄를 엄중히 묻고자 하였다. 이미 을사조약이 맺어진 상황에서 법적 근거도 없이 특사단이라 빙자하며 국제회의를 혼란케 하는 무리로 규정한 것이다. 이를 두고 고종은 저항하지 못하였다.

이상설, 이위종의 미국 활동 또한 실패로 끝났다. 대통령 면담은 이루어지지 않았고 활동을 이어갈 수 있는 충분한 재원 마련에도 실패하였다. 결국 이들은 연해주에서 새로운 활동을 이어가고자 한다. 하지만 특사단이 민족 대표라는 주장은 미국 교민들에게 크게 환영받았다. 고단한 이주민 생활을 하였지만 미국식 민주주의를 체험하였고 조선 왕조의 부패와 무능을 오랫동안 보아오지 않았던가. 특사단에 크게 공명하며 활동을 이어간 인물들이 있었으니 장인환(張仁煥), 전명운(田明雲), 이재명(李在明) 그리고 안중근(安重根, 1879~1910) 같은 이들이었다.

1908년 3월 23일 장인환, 전명운은 친일파 미국인이자 1차 한일협약 당시 외교고문으로 온 더럼 스티븐스(Durham White Stevens)를 샌프란시스코 기차역에서 암살한다. 스티븐스가 철저하게 일본의 입장을 대변했기 때문이다.

이재명은 대표적인 친일파 이완용 암살을 시도하였다. 그는 1909년 12월 22일 벨기에 국왕의 추도식에 참석한 이완용을 칼로 찔렀다. 상처가 심했기 때문에 죽었을 것으로 생각했으나 이완용은 6개월의 투병 끝에 극적으로 살아난다. 이재명은 체포되어 처형을 당했다.

안중근, 이토 히로부미를 쏘다

1909년 10월 26일 북만주의 중심지 하얼빈역에서 안중근은 이토 히로부미를 처단한다. 거사는 치밀하게 이루어졌다. 안중근 일행은 조를 나누어서 여러 역에서 대기하고 있었다. 그리고 하얼빈역. 안중근은 기차에서 내린 이토를 향해 3발을 쏘았고 모두 급소에 명중시킨다. 사실 안중근은 이토의 얼굴을 몰랐다. 당시만 하더라도 인쇄술이 조잡했기 때문에 사진만으로 쉽게 사람을 구분할 수 없었다. 다만 고급스러운 복장으로 여러 일본인 관료의 엄중한 수행을 받는 인물을 이토라고 판단한 것이다. 안중근의 권총은 총 7발을 담을 수 있었다. 남은 4발. 혹시 저격한 이가 이토가 아닐 수 있다고 생각한 안중근은 주변 인물들을 향해 1발씩 쏘았다.

1907년 헤이그 특사부터 1909년 안중근 의거까지. 저항 활동은 산발적이었지만 흐름은 뚜렷했다. 을사조약에 대한 반대 투쟁에서 독립운동으로, 황제의 밀사에서 민족과 민중의 대표로. 이상설과 이위종의 주장은 미주와 연해주 그리고 간도의 조선인들에게 강력한 영향력을 행사하였고 장인환, 전명운, 이재명 그리고 안중근은 이러한 주장에 호응하며 자신들의 이야기를 만들어갔다. 조선 멸망이라는 마지막을 향한 과정이 분명함에도 이들은 운명을 거스르고 있었다.

안중근이 하얼빈역을 선택한 데는 이유가 있었다. 이곳이 러시아 관할 지역이었기 때문이다. 러시아 군경에게 체포된 후 러시아 법정이나 국제 재판소에서 투쟁을 이어갈 생각이었던 것이다. 하지만 러시아는 안중근을 일본에 넘겼고 뤼순감호소에 갇히게 된다. 기대와는 다른 전개였다. 그럼에도 안중근은 꿋꿋하게 투쟁을 이어갔다. 자신은 독립군이니 국제법에 걸맞은 재판을 진행하라고 요구했으며 자서전 《안응칠역사(安應七歷史)》를 쓰기도 했다. 안중근은 '동양평화론'을 주장하였다. 바야흐로 서양 열강, 백인들이 주도하는 제국주의 시대가 아닌가. 마땅히 한·중·일이 연합하여 이에 대처해야만 한다. 더구나 일본은 동아시아에서 타국보다 앞선 근대 국가이기에 더욱 적극적으로 노력했어야 했다. 하지만 일본은 또 다른 제국주의 국가가 되었고 앞장서서 조선을 침략하였다. 세계의 대세를 따르는 기회주의적인 행동이었고 이를 통해 동아시아의 평화가 무너졌다는 것이 안중근의 지론이었다. 민족주의적인 저항의식을 넘어 이미 1909년 안중근은 동아시아 공동체, 한·중·일의 평화를 이야기하고 있었던 것이다.

고려(조선)의 원수는 우리의 원수다. 그들은 고려를 만주로 가는 무지개다리로 삼고 요동과 심양을 일본에 귀속시키려 한다. 그래도 삼한에는 사람이 있어서 일본이 길게 내뻗은 팔다리를 꺾었다. 비록 한인이 자기 원수를 갚았다고 하지만 역시 우리의 원수를 갚은 것이 아닌가. 우리의 행운이다.

– 〈민우일보〉 1909년 10월 29일 사설 중

아아, 한국에 인재가 없다고 말하지 말라. 하얼빈에서 일본 이토공을 사살한 한국인은 '나는 대한국국민, 대한국국민, 대한국국민'이라 외쳤다고 한다. 대한국국민 이 다섯 자 외침을 듣고 어떤 감정이 생길까.

- 〈한구중서보〉 10월 30일 시사평론 중

위의 내용은 중국 신문에 실린 내용이다. 안중근의 의거는 성공했지만 조선의 멸망을 막지는 못했다. 그런데 놀랍게도 안중근 의거에 중국의 혁명파가 응답하였다. 결기 어린 조선인의 분투를 보며 중국 또한 민족 혁명으로 나아가야 한다는 주장이었다. 각자가 자신의 이유로 역사라는 운명 앞에서 노력했지만, 동아시아의 이상주의자들은 서로를 보며 크게 영향을 받고 있었던 것 또한 분명하다.

1910년 조선이 사라지다

1904년 러일전쟁을 시작으로 1910년 조선의 멸망까지 일본은 일사불란하게 움직였다. 이 시기 여러 조약이 맺어진다. 시작은 1904년 2월 23일에 맺어진 한일의정서. 일본은 조선에 동맹을 강요했으며, 이는 조약을 통해 명문화되었다. 5월 31일에는 '대한시설강령(1904)'을 수립하여 조선 지배에 대한 구체적인 방안을 마련하였다. 이 시기 경부선과 경의선 철도가 놓였고 한국 주차군 사령부를 용산에 설치, 4,300여 명의 병력을 서울·부산·원산 등지에 배치한다. 이후 2개 사단, 1만 6,000명의 병력을 추가로 한국에 상주시켰다. 8월에는 1차 한일협약(1904)을 맺어 '고문 통치'를 시작하였다. 외교고문 스티븐스와 재정고문 메가타가 이때 들어왔다.

그리고 1905년. 러일전쟁에서 승기를 확실히 잡은 일본은 이를 공식화하고 자 했다. 미국은 일본의 조선 지배를 승인했고, 영국은 2차 영일동맹을 통해 동맹의 수위를 한층 높였다. 미국, 영국 등 서양 열강이 모두 일본의 조선 지배를 인정한 것이다. 9월에는 포츠머스조약을 통해 러시아가 일본에 승복했으며 11월 17일 을사조약(2차 한일협약)을 통해 조선은 공식적으로 외교권을 박탈당한다.

을사조약은 엄중하게 진행되었다. 일본군이 궁궐을 포위했고, 이토 히로부미는 무장을 풀지 않은 채 고종을 면담했다. 고종은 어떤 이유에서인지 적극적인 저항을 하기보다는 협상 과정을 조정 대신들에게 떠맡겼다. 총리대신 한규설이 통분하며 조약을 거부하자, 이완용이 나선다. "상황이 어려우니 일단 보호국으로 들어간 후 나중에 힘을 길러 독립을 하자." 한때 촉망받는 독립협회 회장이자 정동파의 뛰어난 외교관이었던 이완용은 을사조약을 주도하며 이토 히로부미의 눈에 들고자 했다. 이토는 이완용을 주목했다. 이후 이완용은 총리대신으로 발탁되어 1907년 한일신협약(정미7조)를 주도하여 고종을 강제로 퇴위시키고 군대를 해산하였다. 이토가 안중근에게 사살된 후에도 이완용은 승승장구를 거듭했다. 1910년 8월 29일 조선 문제에 대해서 강경파이자 육군의 대표적인 군벌이었던 데라우치 마사타케(寺內正毅, 1852~1919)와 함께 한일병합조약에 서명한 것이다.

조선 병합을 주도한 이토 히로부미는 일본 지도자들 사이에서는 의외로 신중파에 속했다. 그는 강화도조약 당시 대두되었던 정한론(征韓論), 즉 조선 정벌에 반대했으며 이후에도 신중한 행보를 이어갔다. "일본은 한국을 합병할 필요가 없다. 합병은 몹시 성가시다. 한국은 자치를 해야만 한다. 그렇지만 일본의 지휘 감독이 없다면 건전한 자치를 달성할 수 없다." 1907년 7월 31일에 경성 일본인 구락부에서 신문 기자들에게 이토 히로부미가 직접 한 말이다. 이토는 매번 이런 식이었다. 과격한 방식보다는 은밀하게 실익을 추구하는 방법. '일본의 지휘에 따른 조선의 자치'라는 표현은 조선 병합에서 그가 온건파로 알려지는 계기가 되기도 했다.

과격한 주장을 하는 이들도 많았다. 주차군 사령관 하세가와 요시미치(長谷川好道)는 '대일본 황제 겸 조선 왕', 쉽게 말해 조선 왕을 폐위하고 일본 천황이 조선을 동시에 지배하자고 주장했다. 이토는 이에 반대하며 '국왕을 은퇴'시키되 '왕실은 존치'한다는 입장을 고수하였다. 그는 사이온지 긴모치 내각에 "우리나라 몫에 재정의 혼효(混淆)를 막고 모국으로부터의 반입은 힘써서 감소시킬 것", "가능한 한 일본의 국고에 누를 끼치지 않을 방침"을 강조했다.

아마도 그는 독일 남부의 작은 왕국 '뷔르템베르크' 모델을 고려했던 듯하다. 비스마르크는 독일을 통일하면서 뷔르템베르크를 비롯하여 남부의 여러 왕국을 통합하였다. 주권은 독일 제국이 갖되 뷔르템베르크는 전신, 철도 등 일부 이권을 소유하는 모호한 예속 관계가 맺어진 것이다. 남부의 바이에른 또한 비슷했다. 평시에는 바이에른 소속 군대가 있지만 유사시에는 독일 제국이 바이에른 군대를 통솔하는 구조였다. 신흥 강국으로서 청일전쟁과 러일전쟁에서 승리를 거두었다고 하지만 여전히 한계가 여실했던 일본의 현실을 고려한다면 무리한 병합이 자칫 본국을 위험하게 할 수 있다는 것이 이토의 생각이었다.

이토는 조선 황실과의 관계에 많은 신경을 썼고 황실을 우대했다. 황실에 대한 백성의 맹목적인 충성심을 확보하려는 전략이었다. 이토는 고종을 비롯한 황실 가족이 일본 제국주의에 순응하는, 한일 융화의 상징이 되어야 한다고 보았다. 1909년 이토는 조선의 마지막 황제 순종과 남북 순행을 떠난다. 1월 7일부터 13일까지는 대구·부산·마산 등 남부 순행을, 1월 27일부터 2월 3일까지는 평양·신의주·의주·정주·황주 등 서북 순행을 주도하였다. 가는 곳마다 지역 양반과 수령이 참여한 화려한 관제 행사가 연출되었다. 또한 일본 황실과의 우호를 명목으로 일본 군함 관람, 군사 연습 관람 등 다양한 우호 행사를 벌이기도 했다.

이토의 조심스럽지만 대담한 연출은 조선 백성의 분열을 도모하는 것이었다. 이완용 등 친일 관료들의 병합 정책은 이러한 연출을 통해 끊임없이 합리화되었으며, 일진회·대한협회 등 노골적으로 친일을 추구하는 단체 혹은 애국계몽운동에서 변절한 단체들은 순행 행사를 적극 환영하였다. 심지어 서북학회 같은 애국계몽 단체나 미국 선교사 중 상당수가 이를 평화적인 활동으로 해석하며 환영했다.

이에 비해 안창호 등 서북 지방의 기독교계와 민족주의 진영은 강경한 반대 의사를 드러냈다. 당시 평양에서는 한일 양국 국기를 휴대하라는 관찰사의 명령이 내려왔지만, 이에 반발하여 국기도 휴대하지 않고 환영·환송회에도 참가하지 않는 운동을 벌였다. 순행의 본질이 무엇인지를 정확히 이해한 행동이었다.

남부 순행 당시 황당한 소요도 일어난다. 대구 지역 학생들 사이에서는 순행을 빌미로 황제를 일본으로 납치하려 한다는 유언비어가 돌았고, 이를 저지해야 한다는 분위기가 고조되었다. 부산과 마산에 일본 1·2함대가 파견되었는데 이것이 납치 계획의 단서라고 본 것이다. 그래서 4,000명의 결사대가 조직되어 60척의 목선이 군함을 포위하고, 부산 항구에는 백성과 상민 수만 명이 시위를 전개하는 등 차마 웃지 못할 해프닝이 벌어지기도 했다.

을사조약 이후 일본은 조선의 내정을 간섭하기 위해 통감을 파견하였다. 초대 총감은 이토 히로부미. 그리고 1907년 한일신협약(정미7조약)을 통해 일본의 조선 지배는 극도로 강화된다. 한일신협약을 통해 수많은 일본인 관료가 들어와서 내정을 장악하니 이를 '차관통치'라고도 부른다. 그리고 1909년 기유각서를 통해 사법권을 빼앗기고, 1910년 경찰권을 빼앗긴 후 한일병합조약을 통해 조선은 역사 속에서 사라진다. 조선인들의 나라, 한민족의 나라가 없어져버린 것이다.

13강

순응할 것인가,
저항할 것인가?

동아시아의 가치 투쟁

분열된 것은 조선인들만이 아니었다. 일본인들도 중국인들도 당대를 살아가는 동아시아 사람들은 모두 선택을 해야만 했다. 제국주의에 순응할 것인가, 저항할 것인가. 조선 멸망 전후로 세계는 보다 급진적이고 근본적인 고민을 시작하였다.

흑룡회와 일진회

이 시기 일본인 낭인들이 조선에 등장한다. 낭인은 주군을 잃은 사무라이를 지칭하는 말이다. 메이지유신 이후 신분제가 폐지되면서 사무라이 계급이 사라졌으니 충성할 주군도, 영주를 모시는 가신도 없는 상황. 당시의 낭인이란 사쓰마-조슈번 출신이 아니면서 정치에 진출하고 싶어 하는 세력을 지칭하였다. 통상 이들은 지역에 따라 구분했는데 '지나(支那)낭인', '만주낭인', '대륙낭인' 식이었다.

지나는 중국을 의미한다. 기시다 긴코(岸田吟香)가 1878년 낙선당이라는 약포를 상하이에 만들었고, 1886년 육군 무관 아라오 세이가 한커우에 낙선당 지점을 설치하면서 활동을 이어갔다. 이들은 대부분 일본군 당국의 첩보원이었다. 이에 비해 만주낭인은 대부분 마적으로 활동했다.

시간이 지나면서 이들은 단체를 만들기 시작했다. 그중 대표적인 단체가 흑룡회. 이들은 1900년 이후 쑨원, 쑹자오런 같은 혁명파를 지원했다. 쑨원이 일본에 금전 지원과 부대 파견을 희망하자 흑룡회의 지도자 우치다 료헤이(內田良平)가 자금 모집은 물론 니시무라, 야마다, 오타, 이노우에, 구즈오, 요시쿠라, 이토, 다나카 등 낭인 300명을 군대로 편성하려고 했다. 또한 미야자키, 기요후지와 함께 당시 광둥 총독 이홍장을 만나 남중국 분할을 제안하기도 했다. 쑨원은 혁명이 성공할 경우 만주·몽골·시베리아를 일본에 할양하겠다는 과장된 제안을 했고, 이는 우치다 료헤이의 관심사와도 일치했다. 하지만 구상에 그쳤을 뿐 실제로 진행되지는 못했다.

조선에는 '천우협'이라는 단체가 등장한다. 주로 부산 거류지에 모여든 인물들을 중심으로 만들어졌는데 놀랍게도 동학농민운동(1894)에 경도되어 "전봉준을 지원함으로써 조선 문제를 해결"하고자 했다. 이들은 동학농민군과 연합하여 민씨 정권을 타도하고 이를 통해 동학-천우협 연립정권을 구성코자 했다. 전봉준을 '일세의 영웅', '반도의 공전절후(空前絶後, 전무후무함)의 영웅'이라 칭했으며 동학농민군을 질서정연하고 규율이 엄정한 혁명군으로 보았다. 이들 중 다케다나 혼마 등은 농민군을 지원하기 위해 창원 금광의 무기고를 강탈한다. 창원 금광은 나가사키 출신 마키 부자가 경영하는 금광이었는데 천우협 회원들은 이들 부자를 포박하고 다이너마이트 10파운드, 화약, 뇌관 등의 무기를 확보한다. 그들은 농민군과 접촉했으며 전봉준을 찾아와 구체적인 지원 계획까지 밝혔다. 하지만 청일전쟁(1894)이 시작됐고 당시 일본 정부의 정책과는 맞지 않았기 때문에 주요 멤버가 체포되어 일본으로 끌려갔다.

천우협의 활동이 실패하자 이번에는 흑룡회가 등장한다. 우치다 료헤이, 나카노 지로, 이토 마사모토 등이 주도했는데 당시 최대 규모의 낭인 단체이자 정치 세력이라고 할 수 있다. 흑룡회는 러일전쟁 후 활발한 활동을 벌였다. 러시아에 대한 강경한 여론을 주도했으며 일진회 결성을 지원하여 조선병합을 후원했다. 1917년 러시아혁명 이후 내전이 발생하자 일본은 수만의 병력을 시베리아에 파병하는데, 흑룡회는 이때도 일본군과 함께하며 공작 활동을 벌였다.

이들은 일종의 극우파 확신범들이었다. "우선 러시아와 싸워 이를 동방에서 격퇴하고 다음으로 만주-몽골-시베리아를 한 덩어리로 묶은 대륙경영의 기초를 건설"해야 한다고 주장했다. 흑룡회는 나름대로 구체적인 역사관을 설계한다. 동이북적(東夷北狄). 일본과 조선 그리고 만주와 시베리아는 원래 '동이북적' 민족의 지역이라는 주장을 펼친다. 특히 조선과 만주를 동문동조(同文同祖)로 보며, '무(武)'의 문명 지역을 하나의 단위로 보아야 한다고 생각했다. 즉, '문(文)'을 강조하는 한(漢)족과 '무'를 강조하는 동이북적이 '쌍륜쌍익, 동아의 건곤'이므로 '서로 기대고 도와 흥동(興東)의 위업을 세우자'는 주장이었다. 중국과의 협력을 강조하지만, 동시에 중국과 구별되는 문명권을 설정한 것이다. 소위 일본을 중심으로 한 대아시아주의, 대동아공영권의 초보적인 구상이라고 할 수 있다.

이러한 주장은 서양 열강이 주장했던 문명화론과 대동소이하다. 미개하고 야만적인 아시아와 아프리카에 문명을 전파해야 한다면서 제국주의를 합리화한 이들이 서양 열강 아니던가. 흑룡회의 주장은 간단히 말하면 '아시아주의'라고 할 수 있다. 아시아는 현재 여러 나라로 나뉘어 있지만 사실은 같은 문명권이었고, 그렇기 때문에 하나로 통합될 필요가 있다는 것이다. 쑨원을 지원하려 했던 이유도 만주와 시베리아를 확보하기 위해서였다. 이들의 주장은 유동적이었고 주먹구구식이었다. 러일전쟁 당시 이들은 강력하게 대러주전론을 외쳤지만 전쟁이 끝나니 입장이 바뀌었다. 시베리아를 확보하려면 러시아인을 비롯한 여러 소수민족의 도움이 필요했기 때문이다. 나중에 가면 중국에 대한 극단적 증오와 중국을 아시아의 역사로 통합하려는 오락가락하는 주장을 펼치기도 했다. 어차피 본질은 정치적인 힘의 확보, 일본의 국력 증대가 목표였기 때문에 나올 수 있는 말이었다.

흑룡회의 지도자 우치다 료헤이는 '한국국상조사촉탁'이라는 직함으로 이토 히로부미의 막료가 되어 조선에 들어온다. 우치다는 이토를 설득하며 영향력을 강화하고자 했다. 그는 친일 단체 일진회를 이용해야 하며, 그러기 위해서는 친일파 송병준(宋秉畯)을 후원해야 한다고 주장했다.

우치다는 적극적이었다. 이용구(李容九), 송병준 등 친일 단체 일진회 지도자들과 '한일합방'을 설계하였다. 일종의 조일연합정부, 일본인이 주도하되 개명된 조선인들이 함께하는 새로운 나라를 만들자는 것이 핵심이었다. 한일합방이 성사된 이후에는 일진회 주도로 '백만 대중'을 만주로 이주시켜 일본과 조선 그리고 만주와 몽골을 통할하는 '만몽연방국'을 만드는 것도 계획에 포함되었다. 흑룡회는 일진회를 만주 개척사업의 기초로 활용, 일진회 주도로 '자위단' 같은 군대를 창설코자 하였다.

하지만 상황은 이들의 뜻대로 흘러가지 않았다. 당시 조선 통감 이토 히로부미, 부통감 소네 아라스케(曾禰荒助)가 흑룡회의 계획을 받아들이지 않았던 것이다. 우치다 료헤이는 촉탁직을 사직하면서 이토를 통감직에서 몰아내고자 했으며 통감부의 명령을 어기고 자위단을 만들려고 했다.

하지만 이토가 암살당한 후 상황은 이들에게 더욱 불리하게 돌아갔다. 3대 통감으로 데라우치 마사타케가 부임하는데, 그는 당시 가쓰라 타로 총리, 고무라 주타로 외상 등과 강제 병합을 위해 암약하였다. 자치를 허용하거나 조선인을 대거 참여시킨 합방형 정치체제가 아니라 일본에 의한 완전한 '병합'을 목표로 한 것이다. 도쿄에서는 병합준비위원회가 발족되었고 내각 서기관장 시바타 가몬이 의장직을 맡고, 외무성 정무국장 구라치 데쓰키치와 통감부의 고마쓰 미도리가 주임이 되는 등 흑룡회나 일진회 등을 완전히 배제한 일본 정부의 일방적 병합 정책을 추진하였다.

데라우치의 병합 정책에 이완용이 부응했다. 당시 이완용은 총리대신 등을 역임하며 조선 최고의 권세가가 되어 있었다. 그에게 중요한 것은 왕조의 유지가 아니라 황실의 존속과 호칭, 고관 귀족의 대우 문제 같은 것들이었다. 원래 일본은 황실을 존속시키되 지위를 낮추어서 '태공' 정도로 대우하려고 했다. 하지만 이완용은 강력하게 요청하여 '이왕전하', '이태왕전하' 식으로 '왕'이라는 호칭을 살린다. 하지만 국명을 유지하자는 주장은 묵살되고 말았다. 데라우치는 흑룡회를 본국으로 몰아냈고 일진회는 해산해버린다. 그렇다고 이들이 사라진 것은 아니었다. 이들은 천황절대주의를 표방하는 등 극우 단체로서 명맥을 이어갔다. 어차피 고매한 이상은 말에 불과할 뿐, 일진회든 흑룡회든 이들이 원한 것은 결국 권력이었으니 말이다.

그런데 일진회라는 단체는 도대체 무엇이었을까? 일진회는 원일진회와 진보회 등이 결합하여 만들어진 단체이다. 원일진회는 주로 정치가나 지식인들로 이루어졌는데 독립협회에서 활동했던 인사들이 많았다. 협회 활동이 실패하면서 나름대로 새로운 방향을 모색한 것이다.

진보회는 조금 더 복잡했다. 러일전쟁에서 일본의 승리가 확실시되던 차에 일본으로 망명했던 동학의 지도자 손병희가 행동에 나섰다. 일본의 지원을 받아 동학 부흥 운동에 나선 것이다. 또 다른 동학 지도자 이용구는 평안도를 중심으로 '진보회'를 조직하였다. 진보회는 지방에도 지회를 두면서 수많은 회원을 거느렸다. 즉, 진보회는 동학의 잔당들이 만든 단체였다. 역시 운동에 실패한 후 새로운 길을 모색한 것이다. 여러 입장 차이로 손병희와 이용구는 격렬히 투쟁하였다. 손병희는 일본에 대한 기대를 접고 을사조약이 맺어지고 나서 얼마 후인 1905년 12월 1일 천도교를 창도한다. 동학농민운동에서 독립운동의 중심 세력 천도교로 급격한 전환이 일어난 것이다. 이 와중에 이용구 계열이 밀려났는데, 이들은 1907년 4월 5일 시천교를 창시한다. 원일진회와 진보회는 일진회라는 이름으로 통합되었고, 시천교는 동학의 분파로 독자적인 세력을 형성하였다.

일진회 창립에는 일본인들의 적극적인 지원이 있었다. 강경파 정치가이자 대러동지회를 이끌던 고무치 도모쓰네(神鞭知常)가 조선으로 건너와서 친일파 양성을 위해 적극적으로 노력했는데, 이때 송병준을 만났고 고무치의 후원하에 일진회는 규모 있는 단체로 거듭난다. 일진회의 규모는 정확하지 않다. 원일진회의 회원 수가 3,000이라는 기록이 있고, 일진회에 대해서는 1만에서 10만까지 기록이 난무하기 때문이다. 하지만 생각보다 엄청나게 많은 조선인이 일본에 협력하며 생존을 도모하고자 했다는 사실만큼은 분명하다.

이들은 애국계몽운동 세력 그리고 의병과 충돌하였다. 1907년 정미의병 당시에는 의병과 일진회의 무력 충돌로 일진회 회원 9,000명이 살해당했다는 기록이 있을 정도다.

일본은 일진회에 적당히 대응했다. 주차군 사령부는 친일파를 육성하고자 일진회를 적극 지원했고, 일본국 참모본부는 일진회를 통제했다. 이 와중에 눈부신 활약을 펼친 이가 송병준이다. 그는 을사조약(1905) 이후 고종의 폐위를 건의했고, 1907년 이완용 내각에서는 농상공부대신으로 발탁되어 이완용 계열과 경쟁하였다.

헤이그 특사 당시, 송병준과 고종의 일화는 사실 여부를 떠나 송병준이 어떤 사람인지 알 수 있는 중요한 단서이다. 송병준은 고종에게 직접 일본 천황을 알현하여 특사를 보낸 잘못을 사죄하거나 그것이 싫다면 하세가와 대장에게라도 가서 사죄하라고 협박하였다. 더 나아가 "폐하가 책임을 지고 황위를 양도하여 일본에 사과하는 것 외에는 방법이 없다"라며 하야시 다다스 외상이 경성에 오기 전에 퇴위할 것을 강요했으며, 이것도 모자라서 일진회 회원 300여 명을 동원하여 궁궐을 포위하고 하야 시위를 벌이기도 했다.

이용구는 일진회 해산 이후 버림을 받았고 비참한 최후를 맞이한다. 이에 비해 송병준은 이완용 못지않은 호사를 누린다. 그는 매국의 '혁혁한 공로'로 일본의 훈장 훈1등 자작과 '매국' 공채 10만 엔을 받았고, 시천교 교주까지 역임한다. 신임 총독이 부임하면 경기도 양평에 있는 그의 집에 인사를 가야 할 정도였다. 이완용과 송병준 그리고 흑룡회와 일진회. 나라가 어떻게 되건 이들에게 명분은 명분일 뿐 결국 중요한 것은 출세요, 성공이었다. 이처럼 거대한 기회주의적 성실함 앞에서 조선은 멸망하고 만다.

현실에 저항하고
제국주의에 반대한 이들

그런데 이들과는 정반대의 삶을 살아간 이들도 있었다. 현실에 타협하기보다는 극복하고자 했으며 이상을 실천하고자 했던 이들은 제국주의를 반대하였다. 그리고 한·중·일의 연대, 동아시아의 평화라는 새로운 비전으로 결합하였다. 20세기 들어 곳곳에서 새로운 싹이 돋아나고 있었다. 대표적인 인물은 우치무라 간조(內村鑑三). 그는 러일전쟁을 반대하였고 조선의 식민지화 또한 비판한 대표적인 기독교 민족주의자이다. 그는 서양인들이 만든 교단을 거부하는 무교회주의자였는데 김교신(金教臣, 1901~1945), 함석헌(咸錫憲, 1901~1989)

등에게 큰 영향을 미쳤으니 일제강점기를 넘어 한국 현대사에도 주요한 영감을 준 인물이다.

우치무라 간조는 현실에 저항하였다. 그는 이상단(1901)을 결성하였고 〈성서연구〉라는 잡지를 통해 평화주의 사상을 설파하였다. 많은 일본인이 그에게 영향을 받았다. 고토쿠 슈스이(幸德秋水)와 사카이 도시히코 등은 〈평민신문〉을 창간하고 평민사를 설립하여 비전론(전쟁반대론)을 주장하였다. 이들은 기독교적 이상주의와 사회주의 사이에서 해답을 찾고자 하였다. 1901년 일본에서는 최초의 사회주의 정당인 사회민주당이 결성되는데 창립 멤버인 아베 이소오, 기타야마 센, 기노시타 나오에, 이시카와 야스지로(石川安次郎, 1872~1925) 등은 모두 기독교 이상주의자들이었다.

자본을 공유하고 보통선거를 실시하라!
인종, 정치의 차이와 상관없이 인류는 모두 동포이다!
만국의 평화를 위하여 우선적으로 군사비를 전폐하라!

이들 중 고토쿠 슈스이는 기독교인이 아니었으며 일본 최초로 사회주의를 비롯한 서양의 급진주의 사상을 수용한 인물로 평가받는다. 정신의 완전한 해방을 추구했던 고토쿠는 그로 인해 대역죄인으로 처형되는 비운을 겪는다. 고토쿠는 〈평민신문〉을 통해 지속적으로 비전론을 주장했고, 사회주의 사상을 보급하고자 노력하였다. 사카이와 고토쿠 등이 《사회주의 입문》을 공저했고, 《되돌아보면(Looking Backward)》, 《100년 후의 신사회》 등 사회주의 관련 저작물을 평민 문고로 번역 출간하였다. 이들은 그림엽서를 발간하는데 공산주의 사상가 마르크스(Karl Marx), 엥겔스(Friedrich Engels), 러시아의 대문호 톨스토이(Lev Nikolayevich Tolstoy), 아나키스트 크로폿킨(Pyotr Alekseevich Kropotkin) 등을 주인공으로 선정하였다. 야마구치 고켄과 오다 라이조는 붉은 글씨로 〈평민신문〉이라고 쓴 수레를 끌고 무려 114일 동안이나 도쿄에서 시모노세키까지 1,200킬로미터를 행진하기도 했다.

이들은 〈평민신문〉 30호(1904년 6월 5일) 영문판을 통해 유럽의 사회주의자에게 공개서한을 보냈다. 러일전쟁을 반대하기 위함이었고, 이는 당시 동아시아 최초의 국제적인 반전운동이기도 했다. 고토쿠 슈스이는 '러시아 사회당에 보내는 글'을 통해 러시아 애국주의와 군국주의를 적으로 하는 만국의 노동자연대를 결성하여 러일전쟁을 막자고 주장하였다. 당시 유럽에서 활발해지고 있던 사회주의 운동을 이용하고자 함이었다.

기타야마 센은 당시 제2차 인터내셔널, 국제사회주의자연맹이 네덜란드 암스테르담에 모여 회의를 열자 여기에 출석하여 러시아의 플레하노프(Georgii Valentinovich Plekhanov)와 함께 부의장으로 선출되기도 한다. 이 대회에서는 프랑스 대표가 제출한 '러일전쟁 반대 결의안'이 만장일치로 가결되었다. 고토쿠 슈스이는 을사조약에 반대하는 '대한 결의(1907)'를 발표한다. 기독교, 평화주의, 사회주의, 이상주의 등 새로운 생각들이 일본인들 사이에 퍼져 나가고 있었던 것이다.

이러한 흐름은 새로운 경향을 만들어내기 시작했다. 민족주의자 신채호는 크로폿킨, 고토쿠 등의 영향을 받아 1920년대 이후 아나키스트로 전향한다. 중국인 혁명가들은 사회주의연구회(1907)를 창설하여 사회주의 강습회를 개최했다. 사회주의연구회는 쑨원이 이끌던 중국혁명동맹회의 유관 단체였고 고토쿠 슈스이를 강사로 초빙하며 교류를 지속하였다. 고토쿠 슈스이 등도 '금요강습회'를 열어 중국 유학생과 김여춘·황태경·박종진 등 조선인들과 교류했다.

이러한 노력의 결과 반제국주의를 목표로 동아시아 최초의 국제조직 '아주화친회(1907)'가 결성된다. 중국인 장빙린(章炳麟), 류스페이(劉師培), 허전(何震), 인도인 펄한, 바오스가 중심이 되어 발족했고 이후 고토쿠 슈스이, 판보이쩌우를 중심으로 한 베트남 유학생, 필리핀인들이 참여하였다. 다시 조선, 미얀

동아시아의 가치 투쟁

마, 말라야 등의 인사들도 참여하여 도쿄를 본부로 두고 중국, 인도, 조선, 필리핀, 베트남, 미국 등지에 분회를 설립했다. 당시 일본에는 조선인 유학생이 800명 정도 있었는데 일본인에 대한 반감으로 대부분 아주화친회에 참여하지 않았다. 하지만 이후 독립운동사에서 중요한 역할을 감당하는 조소앙(趙素昻, 1887~1958)이 이 단체에 참여한다. 조소앙은 대표적인 민족주의 이론가로 임시정부에서 외무상을 맡기도 했는데, 상하이 망명 생활 동안에도 동아시아 혁명가들의 연대를 호소하는 등 개방적인 태도를 이어갔다.

아주화친회는 회원 자격을 "침략주의를 주장하는 자를 제외하고 민족주의, 공화주의, 사회주의, 무정부주의자 모두"라고 정했으니 일종의 연합전선이었던 셈이다. 하지만 시대의 흐름은 전혀 달랐다. 일본은 러일전쟁에서 승리하였고 조선의 식민화는 국제사회로부터 지지를 받았다. 일본 정부는 사회주의자들을 대대적으로 탄압함과 동시에 베트남 유학생 퇴출을 강행하였고, 그로 인해 아주화친회는 설립 1여년 만에 해체되고 만다.

쑨원과 임시정부가 연대하다

민족을 넘은 연대 투쟁은 계속 이어졌다. 중국의 혁명가 쑨원이 중요했다. 그는 미국의 기독교 경제사상가 헨리 조지(Henry George)의 《진보와 빈곤(Progress and Poverty)》에서 주장된 토지 단일 과세론, 미야자키 다미조(宮崎民藏)가 주창하던 토지복권동지회를 통한 전 인류의 토지 균등 분배 등에 영향을 받았다. 미야자키 다미조는 '토지균형운동'을 위해 미국과 유럽을 직접 찾아다녔고, 뉴욕에서 '토지복권운동서'를 작성하여 톨스토이에게 보내기도 했다. 톨스토이 역시 헨리 조지의 토지 단일 과세론에 공감하며 당시 러시아 총리 표트르 스톨리핀(Pyotr Stolypin)에게 토지 사유제 폐지를 요구하기도 했다.

쑨원의 혁명파는 일찍이 일본의 조선 침략을 규탄했고 조선인들의 독립운동을 지원했다. 조선인들 또한 혁명파의 활동에 적극 참여했다. 신규식(申圭植)은 중국혁명동맹회에 가입했고 쑨원뿐 아니라 쑹자오런, 다이지타오(戴季陶), 황싱 등 혁명파 인사들과 교류를 이어갔다. 그러한 노력의 결과 한·중 교류 기구인 동제사, 한·중 연합 단체인 신아동제회(1912)가 만들어진다. 박은식, 김규식, 조소앙 또한 한·중 연대 활동에 적극적이었다. 조소앙은 천리푸(陳立夫) 등과 국제항일조직 '아시아민족반일대동당'이라는 단체를 조직하기도 했다.

이후 대한민국 임시정부가 수립되던 시기 쑨원 등은 중국 남부에서 광둥 정부를 운영하였다. 광둥 정부는 임시정부를 승인함은 물론 한인 군사단 지원을 약속, 윈난에 50여 명의 조선인 청년을 파견하여 군사 교육을 지원한다. 이 시기 신규식은 〈진단주보(震壇週報)〉를 창간하며 '중·한 제휴'를 주장했고 중국의 후한민(胡漢民, 1879~1936), 장제스(蔣介石) 등은 이를 지지, 쑨원도 '천하위공(天下爲公)', 즉 '천하는 만민의 것이다'라는 글로 화답하였다. 박은식이 상하이에서 《한국독립운동지혈사(韓國獨立運動之血史)》를 출판했을 때도 쑨원이 서문을 써주었으며, 쑨원이 광둥 정부 비상대통령에 당선되자 임시정부는 여운형을 파견하여 정부 수립을 축하했다.

1921년 들어서는 한중호조사(韓中互助社)라는 연대조직이 중국 각지에 결성됐는데 창사 한중호조사에서는 마오쩌둥도 참여하였다. 이 단체는 "을사조약·한일합방조약의 폐지, 일본의 식민지 정치·경제·군사 통치 종료"를 호소하는 선언서를 1921년 8월 15일 워싱턴회의에 제출한다. 이 밖에도 중한협회가 워싱턴회의에 중국 주권의 유지와 조선의 독립을 호소했고, 장제스가 교장으로 부임한 황푸군관학교에서는 조선인 200여 명이 훈련했다. 그중에는 조선인 교관도 있었는데 조선인 훈련병의 경비 일체를 장제스가 부담하였다고 한다.

아나키즘이 시작되다

19세기 말부터 유럽에서는 급진주의 운동이 선풍적으로 일어났다. 마르크스·엥겔스 등은 사유재산의 폐지와 계급혁명을 주장하며 공산주의 사상의 급진화를 이끌었고 크로폿킨, 바쿠닌(Mikhail Aleksandrovich Bakunin) 등은 아나키즘 사상을 구체화하였다. 아나키즘은 공산주의에 비판적이었다. 당을 조직하고 지도자를 선출하며 일사불란한 계급투쟁을 벌이고자 했던 공산주의자들의 방식이 새로운 권위주의로 느껴졌기 때문이다. 아나키즘은 보다 본질적이고 완전한 수준의 해방을 원했다. 국가, 가족, 남성 등 일체의 권위를 부정하며 모두가 완전하게 자유롭기를 원했다. 따라서 투쟁의 방식 또한 달랐다. 공산주의 운동이 파업이나 폭동을 시도했다면, 아나키스트들은 테러를 선호했다. 완전히 자유로운 개인의 투쟁에 테러리즘이 적합했기 때문이다. 공산주의와 아나키즘은 당시로서는 사회주의 혁명운동의 분파로 취급되었고 모두 급진적인 사상들이었다.

이러한 급진적 경향이 일본은 물론이고 중국에도 영향을 미쳤다. 대표적인 인물이 류스페이와 리스쩡(李石曾)이었다. 류스페이가 주도하여 일본에서 결성한 최초의 중국인 아나키스트 단체를 '천의파'라고 부르는데 잡지 〈천의(天義)〉를 발간했기 때문이다. 이들은 아나키즘을 중국인의 가치에서 해석하였다. 도교의 창시자 노자(老子)가 아나키즘의 원류이고, 공동체의 상호부조 같은 개념이 중국의 전통적 가치와 상통한다고 보았다.

이에 반해 리스쩡은 서구적이었다. 리스쩡 일파는 프랑스에서 〈신세기(新世紀)〉라는 잡지를 발행했기 때문에 '신세기파'라고 불렸다. 이들은 아나키즘의 자생성을 부정하고 크로폿킨의 '상호부조론'을 수용하였다. 제국주의에 반대하는 국제적 민중연대를 중요하게 여긴 것이다. 조선인 독립운동가들 또한 아나키즘의 영향을 받았다. 대표적인 인물이 신흥무관학교를 세운 이회영이었다. 그는 크로폿킨의 상호부조론을 전통적인 '대동사상'과 결합하여 이해했고, 신채호 역시 비슷했다. 동시에 이들은 강력한 테러리즘을 통해 일본에 타격을 주고자 하였다.

1920년대에 들어 한·중 아나키스트들의 공동 행동이 늘어난다. 한인 아나키스트 이정규 등은 저명한 문학가이자 당시 아나키스트로 전향한 루쉰(魯迅) 등과 함께 '이상촌' 건설을 시도한다. 경자유전(耕者有田)의 원칙에 기초하여 공동경작, 공동소비, 공동소유를 위한 협동체를 구성하고자 한 것인데 후난성 한서우현의 '양도촌'이 대표적이었다.

1924년 국공합작 후에는 리스쩡, 차이위안페이(蔡元培) 등이 국민당에 가입하는 안국합작(아나키스트와 국민당의 합작)도 이루어졌다. 중국 국민당, 공산당, 아나키스트들의 합작이 활발한 가운데 이회영, 이을규, 이정규, 백정기(白貞基), 유자명(柳子明), 정화암 등이 루쉰 형제, 러시아 맹인 시인 예로셴코(Vasilli Yakovlevich Eroshenko), 차이위안페이, 리스쩡 등과 협력하여 '재중국 조선 무정부주의자연맹'을 결성하였으며 이들은 타이완의 아나키스트들과도 교류하며 활발한 국제 연대 활동을 벌인다. 비슷한 시기 베이징 민국대학에서는 유기석, 심용해 등 한인들이 중국인들과 함께 흑기연맹(黑旗聯盟)이라는 조직을 만들었다. 1927년에 만들어진 상하이 노동대학에는 이와사 사쿠타로(岩佐作太郞) 같은 일본인 아나키스트들도 참여하였다.

1928년에 결성된 동방무정부주의자연맹은 당대 동아시아 최고 수준의 아나키스트 연합체였다. 베이징 대회에는 조선·일본·중국·타이완·베트남·인도 6개국 대표 120명이 참여했고, 상하이 대회 때는 필리핀 대표까지 200여 명이 참여할 정도였다.

하지만 쑨원의 사망 이후 중국의 민족주의 세력 국민당과 사회주의 세력 공산당이 결별하면서 연합 활동은 퇴색하고 만다. 각 진영의 세력이 커지고 이념

적 이해가 깊어짐에 따라 독자적인 활동에 집중하게 된 것이다. 여하간 이들은
서양 열강의 횡포 그리고 일본 제국주의의 대두라는 새로운 현실 앞에 평화주
의적이며 대안적인 활동을 모색했다는 점, 그리고 서양의 근대화를 단순히 부
국강병의 수단으로 여기기보다는 정신적·문화적 차원에서 이해했다는 점에
서 의미를 지닌다.

양심적 행동가들

이 시기 국적을 뛰어넘어 조선을 위해 활동한 외국인들도 있었다. 미국인 선교
사 헐버트는 제국주의에 순응하는 미국의 외교 정책에 반대했다. 그는 고종을
도와 헤이그 특사로 파견되어 외교 활동에 매진하였고, 이후에는 독일은행에
예치된 고종의 자금을 독립운동가들에게 전달하기 위해 노력했다. 이 때문에
헐버트는 조선에서 추방당했으며, 미국에서도 왕따 신세를 면치 못했다. 그는
1945년 해방 후 한국에 돌아왔고 양화진에 묻혔다. 의료 선교사로 왔던 프랭
크 스코필드(Frank W. Schofield, 1889~1970) 선교사 역시 3·1운동 당시 교수직
을 포기하면서까지 일제의 침략상을 전 세계에 폭로했고, 해방 후에도 한국에
서 활동하며 독재 정권을 비판하는 등 양심적인 활동을 이어갔다. 조선인을 도
운 미국인 선교사들은 이 외에도 많았다. 이들은 대부분 선교를 목적으로 조선
에 왔으나 조선인과 생사고락을 함께하며 조선인의 입장에 동화되어갔다. 조
선인들을 위한 교회 그리고 조선 민족을 위한 기독교인의 양심적 행동이란 무
엇인가를 고민하면서 일어난 행동들이었다.

후세 다쓰지(布施辰治, 1880~1953)는 일본의 대표적인 인권 변호사이다. 그는

1919년 2·8독립선언을 주도한 일본에서 유학 중인 조선 학생들을 변호했고, 일본 황궁에 폭탄을 던진 의열단원 김지섭(金祉燮)을 위해 법정에서 활약했다. 가장 유명한 것은 천황 암살을 모의한 혐의로 대역죄 심판을 받던 박열(朴烈)과 가네코 후미코(金子文子)의 변호를 맡았던 사건이다. 또한 동양척식주식회사가 나주 지역 500여만 평의 토지를 약탈했던 사건에서도 조선 농민들 편에서 소송을 담당했다.

후세 다쓰지의 활동은 미국인 선교사와는 차이가 있었다. 선교사들이 온정주의적 태도에 기반했다면, 후세 다쓰지는 동양 고전 사상가 묵자(墨子)의 영향을 받았으며 사회주의자이기도 했다. 그는 인류의 보편적 가치를 지향했다. 미타카(三鷹) 사건(1949), 마쓰가와(松川) 사건(1949), 피의 메이데이 사건(1952) 등 일본에서 일어난 급진주의 운동, 노동자들의 저항 등 다양한 사회적 갈등에도 적극적으로 참여했다. 일본 정부의 인권 유린에 저항한 것이다. 그는 조선의 백정인권운동인 형평운동(1923~1935)에도 참여했고 타이완에서도 비슷한 활동을 하였다.

세계사적 보편성, 세계 시민주의, 인류애, 인류의 보편적 가치, 이상과 정의, 사랑과 평화. 당대 제국주의로 점철된 침략과 파괴에 대항하는 동아시아 양심주의자들의 노력은 숱한 어려움에도 불구하고 계속되었고, 그들은 저마다의 방식으로 새롭게 역사를 만들어갔다.

14강

중국은 어땠을까?

신해혁명 이후

당시 중국은 어땠을까? 중국은 조선과는 다르게 열강의 식민지가 되지 않았다. 하지만 청일전쟁 패배와 러일전쟁의 여파로 동아시아에서의 절대적 지위를 잃었으며, 아편전쟁 이후 서양 열강의 침탈로 숱한 사회·경제적 모순에 내몰렸다. 무엇보다 오랫동안 중국을 떠받쳐온 황제 지배체제 자체가 흔들렸다.

위기를 어떻게 극복할 것인가. 여러 사상이 난무하고 있었다. 변법자강운동과 혁명운동. 청나라를 근본적으로 개혁할 것인가, 아니면 무너뜨리고 근대적인 민주공화국을 세울 것인가. 캉유웨이(康有爲), 량치차오 등은 입헌군주제로의 개혁을 추진하였지만 그들이 주도한 변법자강운동은 100일 천하로 끝나고 만다. 독립협회운동과 유사한 결론이었다. 이들은 해외로 망명해서도 청나라에 대한 충성을 포기하지 않았다. 이들을 일컬어 보황파 혹은 입헌파라고 부른다.

하지만 보다 급진적인 운동이 일어났다. 청나라를 타도하라! 만주족을 몰아내고 황제 지배체제를 끝내며 새로운 근대국가, 민주공화국을 세우자는 혁명운동이 일어난 것이다.

쑨원의 삼민주의

그 중심에는 쑨원이라는 인물이 있었다. 그는 삼민주의를 주장했다. 삼민주의는 민족주의, 민권주의, 민생주의를 의미한다. 민족주의는 만주족을 몰아내고 한족의 나라를 세우자는 주장이다. 민권주의는 주권재민에 기초한 서구식 민주주의이다. 다만 쑨원이 강조한 민권 국가는 오늘날 우리가 상상하는 민주주의와는 일견 거리가 있다. 그는 강력한 중앙집권적 통치를 강조하였다. 또한 삼권이 아니라 오권 헌법을 강조하였는데 입법권, 행정권, 사법권 외에 고시(考試)권, 감찰(監察)권을 설정하고 이에 대한 권리가 인민에게 있다고 규정했다.

마지막은 민생주의. 쑨원은 민생주의를 '국가사회주의'로 표현하기도 했다. 그는 민생주의를 통해 자본주의와 공산주의의 문제점을 함께 극복하려고 했다. 소수의 자본가가 나라를 좌우하는 독점자본주의를 배격하는 한편 공산주의식 계급혁명 역시 반대한 것이다. 미국 경제학자 헨리 조지의 주장을 '토지국유론'으로 해석했고, 마르크스의 자본론을 '자본국유론'으로 해석하면서 자신이 추구하는 민생주의 안에 사회주의를 통합하고자 했다. 즉, 국가가 토지를 장악한 후 단일세제도를 근간으로 자본주의의 문제점을 해결하겠다는 발상이었다.

그는 계급 갈등을 사회병리 현상으로 보았고 '평균지권, 절제자본'을 강조하였다. 중국은 민중이 가난하고 국가 생산력 또한 부족하기 때문에 국가 중심의 경제 성장을 통해 자본을 확보하고, 그렇게 형성된 자본을 인민에게 나눈다는 구상이었다. 그는 자본주의의 목적은 이윤 창출에 있지만 민생주의의 목적은 민생, 즉 인민을 먹여 살리는 데 있다고 규정하면서 자본주의와의 거리를 명확히 했다. 쑨원은 정치가이고 혁명가였지 정밀한 이론을 추구하는 학자는 아니었다. 즉 자본주의와 공산주의의 한계를 극복하고자 거시적인 방향을 설계했을 뿐 두툼한 이론서를 펴낸 것은 아니었다. 따라서 상황에 따라 입장이 유연했다. "민생주의는 공산주의이고, 공산주의는 민생주의의 벗"이라고 규정하기도 했고, 마르크스의 뜻을 본받아야 한다고도 했다. 여하간 쑨원은 중국의 상황에 부합하는 혁명을 추구하는 가운데 서양의 자본주의나 공산주의를 뛰어넘는 대안을 마련코자 했다는 점에서 큰 의의를 지닌다.

쑨원은 지지자와 자금을 모았고 수차례 혁명을 시도했지만 결과는 모두 실패였다. 그럼에도 혁명파는 늘어났고 광둥, 후난, 위난, 안후이, 광시 등 주로 중국 남부 지역에서 혁명파의 투쟁은 활기를 띠었다. 무엇보다 동남아시아와 해외의 화교들 사이에서 쑨원은 대안적인 인물로 부상한다. 쑨원은 입헌파와의 경쟁에서 승리하였고, 그와 혁명파가 만든 중국혁명동맹회는 1911년 당시 1만 회원을 넘었다.

신해혁명:
동아시아 최초의 민주공화국 수립

그리고 신해혁명(1911)이 일어났다. 발단은 청나라의 철도 국유화 명령이었다. 반발은 격렬했다. 오랫동안 무능한 모습을 보인 청나라가 전국의 철도를 하나로 통합한다? 조만간 서양 열강에 전국의 철도가 잠식당할 것은 불 보듯 뻔했다. 쓰촨성에서는 국유화 명령에 반대하는 보로운동(保路運動)이 일어난다. 지방에 놓인 철도는 지역의 개혁가들과 민중의 피땀 어린 노력이었고 이를 중앙에서 빼앗아 갈 근거가 없다는 주장이었다. 청나라는 이를 진압하기 위해 신군, 즉 신식 군대를 파견하였는데 바로 이 '신군'들 사이에서 반란이 일어난 것이다. 신군들 중 상당수가 혁명파였기 때문이다.

1911년 10월 9일, 한커우 러시아 조계지의 비밀 회합 장소에서 혁명파들이 폭탄을 제조하던 중 우발적인 폭발 사건이 일어난다. 당시 한커우의 혁명파들은 반란을 계획하던 중이었다. 폭발 때문에 모의가 노출될 위기에 처하자 공병 제8대대가 10월 10일 이른 아침에 혁명을 일으키는데, 혁명의 열기가 인근 지역으로 단숨에 퍼져 나간다. 혁명파의 봉기는 곧장 전국적으로 확산되었다. 당시 해외에서 자금을 모금하며 활발한 혁명 활동을 벌이던 쑨원은 중국으로 돌아오기 전에 파리·런던 등을 돌며 외국 정부와 회담을 벌였으며, 특히 영국 정부가 청나라를 지원하지 못하게 하는 외교적 성과를 거두기도 했다.

당시 청나라는 혁명을 막기 위해 위안스카이를 등용하였고, 그가 이끄는 청나라 군대는 곳곳에서 혁명파와 전투를 이어갔다. 쑨원은 위안스카이와 담판을 벌여 위안스카이에게 총통직을 제안하면서 신해혁명을 받아들이라고 요구하였다. 결국 위안스카이가 이를 수락하면서 중국의 마지막 왕조인 청나라는 역사 속으로 사라지고 만다. 혁명이 성공한 것이다. 2,000년 넘게 유지되어오던 황제 지배체제 역시 역사 속으로 사라지고 말았다. 진정한 의미에서 동아시아 전통사회가 종말을 고한 것이다.

쑨원과 위안스카이 등은 헌법에 준하는 '임시 약법'을 만든 후 총선거를 통해 임기 6년의 참의원 274명과 임기 3년의 중의원 596명을 뽑는다. 이때부터 쑨원과 혁명파들은 '국민당'이라는 이름의 정당으로 활동한다.

하지만 위안스카이는 약속을 저버리는 데 주저함이 없었다. 1913년 총선에서 국민당은 269석을 차지하는 압승을 거둔 후 본격적인 의회정치를 앞두고 있었다. 하지만 위안스카이는 재빠르게 행동하였다. 국민당의 지도자 중 한 명인 쑹자오런을 상하이역에서 암살했고, 친국민당 성향의 장군들을 해임한다. 국민당은 반역조직으로 규정된 후 국회에서 추방, 해체를 당했으며 11월 말 쑨원은 일본으로의 망명을 선택하였다. 혁명은 성공했지만 열매를 맺기도 전에 무너져 내리고 말았다.

그렇다고 위안스카이가 성공한 것은 아니었다. 그는 권력을 잡았을 뿐 대중의 신망을 얻지 못했을 뿐 아니라 정치 지도자로서 유능함도 발휘하지 못했다. 위안스카이는 자금을 확보하는 가운데 수많은 이권을 서양 열강에 넘겨주었고, 이 점을 파고든 일본의 외교적 도전 앞에 속수무책이었다. 그럼에도 그는 황제가 되고 싶었다. 결국 황제가 되는 데는 성공했지만 대중은 반발했고 윈난성, 구이저우성, 광시성 등은 독립 선언까지 한다. 위안스카이는 황제 취소 선언을 하고 3개월 후인 1916년 56세의 나이로 죽고 만다. 혁명을 무너뜨린 인물의 참으로 허망한 최후였다.

그런데 위안스카이의 죽음은 문제를 해결하기보다는 오히려 심화시켰다. 위안스카이가 죽으면서 휘하 장군들이 할거하는 군벌 정권 시대가 도래했기 때문이다. 돤치루이(段祺瑞), 장쭤린(張作霖), 옌시산(閻錫山), 펑위샹(馮玉祥) 등 전국에 크고 작은 군벌들이 등장하여 나라를 좌지우지하게 된 것이다.

이들은 군사력을 바탕으로 지역을 장악하였다. 거대한 군벌들은 여러 성을 통치하기도 했고, 작은 군벌들은 이들 밑에서 특정 지역을 관할하였다. 이들은 민중을 착취하는 기생형 집단이었다. 군대를 동원하여 특정 지역의 세금을 확보한 후, 이를 군대 유지 비용으로 사용하며 권력을 유지하였다. 필요에 따라 새로운 세금을 만들어 이득을 취하기도 했다. 휘하에 수만에서 수십만에 달하는 엄청난 군대를 보유했지만, 그렇다고 서양 열강과 싸울 만큼의 힘이 있는 건 아니었으며 무엇보다 비전이 없었다. 쑨원이 주창한 삼민주의는커녕 서양 열강에 맞서 민중을 지켜야 한다는 소명 의식조차 없었다. 그야말로 권세만 휘두르는 모리배 집단이 세상을 좌우하는 시대가 열린 것이다.

신문화운동과 5·4운동 :
고난 가운데 길이 열리다

우리는 인력거꾼의 생활 수준은 연구하지 않으면서 사회주의에 대해 떠들어댄다. 우리는 여성을 해방시키거나 가족제도를 올바르게 세울 방법은 강구하지 않고 아내의 공유와 자유연애를 지껄인다. 우리는 안복파 (당시 베이징 일대의 군벌과 부패 정치가들)를 쳐부술 방법(을) … 검토하지 않은 채 무정부주의를 주장한다. 게다가 또 우리는 근본적 '해결책'에 대해 이야기하고 있다는 이유로 스스로 기뻐하고 자축한다. 상황을 직시해보면 이것은 허황된 이야기일 뿐이다.

당대의 지성 후스(胡適)의 글이다. 위안스카이의 배신과 군벌 정권의 등장으로 엄혹한 상황은 계속되었다. 일본은 위안스카이의 재정적 어려움을 돕는 대가로 일명 '21개 조'의 이권을 요구하였다. 산둥성에 대한 지배권 요구부터 일본에서 파견한 고문을 두고 정치를 하라는 것까지. 일본은 조선에서 보였던 모습을 중국에서도 반복한다. 일본은 끊임없이 부상하고 있었고, 어느덧 서양 열강에 버금가는 영향력을 행사하고 있었다.

제1차 세계대전 또한 중국에 도움이 되지 못했다. 전쟁이 시작됐을 때 중국은 중립을 지켰지만, 미국이 참전하면서 중국도 연합국의 일원이 되었다. 주로 인력 지원을 담당했는데, 중국인 노동자들이 전쟁에 참여하여 물자를 나르고 철도를 건설한 것이다. 전쟁이 연합국의 승리로 끝나니 중국은 승전국이 되었다. 승전국의 권리, 중국은 불평등조약의 개선과 여러 가지를 열강에 요구할 수 있는 기회를 얻었다. 하지만 막상 전쟁이 끝나자 서양 열강은 이를 외면하였다. 당시 세계 패권국가로 거듭난 미국은 만주 지역에 관심이 있었다. 미국은 중국의 문호 개방을 요구하는 동시에 중국의 주권적 지위를 보존해야 한다고 주장하며 일본의 21개 조 요구를 막았다. 가까스로 일본의 침탈을 피한 것인데, 승전국치고는 참으로 보잘것없는 수확이었다.

도대체 중국이 처한 문제가 무엇인가. 군벌? 베이징의 부패한 정치가들? 탐욕적인 서구 열강? 농민을 쥐어짜는 토착 지배층? 이 모든 문제에 무관심한 지역사회? 무식함과 무능함에 익숙해진 민중?

> 체질과 정신이 이미 굳어버린 민중은 지극히 사소한 것을 조금 개혁하
> 는 데도 걸림돌이 지천이다.

중국의 대문호 루쉰의 글이다. 루쉰, 천두슈(陳独秀), 후스, 차이위안페이, 리다자오(李大釗) 등 새로운 지식인들이 등장하였고 이들은 엄혹한 시간에 맞서 보다 급진적인 주장들을 쏟아내었다. 이들은 '신문화운동'을 제창하였다. 잡지 〈신청년(新青年)〉을 발행하였고, 유교와 전통문화를 배격했으며, 백화문(白話文) 사용을 주장하였다. 혁명은 실패했고 군벌이 지배하는 시대는 암울하다. 그렇다고 혁명이 끝난 것일까? 아니다. 오히려 더욱 지극한 혁명, 문화와 마음의 혁명이 일어나서 중국 인민의 대각성을 도모해야만 한다. 그것이 신문화운동의 지향점이었다. 이들은 잡지를 만들어서 중국의 문화 면면에 흐르는 수많은 잘못을 끄집어내고 처절하게 비판하였으며, 특히 유교 문화로 점철된 잘못된 전통문화와 싸우고자 했다. 또한 쉽게 읽고 쓸 수 있는 백화문을 사용해서 민중을 계몽하고자 하였다.

루쉰은 참으로 집요하게 유교를 비판했다. "소년들의 길을 막고, 소년들이 호흡하는 공기를 자신들이 다 마셔버리는 인간들." 효와 충을 강조하면서 결국 늙은이가 젊은이의 미래를 막고, 쓸데없는 허례허식을 만들어내는 것이 중국의 전통문화이고 유교 문화라고 보았던 것이다. 마오쩌둥은 '체육에 관한 논

문'을 잡지 〈신청년〉에 기고했다. 그는 중국인들이 전통적으로 "부드러운 옷, 느린 걸음걸이, 침착하고 조용한 시선"을 추구했는데 바로 거기서부터 변화가 있어야 한다고 주장했다. "훈련은 야만적이고 거칠어야 하고", "전투에 전투를 거듭할 수 있도록" 고된 단련을 해야 하며, 그것이야말로 당장의 중국인들이 추구해야 할 경험이라고 보았다. 그는 체육이 감정과 의지를 조절하는 훌륭한 학문이라고 예찬했다.

역사학자 궈모뤄(郭沫若)는 사마천의 《사기(史記)》 이래 중국인이 지녀온 전통적인 역사관을 부정하였다. '요순우탕문무주공(堯舜禹湯文武周公)'이라는 중국 고대의 성왕들을 날조된 신화로 규정했으며, 중국 최초의 왕조인 하나라의 역사성 또한 부정하였다. 이를 위해 새로운 고고학, 역사학적인 방법론을 도입하였다. 사상가이자 혁명가 리다자오는 사회주의를 본격적으로 받아들였다. 모든 부문에서의 변화. 혁명파의 정치혁명은 실패했지만 중국 사회는 근본적인 부분에서부터 변화하고 있었다.

그리고 1919년 5월 4일 중국 역사는 새롭게 '시작'된다. 얼마 전 식민지 조선에서 3·1운동이 일어났고, 그 뜨거운 저항의 열기가 중국에 전해졌다. "조선인을 보라, 우리는 무엇을 하고 있는가!" 베이징 시내 곳곳에서는 이런 식의 글귀가 난무하였다. 신해혁명에서 신문화운동까지, 새로운 정신으로 무장한 베이징대학교 학생 대표들이 베르사유조약에 반대하는 결의문을 낭독하고 행진을 시작하였다. 제1차 세계대전의 승전국에 대한 서양 열강의 홀대에 문제 제기를 하는 집단행동이었다.

집회는 빠른 속도로 격렬해졌다. 베이징 군벌과 열강이 서둘러 제압에 나섰고, 한 학생이 진압 도중 사망했으며 무려 32만 명이 현장에서 체포된다. 강경 진압은 저항을 더욱 거세게 만들었다. 베이징에서 시작된 운동은 상하이, 톈진, 우한 등의 도시로 급속히 퍼져 나갔다. 6월이 되자 전국 30여 지방에서는 학생연합 대표들이 '중화민국학생연합'을 결성하였고, 상인과 노동자들이 격렬한 환호를 보냈다. 상하이에서는 43개 기업 6만여 노동자가 태업과 동조파업을 결행하기도 했다. 이들의 구호는 하나의 방향으로 나아갔다. 반군벌·반외세. 군벌이 판치는 세상을 뒤집어엎고 열강과 외세가 만든 왜곡된 사회구조를 근본적으로 뜯어고치자는 외침이 신해혁명 때보다 훨씬 강렬한 형태로 등장한 것이다.

중국인들의 강렬한 열망. 지식인들은 구체적으로 비판하며 대안을 모색하였고, 학생들은 배우는 자를 넘어 행동하는 자가 되었으며, 민중은 그들과 하나가 되었다. 강렬한 힘의 분출이 시작된 것이다. 그리고 그 결과 쑨원과 국민당이 부활하였다. 중국 남부에 쑨원이 이끄는 광동 정부가 세워졌다. 그리고 하나 더. 신문화운동의 지도자 천두슈를 중심으로 중국공산당이 창당되었다. 신해혁명 이후 중국의 근대사는 빠른 속도로 변해가고 있었다.

일본은 어떻게 지배했는가

일제강점기

1910년 8월 22일부터 1945년 8월 15일까지. 36년간 일본 제국주의가 강제로 점령했던 조선은 어떤 삶을 살았을까? 보통 1910년부터 1919년 3·1운동 전까지 약 10년간을 '무단통치'라고 부른다. 강제 병합 이후 일제는 통감부를 개편하여 총독부라고 불렀고, 주로 육군 장군이 총독으로 파견되었다. 총독 밑에는 경무총감과 정무총감이 있었다. 경무총감은 치안을, 정무총감은 행정을 담당했다.

초대 총독 데라우치는 육군 장성 출신으로 이미 1901년 가쓰라 타로 내각에서 육군상을 지낸 인물이다. 1916년 조선 총독 임기를 마친 후 일본으로 건너간 그는 본국 총리가 되어 시베리아 출병을 주도했다. 그의 아들 데라우치 히사이치(寺內壽一) 역시 육군상을 역임했으며 태평양전쟁 당시 남방총군 총사령관이었다.

3·1운동 이후 파견된 3대 총독 사이토 마코토(齋藤實)는 이례적으로 해군 제독이었다. 그는 데라우치 못지않은 경력을 자랑했다. 일본에서 외무대신, 문부

대신, 총리대신을 역임했고 1936년 군부 쿠데타였던 2·26사건으로 암살을 당한다. 1930년대 후반 민족 말살 통치를 자행했던 미나미 지로(南次郎) 총독은 육군 출신으로 와카쓰키 레이지로 내각에서 육군대신을 역임했고 이후 관동군 사령관, 만주국 전권 대사, 관동 장관 등을 지내면서 만주 침략을 주도하였다. 총독 우가키 가즈시게(宇垣一成)는 고노에 후미마로 내각에서 외무대신 겸 척무대신을 지냈고, 총독 고이소 구니아키(小磯國昭)는 1944년 도조 히데키(東條英機, 1884~1948) 내각이 붕괴하자 총리대신으로 임명되어 일본 제국주의의 최후를 지켰다. 대부분의 총독이 화려한 경력을 지녔으며 작위를 받기도 했다.

1910년대:
무단통치 시대

1910년대 무단통치는 문자 그대로 엄혹했다. '헌병경찰제', 즉 일반 경찰이 아닌 헌병경찰이 식민지를 운영하였으며 치안만 관리한 것이 아니라 세금 징수, 민사소송 업무, 마을 미풍양속까지 간여했다. 헌병경찰들은 무시무시했다. 이들에게는 즉결처분과 태형 같은 권한이 주어졌다. 영장 없이 사람을 체포할 수 있고, 최대 4개월간 구금할 수 있는 권리를 가졌으며, 하루 80대까지 태형을 집행할 수 있었다. 1911년에는 1만여 명이, 1919년에는 4만여 명이 태형을 당했다고 한다. 세칙은 구체적이었고 시시콜콜했다. 가로수 꺾으면 5대, 웃통을 벗고 일하면 10대, 집 앞 청소를 안 하면 10대, 무허가로 개를 잡으면 40대, 학교림을 벌목하면 50대, 덜 익은 감을 판매하면 80대 등등 이들은 식민지 근대화라는 명목으로 조선 민중 위에 군림하였다.

언론·출판·집회·결사의 자유는 보장되지 않았다. 〈황성신문〉·〈제국신문〉등 많은 신문이 폐간됐고, 활발한 활동을 벌이던 〈대한매일신보〉는 '매일신보'라는 이름으로 일제의 기관지가 되어버렸다. 1910년 전후 사립학교법, 보안법, 신문지법, 출판법 등 온갖 악법이 만들어지면서 그간 활발했던 민족운동은 침체에 빠져들게 된다.

1920년대부터 1930년대 중반까지:
문화통치 시대

1919년 3·1운동 이후에는 일제의 통치 방식이 바뀐다. 1910년대 내내 유지되었던 강압적인 통치를 '무단통치'라고 명명한 것은 당시 일본의 언론이었다. 아무리 식민지라도 이토록 억압적이라니! 조선인들의 저항은 물론이고 일본 내부의 비판으로 식민지 통치 방식은 바뀔 수밖에 없었다.

운영 원칙부터 수정되었다. 문관 총독도 임명할 수 있게 하였고 보통경찰제로 전환하였다. 그리고 언론의 자유를 허락하였다. 〈동아일보〉·〈조선일보〉 등이 이때 생겼다. 지방 행정기관인 도·부·군·면에는 협의회를 설치했고, 투표를 통해 인사를 선발하는 등 부분적으로 자치의 권리를 허락하기도 했다.

그렇다고 식민지의 본질이 바뀌겠는가. 문관 총독은 단 한 명도 임명된 사례가 없다. 보통경찰제로 전환했지만 경찰의 숫자나 장비, 유지비가 늘었다. 신문 발행은 허가했지만 검열을 강화하였고, 문제가 되는 기사를 삭제하거나 정간 조치, 심할 경우에는 폐간까지도 자행하였다.

문화통치는 기만적이었다. 조선인들에 대한 처우를 개선하겠다는 명목으로 적극적인 친일파 양성을 꾀했기 때문이다. 종래에는 이완용 같은 인사들에게만 은사금을 하사하고 작위를 베풀었다. 친일파가 된다는 것은 매우 영예로운 일이자 소수만이 누릴 수 있는 호사였다. 하지만 사이토 마코토 총독은 앞서 말한 다양한 조치를 통해 보다 광범위하게 조선인들을 포섭하고자 하였다. 그리고 이에 응답하는 이들이 나타나기 시작했다. 그 대표적인 인물이 이광수(李光洙)다.

> 나는 차라리 조선 민족의 운명을 비관하는 사람입니다. 전에 말한 비관론자의 이유로 하는 바를 모두 진리라고 생각합니다. 우리는 과연 순하지 못한 환경에 있습니다. 우리는 그 이상을 상상할 수 없을 만큼 정신적으로나 물질적으로나 피폐한 경우에 있습니다. 또 우리 민족의 성질은 열악합니다(근본성은 어찌 되었든지 현상으로는). 그러므로 이러한 민족의 장래는 오직 쇠퇴와 쇠퇴로 점점 떨어져 가다가 마침내 멸망에 빠질 길이 있을 뿐이니 결코 한 점의 낙관도 허락할 여지가 없습니다. 나는 생각하기를 30년만 이대로 버려두면 지금보다 배 이상의 피폐에 이르러 그야말로 다시 일어날 여지가 없이 되리라 합니다. … 그러면 이것을 구제할 길이 무엇인가. 오직 민족 개조가 있을 뿐이니 곧 본론에 주장한 것입니다.
>
> – 〈개벽〉 1922년 5월호 중

이광수의 〈민족개조론〉 중 일부이다. 2·8독립선언을 주도했고 임시정부에서 언론 활동을 벌였던 인물, 안창호 등과 긴밀히 교류하며 민족주의 진영에서 활동하던 이광수는 홀연히 입장을 바꾼다. "민족의 해방이 아닌 민족성의 개량이 우선"해야 한다고 주장한 것이다. 이광수는 선명했던 문제를 흐릿하게 만들었다. 우리 조선인들은 저열하다. 문화적으로 열등하며 스스로 근대화를 이루는 데 극히 미욱한 족속이다. 그렇기 때문에 당장의 독립은 불가능하며 일본의 도움이 필요하다. 따라서 일본에 협력하고 일본이 "허락하는 범위 내에서" 자치를 도모해야 한다. 이광수는 공식적으로 자치론을 주장하였다. 그리고 한때나마 존경을 받았던 많은 이들이 입장을 바꾸기 시작하였다. 민족 대표 33인 중 한 명이자 3·1운동을 실질적으로 주도했던 천도교 인사 최린(崔麟) 등이 이광수와 비슷한 길을 걸었다.

이들의 묘한 변화는 민족주의 진영 내에서 갈등을 불러일으켰다. 민족의 독립과 민족성의 개조에 어떻게 순서가 있단 말인가. 민족성을 개조한다는 것이 정확히 무엇을 의미하는가. 만약 민족성이 저열하면 그들에게는 독립할 권리조차 없단 말인가. 이광수의 주장은 얼토당토않다! 안재홍(安在鴻, 1891~1965), 김병로(金炳魯, 1887~1964) 등 국내에서 활동하던 수많은 민족주의자들은 자치론자들을 비판하며 자신들의 정체성을 지키기 위해 분투하였다.

사실 1920년대는 사회주의가 인기를 끌던 때이기도 했다. 1917년 러시아혁명이 일어나면서 수많은 젊은이가 사회주의에 관심을 가졌기 때문이다. 그리고 이들은 조선공산당을 세우는 등 새로운 저항 세력으로 등장하게 된다. 이 또한 분열적 요소로 작용하였다.

구국운동에서 독립운동으로, 조선이 멸망하면서 수많은 애국지사는 그렇게 새로운 비전을 정립하였다. 한편에서는 자치를 이야기하는 친일적 경향이 만연하기 시작하였고, 다른 한편에서는 사회주의에 천착한 새로운 운동이 일어난 것이다. 이제 어떻게 민족운동을 이어갈 것인가. 1920년대의 문화통치는 참으로 곤혹스러운 결과를 불러일으켰다.

1930년대 후반부터 1945년까지:
민족 말살 통치

1931년 만주사변이 일어난다. 일본 관동군이 군사작전을 감행, 만주를 장악한 후 만주국을 세운 것이다. 당시 일본군은 독자적인 판단으로 만주를 공격하였다. 뒤늦게 이를 알아차린 내각이 만류했지만, 군인들은 정치인들의 말을 듣지 않았다. 만주사변의 결과는 이중적이었다. 새로운 식민지가 생겼다는 점에서는 일본 제국주의의 찬란한 성공이었지만, 그 과정이 일본 정치에 심각한 악영향을 미쳤으니 말이다.

만주국은 오족협화(五族協和)를 외쳤다. 일본인, 중국인, 조선인, 만주인 그리고 몽골인이 함께 모여 신세계를 만들어보자는 것이 이들의 주장이었다. 마치 1910년 당시 흑룡회가 한일합방을 외쳤듯, 만주는 일본 제국주의가 동아시아 민족에게 베푸는 새로운 기회처럼 선전되었다. 많은 이들이 만주로 몰려들었는데 그중에는 조선인들도 상당수였다. 새로운 경제적 기반을 찾아서 혹은 일본군이 되어 출세해보려는 욕망의 물결이 만주에 빼곡히 들어찼던 것이다.

하지만 사정은 좋지 못했다. 만주사변 이후 일본 군부는 독자적으로 행동하기 시작하였다. 이들은 스스로를 '천황의 군대'라고 불렀으며, 보다 강력한 군사작전을 통해 자신들의 영향력을 확대하고자 하였다. 일본 사회에서는 극우파들이 들끓었고 극우파와 군부의 묘한 공생이 이루어졌다.

그 결과는 1937년 중일전쟁. 중국과의 전면전이 시작된 것이다. 그리고 전쟁이 마무리되지 않은 상황에서 다시 1941년 일본은 미국을 공격하며 태평양전쟁을 시작하였다. 전쟁, 다시 전쟁, 다시 또 전쟁. 1937년 중일전쟁 이후 일본 군부는 폭주하기 시작하였다.

당시 파견된 총독이 미나미 지로다. 그는 황국신민화 정책과 병참기지화 정책을 추진하며 식민지 조선이 전쟁 국가 일본을 떠받치도록 하였다. '내선일체(內鮮一體) 일선동조(日鮮同祖).' 일본인과 조선인은 하나다. 일본과 조선은 같은 조상을 두었다. 미나미의 주도하에 전례 없던 주장들이 넘쳐나기 시작하였다. 불과 얼마 전까지만 하더라도 일본인과 조선인, 내지인과 외지인을 엄격히 구분했고, 본국 헌법과 무관하게 식민지를 경영했으며, 민족 차별은 기본이고 교육제도부터 임금체계까지 모든 분야에서 차별적인 시스템을 운영하던 일제가 갑자기 하나 됨을 주장한 것이다. 일본 신화에 등장하는 아마테라스 오미카미(天照大神)와 고조선의 시조인 단군이 남매였다는 식으로 신화를 억지로 융합하였고 황국신민서사 암송, 신사 참배와 궁성 요배 등 천황을 숭배하고 신토(神道)를 비롯한 일본의 종교와 문화를 강제하는 급진적인 조치가 급작스럽게 이어졌다. 그리고 '창씨개명', 즉 이름을 일본식으로 바꾸도록 강제했고 조선어와 조선사 교육 또한 금지했다.

동시에 강력한 총동원체제가 구축되었다. 1938년 4월 1일 국가총동원법을 공포하였으며 공업화 정책을 한층 강화하였다. 총동원법은 가혹했다. 전쟁을 위해 정부가 물자·자금·인력을 원하는 만큼 강제로 동원할 수 있게 했으며, 노동자의 파업은 물론이고 신문 발행을 비롯하여 각종 사회제도에 대해 무제한 간섭을 가능케 했다. 한반도 북부 지역에는 군수공장들이 빠른 속도로 들어섰으며, 조선인은 전쟁을 위해 필요한 모든 분야에 강제로 동원되었다.

전황이 악화될수록 수탈의 정도는 극심해져만 갔다. 식량 배급제가 실시되었고 미곡은 물론이고 쇠붙이까지 강제로 공출하였다. 징병, 징용, 위안부. 일본의 필요에 따라 식민지 조선인들은 강제로 군인이 되었고, 국내는 물론이고 세계 곳곳으로 끌려가서 강제 노동은 물론이고 성노예까지 되어야만 했다. 1930년대 후반부터 해방까지 약 7~8년의 기간에는 문자 그대로 '민족 말살 통치'가 자행되었다.

프랑스 제국주의와 식민지

다른 식민지들은 어땠을까? 모두가 우리와 같은 방식으로 고통을 겪고 있었을까? 그렇다. 구체적인 부분에서는 차이가 있지만, 제국주의의 식민지 운영은 본질적인 측면에서 똑같았다.

프랑스를 살펴보자. 청나라와의 경쟁에서 성공하며 베트남을 거머쥔 프랑스는 인도차이나반도에서 승승장구하였다. 응우옌 왕조, 크메르 왕조 등을 무너뜨리며 라오스, 캄보디아까지 병합하는 데 성공한 것이다.

인도차이나반도에 앞서 프랑스는 아프리카에서 막대한 식민지를 확보하였다. 1830년대에 프랑스는 북아프리카의 알제리를 쳐들어갔고 10년 만에 일대를 점령하였다. 저항은 거셌다. 아브드 엘카데르(Abd El-Kader), 체이크 엘모크라니(Cheikh El-Mokrani) 등이 저항군을 이끌었고 싸움은 1871년까지 이어졌다. 프랑스 군대는 잔혹했다. '앙퓌마드(enfumades)', 포로들을 동굴에 가두고 입구에 불을 피워 연기로 질식사하게 하는 등 끔찍한 작전을 벌이며 저항 의지를 꺾어나갔다. 파괴자 뷔조(Thomas-Robert Bugeaud) 장군의 전과였다.

프랑스는 식민지 네트워크를 만들고자 했다. 사하라사막을 관통하여 마다가스카르섬까지 아프리카를 횡단하는 광대한 식민지 영토를 구축하고자 했으며, 다시 멕시코에도 영향력을 행사하여 대서양 항로를 확보한 후 동남아시아 인도차이나반도까지 이어지는 태평양 루트를 만들고자 했다. 프랑스에 이익이 된다면 세계 어느 곳이든 식민지로 만들고자 한 것이다.

누가 이런 정책을 추진했을까? 제국주의 정책에 정파는 존재하지 않았다. 보수파건 개혁파건 모두가 식민지를 원했기 때문이다. 알제리 원정이나 멕시코 원정은 왕정을 추구하던 보수파의 노력이었다. 이들은 비스마르크가 이끄는 독일에 패배한 후 프랑스인의 영광을 위해 다시금 식민지 확보에 열을 올린다.

당시 프랑스의 개혁파는 공화주의자들이었는데 이들 또한 매한가지였다. 인종주의와 식민주의를 설파하며 식민지 개척을 합리화했기 때문이다. 튀니지의 폴 캉봉(Paul Cambon), 인도차이나의 폴 베르(Paul Bert)·장마리 드 라네상(Jean-Marie de Lanessan)·폴 두메르(Paul Doumer) 그리고 마다가스카르의 조제프 갈리에니(Joseph Gallieni) 장군 등은 왕정과 보수파를 경멸하며 프랑스 혁명을 예찬하던 공화주의자였지만 누구보다도 적극적으로 식민지 개척에 몰두하였다.

단체들 또한 많았고 이들 중 상당수는 프랑스 하원에 진출하였다. 아프리카위원회, 식민지연합 등 수십 개의 단체가 활발히 활동했다. 당시 프랑스에는아예 '식민부'라는 행정부서가 있었다. 원래는 해군부와 상공부 산하 기구였다가 독립한 것이다. 알제리·모로코·튀니지 등 프랑스와 가까운 북아프리카의식민지는 외무부와 내무부가 관리했고, 좀 더 멀리 떨어진 인도차이나·서아프리카·콩고·마다가스카르 등을 식민부가 관할했다.

프랑스는 '동화주의'를 외쳤다. 프랑스의 위대한 문명을 식민지에 전파하겠다는 주장이었다. 하지만 현실은 전혀 달랐다. 예를 들어 알제리는 제2차 세계대전까지 단지 500여 명이 시민권을 받았고, 인도차이나는 1925년에는 31명, 1939년에는 300명 정도였다. 동화주의를 외쳤고 미개하고 열등한 지역에 프랑스의 위대한 문명을 전파하겠다면서도 정책은 철저히 차별적이었고 식민지사람은 결코 프랑스인이 될 수 없었던 것이다.

프랑스는 식민지를 관리하기 위해 이들에게 별도로 적용되는 '토착민 법전'을 만들었다. 이들을 통제하기 위해 '쉬르테'라는 경찰대를 조직했으며, 정치범 수용소인 '폴로 콘도르(Poulo Condor)' 같은 감옥도 만들었다. 일본 헌병대, 그러니까 '겐페이타이(헌병대)'라는 말은 프랑스어 '쉬르테'의 번역어였다. 일본이 조선에서 끔찍한 만행을 저지르는 동안 세계 곳곳에서는 프랑스, 영국 그리고 많은 열강이 똑같은 짓을 저지르고 있었다.

16강

식민지 근대화론 1

농업 정책

일본은 36년간 조선을 지배하였으며 그들이 원하는 대로 식민지를 꾸려갔다. 많은 변화가 있었다. 한양은 경성으로 이름이 바뀌었고 팽창하기 시작하였다. 특히 철도가 놓이면서 많은 변화가 일어났다. 공주·충주·상주 같은 종래의 도시가 쇠퇴하고, 기차역을 중심으로 대전·부산·대구 같은 새로운 시가지가 발전하였다. 그중에서도 경성의 변화는 급격했다. 종래 한강을 따라 수많은 배가 물자를 옮기던 모습은 빠른 속도로 사라졌다. 경인선이 결정적이었다. 인천에서 출발한 기차는 한강대교를 넘어 서울역에 도착하였다. 기차도 대단했지만 웅장한 규모의 한강대교는 일본의 위용 그 자체였다. 용산 일대에는 새로운 시가지가 만들어졌고, 일본인들은 남촌에서 신용산까지 거주지를 확장해나갔다. 영등포에는 한반도 최초의 경공업지대가 만들어졌으며, 지방에도 일본인들이 살아가는 신시가지들이 만들어졌다. 일본이 주도하는 근대화가 가시화된 것이다.

농업 정책

근대화가 아닌 식민화

1920년대가 되면 신문물이 눈에 띄게 늘어난다. 오늘날 소공동 일대에는 미쓰코시 백화점, 조지아 백화점 등이 들어섰고 모던보이, 모던걸 등 새로운 근대 문물을 향락하는 세대가 등장하기도 했다. 천재 시인 이상(李箱, 1910~1937), 서양화가 구본웅(具本雄)이 제비다방을 만들고 문학에 천착했던 때가 이 시기였다.

생활 모습도 조금씩 바뀌어갔다. 한복은 보다 간소한 형태로 개선되었고, 단발에 양복을 입은 사람들도 늘어났다. 일본은 정책적으로 남성들에게 짧은 머리를 강요했고, 1930년대에는 명절 때 동네마다 순사가 지켜보는 가운데 강제로 삭발식을 거행하기도 했다. 신여성이 등장한 것도 이때였다. 그녀들은 근대 교육을 받았고 일부는 일본에 유학을 다녀왔으며 여성의 자유롭고 주체적인 삶을 앙망했다. 하지만 현실은 녹록지 않았다. 이들과 동등한 결혼생활을 하고 싶어 하는 남성들은 많지 않았고, 신여성의 파트너 대부분은 원치 않는 결혼을 한 부유한 유부남들이었다. 대표적인 신여성 나혜석(羅蕙錫, 1896~1948)은 화가

나혜석과 그녀가 그린 자화상. 자신의 모습을 서양 여성 스타일로 묘사한 것이 이채롭다.

와 문필가로 명성을 떨쳤으며 남편과의 이혼소송으로 세상을 시끄럽게 만들기도 했다. 소프라노 윤심덕(尹心悳, 1897~1926)은 사랑하는 남자와 현해탄에 몸을 던져 비극적으로 생을 마감했다.

많은 이들이 일본에 유학을 갔고 국내에 있더라도 일제가 주최하는 대규모 행사를 통해 성공의 기회를 맛보기도 했다. 화가 이중섭(李仲燮, 1916~1956)은 일본인들이 인정하는 천재 작가였지만 박수근(朴壽根, 1914~1965)은 국내에서

이중섭의 〈소〉, 이중섭은 황소 그림에 천착했으며 가족 관련 그림을 많이 그렸다. 특히 제주도에서 생활하면서 화풍이 밝게 변화한다.

이쾌대의 〈군상 1-해방고지〉, 이쾌대는 한국에서는 보기 드문 낭만주의적이며 집단 군상을 과감하게 그린 작가이다.

간신히 작품 활동을 이어갈 수 있었다. 이인성(李仁星)은 일제가 주최하는 수많은 국선에서 승승장구했지만 해방 이후 쉽사리 잊혔고, 이중섭은 화려한 유학 생활보다는 고단하고 궁핍한 시절에 그린 그림으로 현재까지 기억되고 있다. 한 번도 제대로 된 화가 대접을 받지 못한, 그럼에도 끝까지 직업화가를 고수했던 박수근은 이중섭과 더불어 근대 미술에서 중요한 예술적 성취를 이루었다. 어디 이뿐인가. 변월룡(邊月龍), 이쾌대(李快大) 그리고 김환기(金煥基). 많은 이들이 일본을 통해 서양 미술을 접하고 유학을 통해 실력을 연마하며 변화하는 근대적 물결 가운데 한국 미술사의 방향을 바꾸어갔다.

　과거와는 다른 뚜렷한 변화가 있었던 것이다. 그런데 이러한 변화는 과연 본질적인 것일까? 조선인 대부분이 모던 보이나 모던 걸이 되어서 조선 시대에는 상상할 수 없었던 거주지에서 새로운 직업을 가지고 생활했을까? 여성들은 자신이 원한다면 누구나 신여성이 될 수 있었을까? 어불성설이다. 여전히 가족의 굴레에서 희생당하는 구여성들이 대부분이었고 조선인의 절대다수는 농민이었다. 1920년대 중반부터 진행된 공업화는 조선인 일부를 농민에서 노동자로 만들었을 뿐 그들의 삶은 여전히 빈곤했으며, 백화점 너머로 보이는 행복한 삶이란 그야말로 그림의 떡에 불과했다. 조선이 근대화되었다고는 하나 식민지에 지나지 않았고, 결국 일본의 발전을 위한 도구에 불과했다. 당시 가장 중요한 변화는 근대화가 아닌 식민화였다.

일제의 농업 정책

1945년 해방 때까지도 조선의 주요 산업은 농업이었으며 조선인들 대부분은 농업에 종사하였다. 그래서 일제는 적극적인 농업 정책을 펼쳤다. 초기에는 주로 일본인들이 조선에 진출하여 농장을 만들었고, 1920년대 이후에는 일본의 빠른 공업화에 대처하기 위해 조선을 식량 생산기지로 만들고자 하였다.

일제는 1912년부터 1918년까지 조선 전토를 대상으로 토지조사사업을 실시하였다. 조선의 통치 방식과는 전혀 달랐다. 조선은 꼼꼼하게 토지조사사업을 실시한 적도 없을뿐더러 이를 옳다고 여기지도 않았다. 세금은 무릇 가진 자들이 부담하는 것이고, 향촌 공동체는 지역민들이 알아서 운영하는 것이 옳다고 여겼기 때문이다. 따라서 엄격한 세율을 적용하지 못했고 양반들의 수탈을 효과적으로 제어하지 못하는 한계가 있었다. 그래도 세율이 낮고, 경작권을 비롯하여 농민들의 생활을 보장하기 위한 각종 장치가 마련되어 있었다.

일제는 달랐다. 전국의 모든 토지를 꼼꼼하게 측량했으며 소유권을 중심으로 근대적인 토지대장을 작성하였다. 소유권이 불분명한 황무지, 관청이나 왕실 소유의 토지 등은 모두 총독부가 몰수하였다. 동양척식주식회사는 더욱 활발하게 활동하였다. 후지흥업, 가다쿠라, 히가시야마, 후지이 등 여러 일본인 토지회사가 만들어졌고 조선에서 성공을 꿈꾸는 일본인들에게 토지를 알선하였다. 이들이 주도하는 토지 매매는 남한에서만 26만 9,000정보, 당시 경작지의 12.3%로 추정된다. 이렇게 거래된 농토의 절반 이상이 전라도에 집중되어 있었다. 일본인 지주와 조선인 소작농. 새로운 관계가 만들어지고 있었던 것이다.

일제는 소유권만 인정했기 때문에 농민들은 전통사회에서 유지되던 경작권, 공유지 사용권, 임야 사용권, 그 밖에 자질구레한 권리들은 인정받지 못했다. 여파는 컸다. 이전까지는 대대로 같은 땅을 빌려서 농사를 지었고 마을 공유지나 임야에서 별도의 경제생활을 영위할 수도 있었다. 이는 농민의 권리였고 양반들이 침범할 수 있는 것이 아니었다. 하지만 새로운 정책으로 인해 농민들은 '계약직 소작농'이 된다. 일명 '식민지 지주제'가 만들어진 것이다. 이제 지주들은 해마다 소작농을 갈아치울 수 있게 되었으니, 농민의 비참한 처지는 당대

　　　　　　　　　　　　　　　　　　　　　　　　　　　　농업 정책

수많은 문학 작품의 소재가 되기도 했다.

1920년대에는 산미증식계획이 추진된다. 제1차 세계대전 후 일본은 빠르게 공업화되었고 그로 인해 쌀 부족 현상이 발생, 쌀값이 폭등하기까지 했다. 일제는 본국의 부족한 생산량을 식민지 증산 작업을 통해서 만회하고자 했다. 산미증식계획은 크게 두 차례(1차 1920~1925, 2차 1926~1934) 진행되었는데 사업의 핵심은 밭의 규모를 대대적으로 줄이는 것이었다. 쌀이 부족하기 때문에 논을 많이 늘리고자 했다. 이는 매우 위험한 정책이었다. 오랫동안 논과 밭, 쌀과 각종 잡곡을 섭취하며 건강을 유지했던 조선인들의 입장을 고려하지 않은 처사였기 때문이다. 더구나 무리한 계획은 실패로 끝난다. 1차 시도는 목표치에 도달하지 못했고 2차 시도는 1929년 대공황과 맞물리면서 경기가 위축, 본국의 지주들이 쌀 수입을 반대하면서 흐지부지되고 말았다. 과정상 문제도 많았다. 목표량 달성에 실패했음에도 계획대로 쌀을 반출했고 부족분은 만주산 잡곡으로 채웠다. 1년 내내 쌀을 생산했지만 조선인들의 끼니는 잡곡으로 채워졌다. 이 와중에 '식민지 지주제'는 더욱 강화된다. 수리 조합비, 품종 개량비, 비료 대금 등 증산 비용이 농민에게 전가되었다. 과거에는 지주들이 감당했던 비용들인데 온전히 농민들의 몫이 된 것이다. 지주들은 증산된 쌀을 일본에 팔아 수익을 얻은 반면 농민들의 생활은 심각하게 어려워졌다.

그렇다고 지주에게 무작정 이득이 된 것도 아니었다. 산미증식계획을 자세히 살펴보면 사업비를 지주가 조달하는 구조였다. 1920년에는 총사업비 2억 3,621만 엔 중 1억 7,320만 엔, 1926년에는 3억 2,534만 엔 중 2억 6,025.4만 엔을 지주가 조달했다. 거의 80%에 달하는 금액이다. 더구나 정부알선자금도 지주가 원리금을 부담해야 했는데 일본에서는 토지개량사업에서 70~80%를 국고보조금으로 충당하는 데 반해 조선에서는 정반대였다. 상당수의 조선인 중소 지주가 이 때문에 몰락했다.

문제는 날이 갈수록 심각해졌다. 1930년 기준으로 전체 농가에서 75% 정도가 자작과 소작을 겸하거나 오롯이 소작농이었는데, 평균 65원 정도의 부채를 지고 있었다. 부채 총액이 1억 원 이상으로 추정되며, 대부분이 연이율 30~40%에 이르는 개인 고리대였다. 고리대업자는 대부분 지주였고 '보릿돈, 볏돈' 식으로 추수기에 수확물을 절반 값으로 매겨 입도선매(立稻先賣)했다고 한다. 시가의 절반으로 후려쳐서 반강제로 빼앗아 갔다는 말이다. 물론 소작료는 별도로 챙겼다. 단순한 횡포가 아닌 구조적인 위기가 가중되고 있었고, 급기야 농촌을 떠나 '토막민'이라고 불리는 도시 빈민이 등장하게 된다.

행정구역 정비

일제는 토지조사사업과 별도로 행정구역 정비사업도 추진하였다. 식민지 초기 일본은 농촌을 면(面), 도시를 부(府)로 편성하였다. 농촌에서의 변화가 컸다. 일제는 전통 동리를 해체하며 새로운 행정 구역으로 '신동리'를 만든다. 1914년부터는 면과 동리를 통폐합하였고 구장제도를 만드는데 구장이 행정기구의 말단 역할을 담당했다. 오늘날 농촌의 이장제도가 여기에서 기인한다. 총독부의 명령이 면으로 단일화된 농촌에서 구장을 통해 농민들에게 전달되는 구조. 조선 시대 오랫동안 내려온 향촌 자치 문화가 차츰 사라질 수밖에 없었다.

이 정책은 1930년대 농촌진흥운동 당시 효과를 발휘한다. 산미증식계획의 후유증에 대응하기 위해 총독부가 주도한 정책이 농촌진흥운동이었다. 우선 1개 면에서 1개 지도 부락을 선정하고 다시 지도 부락에서 지도 농가 30~40호를 선정하였다. 지도 농가는 대부분 부농이었는데, '식량 충실, 수지 개선, 부채 정리'라는 3개 목표를 중심으로 농가 갱생 5개년 계획의 주도적 역할을 담당하였다. 동시에 진흥위원회 실무 지도원들이 파견되어 호별 지도를 하였다. 1935년부터는 대상이 전체 농가로 확대되는데 무엇보다도 '공동체성, 협동성, 자치성'이 강조되었다. 또한 촌락 단위 진흥회 조직도 확산된다. 총독부는 부농과 구장을 적극 활용했고, 총독부 사업에 협력하는 조직과 문화를 만들기 위해 애를 썼다.

일제는 진흥회를 설치하면서 전통적인 자치 조직인 동계(洞契)를 완전히 해체한다. 진흥회는 종래의 향약과 두레를 대체하였으며, 무엇보다 총독부의 지도사항이 효율적으로 준수되도록 힘썼다. 더불어 진흥회는 농민 지도자 육성을 적극 추진하였다. 이들을 '중견 인물'로 불렀고 이들을 위해 훈련소도 만들었다. 훈련소에서는 농업교육은 물론이고 교련, 체조, 창가 등을 가르쳤다고 한다.

향촌자치가 일절 배제된 조직은 매우 효과적이었다. 1937년 중일전쟁 이후 이 조직들이 '애국반' 같은 전시 동원체제로 기능했으니 말이다. 정부 정책이 지방 동리 말단까지 영향을 미치는 새로운 시대가 도래한 것이다.

소작계약서와 농민운동

토지조사사업은 소유권을 확립하는 작업이었다. 소유권 확립은 근대화에서 가장 핵심적인 작업이었다. 소유권이 명확해야 사유재산에 대한 인식이 정확해지고 그만큼 자본주의 시스템이 효과적으로 운영될 수 있기 때문이다. 이에 따라 농촌에서도 소작계약서가 중요해진다. 앞서 이야기했듯 종래의 지주소작제는 오랜 전통과 관습에 의지한 측면이 컸다. 하지만 식민지 지주제는 계약서에 의해 운영이 되었기 때문에 분명한 차이가 있다. 당시 대표적인 일본인 농장이었던 가와사키의 소작계약증서를 보면 식민지 지주제의 단면이 그대로 드러난다. 계약서는 다음과 같은 특징을 지녔다.

첫째, 연대소작증이라는 말로 연대보증을 요구하였다. 지주의 손실을 최소화하고 소작인들을 효과적으로 통제하고자 한 것이다. 둘째, 소작기한을 추수가 끝나고 소작료 징수 후인 11월 말 혹은 12월 말로 정하였다. 조선 시대에는 소작료 및 소작 조건이 대부분 관례에 근거해서 구두로 약정되고, 소작 기간 역시 별도로 설정되지 않았으며, 소작권은 대부분 세습되었다. 이제 그러한 문화가 사라졌다. 셋째, 재배 과정을 철저하게 지주가 관리하였다. 계약서에는 일본 품종, 일본식 농법을 그대로 준수하도록 명기되어 있었다. 이는 긍정적인 측면으로 해석할 수 있다. 보다 과학적인 품종 관리가 가능했기 때문이다. 넷째, 소작료는 지주가 지정한 날 소작인이 직접 운반해 오도록 규정하였다. 운반을 위한 제반 비용도 소작인이 부담했다. 전체적으로 보았을 때 근대적 소유권에 기반한 소작계약은 농민들에게 불리하게 꾸려졌다.

일제의 농업 정책은 소란스러웠음에도 효과적이지 않았다. 더구나 농촌은 노동력 과잉 상태였다. 1933년 전라남도를 조사한 결과를 보면 유휴 노동력이 무려 48.6%였다. 일할 사람들이 넘쳐났다는 뜻이다. 도시의 공업화는 더뎠고 대부분의 정책은 일본 본국을 위해 실시되었기 때문에 일관성이 부족했고 목표의식도 결여되었다. 지주의 횡포를 비롯하여 온갖 사회문제가 발생하는데도 총독부와 순사들은 강 건너 불구경만 할 뿐 적극성을 찾아볼 수 없었다.

따라서 농민운동이 활발하게 일어났다. 1922년 조선노동공제회가 '소작인은 단결하라'라는 선언을 발표하였고 각종 농민 단체가 만들어진다. 1922년 23개였던 단체가 1925년에는 무려 126개로 늘어난다. 진주소작노동자대회(1922)는 농민운동 단체의 기폭제가 되었으며, 순천에서 열린 서면농민대회

(1922)에는 무려 1,600여 명의 소작농이 모였다. 이들은 '지주가 소작료를 인상하고 세금까지 부담시킨다'고 항의하면서 활발한 활동을 벌였다. 그야말로 생존권 투쟁이었다.

당시 가장 유명한 사건은 암태도 소작쟁의(1923)였다. 전라남도 신안면 앞바다에 있는 암태도에서는 지주 문재철의 힘이 막강했다. 그에 맞서 소작인 서태석 등이 중심이 되어 1년여간 치열한 투쟁을 벌였다. 암태도민들은 목포까지 찾아가서 억울함을 호소하는 시위를 감행하였고 결국 소작료를 인하하는 데 성공한다. 지역민들이 똘똘 뭉쳐 이루어낸 성과라 할 수 있다.

1927년에는 32개 농민 단체와 2만 4,000여 회원을 거느린 전국적인 '조선 농민총동맹'이 등장할 정도로 농민들의 저항이 거셌다. 1930년대가 되면 보다 급진적인 주장이 등장한다. 일명 혁명적 농민조합운동인데 사회주의의 영향을 받아 토지개혁을 요구하고 면사무소, 주재소, 경찰서를 습격하기도 했다.

농민운동의 배후에는 종교계의 노력이 있었다. 심훈(沈熏, 1901~1936)의 소설 《상록수》에는 기독교 농촌운동가들의 헌신적인 활동이 묘사된다. 실제로 개신교와 천도교는 농민운동에 적극적이었다. 실력 양성, 의식 개조 등의 목표로 조합을 운영하였고 농가의 생활 개선과 농사 개량 등을 통해 농민 복지를 향상시키고자 노력하였다.

17강

식민지 근대화론 2

공업 정책

농업 정책과 더불어 일제의 공업 정책 또한 주목해야 할 부분이다. 공업 정책은 산업화에서 가장 중요하다. 농업에서 공업으로, 소위 근대화 과정에서 공업의 발전은 인간의 삶을 획기적으로 바꾸어놓곤 했다.

농업 정책과 마찬가지로 일제는 자신들의 편의에 따라 공업 정책을 추진하였다. 일제강점기 초기에는 회사령을 실시하였다. 회사 설립에 허가 기준을 두어서 조선인의 사업적 성취를 제한한 것이다. 하지만 이러한 조치는 1920년대가 되면 사라진다. 1920년 회사령 철폐, 1923년 관세 철폐 그리고 1927년에는 신은행령이 발표되면서 본국과 식민지 간의 무역 장벽 또한 사라진다. 일본의 빠른 공업화와 미쓰이, 미쓰비시 같은 재벌의 등장 때문이었다. 일본 자본의 성장을 위해 식민지를 활용하자는 주장이 대두되었던 것이다.

일본인 자본가들 배불리는 한반도 공업화

우가키 가즈시게는 1930년대 초반 조선 총독으로 부임하여 농공병진(農工竝進) 정책을 추진하였다. 이를 바탕으로 일본 제국주의 블록 경제권을 구성하겠다는 발상이었다. 일본을 정(精)공업지대, 조선을 조(粗)공업지대, 만주를 농업·원료지대로 해서 상호분업적인 경제체제를 구축하고자 한 것이다. 우가키 가즈시게는 '조선의 특수성'을 강조하였다. 조선의 공업 발달은 미약한 수준이기 때문에 당시 일본에서 실시되고 있던 중요 산업통제법을 적용할 필요가 없다는 것이다. 또한 전력공급체계 확보, 토지가격 통제와 보조금 지급, 공장법 미적용 등 다양한 혜택을 마련함은 물론이고 조선의 값싼 노동력을 제공하여 일본 자본가들의 진출을 적극 지원하고자 했다. 이 시기 조선은행의 대출 금리는 계속 인하되었다. 총독부가 저금리 정책을 펼쳤던 것이다.

차근차근 공업화가 추진되었다. 전력 설비를 위해 1933년에 만들어진 장진강수전주식회사는 1938년 7월 4개의 발전소를 완공하여 34만 킬로와트의 발전량을 확보한다. 또한 같은 시기 본격화된 남면북양 정책 역시 공동판매제, 면화취체(取締)규칙 등을 강화하여 일본 재벌의 조선 진출을 지원하였다. 한반도 남부에서는 면화를 생산하고 북부에서는 양을 기르는 정책이었는데, 이를 운영하는 데 일본 기업의 편의를 봐준 것이다.

하지만 이러한 흐름은 1930년 후반 변화한다. 중일전쟁(1937)이 시작되면서 조선의 병참기지화가 추진되었기 때문이다. 대륙 침략을 위한 특별한 경제권으로 재편된 것이다. 이에 따라 조선의 공업화는 한층 강화된다. 주로 한반도 북부를 중심으로 군수공업의 발전이 이루어졌다. 1942년을 기준으로 공업 투자 비중의 74.1%가 일본의 재벌들이었다. 노구치(野口) 26.1%, 닛산(日産)

8.9%, 동척(東拓) 8.1%, 미쓰비시와 가네부치(鐘淵)가 각 4.4%, 미쓰이와 일본제철(日本蹄鐵)이 각 3%, 스미토모·대일본방적·동양방직이 각 1.5%였다. 한반도의 자본을 포함한다면 98.4%가 일본인 자본이었고 1.6%가 조선인 자본이었다. 안타깝게도 꾸준한 공업화 정책은 한반도의 독자적인 자본 성장과 조선인 기업의 등장으로 이어지지 않았다.

총독부는 시종일관 재벌을 지원했고 철저하게 기업 편이었다. 가능한 범위의 행정력을 동원하여 알선, 강제 동원하는 식으로 노동력을 조달했다. 1941년 조선토건협회가 전국 17개 공사장을 조사한 결과를 보면 사용인원 총 589만 9,834명 가운데 '총독부 알선'이 212만 3,426명이었다. 여기에 관제 단체인 근로보국대가 동원한 인원이 89만 449명이었으니까 절반 이상이 총독부의 지원하에 이루어진 것이다. 임금은 낮게 책정됐다. 1939년 임금통제령을 제정, 최고임금제를 도입하였으며 지정가격제, 공장가격제 등을 실시하여 생산비를 고려하지 않은 정책을 추진하기까지 했다. 이때 경제판검사회의, 경제경찰제도 같은 게 만들어지는데 노동운동을 억압하기 위해서였다.

그중 가장 심각한 사안은 유년(12~15세) 노동과 여성 노동 문제였다. 1920년대에는 경공업이 성장하면서 유년 노동자가 늘어난다. 주로 방직·식료품공업에 집중되었는데 대략 5,000명 정도로 추산되었다. 하지만 1930년대 농공병진 정책으로 유년 노동자의 비율이 7.5배 정도 늘어났으며 이는 성인 노동자의 증가 속도를 압도하는 것이었다. 전체 노동자 가운데 유년 노동자 비율이 1931년 8.2%였고, 1943년에는 15.8%까지 급증한다. 여성 노동자도 많았다. 방직회사들이 많았기 때문에 한때는 전체 노동력에서 30%를 차지했고 방직공업에서는 무려 80%가 여성 노동자들이었다. 해방 직전에는 화학·식료품공업은 물론 중공업과 광산업에까지 여성들이 진출하였다.

노동 조건은 가혹했고 민족 차별 또한 심각했다. 조선인 노동자들은 일본인 노동자보다 평균 1.2~1.5배 긴 시간을 일하면서 임금은 절반 이하였고, 유년

공업 정책

노동자나 여성 노동자들은 그 절반을 못 받았다. 고용주들은 보증금이라는 명목으로 임금을 체불하거나 3년에서 5년씩 의무고용제를 강요하기도 했다. 기한을 채우지 못한 노동자에게는 저축금을 내주지 않는 것은 물론이고 계약 위반금을 부과하기까지 했다. 더구나 감독, 십장 등 중간관리자들의 착취 또한 심각한 문제였다. 벌금을 매기거나 욕설, 구타, 성추행 등이 만연했다. 하지만 일제는 재벌 입장에서 노동 규율을 강화하는 데 신경을 쓸 뿐이었다.

중화학공장이 늘어나면서 산업재해가 급증했지만 의료시설은 턱없이 부족했다. 공장에서 사망 사고가 일어났을 때 가족에게 알리지 않고 시신을 처리하는 경우도 있을 정도였다.

물산장려운동에서 노동운동으로

공업 정책에 대한 조선인들의 초기 대응은 물산장려운동이었다. 1920년대 평양의 저명한 민족주의자 조만식(曺晩植, 1883~1950)이 국산품 애용 운동을 벌인 것이다. 조선의 산업을 보호하고 민족자본을 축적하는 것이 목표였다. 국산품 애용 원칙도 만들고, 강연회나 선전행사를 펼치는 등 평양과 서울을 중심으로 활발하게 운동이 벌어졌다. 물산장려운동은 구한말 애국계몽운동을 계승하는 실력양성운동이었다. 따라서 국산품 애용뿐 아니라 금주·금연을 장려하는 생활 개혁 운동도 함께 등장한다. 고등인재를 양성하기 위한 민립대학 설립 운동, 농촌 문맹을 극복하려는 한글 보급 운동 등이 모두 이때 벌어진 노력들이었다.

민족주의 진영의 물산장려운동은 사회주의 진영의 비판을 받았다. 민족자본이라는 개념도 모호할뿐더러 민족 기업을 육성하는 것이 조선 민중에게 어떤 도움이 되냐는 것이 비판의 요지였다. 계급적 이해가 결여된 부르주아적인 사고라는 비판이었다. 당시만 하더라도 민족 기업이 만든 제품이 별로 없었고, 국산품의 수요가 증가하니까 가격을 의도적으로 올리는 등 문제가 생기기도 했다. 하지만 물산장려운동은 국채보상운동을 계승하며 한민족의 독특한 경제 민족주의가 형성되는 데 토대가 되었다는 사실을 부정하기는 어렵다.

한편에서는 노동운동이 본격화되었다. 노동자들이 늘어나면서 권리를 요구하기 시작한 것이다. 1921년 부산 부두 노동자들이 최초로 대규모 연대파업을 벌였다. 1922년에는 경성 인력 거부 파업, 1923년에는 경성 양화 직공 동맹휴업과 평양 양말 직공 파업, 1924년에는 인천·군산의 정미소 직공 동맹파업 등이 일어났으니 해마다 사건이 터진 셈이다. 특히 부산 부두 노동자 총파업은

1931년 평원고무공장 여공 강주룡이 을밀대에 올라가 파업을 벌이는 모습. 강주룡은 12미터 높이의 을밀대에서 8시간 고공농성을 벌였고 경찰에 잡혀간 후에도 54시간 동안 옥중 단식 투쟁을 벌였다. 파업은 성공했지만 건강이 악화된 그녀는 서른 살의 나이에 요절하고 만다.

의미가 크다. 1,000여 명의 노동자가 일제히 탄원했고 5,000여 명이 동맹파업을 이끌었기 때문이다. 경성 고무 여직공 파업 당시 전국의 노동 단체는 물론이고 일본의 노동운동계, 재일조선인 노동운동계가 동정금을 보내오고 동정연설회를 개최하는 등 적극적인 후원을 받기도 했다. 이 파업에서는 10여 일 만에 노동자들의 요구가 관철되었다.

가장 유명한 사건은 원산 노동자 총파업(1929)이다. 일본인 감독 고타마(兒玉)가 조선인 노동자를 폭행하면서 발생한 사건인데, 당시 원산 인구의 3분의 1이 참여했을 만큼 격렬했다. 파업은 우발적이었지만 원산노동연합회가 개입하면서 사건이 커지게 된다. 원산노동연합회는 단체교섭권을 가진 상급 단체였는데 원산 지역 자본가 연합체인 원산상업회의소가 이에 격렬하게 대응하였다. 원산노동연합회 산하 노동자를 고용하지 않겠다고 선언한 것이다. 일제는 경찰과 소방대뿐 아니라 일본군 19사단 함흥연대 400여 명을 투입하여 파업 노동자를 위협하는 등 원산상업회의소를 적극 지원하였다. 격렬한 투쟁이 전개되는 가운데 각지의 사회운동 단체들이 이들을 지원했고, 심지어 일본·중국·프랑스·러시아에서도 격려 전문과 동정금이 오는 등 큰 호응이 일어나기도 했다. 하지만 4개월 만에 파업은 실패로 끝나고 만다.

농민운동이 그랬듯 노동운동 역시 1930년대가 되면 급진적인 경향이 나타났다. 사회주의자들의 영향력이 커졌고 계급의식도 강조되었으며, 투쟁은 훨씬 조직적이고 폭력적으로 진행되었다. 하지만 1937년 중일전쟁 이후 노동운동은 당대 농민운동을 비롯한 모든 민족운동과 마찬가지로 침체에 빠지고 만다. 총동원체제가 발동되면서 힘을 잃었기 때문이다.

일제의 노동 정책

노동자가 늘어남에 따라 일제는 기민하게 대응하였다. 이들은 '비정치적인 노동자' 상을 만들기 위해 노력했다. 총독부는 "조선 노동자가 유순하고 육체적으로 중노동에 알맞다"라고 주장하였다. 간편한 생활에 익숙하기 때문에 생활비가 적게 들고, 단결력이 부족하기 때문에 파업을 일으킬 능력도 없다고 보았다. 다만 사회주의 같은 '불온사상'에 영향을 받기 때문에 파업이 일어난다는 것이다. 이러한 판단하에 일제는 사회주의자들을 현장에서 몰아내고자 하였다. 흥남의 조선질소비료회사에서는 "순실하고 힘세고 반동사상이 없는 자를 뽑으려는 시험"을 실시했다.

경찰의 후원 또한 대단했다. 1933년 경찰은 평양 공업지대에 있는 대동서(大同署)에 공장주 20여 명을 모아놓고, 공장의 직공을 채용하거나 해고할 때 경찰에 통보할 것은 물론이고 적당한 취조를 한 뒤 필요에 따라 신분 조회까지 할 것을 명령하였다. 또한 노동쟁의, 5명 이상의 해고, 사회주의자로 의심되는 용의자가 공장에 출입할 때는 급히 경찰에 알려야 하고 공장에 경찰연락계를 설치할 것을 요구하였다. 심지어 일본을 다녀온 노동자는 '사상에 문제가 있을 수 있다'는 경고를 했다. 당시 일본에서는 사회주의, 아나키즘 같은 급진주의가 유행했기 때문이다.

또한 '노자협조주의'를 강조하였다. 독일의 산업합리화 정책을 인용하며 '자본가와 노동자 각성'은 "조국 부흥을 목표로 그 제품을 세계에서 가장 우수하고 가장 싼 것으로 만들기를 도모해, 노동자는 임금을 탓하지 않고 자본가는 사업에 온 힘을 다해야 한다"라고 주장하였다. 노동운동이 아닌 일제의 정책에 순응하라는 말이었다.

더불어 일본에서는 이미 1911년부터 시행되던 공장법 역시 식민지 조선에서는 적용하지 않았다. 자본가들의 모임인 조선공업협회에서는 공장법의 노동자 보호 조항에 격렬하게 반대했다. 결국 공장법은 조선에서 단 한 번도 실시되지 않았으며, 노동자에 대한 정당한 법적 보호는 식민지 기간에 전혀 이루어지지 않았다.

중국인 노동자를 고용한 민족 차별 정책도 꽤 효과적이었다. 1912년 식민지 조선에 중국인 노동자는 104명 정도였는데, 1926년이 되면 3,862명으로 늘어난다. 중국 노동자들은 조선인 노동자보다 저임금이었다. 일본인 노동자와 조선인 노동자, 다시 조선인 노동자와 중국인 노동자. 민족 차별을 통한 노동자들의 갈등을 조장한 것이다. 실제로 조선인과 중국인 노동자 사이에서는 충돌이 많이 일어났다. 일례로 1923년 진남포 가토정미소에서는 중국인 노동자 고용이 문제가 되어서 파업이 일어나기도 했다.

회사에 충성하는 어용노조도 적극적으로 만들었다. 원산상업회의소는 원산노동연합회를 해체하기 위해 적극적으로 활동하였다. 그 결과 함경남도노동회가 창립되어 노동자들 간의 대립이 본격화되었다. 당시 함경남도 경찰부장은 "합법적 노동 농민운동을 경찰 영향 아래 두어야 한다"라고 강조했는데 당시 경찰의 입장을 대변하는 말이었다. 경찰은 신흥 탄광 파업(1930) 당시 교통로를 막아버렸고, 부산 방직 노동자 파업(1930) 당시에는 파업에 참여한 노동자를 고향으로 돌려보내기도 했다.

총독부와 경찰, 자본가와 기업은 주도면밀하게 노동자들을 탄압하였다. 파업이 일어나면 주모자를 해고했고, 파업이 없더라도 의심자를 색출하여 이유없이 해고하기도 했다. 원산 노동자 총파업(1929), 조선방직 파업(1930) 당시에는 총파업에 지원할 '여지가 있는' 단체의 집회를 금지했으며 위문과 성원까지 막아버렸다. 1925년 양말 노동자들의 파업 승리를 축하하는 축전을 보냈다는 이유로 점원상조회 간부 2명을 검거하는 사건도 있었다.

임시 휴업, 직장폐쇄 등 각종 전략이 동원되기도 했고 무엇보다 유언비어가 대단했다. 평양 양말공장 노동자 파업(1923) 당시 일반인들에게 "직공들은 모두 공산주의자들이며, 동맹파업을 한 뒤 적화선전만 하고 있다"라는 소문이 돌았다. 원산 노동자 총파업(1929)에서는 "노동자들은 생활이 비교적 여유가 있다. 대부분의 노동자는 시계를 차고 자전거를 타고 직장에 출근한다. 이러한 사실은 블라디보스토크와 연락이 닿은 것이다"라는 선동이 일었다. 목포 제유공 파업(1926) 당시에는 '노동조합이 조합금을 부정하게 사용했다'라는 거짓 소문이 돌기도 했다.

일제강점기, 많은 것이 변화하고 있었다. 특히 공업의 발전은 이전에는 살펴볼 수 없었던 지대한 사회 변화였는데, 이때 형성된 노동문화는 해방 이후 한국 현대사에도 큰 영향을 미치게 된다.

18강

새 역사가 비로소 시작되다

3·1운동

역사는 결코 강자들만의 이야기가 아니다. 오히려 그 넓고 깊음으로 인하여 약한 자들, 소외된 자들, 버림받은 자들에게도 기회라는 것이 주어진다. 1919년 식민지 조선의 역사가 다시 요동치기 시작하였다. 수백, 수천, 수만이 모여 3·1운동이라는 거대한 물결을 만들어냈기 때문이다. 3·1운동의 역사적 의의는 아무리 강조해도 지나치지 않다. 이 사건을 통해 비로소 대한민국 임시정부가 수립되었으며 봉오동과 청산리 등지에서 독립군의 무장투쟁이 혁혁한 성과를 내기 시작하였다. 독립운동의 불길이 다시금 강렬하게 일어난 것이다.

　3·1운동의 의의는 여기서 멈추지 않는다. 1945년 해방 이후 대한민국의 근간이 되었기 때문이다. 1910년 조선은 멸망하였고 이씨 왕족과 수많은 양반 귀족은 사라지고 말았다. 나라도 지도자도 없는 10년의 광막한 시간. 하지만 1919년 3·1운동을 통해 왕족도 귀족도 양반도 지배층도 아닌 우리 스스로, 민족 스스로, 민중 스스로가 독립을 외치면서 한반도의 역사는 이전과는 전혀 다른 길을 걷게 된다. 고단하지만 찬란한 가치를 지닌, 해방 이후 오늘날까지 계

속되고 있는 민국(民國)의 길이 시작되었기 때문이다.

민국의 길로 나아가다

3·1운동은 종교계가 주도하였다. 1월 중순부터 천도교와 개신교는 각각 만세 시위를 계획했다. 손병희, 권동진, 오세창(吳世昌), 최린 등은 '대중화, 일원화, 비폭력화'라는 3대 원칙을 정하며 천도교 만세운동을 준비했다. 기독교 측에서도 비슷한 논의가 이루어지고 있었다. 상하이에서 조직된 신한청년단은 선우혁을 파견했고, 이승훈과 양전백 등 과거 신민회에서 활동했던 사람들과 교류하면서 계획을 구체화하였다. 주로 평양, 정주, 선천 등의 기독교 학교를 중심으로 시위가 계획되었다.

그리고 2월 7일경 천도교 측의 제안에 개신교가 응답하면서 연합전선이 만들어진다. 당시 개신교는 거사 자금이 부족했는데 이승훈의 솔직한 지원 요청과 손병희의 통 큰 배려로 오히려 운동은 적극적으로 준비되었다. 한때는 동학과 서학이라고 불리며 반목을 벌이던 두 종파가 손을 잡은 것이다. 당시 김원벽을 비롯하여 학생들도 비슷한 구상을 하면서 모임을 이어갔는데, 이를 알게 된 박희도가 김원벽 등과 만나며 학생들을 끌어안았다.

최남선(崔南善)이 〈독립선언문〉을 지었고, 2월 27일경 이종일(李種一, 1858~1925)의 주관하에 보성사에서 2만 1,000여 매가 제작되었다. 그 밖에 미국을 비롯한 각국 대표자들에게 보내는 청원서 그리고 일본 정부와 의회, 조선 총독에게 보내는 청원서 등도 만들어진다. 민족 대표 33명. 애초에 이렇게 많은 대표단을 구성하려고 한 것은 아니었다. 위험한 일이었고 무엇보다 저명한 인물의 이름이 필요했다. 을사조약을 끝까지 거부했던 한규설 등이 물망에 올랐으나 거절했고 그중에는 이완용도 있었다. 결국 숫자를 늘려 대표성을 확보하고자 무명의 종교인들이 뭉친 것이다.

> 우리는 지금 우리 조선이 독립한 나라이고 조선 사람이 자주적인 국민이라는 것을 선언하노라. 이러한 사실을 세계 여러 나라에 알려서 인류 평등이라고 하는, 사람이라면 마땅히 지켜야 할 도리를 분명히 밝히고, 이러한 사실을 후손들에게 대대로 전하여 민족의 독자적 생존이라고 하는 정당한 권리를 영원히 누릴 수 있도록 하는 바이다.
>
> 오천년 역사의 권위에 의지하여 독립을 선언하는 것이며, 이천만 민중의 충성을 한데 모아서 독립국임을 널리 밝히는 것이다. 영원하고 한결같은 민족의 자유 발달을 위하여 독립을 주장하는 것이며, 인류의 양심이 드러남에 따라 일어난 세계 개조의 좋은 기회와 운세에 순응하여 함께 나아가기 위하여 이것을 제기하는 것이다. 조선의 독립은 하늘의 밝으신 명령이고 시대의 추세이며 모든 인류가 공존하면서 함께 살아가야 한다는 정당한 권리를 발동한 것이니, 세상의 무엇이라 할지라도 우리의 주장을 가로막거나 억눌러서 그치게 할 수 없을 것이다!
>
> – 〈기미독립선언서〉 중

1919년 3월 1일 오후 2시 민족 대표들이 태화관에 모였다. 이들은 선언문을 검토한 후 엄숙하게 독립을 선언하였다. 이들은 자진하여 일본 경찰에 체포당한다. 같은 시간 수많은 학생과 민중이 종로의 탑골공원에 모여 있었다. 2시 30분경 이들 중 누군가가 선언문을 낭독하면서 본격적인 3·1운동의 막이 오르게 된다. 일부는 덕수궁으로 몰려가서 고종의 영전에 조례를 올렸고, 일부는 프랑스와 미국 등의 영사관 앞에서 독립을 요구하기도 했다. 오늘날 이들의 행동을 두고 여러 논란이 벌어지곤 한다. 특히 민족 대표의 자진 체포는 의아한 부분이 많고 탑골공원에서의 정확한 사정도 이견이 분분하다. 태화관도 실내였지만 탑골공원 역시 높은 담으로 둘러싸였기 때문에 오늘날 기준으로 집회를 벌이기에 좋은 장소는 아니었다. 다만 분명한 것은 이들이 이런 활동을 우리 역사에서 처음 벌였다는 것이다. 선언식을 하고, 집회를 열고, 가두 투쟁을 벌이는 것이 당시로서는 매우 낯선 행동이었고 식민 지배가 10년에 달하는 시점, 독립을 선언한다는 것 자체가 목숨을 건 극히 불온한 행동이었다는 사실이다.

모두가 예상했듯 3·1운동은 일파만파 퍼져 나갔다. 휴교령이 내려진 후 학생들이 지방으로 돌아가면서 운동이 더욱 활성화되었다. 지방에서는 오일장이 열리거나 마을 사람들이 평소 자주 모이는 곳에서 집회가 열렸다. 운동은 우선 도시를 중심으로 번져나갔다. 전국적으로 참가 인원이 1만이 넘었고, 15회 이상 반복된 지역은 43개. 경성, 개성, 평양, 부산뿐 아니라 성천, 함흥, 강계, 하동, 영동 등 상당히 외진 곳에서도 활발한 활동이 벌어졌다. 매일같이 시위가 전개된 곳도 많았다. 서울에서는 13회, 해주·개성·진주·함흥 등지에서는 7회씩 연일 운동이 일어났다. 서울에서는 총 64회가 일어났고 의주 37회, 시흥 23회, 고양 22회, 수원 20회 등으로 이들 지역이 가장 활발했다. 전국적으로 전개된 시위 횟수가 1,500회가 넘었으며 참가 인원은 250만이 넘었다고 한다.

3월 초순에 격렬했으며 다시 3월 20일부터 4월 10일까지가 절정이었다. 5월 말까지 운동은 계속되었고 이후에도 몇 달간 산발적인 시위가 있었다. 한국 근현대사에 이토록 강력하게 진행된 운동은 존재하지 않는다. 6·10만세운동(1926), 광주학생항일운동(1929)이 있었지만 모든 면에서 3·1운동에 비할 바는 아니었다.

운동은 즉각 농촌으로 파급되었고 시간이 갈수록 거칠어졌다. 그럴 수밖에 없었다. 종교계는 비폭력을 표방하며 운동을 시작했지만 워낙 많은 사람이 동시다발적으로 참여했기 때문에 상황을 통제할 수 없었다. 누구랄 것 없이 대부분 자발적이었고 주모자는 있더라도 지도부가 없었으며, 운동의 향배에 대한 전략적 예측 같은 것들도 전무했다. 무엇보다 지난 10년간 민중은 울분에 가득 차 있었다. 일제의 폭압적인 무단통치에 대한 반감이 오랫동안 쌓였던 것이다. 농촌에서의 저항은 주로 순사, 군수, 면장을 폭행하거나 면사무소, 주재소, 우편소 등에 돌을 던지거나 방화하는 형태로 나타났다. 무단통치를 자행한 이들에 대한 저항이 핵심이었던 셈이다.

농촌에서의 투쟁은 자율적이었다. 동네 사람들의 강제력 있는 호소와 잘못된 소문이 영향을 미치기도 했다. 경상남도 창원군 진전면에서는 4월 3일 1,500명 정도의 군중이 만세운동을 일으켰는데 우편소 등을 불태우고 투석과 폭행을 하는 등 격렬한 투쟁을 벌였다. 이들은 지역 주민들이 직접 만든 '통지서'에 따라 활동했다. 한학을 한 동네 유식자 변씨 일가 형제들이 작성한 것인데, 내용을 보면 '응하지 않는 사람은 집을 파괴한다' 식의 협박성 내용까지 들어 있었다. 또 당시 포천군 영북면, 진위군 북면, 용인군 포곡면, 개성군 동면에서도 '독립 만세를 부르니 모이지 않으면 방화한다'라는 경고문이 게시됐고 시흥군 군자면에서도 후환을 운운하는 등 위협적 동원까지 있었다. 독립선언서를 알기 쉽게 재작성하고, 새로운 격문이나 포스터를 제작한 예도 많았다. 심지어 이미 독립이 됐다고 믿고 나온 사람들도 많았고, 만세만 부르짖으면 독립이 된다고 믿었던 사람도 있었다고 한다.

그리고 어느 순간부터 태극기가 등장하였다. 독립선언서가 독립의 당위성에 대한 논리적인 문장들이었다면, 태극기는 상징이었다. 누구나 쉽게 따라 그릴 수 있고 태극기만 바라보면 독립을 생각하게 되는 그런 상징 말이다. 어느덧 태극기는 진정한 의미에서 한민족의 깃발이 되어가고 있었다.

해외에서도 만세 시위는 빠르게 확산되었다. 3·1운동 전후로 훈춘, 룽징, 우수리스크, 블라디보스토크 등에서 유사한 형태의 독립선언문이 낭독되었고 만세 시위가 전개되었다. 서간도에서는 신민회 산하 단체이자 자치 조직이던 부민단이 주축이 되어 3월 12일 류허현 삼원보, 통화현 금두복락에서 수백 명의 한인이 만세 시위를 벌였다. 북간도에서는 3월 13일 교회 종소리를 신호로 1만여 명이 서전대야에 모여 독립을 선언했다. 훈춘에서는 3월 20일 오전 8시 '대한 독립 만세'라고 쓴 대형 깃발과 태극기를 들고 악대를 구성하여 행진을 벌였다. 2,000여 명이 참여했고 집집마다 태극기를 게양했다고 한다. 3월 21일에는 펑톈 안산참, 4월 18일에는 냉수천자 등에서 만세 시위가 전개되었다.

3월 15일 미주 지역을 대표하는 대한인국민회 중앙총회가 미주, 멕시코, 하와이 거류 동포 전체 회의를 열어서 독립을 다짐하였다. 4월 14일부터 16일까지는 서재필 주도로 필라델피아에서 한인자유대회가 열렸다. 만세 시위의 물결은 연해주에서도 일어났다. 3월 17일 블라디보스토크에서 대형 태극기를 게양하면서 행진을 벌였고, 11개국 영사관에 독립선언서를 배포하고 일본 영사관 앞에서 시위를 벌였다. 그날 우수리스크에서도 시위가 있었다. 한민족이 살아가는 모든 곳에서 태극기가 휘날렸고, 만세 시위가 격렬히 전개되었다.

윌슨 대통령과 고종의 합작품?

어떻게 이런 일이 일어날 수 있었을까? 3·1운동은 민족자결주의에 영향을 받았다. 제1차 세계대전을 마무리하는 과정에서 미국의 윌슨(Woodrow Wilson) 대통령은 모든 민족이 각자의 나라를 세울 수 있다고 주장하였다. 윌슨은 이상주의자였으며 유럽 열강의 노골적인 제국주의 정책에 반감을 품고 있었다. 비단 윌슨뿐 아니라 미국인들은 유럽인들의 식민주의를 깊이 혐오하였다. 미국은 국제연맹을 만들어서 보다 평화로운 전후 질서를 구축하고자 했으며, 그 덕에 패전국의 식민지 중 상당수가 독립할 수 있었다. 사실 이러한 변화는 동아시아에 큰 영향을 미치지 못했다. 일본은 제1차 세계대전 당시 승전국이었고 미국은 일본과 함께 아시아를 통치하고자 했으니 말이다. 약간의 차이가 있었을 뿐 미국 역시 패권국가였던 것이다. 그럼에도 민족자결주의가 언급되었다는 점, 그리고 미국이라는 떠오르는 강대국이 그러한 주장을 했다는 사실만으로 식민지 조선인들의 가슴은 요동쳤던 것이다.

이미 2월부터 전조 증상이 있었다. 만주 지린성에서는 39명의 독립운동가가 대한독립선언을 발표하였다. 양력으로는 1919년(기미년) 2월 1일이지만 음력으로 1918년(무오년)이었기에 보통 무오독립선언이라고 부른다. 며칠 후인 2월 8일 최팔용, 송계백 등 도쿄 유학생을 중심으로 2·8독립선언서가 발표되었다. 두 사건은 모두 의미심장했다. 도쿄 유학생들은 즉각적인 독립을 선언하였다. 당시 3·1운동의 지도자들이 청원과 선언 사이에서 번뇌를 거듭할 때 유학생들은 보다 단호한 결의를 보이며 방향을 결정지었다. 독립은 요청하는 것이 아니라 이미 이루어졌다고 선언하는 것이다! 도쿄의 유학생들은 조선청년독립단을 조직, 송계백이 국내에 들어와서 최린, 현상윤 등과 접촉하는 등 직접적으로 3·1운동에 영향을 미쳤다.

대한독립선언은 독립운동가들이 모인 만큼 강력한 무장투쟁을 결의하면서 독립 방략의 범위를 넓혔다. 사실 독립운동가들은 중국의 혁명운동에도 많은 영향을 받았다. 1910년 조선은 멸망했지만, 이듬해 중국에서는 신해혁명이 일어났다. 쑨원을 중심으로 한 혁명파의 도전이 성공을 거두었으며 이에 조선인 독립운동가들은 열광했다. 이후 군벌 정권이 들어서는 등 중국의 사정 역시 쉽지 않았지만 상하이, 만주 등지에서 독립운동의 기반을 마련하고 있던 이들에게 중국의 민족운동은 중요한 연대 세력이었다.

그리고 고종의 죽음. 고종의 죽음이 불을 지폈다. 사실상 조선의 마지막 군주. 약 40년간 그는 수많은 한계와 약점을 보였지만 그럼에도 노력하였다. 무엇보다 그는 500년 조선 왕조 그 자체가 아니던가. 민중에게 고종의 죽음은 조선의 죽음처럼 다가왔으며 죽음을 향한 애통함은 지난 10년간 받아왔던 설움의 분출로 바뀌어갔다. 고종 독살설. 세간에는 고종이 독살당했다는 소문이 돌았다. 풍문이었음에도 소문은 급속도로 퍼져 나갔으며 결국 3·1운동은 고종의 인산을 계기로 시작된다. 그런데 놀랍게도 사람들은 고종 황제 만세가 아닌 대한 독립 만세를 외쳤다. 이들은 과거가 아닌 미래로 나아가고 있었다.

일제, 무자비하게 탄압하다

일본은 당황했다. 허둥지둥했고 그만큼 잔혹했다. 하세가와 요시미치 총독은 "추호의 가차도 없이 엄중 처단한다"라는 입장을 천명했고 육군성은 "불상사를 속히 진압", 일본 내각은 "엄중한 조치를 취"하라는 명령을 내렸다.

1918년 당시 경찰 병력은 1,786개 관서 1만 4,341명, 군대는 2만 3,000여 명이 주둔하고 있었다. 3·1운동이 절정이었던 4월에는 본토에서 부대가 증파되었으며 경고 없이 실탄 사격을 해도 된다는 지침이 하달되었다. 곳곳에서 끔찍한 진압작전이 자행되었다. 천안 아우내 장터 시위에서는 유관순의 부모를 비롯하여 많은 사람이 현장에서 살해당했고, 화성 제암리에서는 마을 사람들을 교회로 불러 모은 후 불을 태우고 총을 쏘아 죽였다. 학살이 끝난 후 병사들은 일대의 동네를 돌아다니며 또다시 사람들을 죽였다. 평남 맹산읍에서는 시위 군중 50명이 살해당했고, 전북 익산에서 만세 시위를 하던 문용기(文鏞祺)는 헌병이 휘두른 칼에 사지가 절단되었다. 진압에 의한 사망자 7,645명, 부상

4만 5,562명, 체포 4만 9,811명, 진압 도중 불탄 건축물로는 가옥 724호, 교회 59동, 학교 3동 등. 당시 일제가 남긴 기록이다. 운동이 끝난 후에도 보복은 이어졌다. 기독교인이라는 이유만으로 죽임을 당하거나, 길거리를 지나다 이유 없이 폭행을 당하거나, 체포되어 끌려간 여성들이 성폭력을 당하는 등 일제는 말할 수 없는 만행을 저지르며 3·1운동을 짓밟았다.

민국의 시작

대한민국 임시정부

3·1운동은 실패하지 않았다. 정부가 만들어졌기 때문이다. 곳곳에서 정부를 표방하는 세력이 등장했고 기록상 8개 정도를 확인할 수 있다. 하지만 실제로 존재했던 정부는 3개 정도. 서울에서 선포된 한성정부, 연해주에서 결성된 대한국민의회 그리고 상하이에서 수립된 임시정부가 그것이다. 한성정부는 인천과 서울에서 국민대회가 열리면서 만들어진 정부이다. 직접적인 민의가 발휘되었지만 국내 활동은 불가능했다. '노령 임시정부'라고도 불리는 대한국민의회는 주로 무장투쟁을 기반으로 하는 독립운동가들이 중심이 되었다. 간도와도 가까웠고, 당시만 하더라도 연해주는 독립운동이 활발하게 벌어지던 지역이었다. 마지막으로 상하이에도 임시정부가 있었다. 상하이는 동아시아의 대표적인 국제도시였기 때문에 외교 활동을 비롯한 여러 지역적인 이점이 있었다.

3개의 정부가 통합하다

안창호를 중심으로 수개월간 3개의 정부는 하나가 되기 위해 통합 작업을 벌였다. 물론 갈등도 있었다. 이승만을 대통령으로 선임하자 신채호가 반발하였다. 위임통치청원 활동 때문이었다. 3·1운동 당시 이승만은 국제연맹에 조선을 보호국화하여 미국이 통치하는 방안을 공식으로 제안했다. 신채호는 얼마간의 임시정부 활동을 뒤로하고 떠났으며 꽤 오랫동안 임시정부 반대 활동을 이어갔다. 대조선국민군단을 결성하는 등 미주 지역에서 무장투쟁 단체를 이끌던 박용만(朴容萬, 1881~1928)은 임시정부 외무총장에 선임되었지만 역시 참여하지 않았다. 하와이에서 이승만 세력에게 엄청난 테러를 당했기 때문이다. 이동휘를 국무총리로 선임하는 과정에서도 문제가 있었다. 이동휘는 대한국민의회의 대표적인 인사였지만 연해주 지역의 독립운동 세력 중 상당수는 임시정부를 거부하였다. 문창범(文昌範), 원세훈(元世勳) 등은 통합 과정에 이의를 제기하며 대한국민의회를 복원하고자 했고 신채호, 신숙(申肅) 등과 연대하여 베이징과 톈진에서 임시정부 반대 운동을 전개했다. 그럼에도 1919년 9월 15일 대한민국 임시정부는 상하이에서 정식으로 수립된다. 안창호는 미주에서 상당한 자금을 구해 왔는데, 그의 적극적인 중재 노력이 효과를 발휘했다.

통합임시정부는 어떻게 만들어졌을까? 우선 임시의정원, 즉 임시국회를 조직하였고 이를 바탕으로 임시헌법인 대한민국 임시헌장을 선포하였다. 임시의정원은 첫 번째 회의에서 의장으로 이동녕을 선출했고 국호를 제정하였다. 대한제국을 계승한다는 의미에서 '대한'이라는 국호를 채택했으며, 민주공화정에 근거한 근대 국가라는 의미에서 '민국'이라는 칭호를 사용했다.

세 번째 회의 때는 의원선거법이 제정되었다. 인구 30만 명당 1명을 기준으로 지역별로 의원을 선임한 것이다. 강원도·황해도에서는 각각 3명씩, 나머지도에서는 각각 6명씩 뽑았다. 독특한 점은 중국, 소련, 미국 등에서도 각각 3명씩 대표를 추가로 선임하여 총 51명의 의원을 뽑았다는 점이다. 임기는 2년, 중등교육을 받은 23세 이상의 남녀에 한정했다.

임시의정원에 참여한 이들은 어떤 사람들이었을까? 1회에서 6회까지 109명 의원의 이력을 분석해보면 꽤 흥미롭다. 의원들은 대부분 30대의 젊은이들이었고, 고등교육을 받은 사람들이었다. 신교육을 받은 이가 16명, 개신유학자가 7명, 유학생이 31명(일본 유학 23명)이었고 전공 분야도 다양했다. 의원 가운데 23명이 기독교(목사 6명)였고 대종교가 11명, 불교가 2명(승려 1명)이었다. 상당수는 신민회 출신이었고 동제사나 신한청년당 출신도 많았다. 만주의 신흥무관학교와 연해주의 권업회 출신, 2·8독립선언서와 3·1운동에 동참했던 인물들도 상당수 포함되었다. 임시의정원은 '대한민국 임시헌장'을 선포하는데 내용은 다음과 같다.

제1조 대한민국은 민주공화제로 한다.

제2조 대한민국은 임시정부가 임시의정원의 결의에 의하여 통치한다.

제3조 대한민국의 인민은 남녀, 귀천 및 빈부의 계급이 없고 일체 평등하다.

제4조 대한민국의 인민은 종교, 언론, 저작, 출판, 결사, 집회, 통신, 주소 이전, 신체 및 소유의 자유를 가진다.

제5조 대한민국의 인민으로 공민 자격이 있는 자는 선거권과 피선거권이 있다.

제6조 대한민국의 인민은 교육, 납세 및 병역의 의무가 있다.

제7조 대한민국은 신(神)의 의사에 의해 건국한 정신을 세계에 발휘하고 나아가 인류 문화 및 평화에 공헌하기 위해 국제연맹에 가입한다.

제8조 대한민국은 구황실을 우대한다.

제9조 생명형, 신체형 및 공창제(公娼制)를 전부 폐지한다.

제10조 임시정부는 국토 회복 후 만 1개년 내에 국회를 소집한다.

1조는 대한민국 임시정부의 정체성을 민주공화제라고 규정하고 있다. 민주공화제는 1945년 해방 이후 대한민국 제헌헌법에 반영되어 현재까지도 계승되고 있는 원칙이다. 3조가 눈여겨볼 부분이다. 남녀가 평등하고, 신분제는 물론이고 경제적 격차도 없어져야 한다고 강하게 주장하고 있다. 조선 왕조와는 다른 사회를 만들겠다는 의지의 표현이다. 남존여비의 사회, 양반·상놈의 사회 그리고 지주와 소작농의 사회. 새롭게 건설할 민주공화국은 이런 것들과는 상반된, 모두가 자유롭고 모두가 평등한 세상이어야 한다는 열망을 천명한 것이다.

더불어 임시정부는 정부 조직을 구성, 인선 작업을 진행하였다. 국무총리 이승만, 내무총장 안창호, 외무총장 김규식, 교통총장 문창범, 재무총장 최재형(崔在亨, 1858~1920), 군무총장 이동휘, 법무총장 이시영 등을 내정했다. 이승만은 한성정부의 예를 들어 대통령제를 고집하였고, 논란 끝에 임시정부는 대통령제로 제도를 고치게 된다. 국무총리는 이동휘가 맡게 되고, 안창호의 영향력에 대한 비판이 있었기 때문에 그는 노동국총판이라는 보다 낮은 자리로 옮겨간다.

왜 이승만이 대통령에 선임되었을까? 외교독립에 대한 기대가 컸기 때문이다. 한국인 최초의 박사학위자, 그것도 당시 미국 대통령이자 민족자결주의를 주창한 윌슨 대통령의 제자 아닌가. 그렇다고 독립전쟁을 포기한 것은 결코 아니었다. 이동휘가 국무총리직을 맡았고, 간도에서의 적극적인 무장투쟁을 준비했기 때문이다.

3·1운동은 격렬한 민족적 저항이었다. 하지만 통합임시정부를 구성하는 건 다양한 독립운동 세력을 끌어안는 난해하고 어려운 작업이었다. 더구나 독립

운동은 오랫동안 산발적으로 이루어지고 있었다. 다양한 사람들이 참여하였고, 독립의 방략부터 지역적인 배경까지 모든 것이 달랐으며, 지리적으로도 서로 멀리 떨어져 있었다. 서로를 이해하고 단합하여 새로운 역사를 만든다는 것은 결코 쉬운 과정이 아니었다. 그럼에도 3·1운동의 뜨거운 열기, 안창호를 중심으로 한 통합의 노력이 모여 임시정부를 만드는 데 성공한 것이다.

임시정부가 '정부'인 이유

임시정부는 정부에 걸맞은 활동을 펼치고자 노력하였다. 상하이의 민간 조직은 물론, 해외의 자치 조직을 임시정부 산하 기관으로 재편하기 위해 10월 내무부령을 발표하였다. 상하이 민단을 대한교민단으로 재편하였고 미주 지역의 대한인국민회, 서간도의 한족회와 서로군정서, 북간도의 대한국민회와 북로군정서, 그 밖에 톈진의 대한교민단, 프랑스 파리위원부 산하 대한국민회 등은 자발적으로 임시정부 산하 기관임을 표방하였다. 임시정부는 연통부, 교통국을 중심으로 활동을 펼쳤다. 연통부는 임시정부 직할 행정조직이었고, 교통국은 비밀 연락망이었다. 교통국 산하 단체로 만주에는 이륭양행이, 부산에는 백산상회가 있었다. 이륭양행은 아일랜드인 조지 루이스 쇼(George Lewis Shaw, 1880~1943)가 만든 회사인데 임시정부를 적극적으로 지원했다. 백산상회는 안희제(安熙濟)가 주도하여 설립한 회사로 3·1운동 이후 남형우(南亨祐), 윤현진 등을 임시정부에 파견하여 지원하였다. 윤현진이 임시정부의 재무차장을 맡았고, 무엇보다 부산 최대 규모의 기업이었던 백산상회의 지원은 임시정부 재정에 큰 도움이 되었다.

임시정부는 외교독립에 많은 노력을 기울였다. 파리강화회의(1919)가 진행되고 있었기 때문에 김규식을 임시정부 파리 대표부 전권대사로 임명하였고, 그 밖에 여러 명을 파리로 파견하였다. 김규식 등은 20개 항의 청원서를 강화회의와 각국 정부에 제출하는 등 활발한 활동을 펼쳤다. 하지만 헤이그 특사들이 겪었던 것만큼이나 열강의 냉대는 여전했다.

임시정부는 서양 열강뿐 아니라 공산주의 국가 소련과의 외교도 추진했다. 당시 소련은 신생 국가였으며 쑨원과 중국 국민당을 지원하고 있었다. 소련의 지도자 레닌(Vladimir Il'Ich Lenin, 1870~1924)이 모스크바에서 극동인민대표회의를 열었는데, 150명의 참가 인원 중 한인이 52명이나 됐다. 이러한 노력으로 소련은 임시정부에 자금 지원을 결정한다.

또한 임시정부는 상하이에 육군 무관학교를 세웠다. 6개월간의 초급 장교 양성 과정인데 1920년 상반기 19명, 하반기 24명을 배출하였다. 군무총장 노백린(盧伯麟)은 미국 캘리포니아에 비행사 양성소를 설립하기도 했다. 모두 자금 부족으로 오랫동안 운영되지는 못했다. 그러나 임시정부가 표방한 독립전쟁론은 효과가 있었다. 만주에서 서로군정서·북로군정서 등이 직할 부대를 표방하며 활발하게 활동했으며, 광복군총영·육군주만참의부 등이 결성되었기 때문이다. 그 밖에 〈독립신문〉을 발행하고, 사료편찬소를 설치하여《한일관계사료집(韓日關係史料集)》을 간행하기도 했다.

상하이의 독립운동가들

상하이에 임시정부가 들어서면서 독립을 꿈꾸는 수많은 조선인 혁명가가 이곳으로 몰려들었다. 상하이는 별세계였고 신천지였다. '동양의 시카고', '동양의 론돈(London).' 전 세계의 수많은 사람이 몰려드는 중국 정치경제의 심장과 같은 곳인데, 안개가 자주 끼는 날씨만큼 범죄가 많은 곳이기도 했다. 1845년 상하이에 영국인 조계지가 최초로 만들어진다. 1848년에는 미국인들이 홍커우 지역에 뿌리를 내렸고 이듬해부터는 영국과 미국이 공동으로 조계지를 관리하였다. 프랑스는 1849년에 조계지를 만들었고, 1896년이 되면 일본인도 이곳에 정착한다.

서양인들이 운영하는 각종 공업시설이 들어찼고, 1860년대 이후에는 중국인 소유의 기업이 세워지는 등 중국을 대표하는 상업도시로 거듭났다. 상하이는 혁명가들의 활동지로도 유명했다. 1903년 장계(張繼)는 이곳에서 《무정부주의(無政府主義)》를 번역했고, 청나라 타도를 외쳤던 쩌우룽(鄒容) 또한 상하이에서 《혁명군》을 저술했다. 조선인 독립운동가뿐 아니라 베트남, 인도, 말레이시아, 태국 혁명가들도 이곳에 모였다. 상하이에서는 〈신보〉 같은 유명한 신문이 발행되었는데 샌프란시스코의 〈신한민보(新韓民報)〉, 호놀룰루의 〈국민보(國民報)〉 같은 신문도 상하이를 거쳐 국내로 반입되었다.

'상무인서관(商務印書館)'은 상하이의 명물이었다. 중국을 대표하는 출판사였는데 1920년대 중반 사무와 편역 담당자 1,100여 명, 인쇄소 공원 3,600명, 직공 1,000여 명이 이곳에서 일했고 5개의 인쇄공장, 30여 개의 발행소, 3,000여 개의 특약판매소를 구비할 정도였다. 편역소 인원이 305명이나 돼서 외국어로 쓰인 수많은 책이 이곳에서 번역되었다.

임시정부가 수립될 당시 상하이에 살던 한인은 500명 정도였다. 대부분 형편이 어려웠기 때문에 2층으로 지어진 연립주택에서 살았다. 중국인 노동자들과 함께 거주했던 것인데, 허름하고 작은 건물이 촘촘히 모여 있어 여름에는 덥고 겨울에는 추웠다. 연립주택들은 계단이 무척이나 가팔랐는데, 1924년 1월 김구(金九, 1876~1949)의 아내 최준례가 산후조리 중에 계단에서 굴러떨어져 갈

비뼈가 부러진 후 폐병까지 겹쳐 생을 마감했다.

프랑스 조계지의 공원은 한인 독립운동가들의 안식처였다. 폐병 환자의 요양처, 무료로 일광욕을 즐길 수 있는 공원 주변에는 언제나 배회하는 한인들이 있었다. 여름에는 매일 밤 9시부터 '프렌취클럽'에서 오케스트라 연주가 흘러나왔다. 거리에는 수많은 신사 숙녀, 그중에는 호화스러운 의상을 걸친 부유한 집안의 자제들도 있었고 허벅지가 드러나는 전통 의상을 입은 여성들도 있었다. 이에 반해 대부분의 한인 독립운동가는 가난했고 독신이었고 외로웠다.

> 신발이라고 해서 구두나 운동화 따위의 가죽, 고무제품은 엄두도 내지 못할 실정이었고, 고작해야 헌 헝겊 조각을 몇 겹씩 겹쳐서 발 모양을 내고 송곳으로 구멍을 내서 마라는 단단한 실로 촘촘하고 단단하게 바닥을 누벼서 신고 다녔다. … 구두는 고사하고 운동화만 신고 다녀도 일종의 사치에 속했다. … 백범(김구) 같은 분은 여기저기 다니기를 잘 하니까 그 헝겊신의 바닥이 남아날 날이 없었다. 바닥은 다 닳아 너덜거리니 명색만 신발 바닥이고 신발 목 부분만 성한 채로 매달려 있는 꼴이었다.
>
> – 정정화,《장강일기》중

그렇다고 상하이에 거주하는 모든 한인이 독립운동가는 아니었다. 유학생들도 있었고 출세하는 이들도 있었다. 김염은 뮤지컬 영화 〈어광곡〉을 만들어 인기를 누렸고 중국 여배우 왕런메이와 결혼하였다. 이규환, 이경손, 한창섭 등은 상하이에서 영화를 찍었다. 이경손은 〈애국혼〉을 제작하여 중국에서 인기를 얻었고, 전창근은 〈양자강〉을 제작하여 국내로 들여왔다.

상하이 프랑스 조계지는 임시정부 청사가 있었던 곳이다. 프랑스는 임시정부에 꽤 관대했다. 폭탄 제조 같은 과격한 행동을 제지했을 뿐 독립활동 자체를 막지는 않았다. 일본 측에서 독립운동가 체포를 요구하면 이를 거부하거나 경무국장 김구에게 알려 피신할 기회를 마련해주기도 했다. 일본이 임시정부 기관지인 〈독립신문〉의 폐간을 시도할 때도 프랑스는 "한인들이 인쇄기를 중국인에게 매각했으므로 압수할 수 없다"라며 거절했다. 심지어 임시정부 산하 인성학교에 지원금을 보내준 적도 있다.

국민대표회의로 몰락하다

하지만 1920년 이후 임시정부의 활동은 난관에 봉착한다. 일제에 의해 연통제와 교통국이 파괴되면서 조직은 고립되었고 자금은 소진되었다. 외교독립활동은 성과가 없었고 사회주의가 인기를 끌면서 임시정부 내에서도 분열이 일어나기 시작했다.

이 와중에 대통령 이승만과 국무총리 이동휘의 갈등이 극에 달했다. 이승만은 독선적이었고 무엇보다 상하이에 오래 머물지 않았다. 그렇다고 대통령직을 양보하지도 않았으며, 미국에 머물면서도 임시정부의 주도권을 쥐고 싶어 했다. 이동휘는 소련에서 들여온 자금을 전용했다. 이동휘는 1918년 하바롭스크에서 한인사회당을 창당하는 등 사회주의 수용에 적극적이었다. 소련이 임시정부에 자금을 지원하였는데, 이동휘는 이 자금을 한인사회당에서 사용하는 게 마땅하다고 여겼던 것 같다. 이는 곧장 자금을 둘러싼 계파 갈등으로 이어졌다. 더구나 이승만과 이동휘는 서로를 몹시 못마땅해하며 대립으로 일관했으니, 사정은 내외로 어려워져만 갔다.

물론 많은 이들이 임시정부를 위해 헌신했다. 그중 대표적인 인물이 신규식으로, 일찍이 동제사 등을 조직하여 신해혁명에 참여하였고 중국국민당 인사들과 막역한 관계를 유지한 인물이다. 신규식은 대종교 신자로서 오늘날 개천절의 기원이 되는 '어천절(御天節)'이 임시정부 공식 행사로 자리매김하는 데 큰 역할을 하였다. 1921년 5월 이승만이 상하이를 떠나자 신규식이 국무총리 대리를 맡는다. 이후 법무총장, 외무총장까지 맡았으며 국민당의 광둥 정부와 협력하기 위해 많은 노력을 기울였다. 당시 미국 워싱턴에서는 영국, 일본 등 9개국이 모여 아시아와 관련된 문제를 협의하고 있었다. 일명 워싱턴회의였는데 임시정부로서는 외교 활동을 펼칠 수 있는 중요한 기회였다. 하지만 이번에도 마찬가지. 파리강화회의에서 외면받았듯 임시정부는 이번에도 성과를 내지 못했다. 이 시기 동분서주하던 신규식은 결국 병을 얻어 사망하고 만다. 때는 워싱턴회의가 끝난 지 몇 달 후의 일이었다.

안창호도 분투하고 있었다. 이승만과 이동휘의 갈등, 외교독립활동의 처절한 실패, 봉오동·청산리 전투 이후 침체에 빠진 무장투쟁. 이승만이 상하이를 떠나기 4개월 전 이동휘 역시 국무총리직을 내려놓는다. 신규식은 이승만 편에서 문제를 해결하고자 했고 김구 등이 이에 협력하였다. 협성회 등의 단체를 조직해서 임시정부를 유지하고자 한 것이다.

안창호의 생각은 달랐다. 이미 오랫동안 그는 이승만과 이동휘를 중재하기 위해 힘썼다. 중재는 실패했고 상황은 계속 안 좋아지고 있었다. 박은식·김창숙(金昌淑, 1879~1962) 등은 임시정부가 무장투쟁 중심으로 재편돼야 한다며 일대 혁신을 주장했고, 여준·이탁·김동삼(金東三) 등 만주 지역 독립운동가들조차 이승만을 탄핵하였다.

안창호는 여운형 등과 국민대표회의를 제안하였다. 기존의 조직 운영에서 벗어나 수많은 독립운동가가 모여서 허심탄회하게 이야기를 나누고 문제를 해결하자는 복안이었다. 당장 이승만 계열이 반대하고 나섰다. 이 외중에 기호파, 서북파 등 출신 지역을 두고 싸움이 벌어지기도 했다. 이승만은 기호 지역을 대표했고 안창호가 서북 지역을 대표했기 때문이다. 1923년 여러 난관을 극복한 끝에 국민대표회의가 열린다. 1월 3일부터 5월 15일까지 만주, 시베리아, 중국, 미주 등 120여 개 단체를 대표하는 120여 명의 독립운동가가 모여 머리를 맞대었다.

그런데 막상 회의를 시작하고 나니 새로운 갈등이 일어났다. 개조파와 창조파의 대립이 그것이다. 개조파는 임시정부의 정통성을 인정하되 적극적인 개혁을 주장한 반면, 창조파는 기존 임시정부의 해체를 요구하였다. 창조파는 새로운 정부를 만주나 연해주에 수립해야 한다고 주장하였는데, 이견은 끝내 좁혀지지 않았다. 1919년 3·1운동 이후 약 5개월간의 노력 끝에 3개의 정부가 하나가 되었다면, 1923년 약 5개월간의 노력은 그 치열한 만남과 적극적인 토론에도 불구하고 개조파와 창조파 모두 임시정부를 떠나는 최악의 결과에 도달하고 말았다.

국민대표회의 실패 이후 안창호 또한 임시정부를 떠나게 된다. 물론 독립을 향한 노력을 게을리하지는 않았다. 그는 미국에 체류하며 이승만 탄핵과 임시정부 개헌을 추진했고, 임시정부 재정을 마련하기 위해 노력했다. 1926년에는 2만 원의 자금을 가지고 상하이로 돌아왔으며, 이때부터 1931년 윤봉길(尹奉吉, 1908~1932) 의거 이후 체포될 때까지 주로 중국을 기반으로 활동하였다. 그는 원세훈 등 오랫동안 임시정부와 거리를 두고 활동했던 독립운동가들과 대동단결을 도모하였다. 또한 임시정부를 고수하던 김구·이동녕 등과도 협력했으며, 다른 한편으로는 홍남표·정백 등 사회주의자들을 설득하면서 민족유일당운동을 추진하였다. 민족주의자들의 단결, 사회주의자들과의 이념을 뛰어넘는 협력을 모토로 독립운동에 새로운 활력을 불어넣고자 한 것이다. 안창호는 신규식과 마찬가지로 중국인들과의 연대를 중요시했다. 미국에 머물 때는 유학생들을 중심으로 한·중연대를 도모했고, 중국에서는 후한민, 왕징웨이(汪精衛) 등 국민당의 거물급 지도자를 설득하여 중한대일전선통일동맹의 결성을 추진했다. 심지어 필리핀을 비롯하여 동남아시아에도 한인 독립운동 조직을 만들기 위해 노력했다.

　임시정부는 어떻게 되었을까? 개조파와 창조파가 떠난 자리에 남은 것은 김구를 비롯한 소수의 임시정부고수파들뿐이었다. 이들은 임시정부의 정통성을 지키고자 분주하였다. 1925년에는 이승만을 면직 탄핵한 후 박은식을 2대 임시 대통령으로 선임하였고, 박은식을 중심으로 개헌 작업이 진행된다. 국무령과 국무위원이 중심이 된 집단지도체제. 극도로 위축된 임시정부는 기존의 방대한 조직을 운영할 여유가 없었다. 3·1운동의 뜨거운 열기, 1920년 임시정부의 치열한 도전. 하지만 1920년대 내내 임시정부는 숱한 어려움을 겪으며 존립 자체를 위협받는 시간을 보내야만 했다. 그렇다고 역사가 멈추었을까? 아니다. 김구를 중심으로 한 새로운 임시정부의 역사가 기다리고 있었다.

그들은 이렇게 싸웠다 1

무장 독립운동사

새로운 정통성!

미주
하와이, 캘리포니아·멕시코 등
사탕수수 농장이 밀집한 지역
농장 노동자로 한인 대거 이주

교민들이 자금을 보내오다!

조선 말기 이미 해외 이주 행렬은 이어지고 있었다. 간도·연해주·하와이가 대표적인 지역이었고, 시간이 갈수록 더욱 많은 사람이 더욱 많은 곳에 정착하게 된다. 간도에서 만주 전역으로, 다시 중국 전역으로. 하와이에서 샌프란시스코와 캘리포니아 그리고 멕시코로. 일본은 초기에는 유학생이 중심이었지만 일제강점기 들어 가장 많은 이들이 정착한 곳이기도 하다. 왜 이런 일이 벌어졌을까? 먹고살기 위해서, 새로운 기회를 찾기 위해서, 독립운동을 하기 위해서. 각양의 이유로 사람들은 한반도를 떠나갔다. 그리고 이들이 만들어간 역사는 한국 근대사에 지대한 영향을 미치게 된다.

간도에서의 무장투쟁

간도는 만주가 아니다. 만주는 만주족에 의해 규정된 영토이다. 오늘날 만주는 통상 중국의 동북 3성을 이야기하는데 이 또한 정확하지 않다. 과거 만주족이 지배하던 청나라 시절에는 연해주를 포함하여 훨씬 넓은 지역을 만주라고 불렀기 때문이다. 간도는 백두산 일대 한인들이 정착한 지역을 의미한다. 백두산 서쪽은 서간도, 주로 압록강 일대였고 오늘날에는 한인들이 거의 살지 않는다. 백두산 북쪽은 북간도, 이곳에는 오늘날 조선족 자치주가 있을 정도로 200만이 넘는 조선인이 정착하여 번성했다.

처음부터 간도 이주가 가능했던 것은 아니다. 청나라를 세운 만주족은 1628년 봉금령을 내려 만주 지역을 성역화했다. 소수의 만주족만이 살아갈 뿐이었고 중국인과 조선인의 이주를 엄격하게 금지했다. 하지만 1800년대 이후 봉금령이 완화되면서 월경을 하는 조선인들이 많아졌다. 사냥감을 찾는 등 여러 이유에서였다. 그리고 1869년부터 1871년까지 함경도와 평안도 일대에 대흉년이 들면서 간도는 새로운 개척지로 부상했다. 회령 부사 홍남주는 주민들의 '월강청원서'를 받아들였고, 1883년 서북경략사이자 개화파 인사였던 어윤중은 변경지대를 순회하던 도중 개간지에 대한 토지소유권을 인정하는 '지권'을 교부했다. 마침 봉금령도 해제되었다. 1875년의 일인데 연해주를 빼앗긴 후 러시아의 남하 정책을 견제하기 위해 내린 조치였다. 봉금령 해제 이후 조선인들은 본격적으로 간도에 정착하기 시작한다.

기록상으로는 압록강 북쪽 린장현 모아산에 두 가구가 정착한 것이 최초라고 하는데, 을사조약(1905) 이후 이주 행렬이 부쩍 늘어났다. 간도에서의 정착 또한 쉽지 않고 중국인 지주들은 조선인 지주 못지않았다. 그럼에도 논농사에서 실력을 발휘하면서 조선인들의 경작지는 늘어갔다. 한 통계에 따르면

1921년 73만 3,700무를 개간하여 123만 4,000여 섬을 생산했고, 1930년에는 900여만 무에 1,300만 섬을 생산했다고 한다. 북간도가 중심지였고 두만강 근처 룽징, 둔화, 훈춘에 많은 사람이 살았다. 그리고 이곳을 근거로 새로운 역사가 시작된다.

헤이그 특사 활동을 했던 이상설은 서전서숙이라는 학교를 세웠다. 조선인을 위한 최초의 민족학교였지만 오래가지는 못했다. 간도 지역에서 가장 중요한 인물은 김약연(金躍淵, 1868~1942)이었다. 그는 룽징 근처 명동촌에서 한인들을 위한 보다 체계적인 활동에 임했다. 김약연은 명동학교를 세웠고 유능한 교사들을 초빙하였다. 오랫동안 교장으로 일하면서 민족교육에 힘썼으며, 교회를 세워 새로운 정신적 기상을 확립하고자 노력하였다. 시인 윤동주(尹東柱, 1917~1945), 목사이자 민주화운동가 문익환(文益煥, 1918~1994) 등이 이 학교를 나왔다. 많은 사람의 이주 덕분에 북간도는 무장투쟁의 근거지가 되었다.

서간도 지역의 중심지는 삼원보, 고동하, 합니하 등이었는데 주로 신민회 회원들이 개척하였다. 경학사·부민단 같은 자치 마을이 만들어졌고, 신흥무관학교가 설립되면서 독립군이 대규모로 양성되기도 했다. 수십 개의 단체가 독립을 목표로 활동했는데 그중에는 서로군정서와 북로군정서가 있었다. 두 단체는 모두 1919년에 결성되었다. 서로군정서는 만주 지역 한인 자치기구인 한족회로부터 군자금을 얻었다. 류허·퉁화·싱징·지안·콴뎬·린장·환인현 1만여 호가 대상이었다고 한다. 하지만 지역민들은 대부분 가난했고 모금은 쉽지 않았다. 이들은 평안도와 경상북도 등 국내에서 자금을 모았는데, 평안도는 거리가 가까웠고 경상북도는 서로군정서 지도부의 출신지였다.

북로군정서는 1920년 옌지·허룽현에서 20만 원을 모금하는 등 활동은 성공적이었다. 이렇게 모인 돈으로 북로군정서는 무기를 사들였다. 총기 1,300정, 탄약은 총기 1정당 300발, 권총 150정, 기관총 7문 그리고 수류탄 등을 구비하였는데 간도 지역 독립군 중 최고 수준이었다. 주로 연해주의 블라디보스토크,

니콜스크 등에서 마련한 것이다. 러시아에서 발생한 내전 덕분에 무기 구입이 유리했다.

서로군정서는 신흥무관학교와 협조하여 무관을 양성하였다. 초등군사반은 3개월간의 일반 훈련과 6개월간의 후보 훈련을 진행했고, 별도로 2년제 고등 군사반을 두어 고급 간부를 양성했다. 북로군정서는 1920년 왕청현에 사관연성소를 만들었다. 김좌진이 교장이었고 15세 이상 40세까지를 대상으로 무관을 모집했다. 보이지 않는 부단한 노력, 드러나지 않는 열심이 이룬 성과였고 그 덕분에 만주 일대에서 적게는 1,000여 명, 많게는 수천 명의 독립군이 양성될 수 있었다.

비로소 때가 왔다. 3·1운동의 열기와 임시정부의 수립으로 간도 일대의 무장 투쟁은 전성기를 맞이하게 된다. 수많은 청년이 독립군을 자원했고 자금 후원도 크게 늘었다. 1920년 한 해 동안 1,700여 건의 유격전이 벌어졌다. 1921년에는 602건, 1922년에는 397건, 1923년에는 454건. 그중에 가장 유명한 사건은 봉오동 전투와 청산리대첩이었다.

봉오동 전투는 치열한 유격전의 승리였다. 1920년 6월, 30여 명의 독립군이 허룽현 삼둔자에서 출발, 강양동에서 일제의 헌병 소대를 격파한다. 이에 격분한 일제가 남양수비대 1개 중대와 헌병 1개 중대를 보냈지만 최진동(崔振東)의 군무도독부에 또다시 격파당한다. 일제는 다시 250명 정도의 월강추격대대를 결성하여 6월 7일 봉오동으로 쳐들어온다. 이에 대응하여 홍범도의 대한독립군과 최진동의 군무도독부 그리고 안무(安武)의 대한북로독군부, 이흥수(李興秀)의 대한신민단 등이 연합, 일본군 157명을 사살하는 대승을 거둔다. 독립군 전사자는 4명, 대단한 전과였다.

일제는 이 사건을 주시했다. 우선 만주 군벌 장쭤린에게 협조를 구하여 중일 합동수색대를 편성했지만 그다지 효과적이지 못했다. 8월에는 '간도지방불령선인초토계획(間島地方不逞鮮人剿討計劃)'을 세우고 '훈춘 사건'을 조작한다. 마적

떼를 매수하여 독립군으로 위장한 뒤 10월 2일 훈춘에 쳐들어가 민가와 일본 영사관을 습격, 13명의 일본인과 조선인 순사 1명을 살해하였다. 이를 빌미로 일제는 조선군 19사단, 블라디보스토크 파견군, 북만주 파견군, 관동군 등 2만여 명을 동원하여 간도 일대로 쳐들어온다. 독립군은 후퇴할 수밖에 없었다. 10월 20일 북로군정서, 대한독립군, 대한신민단, 국민회군 등 후퇴하던 독립군은 허룽현 2도구와 3도구에 집결한다. 예상보다 빠른 일본군의 진격에 싸움을 시작할 수밖에 없었다.

첫 전투가 시작되었다. 10월 21일 오전 8시, 3도구 방면 김좌진의 북로군정서와 야마타(山田) 토벌대 간에 교전이 일어난다. 김좌진의 부대는 적군을 포위하는 데 성공하였고 청산리 골짜기 백운평 부근에서 일본군 1,000여 명을 쓰러뜨리는 대승을 거둔다. 독립군은 전사 20명, 중상 3명에 수십 명이 경상을 입었다. 이어 2도구 완루구 일대에서는 홍범도의 주도하에 독립군 연합부대가 일본군을 물리쳤다. 이때부터 약 6일간 천수평, 어랑촌, 맹개골, 만기구, 천보산, 고동하곡 등지에서 10여 차례에 걸쳐 피비린내 나는 전투가 벌어진다.

10월 22일 천수평 전투. 일본군은 기마중대 120명이 전멸하고, 독립군은 2명 사망에 경상 17명. 같은 날 어랑촌 전투. 김좌진·홍범도 연합부대가 공동으로 일본군을 섬멸하는데 일본군 연대장을 비롯하여 사망자 1,000여 명이 나왔고, 독립군은 100명 사망에 실종 90여 명, 부상자 200여 명이 발생하였다. 큰 피해를 입은 일본군은 퇴각할 수밖에 없었다. 독립군의 승리! 일본군 2,000여 명을 사살한 무장 독립운동사 최고의 성과를 이루어낸 것이다. 1920년 간도에서의 무장투쟁은 독립운동사에서 가장 기쁜 소식을 세상에 전하였다.

연해주에서의 무장투쟁

1860년 2차 아편전쟁을 중재한 러시아는 그 대가로 연해주를 빼앗았다. 연해주는 사람이 많이 살지 않는 지역이었다. 땅이 필요했던 수많은 조선인이 러시아의 후원하에 이곳에 정착하였다. 러시아가 연해주를 빼앗은 지 3년 후 조선인 13가구가 포시에트 구역 지신허에 정착한다. 블라디보스토크를 중심으로 연해주는 러시아 극동의 요충지가 되었고 한인은 물론이고 러시아인, 중국인, 일본인, 소수민족까지 많은 이들이 모여들었다. 1917년에는 22만 5,000여 명이 극동 시베리아에 거주했는데, 그중 19만여 명이 연해주에서 살았다고 한다.

연해주를 대표하는 지도자는 최재형과 이범윤(李範允)이다. 최재형은 러시아 정부와 깊은 유대관계가 있는 성공한 사업가였다. 그는 한인들의 권리를 보호하고자 노력했고 헌신적으로 독립운동을 지원하였다. 이범윤은 대한제국 말기 간도관리사로 파견된 인물로, 간도와 연해주 독립운동사의 선구자였다. 둘은 의형제를 맺을 정도로 막역한 사이였고 연해주 일대의 무장투쟁을 주도하였으며 안중근 의거의 배후이기도 했다.

연해주는 간도 못지않았다. 1911년 연해주를 대표하는 독립운동 단체 권업회가 블라디보스토크에 만들어진다. 권업회는 우수리스크, 하바롭스크, 니콜라옙스크, 이만 등지에 지회를 설치하여 한인들을 규합하였다. 1913년에는 2,600명, 1914년에는 8,579명까지 회원이 크게 늘어났다. 〈해조신문(海朝新聞)〉을 발행하면서 한인 사회의 이득을 도모하였고 1914년 연해주 이민 50주년을 기념하여 '대한광복군 정부'를 선포했다. 제정러시아는 일본과의 관계를 고려하여 이를 강제로 해산한다.

블라디보스토크에 소년모험단과 대한노인단이 결성되는데 대한노인단원이었던 강우규(姜宇奎, 1855~1920)가 소년모험단의 지원으로 폭탄을 구입하여 국내에 잠입한다. 1919년 9월 사이토 총독이 부임차 서울역에 도착한 날 폭탄을 투척한다. 의거는 성공하지 못했지만 환갑을 훌쩍 넘긴 노인이 의거를 시도했다는 사실에 일제는 충격을 받는다.

1920년 3월 12일에는 한인 무장부대와 러시아 빨치산이 연합하여 니콜라옙스크의 니항에 주둔해 있던 일본군을 공격했다. 러시아혁명 이후 수년간 계속된 내전에 일본군이 개입했는데, 독립군이 이를 기회로 여겨 공산주의 세력과 연합하여 봉기를 일으킨 것이다. 하지만 일본군은 반격을 넘어 대대적인 살육전을 벌였다. 블라디보스토크, 우수리스크, 스파스크, 하바롭스크, 포시에트 등에서 무려 2,500여 명의 사상자가 발생했고 이때 최재형이 죽는다.

갈등과 파괴

간도와 연해주의 역사는 이런 식으로 흘러갔다. 임시정부의 수립과 봉오동·청산리에서의 기적. 1920년은 가장 뜨거운 해였지만 그만큼 가혹한 후폭풍이 몰아친 시간이었다. 대표적인 사건이 간도참변(1920)과 자유시참변(1921)이다.

청산리에서의 패배 이후 일제는 전략을 수정, 한인 마을을 공격하여 독립군의 근간을 파괴하는 데 집중한다. 1920년 10월 룽징촌 근처 기독교 마을 장암동에 쳐들어온 일본군은 40대 이상의 남자 33명을 포박, 강제로 교회 안에 집어넣고 불을 질러버린다. 뛰쳐나오는 사람들은 사살하였고, 며칠 후 만행의 증거를 없애기 위해 매장된 시신을 파내 불태우기도 했다.

간도참변은 해를 넘겨 1921년 4월까지 계속되었다. 훈춘·왕칭·허룽·옌지·류허·싱징·콴뎬·닝안현 등에서 무려 3,600명이 피살되었고, 수많은 가옥이 불탔다. 학교가 41채, 교회가 16개, 그리고 5만 3,400여 석의 양곡이 사라졌으며 성폭력만 70여 건이 보고될 정도였다.

'근거지를 옮겨야 한다.' 독립군은 간도에서의 투쟁을 포기하고 새로운 근거지를 찾고자 했다. 다수의 독립군이 소만 접경지대인 밀산부 한흥동에 모였고 그중 상당수는 다시금 북쪽으로 이동, 국경을 넘어 러시아 아무르주의 스보보드니, 즉 자유시로 이동하였다. 앞에서 이야기했듯 당시 러시아는 공산혁명의 여파로 내전 중이었다. 적군, 즉 혁명을 일으킨 소련과 협력한다면 새로운 길이 열릴 수 있지 않을까?

안타깝게도 현지 상황은 독립군의 바람과는 다르게 흘러갔다. 내전은 마무리되었으며 적군의 입장에서 독립군은 일본과의 충돌을 일으킬 수 있는 곤란한 세력이었다. 더구나 이곳에서는 한인 사회주의자들이 첨예한 갈등을 벌이고 있었다. 이르쿠츠크파와 상하이파의 대립. 이들은 각양의 이유로 사이가 나빴다. 이동휘를 지지하는가, 사회주의를 얼마나 받아들였는가, 러시아에 귀화했는가 등으로 분열되었으며 각자가 소련의 정치 세력으로부터 후원을 받고 있었다. 자유시에는 이미 최고려(崔高麗)가 이끄는 자유대대 600여 명이 있었고 이만부대, 다만부대, 니항부대 등 연해주에서 활동하던 부대들도 몰려왔다. 여기에 대한독립군단 등 간도의 민족주의 세력까지 모이니 한인들의 군세가 4,000에 달하게 된다. 소련으로서는 결코 반가운 상황이 아니었다.

이 와중에 이르쿠츠크파와 상하이파의 싸움이 시작된다. 이르쿠츠크파가 소련군을 설득하여 상하이파를 공격한 것이다. 장갑차를 대동한 소련군 1만이 동원되었고, 상하이파 독립군 수십 명이 사망하고 800~900여 명이 포로가 되었다. 내분이 무력 충돌로 치달았으며, 이 와중에 상당수가 무장 해제되었다. 홍범도 등은 무장투쟁을 포기하고 연해주에 정착했고 일부는 만주로 돌아와 남아 있던 독립군들과 통합을 모색하였다. 하지만 세력 회복은 쉽지 않고, 당분간의 사정은 어렵기 짝이 없었다. 그렇다고 기회가 사라진 것은 아니었다.

1931년 만주사변이 일어나면서 중국인들이 일본을 증오하기 시작했으며 한·중 연합작전이 활기를 띠었기 때문이다.

미주의 대한인국민회

하와이로 대표되는 미주 지역의 이민사는 간도, 연해주하고는 확연히 달랐다. 시작은 미국의 이민 요청이었다. 당시 미국에서는 중국인 노동자에 대한 반감이 쌓여갔고, 이를 대체하기 위해 조선인들이 필요했다. 대한제국의 보증으로 이민자를 모집하였다. 1902년 12월 121명이 인천항을 떠났으나 24명이 신체검사에서 탈락, 97명이 최초로 하와이에 도착한다. 1903년부터 1905년 잠시 이민이 중단될 때까지 하와이에 7,266명, 멕시코에 1,033명 등 8,299명이 미주 지역에 정착한다. 1910년 기준으로 하와이에는 4,187명이 거주하고 있었는데 이 중 983명은 귀국했으며, 2,110명이 미국 본토로 이주하여 샌프란시스코와 로스앤젤레스는 물론 콜로라도, 네브래스카 등지에도 정착하였다. 1만여 명의 이민자가 고단한 미주 생활을 이어가고 있었던 셈이다.

생활은 고되었다. 주로 사탕수수 농장에서 일했다. 초기 이민자 대부분은 남성들이었기 때문에 일가친척의 도움을 받아 아내를 구할 수 있었다. 일명 '사진 신부'. 친척들은 사진을 들고 이민자들의 아내를 구했으며, 일단의 여성들은 사진만 보고 하와이행을 선택하였다. 그만큼 가난한 사람들이었고 탈출구가 필요했다. 이들의 만남은 슬픈 사연을 남겼다. 고단한 노동으로 사진과는 전혀 다른 몰골의 정혼자를 만나기도 했다. 이미 마흔을 훌쩍 넘긴 나이인데 20대 때 사진으로 중매를 본 경우도 있었으니 말이다. 그렇다고 어쩌겠는가.

여성들은 운명에 순응하였고 미주 지역의 이민사는 힘겹게 뿌리를 내렸다.

　미주 지역의 대표적인 단체는 대한인국민회였다. 공립협회 등 여러 단체가 연합하여 1910년에 만들어졌다. 대한인국민회는 사실상 준정부조직이었다. 샌프란시스코에 본부가 있었고 북미, 하와이, 만주, 시베리아에 지방총회를 두고 산하에 116개의 지방회를 두었다. 대한인국민회를 비롯한 미주의 한인 조직은 독립운동의 자금공급처였다. 1919년 대한인국민회 중앙총회의 자금이 8만 5,000달러였는데 이 중 절반이 임시정부를 위해 쓰였다. 하와이에서 결성된 박용만의 대조선국민군단이 파인애플 농장의 수익금과 지원금을 통해 7만 8,642달러를 모으는데 이 중 2만 2,000달러를 간도와 연해주의 독립운동 자금으로 보냈다. 구미위원부는 1920년대 초반 총수입이 15만 달러 정도였는데 15% 정도를 임시정부를 위해 사용했다.

　후원의 물결은 이어졌다. 대한부인구제회는 1920~1930년에 대한군정서, 대한독립군 그리고 임시정부에 20만 달러의 후원금을 보냈다. 북미대한인국민회는 1941년부터 1945년 사이에 충칭 임시정부와 광복군에 4만 달러를 후원했다. 열악한 처지에 한인들은 조국의 독립을 열망했고, 어렵사리 모은 돈의 일부를 후원금으로 내놓았다. 지도자들도 배출하였다. 안창호, 이승만, 박용만이 대표적이었다.

　1941년 태평양전쟁이 일어나자 미군이 되어 일본과 싸우는 사람들이 등장하였다. 하와이에서 600명, 본토에서 200명 등 한인 2세들이 미군에 입대하였고 이 중 200여 명이 장교가 되었다. 그중에는 안창호의 딸 안수산도 있었다. 또한 미국의 전시 공채를 매입하는 데도 적극적이었는데 1943년 약 24만 달러를 매입했다. 하와이 한인들은 루스벨트(Franklin Roosevelt) 대통령에게 약 2만 7,000달러의 후원금을 보내기도 했다.

　이 시기 한길수(韓吉洙)라는 인물이 두각을 나타냈다. 당시 미국에서는 한인을 일본인으로 등록하게 하였는데 한길수의 주도로 이의를 제기했고, 결국 한인을 일본인과 구분하여 등록하는 제도를 마련하였다. 그는 일본이 진주만을 폭격할 것이라고 여러 차례 주장했는데 예언이 맞아떨어지면서 화제의 인물이 되기도 했다. 한길수는 태평양전쟁 당시 재미 일본인들의 강제 수용을 적극 주장하였고 이를 현실화하기도 했다.

그들은 이렇게 싸웠다 2

무장 독립운동가

1930년대 무장투쟁사에서 주목할 만한 인물은 지청천이다. 그는 대한제국 군인이었다. 1907년 군대가 해산된 이후 일본 육군사관학교 생도로 입학한다. 조선의 유능한 인재들을 포섭하려는 일제의 조치였는데 지청천의 생각은 달랐다. 육사 졸업 후 만주 망명을 계획한 것이다.

지청천과 동기였던 일본 육사 26기 홍사익, 이응준, 유승렬, 신태영 등은 일본군에 남았다. 군대가 해산될 때만 해도 일본 육사에서 훈련을 받은 후 함께 탈영해서 독립군이 되자고 맹세했지만, 실천에 옮긴 인물은 지청천과 김경천 정도였다. 유승렬과 신태영의 아들 유재흥·신응균 등은 일본 육사를 나왔다. 대를 이어 일본에 충성했고 해방 후 국군의 요직에 오르는 등 출세를 거듭했다. 유승렬·신태영은 대한민국 정부의 국방장관을, 신응균은 국방과학 연구소장을 역임하였다. 유재흥은 이승만 정권에서 아버지를 뛰어넘는 출세운을 누렸다.

망명에 성공한 지청천은 신흥무관학교 교관, 고려혁명군사관학교 교장, 정의부 중앙집행위원 및 군사부장, 의용군 사령관을 지냈다. 일본 육사에서 배운 새로운 군사법으로 독립군의 수준을 높이는 데 기여했다. 1930년대에는 한국독립군 사령관과 조선민족혁명당 군사부장을, 1940년대에는 임시정부 군무부장과 한국독립당 중앙집행위원 그리고 광복군 총사령관을 역임하였다.

1930년대 초반 지청천은 북만주에서 활동하며 쌍청바오, 다덴쯔링, 둥징청성, 쓰다오허쯔 등에서 일본군을 물리치며 무명을 떨쳤다. 특히 다덴쯔링 전투의 승리는 의미가 컸다. 중국군 2,000명, 한국독립군 500명이 심산 밀림지대에 매복하였는데 절벽의 높이가 1,000미터에 달했다. 매복 사실을 모르는 일본군의 행렬이 산 중턱에 이르렀을 때 전투가 시작됐고, 일본군은 4시간 만에 130명 이상이 살상되며 전멸을 당한다. 군복 3,000벌, 대포와 박격포 10문, 군량, 문서, 마차 200여 대분의 군용품, 담요 300장, 소총 1,500정 등 대량의 군수물자를 쟁탈한 것이다.

당시는 만주사변 이후 한·중 연합작전이 활발히 펼쳐지던 때였다. 통상의 싸움은 만주군과 벌어졌는데 다덴쯔링 전투는 일본군을 대상으로 거둔 승리였기에 더욱 의미가 있었다.

무장투쟁을 위한 군자금 마련과 일제의 보복 학살

무장투쟁을 하려면 무기를 비롯하여 다량의 군수물자가 필요했다. 군수물자를 구하기 위해서는 자금이 필요했고 그것도 지속적으로 상당한 양이 필요했다. 독립운동 단체들의 자금 모금은 비밀리에 다양한 방식으로 이루어졌다.

대한광복회는 친일 부호의 집을 털거나 우편마차를 습격하여 현금을 탈취하려 했고, 때로는 위조지폐를 제작하기도 했다. 일본의 물자를 약탈하는 방식은 이후에도 계속되었다. 1925년 손양윤 등은 경상북도 칠곡에 있는 일본인집에 침투, 권총으로 협박하여 현금 105원과 엽총 두 자루를 획득하였다. 또인근의 이이창 집에 쳐들어가 협박을 통해 현금 270원을 뜯어내기도 했다. 이들은 이렇게 마련한 자금을 만주 신민부로 보냈다. 신민부 자금 모집에서 흥미로운 점은 김병연 사건이다. 김병연은 밀양의 거부이자 자신의 아버지인 김태진에게 만주에 땅을 구입하자고 꼬드겨서 3,000원을 받아낸 후 신민부에 보냈다. 1927년의 일인데 신민부 역사상 단일 자금으로 최대 규모였다고 한다.

1932년에는 양세봉(梁世奉, 1896~1934)의 조선혁명군이 모금 활동을 위해 이선룡을 국내로 파견하였다. 그는 모젤식 10연발 권총 1정과 150발의 탄약을지닌 채 경기도 이천군 장호원의 동일은행을 쳐들어갔다. 그는 "강도가 아니고 만주로부터 온 혁명군"이라며 권총으로 직원을 위협, 1만 2,175원을 보자기에 챙겨서 도망하였다. 하지만 6일 만에 원주에서 체포되고 말았다.

자금 마련을 위해 분투하는 동안 일제는 보다 강력하고 집요한 토벌전을 벌였다. 장강호(長江好) 사건은 마적을 이용하여 벌인 사건인데 잔인하기 그지없었다. 총독부의 지원하에 장강호를 비롯한 마적들은 소총탄 2,000여 발, 권총,독가스 등을 손에 넣는다. 이들은 1920년 10월 안투현 일대의 한인들을 습격하였다. 가옥 40여 채를 불태우고 광복단 10여 명을 독가스로 죽였다. 11월 6일에는 인근에서 또다시 27~28명의 광복단원을 죽였고 창바이현 근처 24도구,22도구, 23도구를 연이어 습격하였다. 가옥과 학교를 불태우고, 장정 수십 명을 독가스나 총으로 죽이는 만행을 저질렀다.

만주국이 들어선 이후 일본의 탄압은 거세졌다. 1931년 훈춘시 인하동에서는 반일투쟁을 모의 중이던 김시준 등 11명을 체포 살해하였고, 같은 해 허룽시 내풍동에서는 한인 사회주의자 염기순 등 6명을 체포하여 북일 소학교 기둥에 묶은 후 죽였다. 1932년에 왕칭현 대감자 지역에서 홍두주 등 39명, 옌지시 금곡촌에서는 김정숙 등 44명을 처형했고 투먼시 삼동 일대에서는 40여 채의 가옥에 불을 지르고 11명을 총살하였다. 당시 노인, 부녀자, 어린이 10여 명을 생매장했다는 기록도 있다. 친일파 황화학 등을 처단한 훈춘현의 김장훈 등 8명 역시 체포되어 총살당했고, 룽징시 남양촌에서는 14명이 사살당했다.

이 시기 유사한 일은 비일비재했다. 훈춘시 피유동에서는 김규용 등 6명이 총살당했고, 대마자구촌에서는 박홍근 등 농민 11명이 사살당했다. 항일 활동에 대한 보복은 구체적이었다. 구산촌에서는 경찰 2명을 살해한 사건이 일어나자 일본 군경이 침입하여 20여 명을 사살했고, 훈춘시 진선촌에서는 일본 밀정 이태윤의 밀고로 김창건 등 항일운동가들이 살육당했고, 훈춘시 동흥진에서는 엄용춘 등 7명이 처형당했다. 허룽시 신창동 석건평 일대에서는 오덕윤 등 5명이 친일파 김석 등을 처단했다는 이유로 처형당했고, 약수동에서는 공산당원 김순희 등 8명이 사살당한다.

1933년 훈춘시 경신향 일대에서는 홍용득 등 11명이, 1935년 향수하자에서는 70명이, 1936년 신빈현 왕칭면에서는 20여 명이, 동변도 지구에서는 300여 명이 살해됐다. 만주에서의 항일투쟁은 지속적으로 일어났고, 그만큼의 가혹한 진압과 학살 사건이 벌어졌다.

여성 혁명가 남자현

여성 독립운동가들도 많았는데 그중에는 남자현(南慈賢, 1872~1933)이 발군이었다. 그녀는 1896년 스물네 살의 나이에 남편 김영주를 홍구동 전투에서 잃었다. 당시 임신 중이던 남자현은 아들을 낳았고 시어머니를 극진히 봉양하였다. 비로소 1907년 그녀는 친정아버지 남정한과 의병 궐기에 참여, 역사의 전면에 등장한다. 3·1운동 당시에는 남대문교회를 중심으로 만세 시위에 참여했으며, 경상도 만세 시위 책임을 맡아서 활발한 활동을 벌였다.

1919년 남자현은 만주 삼원보로 망명하여 신흥무관학교와 서로군정서에서 활동하였다. 서로군정서 후방에서 부상병 간호를 맡았고, 1921년에는 지린성에서 20여 개가 넘는 교육 단체를 조직하였으며, 1926년에는 이관린·이양숙 등과 함께 조선혁명자후원회에서 활동하였다. 이듬해 그녀는 조선 총독 암살 계획을 세운다. 김문거로부터 권총 1자루와 탄환 8발을 받고 서울로 잠입, 오늘날 대학로 근처 혜화동 28번지에 머물러 때를 기다렸다. 하지만 실패, 기회는 오지 않았고 어쩔 수 없이 만주로 돌아간다.

1931년 만주사변이 일어나자 국제연맹은 리턴조사단을 파견하는데 이를 기회로 여긴 남자현은 손가락 두 마디를 잘라 독립을 청원하는 혈서를 썼다. 하지만 이때도 조사단과의 만남은 실패하였다. 다시 2년 후 만주국 건국 1주년 기념식이 열리자 그녀는 암살 계획을 세운다. 식장에 모인 일본 고위 관료들을 죽이기 위해 권총과 탄환 그리고 폭탄 2개를 마련한 것이다. 하지만 밀정의 밀고로 경찰에 검거되면서 이 또한 실패하고 말았다. 옥고를 치르던 중 병세가 악화되어 보석으로 출소한 남자현은 60세의 나이에 세상을 떠나고 만다. 끊임없는 도전의 연속이었지만 실패의 연속이기도 했다. 그렇다고 그녀의 노력이 무가치했을까?

저항하는 세력만 있지 않았다

저항하는 조선인들만 있었던 건 아니었다. 일제에 빌붙어 이득을 구하려는 친일파들도 많았다. 이들 또한 단체를 만들었고 일제에 적극 협력하며 항일투쟁을 억눌렀다. 만주보민회, 펑톈거류조선인회는 1920년대 간도에 만들어진 대표적인 친일 단체이다. 만주보민회는 일제의 만주 진출과 연관된 조직이다. 이인수, 최정규 등이 만든 단체인데 이들은 동학에서 변절한 시천교도들이었다. 펑톈거류조선인회는 센양이 근거지였다. 센양은 만주의 대표적인 도시였고 한인들도 20만이 넘게 거주했다. 펑톈거류조선인회는 펑톈일본거류민회의 산하 조직이었다. 회장은 가와모토, 부회장은 박창식이었다. 김경신, 이삼성, 정의봉 등이 평의원이었고 상담역으로는 조선 총독부에서 파견한 아이바 기요시, 펑톈 지방사무소 사석 시마사키, 일본거류민회 이사 히구치, 일본조합기독교회 목사 와타나베 등이 있었다. 이러한 단체들은 이주 한인의 구제를 선도한다는 미명하에 '일선 민족의 친화'를 도모하였다. 또한 일제의 보조금으로 한인들에게 영향력을 행사했다. 1921년 센양 서탑대가(西塔大街) 지역에 설립된 공영사는 무료숙박소, 실비식당, 인사상담소 등을 개설했으며 인력거 제조사업에 진출하여 한인들을 끌어들였다.

1930년대 친일 단체들은 보다 호전적이었다. 만주국이 수립되었기 때문이다. 간도협조회, 훈춘정의단이 대표적인 단체이다. 이들은 무장을 했고 항일유격대를 타격했다. 간도협조회는 1934년 9월 북간노에서 준경찰기관 형태로 조직된다. 관동군 헌병사령부 옌지헌병대장 가토 중좌와 옌지독립수비대장 다카모리 중좌 등이 김동한(金東漢)과 모의하여 만들었는데, 김동한이 회장이었고 일본 헌병대의 밀정이나 간도 지역 친일 인사들이 회원이었다. 규모도 대단했다. 이 단체는 1936년까지 존속했는데 회원만 7,700여 명이었다.

회장 김동한은 변절자였다. 젊은 시절 러시아 보병 소위 출신으로 시작은 사회주의 항일투쟁가였다. 하지만 변절 후 온갖 친일 활동을 주도하다가 1937년 동북항일연군에 총살당한다. 선전부장 김영수 역시 지독하기 짝이 없었는데 1946년 옌지별동대에 처단당한다. 조직부장이자 특별공작대 대장이었던 김송렬은 투항사업을 전개했고 그 대가로 65원의 수당을 받았다. 그는 함경북도 길주에서 총살당한다. 산업부장 김우근은 동변도특별공작부 요하지부 조사과장을 맡았으며 역시 1947년 옌지에서 총살당했다. 특별공작대 부대장 유충희는 변절자로 항일투쟁 무력화에 앞장서면서 55원의 수당을 받았는데, 1937년 자살로 생을 마감하였다. 공작원 김동렬 역시 변절자였는데 활동 대가로 44원을 받았고, 해방 이후 북한으로 잠입했다가 1947년 옌지로 압송당하여 죽임을 당하였다. 또 다른 공작원 박용찬 역시 중국공산당원이었다가 변절한 이후 공작반 정보계와 경리를 담당했고, 1946년 총살을 당했다. 공작원 강현묵 역시 공산당원에서 변절한 자로서 매달 30원의 수당을 받으며 헌병 일등병 대우를 받는 등 활발한 활동을 벌이다가 1947년에 총살형으로 생을 마감한다.

훈춘정의단 역시 간도협조회와 비슷한 단체였다. 이들은 '귀순사업'을 담당하였다. 쉽게 말해 변절자 양성이 목표였다. 물리적 탄압은 기본이었고 선전사업을 위해 〈정의〉라는 잡지를 발행했다. "일본과 조선은 일치단결하여 러시아의 침략으로부터 함께 투쟁해야 한다." 이들은 일본과 조선의 협력을 강조했고 중국공산당과 한인 사회주의자들의 활동에 맞섰다. 1930년대 중반이 넘어가면 만주에서는 민족주의보다는 사회주의가 대세였고 한인 사회주의자들이 무장투쟁을 주도했다. 이에 맞서 이들은 사회주의를 비난하면서 공세를 강화해갔다.

일제는 간도특설대처럼 아예 전문 무장부대를 만들기도 했다. 1938년 간도특무기관장 오코시 노부오 중좌 주도하에 간도특설대가 창설된다. 특설대는 주로 만주 일대에서 활동했고, 1943년에는 러허성으로 이동하여 중국공산당

산하 무장부대인 팔로군과 싸웠다.

간도특설대에는 조선인 장교들도 있었다. 대부분 만주군관학교 출신이었는데 신현준, 강재호, 김백일, 마동악 등이었다. 강재호는 박정희(朴正熙, 1917~1979)가 군관학교에 응시할 때 도움을 준 고향 선배이자 대구사범학교 선배였다. 정일권, 이한림 등도 같은 학교 출신이었고 이주일, 김동하, 유태일, 김윤근 등도 있었다. 역시 만주군 출신인 백선엽(白善燁, 1920~2020)의 회고에 따르면 김백일, 임충식, 김석범, 이동화, 송석하, 이용, 박춘식 등도 간도특설대에서 활동했다고 한다. 이들 중 상당수는 해방 이후 국군의 요직에 등용되었으며, 1961년 5·16군사쿠데타 당시 중요한 역할을 담당했고 박정희 정권에서 출세를 거듭했다.

간도특설대는 만주에서 활동했기 때문에 주로 중국공산당과 공산당 산하한인 사회주의자들과 싸웠다. 일제는 전쟁 말기 특설대뿐 아니라 다양한 형태의 부대를 창설했는데 소련과의 싸움이 목적이었다. 이소노 부대, 회교 부대, 오로촌 부대 등이 있었다. 이소노 부대는 사병 전원이 몽골인이었고, 회교 부대는 이슬람교를 믿는 부대로 소련과의 유격전을 염두에 두고 현지에서 징집한 부대였다. 오로촌 부대는 만주 북부 대싱안링, 소싱안링 등에 흩어져 있는 퉁구스 종족으로 만든 부대였으니 모두 대소련 첩보 공작과 게릴라전을 염두에 두고 만들어진 부대였다.

앞서 이야기했듯 1930년대 후반 만주 항일투쟁은 성격이 변화하고 있었다. 1920년대 이후 연해주의 항일투쟁이 사회주의적 성격으로 바뀌었듯, 만주는 중국공산당의 근거지였고 무장투쟁의 주류는 중국인과 한인 사회주의자들이었다. 꽤 저명한 사람들 중에는 저우바오중(周保中), 양징위(楊靖宇), 김일성(金日成, 1912~1994) 등이 있었다. 양징위는 일본군과 치열한 투쟁을 벌였는데 안타까운 최후를 맞이하였다. 휘하 소대장으로 있던 장슈평과 청빈 등이 투항하였고 양징위는 토벌대에게 사살당한다. 사살 후 그의 위를 해부했는데 곡식은 한 톨도 나오지 않았고 풀, 나무껍질, 솜이 위를 채우고 있었다고 한다. 만주에서의 항일투쟁이 얼마나 험난하고 처절했는가를 알 수 있다. 일제는 양징위의 머리를 유리 상자에 넣어 학교와 거리에 전시하는 등 선전행사를 벌이기도 했다.

양징위 피살 이후 김일성이 이끄는 부대가 홍치허 전투에서 전과를 올린다. 1940년 3월 안투현 다마루거우 산림경찰대를 습격하여 경찰 10여 명을 사살하고 무기와 피복, 식량 일부를 노획한 것이다. 이후 토벌대와의 싸움에서 100여 명을 사살하고 경기관총 5정, 소총 100여 정, 탄알 1만 발, 무전기 1대를 노획하는 전과를 올리기도 했다. 김일성 부대 역시 참모장 임수산(林守山)이 투항하는 등 어려움을 겪는다. 당시 만주에서 한인 사회주의자들은 어려움을 겪고 있었다. 1932년 '민생단 사건'이 일어나는데 공산당에 일본 간첩이 두루 퍼져 있다는 유언비어가 확산됐고, 그로 인해 한인 사회주의자들이 다수 체포되고 처형당했다. 또한 일제의 집요한 토벌로 지도급 한인들이 다수 체포, 처형, 변절하는 일이 이어졌다. 김일성은 잡히지 않고 살아남는다.

사회주의 국가,
소련이 등장하다

러시아혁명

1917년 러시아혁명은 한반도를 비롯한 동아시아 역사에 크나큰 영향을 미쳤다. 민족주의가 아닌 사회주의라는 새로운 이념이 등장했으며 민족보다는 계급, 민족보다는 노동자의 단합과 투쟁, 민족보다는 국제적 연대를 강조하는 새로운 사조가 풍미했다. 민족주의와 사회주의. 제국주의를 몰아낸다는 데서 두 사상은 큰 차이가 없다. 민족주의자들에게 제국주의는 국권을 강탈한 폭거였고, 사회주의자들에게 제국주의는 독점자본주의의 또 다른 이름이었기에 타도해야 할 대상이었다. 하지만 구체적인 측면에서 많은 차이를 지니고 있었다.

사회주의가 등장하기까지

민족주의는 구체적인 이데올로기라고 할 수 없다. 민족의 독립을 도모하고 민족 국가를 세우자는 굵직한 방향이 있을 뿐이다. 우리의 경우 독립협회, 신민회 그리고 임시정부를 경험하면서 민족주의는 민주공화적으로 귀결되었다. 민족 국가를 세우되 정치체제로서 민주공화국을 만들겠다는 구상이었다. 더불어 전통적인 개혁적 유교 사상 그리고 쑨원의 삼민주의 영향으로 평등주의적 성향이 강하였다. 한국 그리고 동아시아에서의 민족주의는 전통 왕조의 붕괴와 제국주의의 침탈에 대한 저항적 성격이 짙다. 또한 구국운동부터 독립운동으로 이어지는 경험에 근거한다.

이에 반해 사회주의는 유럽의 지적 전통을 배경으로 한다. 프랑스혁명 이후 신분제가 붕괴했으며, 산업혁명에 의해 전통적인 지주 그룹이 몰락하고 자본가들이 부와 권력을 누리기 시작하였다. 사회주의는 이러한 모순에 대한 자각으로 시작되었다. 혁명을 통해 귀족, 평민 같은 종래의 억압이 사라졌지만 이제는 경제적 위계가 사회문제가 된 것이다. 농민에서 노동자로의 직업적 전환은 더러운 도시, 고된 공장 생활로 귀결되었고 사업을 통해 벌어들이는 엄청난 수익은 모조리 자본가가 독차지했으니 너무나 모순적인 현실 아닌가. 사회주의는 급진주의를 배경으로 한다. 프랑스혁명과 같은 급진적 변화를 통해 새로운 사회를 건설하자는 주장이었다.

사회주의 내에도 다양한 입장이 있었고 유럽에서는 여러 생각이 각축을 벌이고 있었다. 19세기 후반, 유럽에서는 급진주의가 유행하게 된다. 아나키즘, 사회주의 그리고 아나코생디칼리즘(anarcho syndicalisme) 같은 사상이 풍미한다. 아나키즘은 일체의 권위를 부정하며 완전한 인간 해방을 추구했다. 완전한 자유를 지향하기 때문에 사회주의자들을 반대한다. 사회주의자들이 노동자의 해방을 위해 당을 만드는 등의 조직화된 행동을 했기 때문이다. 새로운 권위와 위계가 만들어지면 새로운 인간 억압이 시작된다고 본 것이다. 아나키즘은 사회주의와 한 울타리에서 시작했지만 독자적인 길을 모색하였다. 아나키스트들은 조직을 거부하면서 해방 사회를 건설하려 했는데 입장이 매우 다양했다. 자유를 외치면서 범죄와 약탈을 일삼는 극단적 폭력주의자들도 있었고, 테러리즘에 경도되는 이들도 있었으며, 평화적인 공동체주의자들도 있었다. 아나코생디칼리즘은 프랑스 남부나 남유럽 일대의 노동운동에서 많이 나타났다. 노동조합을 기초로 국가를 전복하고 노동조합연합체가 국가 자체가 되는 것을 목표로 하는 운동인데 풀뿌리 자치운동에 영향을 미쳤다. 이러한 활동은 사회주의가 성장함에 따라 소멸하거나 흡수되고 만다.

사회주의는 이념적이고 이론적이다. 자본주의의 모순을 날카롭게 분석했으며, 정당운동과 노동운동을 병행하면서 세력을 확대해나갔다. 흐름은 크게 두 가지였는데 독일의 베른슈타인(Eduard Bernstein)이 주장한 사회민주주의와 러시아의 레닌이 주도한 공산주의 혁명이었다. 독일의 사회민주주의는 자본주의를 부정하지 않았고, 베른슈타인은 자본주의의 붕괴를 부정하였다. 자본주의는 지속적으로 발전하고 있기 때문에 이를 인정한 '합법적 사회주의 운동'을 주장하였다. 사민당은 선거를 통해 의회에 진출하여 정당하게 부여된 의회 권력을 바탕으로 사회주의의 이상을 평화적으로 달성하고자 했다. 독일의 사회민주주의는 북유럽 복지국가 탄생에 지대한 영향을 미쳤다. 비판도 있었다. 독일 공산당의 여성 혁명가 로자 룩셈부르크(Rosa Luxemburg)는 개혁과 혁명은 구분되어야 하며, 개혁을 통해서는 결코 사회주의 이상을 달성할 수 없다고 주장하였다. 오직 혁명만이 역사의 단절, 즉 자본주의의 붕괴를 통한 사회주의 사회의 건설에 이른다고 보았다.

사회민주주의에 가장 대비되는 인물은 러시아에서 공산혁명을 일으킨 레닌이었다. 레닌은 정치투쟁을 통해 제정 러시아를 타도하고 단숨에 사회주의 국가를 건설하고자 하였다. 레닌은 노동운동을 비판하였다. 노동운동은 노동조건의 개선을 목표로 하기 때문에 거시적인 전망이 불가능하다고 생각했다. 레닌은 직업적 혁명가와 공산당의 역할을 강조하였다. 또한 그는 〈제국주의론〉이라는 글을 집필하여 '독점자본주의'의 문제를 제기하였다. 산업혁명이 고도화되면서 자본주의가 극단적으로 발전하였고, 그로 인하여 자본의 해외 진출이 중요해졌다는 것이다. 해외 진출은 식민지, 즉 새로운 시장을 찾는 과정이고 이는 거대해진 자본가들이 정치인들을 후원했기 때문에 나타난 현상이라는 것이 레닌의 생각이었다. 즉, 제국주의가 식민지를 확보하는 작업은 실제로는 거대 자본가들의 독점자본주의적 횡포에 불과하다는 것이다. 20세기 점증하는 제국주의와 식민지 문제를 자본주의적인 관점으로 해석한 것이다.

레닌의 동료였던 트로츠키(Leon Trotsky)도 중요하다. 그는 '영구혁명론'을 주장하였다. 당시 사회주의자들은 '2단계 혁명론'을 신봉했다. 프랑스혁명처럼 시민 계급에 의한 부르주아 혁명이 먼저 있고 이후 자본주의가 발전하는 가운데 프롤레타리아(노동자)에 의한 사회주의 혁명이 일어나야 한다고 생각했다. 그러나 트로츠키는 단계론을 부정하며 연속적인 혁명을 주장하였다. 부르주아 혁명 없이 사회주의 혁명이 일어날 수도 있고, 자본주의 발전이 약한 나라에서도 사회주의 혁명이 일어날 수 있다고 생각한 것이다. 트로츠키는 '세계혁명론'을 주장하였다. 만국의 노동자가 단결하여 전 세계 어디서든 급진적으로 사회주의 혁명을 일으켜 새로운 사회를 만들어야 한다고 보았다. 그리고 그러한 사상은 러시아에서 구체화되었다.

모든 권력은 소비에트로

러시아는 차르가 통치하는 나라였으며 정교회 국가이기도 했다. 러시아의 종교는 크리스트교의 분파인 정교회였고, 정교회는 차르의 절대적인 통치를 합리화하였다. 차르가 민중의 어버이이고 차르의 온정적인 통치를 통해 러시아 민중을 보호해야 한다는 전제주의적인 세계관이 강력했다.

영국과 프랑스가 그랬듯, 19세기 러시아 역시 식민지 쟁탈전에 뛰어들었다. 하지만 크림전쟁(1853), 러일전쟁(1904) 등에서 패배하면서 영국·프랑스는 물론이고 일본에도 밀렸다. 무엇보다 후진적인 사회 상황이 발목을 잡았다. 러시아에서는 시민혁명이 없었고 산업혁명 또한 미진했다. 크림전쟁 패배 이후 차르 알렉산더 2세는 농노를 해방하는 등 개혁 정책을 펼쳤다. 하지만 해방된 농민들은 여전히 다양한 형태의 의무를 감당해야 했으며, 국가가 귀족들에게 구입한 토지를 시세보다 비싼 가격에 구입해야 하는 등 사회문제는 개선되지 않았다. 차르의 개혁은 매번 이런 식이었다. 스톨리핀(Pyotr Arkadyevich Stolypin)이 등용되어 대규모의 농업 개혁을 진행했지만, 귀족들의 특권은 여전했으며 농민들의 삶은 개선되지 않았다. 그리고 피의 일요일(Bloody Sunday, 1905) 사건이 발발한다. 빵을 달라는 러시아 민중의 평화 행진에 차르의 군대가 피로 응답하면서 차르체제에 대한 저항이 커졌고 혁명에 가까운 상황이 지속된 것이다. 이를 극복하고자 러시아의 마지막 차르 니콜라이 2세는 두마(의회)의 설치를 약속하는 등 개혁안을 발표하였다. 이 시기 러시아에서도 산업혁명이 일어나면서 경제 성장이 이루어지는 등 사회는 빠르게 변화해갔다.

하지만 이번에도 전쟁이 발목을 잡았다. 제1차 세계대전(1914)이 발발한 것이다. 러시아는 연합국이었는데 피해가 막심했다. 기록에 따르면 러시아는 전쟁 기간에 1,550만 명을 동원했는데 무려 165만 명의 전사자, 385만 명의 부상자, 241만 명의 포로가 발생하였다. 전쟁은 식량과 석탄 부족 사태를 초래했다. 수천 명의 여성 노동자가 '국제 여성의 날(1917년 3월 8일)'에 거리로 뛰쳐나왔고 수도 상트페테르부르크에서는 연일 폭동과 시위가 일어났다. 니콜라이 2세는 전선에 있었기 때문에 신속하게 대응할 수 없었다. 차르의 전용 열차가 다니는 철로를 민중이 끊어버렸기 때문에 오도 가도 못 하는 처지가 된 것이다.

1917년 3월 8일 두마 의원들은 임시정부를 수립한다. 3월 혁명이 일어난 것이다. 차르 일가는 체포된 후 처형되었다. 새롭게 꾸려진 혁명정부는 보수주의자들과 자유주의자들이 주도하였다. 같은 시기 상트페테르부르크의 노동자와 병사들이 '소비에트'라는 조직을 만든다. 산업혁명과 전쟁의 여파로 이들의 힘이 강성해졌고 사회주의자들의 주도하에 임시정부를 견제하는 기구가 들어선 것이다. 3월 1일 소비에트는 '명령 제1호'를 발표하였다. 군인들은 병사위원회를 만들 것, 그리고 병사위원회가 군사권을 확보할 것, 기존에 귀족들로 구성된 장교 조직은 해체할 것이 핵심이었다. 명령은 성공적으로 수행됐고, 이로써 소비에트가 실권을 장악한다. 6월에는 제1차 러시아 소비에트 대회가 열렸고 러시아 전역 350개 이상의 지역 대표들이 참여하였다. 사회혁명당원 285명, 멘셰비키 245명, 볼셰비키 105명 등 다양한 사회주의 정당의 대표들이 모인 것이다.

소비에트와 사회주의자들이 힘을 모으고 있을 무렵 임시정부는 어려워져만 갔다. 자유주의적인 개혁 조치가 한계를 드러냈기 때문이다. 정치범이 석방되고, 언론·출판·집회·결사의 자유와 파업권이 허용됐으며, 소수민족에 대한 다양한 제약이 사라졌고, 여성에게도 참정권이 부여됐다. 또한 시베리아 유형, 태형, 사형제도 같은 끔찍한 법들 역시 폐기되었다. 하지만 노동자와 농민의 처지는 개선되지 않았고 무엇보다 경제가 엉망이었다. 전쟁을 계속했기 때문이다. 심지어 전황은 더욱 나빠졌다. 독일군과 오스트리아군이 러시아의 방어선을 돌파하였고 전사자는 계속 늘어났으며, 전시 경제는 임시정부를 파산 직전까지 몰고 갔다.

이 시기 스위스에 망명해 있던 레닌이 러시아로 돌아와 '4월 테제(April Theses)'를 발표한다. '모든 권력은 소비에트로!' 레닌이 주장한 정치혁명이 시작된 것이다. 레닌이 이끄는 볼셰비키는 임시정부를 무력으로 전복하였다. 볼셰비키의 적위대가 국가 주요 기관을 장악했고, 경쟁자 케렌스키(Aleksandr Fyodorovich Kerenskii)가 망명하면서 볼셰비키는 임시정부를 비롯하여 여러 세력을 물리치고 최종적인 승자가 되었다. 11월 혁명이 성공하였고 역사상 최초의 사회주의 국가 소비에트연방이 만들어졌다.

소비에트연방, 즉 소련은 이후 몇 년간 제정러시아의 장군들이 주도하는 백군과 내전을 치러야 했고 일본군이 시베리아를 점령하는 등 어려움을 겪었다. 하지만 1920년대 초반에 이르러 안정기에 돌입한다. 이때 레닌은 '식민지와 민족 문제에 대한 테제'를 발표하여 소련 내 소수민족의 자결권을 보장하고자 했으며, 무엇보다 국제적인 차원에서 식민지 민족해방운동을 지원하고자 했다. 아시아를 비롯한 여러 지역의 피압박 민족을 지원하여 사회주의를 전파하는 것을 국가 과제로 삼은 것이다.

이에 따라 동방민족대회가 열렸고 동방대학도 만들어진다. 박헌영(朴憲永, 1900~1955), 주세죽(朱世竹), 김단야(金丹冶) 등 조선의 젊은 청년들이 이곳에서 공부하며 사회주의자로 성장하였다. 또한 이동휘를 비롯한 많은 민족운동가가 사회주의를 독립운동의 수단으로 적극 수용하는 계기가 되기도 했다.

총력전의 시작,
제1차 세계대전

역사는 적어도 당분간은 레닌의 예상처럼 흘러갔다. 제국주의 국가들은 더 넓은 식민지를 확보하고자 경쟁하였고 그 결과는 전쟁이었다. 러일전쟁과 조선의 식민지화는 그러한 현실의 한 예에 불과했다. 경쟁 구도는 커져 갔고 갈등은 전면적으로 확대되었으니, 그것이 1914년에 시작된 제1차 세계대전이었다.

독일은 오스트리아-헝가리 제국 그리고 이슬람 왕조인 오스만 제국을 끌어들여 영국과 프랑스에 도전하였다. 당시 러시아와 일본은 영국·프랑스 편을 들었으며, '유럽의 문제는 유럽이 알아서 해야 한다'라고 생각했던 미국은 초기에는 중립을 지켰다. 하지만 전쟁 도중 미국은 영국과 프랑스를 지원했고 전쟁의 최종적인 승자가 되었다. 같은 시기 중국 역시 연합국이 되었다.

제1차 세계대전은 역사상 유례가 없는 사건이었다. 무엇보다 전쟁의 양상이 달라졌다. 개전 초기 독일은 프랑스를 쉽게 제압할 수 있다고 생각했다. 하지만 프랑스는 독일을 막기 위해 참호를 만들었다. 전선에는 한없이 길게 파놓은 참호와 각종 방해물이 세워졌고 당시 대포와 소총만으로 무장한 독일군은 이를 뚫을 수가 없었다. 솜 전투에서는 첫날에만 1만 9,000명의 전사자가 발생하였고 사상자가 6만여 명에 달했다. 솜 전투가 끝날 무렵 영국군의 사상자는 무려 42만 명이었다. 지독한 참호전이 시작된 것이다.

참호를 어떻게 돌파할 것인가. 영국에서 최초로 탱크가 개발되었고, 각국에서 다양한 형태의 탱크를 만들어 전선에 투입했다. 비슷한 시기 비행기가 전투에 도입되어 공중전이 시작되었다. 폭격이라는 개념도 이때 처음 등장했고 세균전도 시도되었다. 총력전의 시대가 시작된 것이다. 전쟁 비용은 한없이 올라갔고 후방에서는 여성 노동자들이 군수산업을 유지하였다. 후방 군수기지를 파괴하기 위해 폭격기를 개발하면서 민간인 사상자가 유례없는 수준으로 증가했다. 대량 학살의 시대가 시작된 것이다.

러시아혁명과 사회주의 국가의 탄생, 제1차 세계대전과 총력전 체제. 20세기 초반 인류는 한 번도 가보지 않은 극히 위험한 길로 나아갔다.

중국,
다시 대륙을 통일하다

국공합작, 북벌 그리고 국민정부

신해혁명과 5·4운동 그리고 신문화운동과 중국공산당. 20세기 현대 중국은 숱한 어려움에도 불구하고 조선처럼 식민지가 되지 않았으며, 다시 한번 급격한 변화를 겪게 된다. 시작은 쑨원과 레닌의 만남이었다. 레닌은 쑨원을 후원함으로써 중국에 사회주의에 대한 영향력을 강화하고자 했고, 쑨원은 레닌의 지원을 통해 중국을 통일할 수 있는 강력한 정부를 만들고자 하였다.

그 결과 소련은 쑨원이 이끌던 광둥 정부에 이오페(Adolf Ioffe)를 파견, 국민당과 중국공산당의 합작을 도모하였고 쑨원은 '연아용공(聯俄容共)', 즉 소련과 연합하고 공산주의를 받아들이고자 했다.

1차 국공합작 결렬

국공합작. 쑨원은 공산당원들이 당적을 유지한 채 국민당에 들어오도록 허락하였고 소련은 군사 교관과 정치고문, 무기와 자금을 지원하였다. 미하일 보로딘(Mikhail Markovich Borodin)이 파견되어 국민당 개조 작업을 지원했고, 갈렌이 군사 훈련을 지원하는 등 40여 명의 전문가가 파견되었다. 쑨원은 장제스를 소련에 파견하였다. 3개월간의 연수를 마치고 돌아온 장제스는 황푸군관학교를 만들었다. 이곳에서는 중국인뿐 아니라 조선인들도 훈련을 받았다. 국공합작을 통해 광둥 정부를 강력하게 만든 쑨원은 이듬해에 세상을 등지고 만다. 하지만 국민당에는 여러 후계자가 있었다. 왕징웨이가 국가 주석, 장제스는 국민혁명군 총사령관. 장교 6,000명, 사병 8만 5,000명으로 구성된 국민혁명군은 북벌을 결정한다. '군벌들을 몰아내고 중국을 통일하여 강력한 근대 국가를 만들겠다.' 쑨원이 평생을 갈망해온 꿈이 비로소 현실화된 것이다.

북벌은 그야말로 파죽지세였다. 1926년 우한·난징·푸저우 등을 점령했고, 1927년에는 상하이·난징에 진출하여 9개월 만에 중국 남부 전체를 장악하였다. 이 와중에 국민당과 공산당의 갈등이 격화된다. 애초에 쑨원의 리더십으로 결속된 불완전한 연대 아니었던가. 장제스는 누구보다 빠르게 행동했다. 그는 국민당의 보수파들을 포섭하였으며 난징과 상하이를 점령함으로써 막대한 부와 권력을 손에 넣게 된다. 그는 난징 정부를 세웠으며 공산당을 몰아내고 국민당만으로 국가를 운영하고자 했다. 공산당은 반발하였으며 폭동을 일으켰지만 단번에 제압되고 만다.

1927년 여름 1차 국공합작은 완전히 결렬되었다. 패배한 공산당은 뿔뿔이 흩어져서 새로운 근거지를 찾았고, 장제스는 국민당 내의 경쟁에서 승리를 거두며 쑨원의 후계자로서 지위를 구축한다. 그리고 북벌을 재개하여 여러 군벌을 물리치거나 흡수하면서 1928년 베이징을 점령하여 북벌을 완성한다. 이제 장제스가 이끄는, 난징에 수도를 둔 국민정부의 역사가 시작된 것이다.

난징 국민정부 10년 그리고 마오쩌둥의 등장

북벌 도중 많은 군벌을 패퇴시켰고, 일부는 국민당에 합류했다. 하지만 북벌은 완전하지 못했다. 국민당 내의 파벌투쟁은 격렬했고, 여전히 군벌은 막강한 힘을 갖고 있었다.

싸움은 비교적 선명하게 진행되었다. 펑위샹, 옌시산, 리쭝런 등 군벌 세력은 국민당의 지도자 왕징웨이와 연합하여 반장제스운동을 펼쳤으며, 이들은 난징이 아닌 베이징에 새로운 정부를 만들고자 하였다. 이 때문에 중원대전(1930)이 일어났다. 총 100만 명 이상의 부대를 동원하여 30여만의 사상자가 날 정도의 격렬한 전쟁을 벌였다. 결과는 장제스의 승리. 장제스와 국민정부는 더욱 강력해졌다.

광둥에 정부를 다시 세워 장제스와 국민정부를 몰아내려는 시도도 있었다. 후한민, 쑨커, 왕징웨이 등이 주도했고 리쭝런 같은 군벌이 가세하였다. 하지만 이 싸움에서도 장제스가 승리를 거두게 된다. 이런 식의 싸움은 끊임없이 일어났고, 여러 위기에도 불구하고 장제스가 최종적인 승리를 거두었으며, 장제스는 막강한 권력을 손에 쥐게 된다.

정쟁은 격렬했지만 북벌 이후 통일된 중국은 과거와는 다르게 성장하고 있었다. 국민정부는 미국과 관세조약을 맺으면서 관세자주권을 회복하는 데 성공한다. 불평등조약이 개선되기 시작한 것이다. 화폐 개혁에 성공하면서 안정적인 통화 정책을 운영할 수 있었고, 난징과 상하이를 비롯하여 주요 해안가 도시에서는 공장이 번성하고 산업이 성장하기 시작하였다. 그럼에도 한계는 여실했다. 여전히 중국의 대부분은 농촌이었다. 하지만 토지개혁 같은 농민들을 위한 과감한 정책은 추진되지 않았고 여전히 대부분의 농민은 지주의 횡포와 경제적 어려움에 내몰려 있었다. 산업 발전 역시 장제스 일가가 주도하면서 자본의 독점화 현상도 심각해졌다. 장제스의 권위는 한없이 높아졌고 쑨원이 꿈꾸었던 삼민주의는 구호로 외쳐질 뿐 실현되지 않았다.

이 와중에 마오쩌둥이 등장한다. 그는 중국공산당의 창립 멤버였지만 주목받지 못했다. 하지만 국공합작이 붕괴된 후 오직 마오쩌둥만이 국민당에 대항하는 효과적인 전략을 구사하게 된다. 국민정부가 도시를 기반으로 한다면 마오쩌둥의 중국공산당은 농촌을 대안으로 여겼다. 마오쩌둥은 후난성과 장시성의 접경지대인 징강산에 정착하여 소비에트를 조직하였다. 국민당군에 정면으로 맞서기보다는 유격전술을 펼쳤고, 토지개혁을 단행하여 농민들의 지지를 확보하였다. 1930년 기준 15곳에 해방구를 건설했고, 6만여 명의 홍군을 조직했으며, 총기도 3만 정 이상을 확보한다. 수년 만에 일구어낸 엄청난 성과였다.

이때부터 장제스는 마오쩌둥을 주목한다. 파벌투쟁과 군벌전쟁이 마무리되기도 했고, 무엇보다 마오쩌둥의 중국공산당이 무시 못 할 세력으로 커졌기 때문이다. 1930년에서 1934년까지 장제스는 다섯 차례에 걸쳐 포위 섬멸전을 진행한다. 당시 마오쩌둥은 내부적으로도 위기를 겪고 있었다. 공산당 내 라이벌들이 급부상하는 마오쩌둥을 집중적으로 공격했기 때문이다. 마오쩌둥은 격리되었고 당내 회의에도 참석하지 못했다. 하지만 국민당의 포위 공격이 진행되었고 공산당 전체가 기존의 근거지를 버리고 탈출을 해야만 하는 상황으로 내몰렸다.

일치항일과 2차 국공합작

대장정. 공산당은 1년여에 걸쳐 목적 없는 행군을 시작해야 했다. 국민당 군대의 끝없는 포위 공격, 중국에서 가장 후미지고 거친 지형들을 돌파해야만 하는 고충, 소수민족들의 위협과 저항, 대설산을 맨몸으로 넘어야 했고 먹을 거라곤 아무것도 없는 초원 지대를 걸어서 통과해야 했다. 18개의 산맥과 17개의 강을 건너야 하는 고난의 행군. 루이진에서 탈출하여 옌안에 도착하는 동안 10만여 명 인원은 1만 명 이하로 줄어들었다. 그럼에도 대장정은 성공하였다. 공산당은 국민당의 추격을 물리쳤고 마오쩌둥은 살아남았다. 대장정을 통해 마오쩌둥은 당내에서 확고한 지배권을 가지게 되었고 민중 사이에서는 '불사조'라고 불리며 장제스에 버금가는 인물로 조명되었다.

국민당과 공산당의 갈등, 장제스와 마오쩌둥의 싸움은 일본의 침략으로 멈추게 된다. 1931년 만주사변에 이어 1937년 중일전쟁이 시작되었기 때문이다. 일치항일. 국민당과 공산당은 모두 협력하여 항일전쟁에 나서야 한다는 것이 당시 중국인들의 보편적인 정서였다. 우여곡절 끝에 장제스와 마오쩌둥은 결단을 내렸다. 2차 국공합작을 통해 일본과의 전면전을 벌이기로 합의한 것이다. 수년간의 갈등을 뒤로하고 또다시 연합전선이 만들어졌다. 1차 국공합작의 목적이 분열된 중국의 통일과 군벌 정권의 종식이었다면, 2차 국공합작은 타이완과 조선 그리고 만주마저 집어삼킨 전쟁 국가 일본과의 싸움이었다.

1937년 7월 7일 기회를 엿보던 일본이 움직였다. 베이징 교회의 루거우차오에서 총소리가 울리면서 전쟁이 시작된 것이다. 일본의 화력은 압도적이었다. 일본 육군은 화북 지방의 주요 거점을 단숨에 빼앗았고 해군은 상하이와 광둥 등 해안 도시를 포위 공격하였다. 상하이 전투, 난징 수호전에서 패배한 국민정부는 충칭으로 근거지를 옮겨 항전을 이어갔다. 마오쩌둥과 공산당은 주로 화북 지역에서 일본군의 배후를 노렸다. 과거 국민당군과 싸울 때 그러했듯, 이번에도 유격전은 효과적이었다.

뒤늦게 영국과 미국이 중국을 지원하였다. 1939년 이후 일본이 항복하기까지 미국은 5회에 걸쳐 총 6억 2,000만 달러, 영국은 5,800만 파운드를 지원하였다. 미국산 무기가 국민당군의 손에 쥐여지고, 1942년 서양 열강이 중국과 맺은 불평등조약은 모두 폐지된다. 제2차 세계대전에서 프랑스가 독일에 패배하고 일본이 태평양전쟁을 일으키자 미국은 중국과 손을 잡았다. 중국은 '연합국 공동선언'에 참여하며 미국, 영국, 소련과 함께 4대국으로 격상되었다. 불과 십수 년 전만 하더라도 상상도 하지 못할 극진한 대우였다. 전쟁 국가 일본의 폭주는 중국에 말 못 할 시련을 안겼지만, 그만큼 중국은 새로운 기회를 통해 청나라 말기나 군벌시대와는 비교조차 할 수 없는 당당한 국민국가이자 동아시아의 주도국가로 거듭났다.

24강

학살이 자행되다

난징대학살 그리고 관동대학살

다이쇼 데모
조선인들이 우물에 독을 탔다! 조선인들이 일본인들을 죽이고 다닌다!
조선인이 사람인가?
조선인을 학살하다!
대지진도 모조리 조선인 탓이다! 그냥 그 녀석들에게 분을 풀자!

시아크완 부두에서는 시체가 거대한 산을 이루고 있는 것이 어슴푸레 보인다. 50~100명에 이르는 사람들이 시체를 끌어내려 양쯔강에 던지고 있다. 시체들은 피로 흠뻑 젖어 있었고 목숨이 붙어 있는 몇몇은 사지를 뒤틀며 신음하고 있다. … 방파제에는 진흙탕이 달빛을 받아 반짝인다. 그런데 그것은 진흙이 아니라 피였다. … 잠시 후 쿨리(중국인 노동자)들이 시체 끌어내리는 일을 끝내자 군인들이 이들을 강가에 일렬로 세운다. 타-타-타! 기관총 소리가 들린다. … 강물이 이들을 집어삼켰다. … 일본인 장교는 여기서 처형된 사람이 2만 명 정도일 것이라고 추정했다.

특파원 이마이 마사타케의 글이다.

여성들은 가장 고통을 겪었다. 나이가 많든 적든, 그들은 강간의 위협에서 피할 수 없었다. … 잡혀 온 여자들은 15~20명 정도의 군인들에게 할

당되어 능욕당했다.

당시 난징에 주둔했던 114사단 다코코로 코조의 회상이다.

강간할 때는 여자로 보였지만, 죽일 때는 사람이 아니라 돼지로 보였다.

난징대학살, 그 폭력의 실체

난징대학살. 1937년 12월 수도 난징을 수호하던 국민당 군대가 물러나고 일본군이 이곳을 점령하였다. 그리고 3개월간 약 30만 명의 사람들이 끔찍한 희생을 당하게 된다. 어림잡아도 수만 명의 사람들이 살해를 당했고, 수만 명의 여성이 겁탈을 당했으며 돌이킬 수 없는 상처를 입었다.

피해자 대부분은 남자들이었다. 도망치지 못한 국민당 군인들이 민간인 안전구역으로 피신하였고, 일본군이 이들을 색출하는 과정에서 끔찍한 살육전이 벌어졌다. 일본군은 포로를 남기지 않고 국민당군의 기세를 완전히 꺾어놓기 위해 참혹한 학살극을 벌였다. 상하이 전투 등에서 어려움을 겪었기 때문에 보복에 굶주려 있었는지도 모른다.

해를 넘겨 2월까지 난징에서 일본군은 온갖 끔찍한 행동을 저질렀다. 일본군 장교들은 남성 포로들을 줄 세워 칼로 목을 자르기도 했다. 쉬지 않고 몇 명의 목을 자르느냐가 경쟁처럼 번졌고, 연일 신문 지상에서 화제가 되는 세상. 민간인 여성은 일본군의 성 노리개가 되었다. 차마 입에 담기조차 어려운 증언들이 넘쳐났다. 산 채로 묻기, 사지 절단하기, 불태우기, 동사시키기, 사나운 개의 먹이로 주기, 가슴이나 목까지 파묻은 후에 밖으로 드러난 부분을 칼로 자르거나 탱크를 몰고 지나가기. 바늘로 입과 눈을 비롯한 전신을 찌르는 놀이를 벌이기도 하였다.

적게는 2만, 많게는 8만 명의 여성이 강간을 당했다. 강간의 결과는 지옥 같았다. 임신한 여성은 아이가 태어나면 목을 졸라 죽이거나 물에 빠뜨려 죽이기도 했다. 어느 독일 외교관이 말했듯 '셀 수 없이 많은' 중국 여성이 양쯔강에서 자살했다. 도대체 일본군은 왜 이런 만행을 저질렀을까?

다이쇼 데모크라시의 명과 암

시간을 거슬러 올라갈 필요가 있다. 다이쇼 데모크라시. 일본은 메이지 천황(明治天皇, 1852~1912)이 죽은 후 다이쇼 천황(大正天皇, 1879~1926)이 뒤를 잇는다. 다이쇼 천황의 치세는 짧았다. 그는 병치레가 잦은 유약한 천황이었고 병세가 깊어지던 1920년대 중반 아들 히로히토(裕仁), 즉 쇼와 천황(昭和天皇, 1901~1989)에게 권력을 넘긴다. 공교롭게도 다이쇼 천황이 집권하던 기간에 일본의 민주주의가 발전하였다. '데모크라시'라는 말이 상징하듯 일본의 자유주의, 민주주의가 꽃을 피우며 의회정치가 시작되었고 기독교 사회주의, 아나키즘, 사회주의, 페미니즘 등 다양하고 진보적인 사상이 활발하던 기간이었다. 다이쇼 천황은 1920년대에 물러났지만 다이쇼 데모크라시의 여파는 1930년대 초반까지 계속되었다.

1913년 일본에서는 입헌동지회와 정우회라는 양당 체제가 만들어진다. 그 덕에 정당 운동이 활발해졌다. 정우회, 헌정회, 혁신구락부 등 호헌 3파에 의해 호헌운동이 진행되었고 1924년에는 호헌 3파의 연립내각이 만들어졌다. 이후에는 입헌민정당과 정우회가 정쟁을 벌였는데, 입헌민정당은 정우회보다 자유주의적이었으며 보통선거권에 대해서도 개방적이었다. 민주주의 없는 근대화가 메이지유신의 특징이었다면 비로소 1920년대에 정당운동을 통해 변화가 시작된 것이다.

1918년 집권한 하라 다카시 내각은 투표 자격 기준을 낮췄고, 이에 따라 인구의 5%인 300만 남성에게 투표권이 주어졌다. 뒤를 이어 가토 다카아키 내각 때 성인 남자를 대상으로 하는 보통선거법(1925)이 만들어졌다. 공적 부조를 받지 않는 만 25세 이상의 모든 남성에게 선거권이 부여된 것이다.

이 시기 일본에서는 사회국이 설치됐고 건강보험법, 공장법 개정안 등이 마련되었다. 중간 규모 이상의 모든 기업에 건강보험조합을 설치하거나 정부가 관리하는 건강보험에 노동자들이 가입하는 것을 의무화했다. 공장법 또한 개선되면서 노동자의 사망·상해 시 급부금, 질병수당의 증액이 이루어지기도 했다. 노동조합에 법적 지위를 부여하는 법률, 노동쟁의조정법, 치안경찰법의 반조합규정 삭제 또한 이루어졌다.

이 시기를 대표하는 인물이 도쿄 제국대학 정치학 교수인 요시노 사쿠조(吉野作造)이다. 그는 의회민주주의를 제창하며 입헌주의와 내각책임제를 실현코자 했고, 식민지 조선과 중국 문제에 대해서 온정주의적 태도를 취하였다. 요시노 사쿠조가 참여했던 여명회는 3·1운동 발발 직후인 3월 19일에 조선인 독립운동가 7명을 초대하여 강연회를 열었고, 6월에는 일본의 진보적 지식인들과 함께 일본의 조선 지배를 공개 비판하였다. 당시 대한민국 임시정부 인사 여운형이 일본을 공식 방문했는데, 요시노 사쿠조는 그와 만난 자리에서 일본의 제국주의 정책을 격렬히 비판하였다.

"조선의 회복을 도모하는 것은 일본인이든 조선인이든 중국인이든 보편적으로 시인할 수밖에 없는 도덕적 입장이다.""일본, 조선 두 민족이 진정으로 일치하고 제휴해야 할 새로운 경지를 발견하는 것"이 자신의 입장이라고 공개적으로 천명하기도 했다. 요시노 사쿠조는 중국의 5·4운동에 대해서도 우호적이었다.

일본공산당도 이때 등장한다. 야마카와 히토시, 아라하타 간손, 후쿠모토 가즈오 등이 주도하여 2,000~3,000명 규모의 정당이 만들어졌다. 노동절 집회도 이때 처음 시도되었고 적기를 걸고 노동자 계급의 해방을 호소하는 집회가 열리기도 했다.

페미니즘도 이 시기에 등장하였다. 다카무레 이쓰에는 고대 일본 사회를 모계사회로 해석했고 결혼제도가 여성을 파멸로 이끈다고 보았다. 그녀는 아나키즘을 기초로 새로운 사회 부양 시스템을 촉구했다. 요사노 아키코는 여성 해방을 민족을 뛰어넘는 세계시민적 관점에서 접근했고, 야마카와 기쿠에는 사회주의를 기반으로 페미니즘을 받아들였다. 그녀는 '무산(無産) 여성'이 계급과 성 역할에서 이중적인 억압을 당하고 있다고 주장하였다.

하지만 한계는 뚜렷했고 민주주의의 기틀은 여전히 미약했다. 고위 관료들의 막후 정치는 계속되었고, 엘리트 계급이었던 정치인들은 폐쇄적인 골프클럽을 운영하면서 우의를 다졌으며, 자기들끼리 혼인 관계를 구축했다. '암살'도 빈번했다. 개혁적이었던 하라 다카시 총리가 암살을 당했고 쇼와 천황을 암살하려는 시도도 있었다.

더구나 1925년 치안유지법이 제정되면서 진보적인 변화에 제동이 걸리게 된다. 일본 정부는 천황제나 사유재산을 부정하는 운동, 즉 사회주의를 탄압하기 위한 법을 만들었다. 1928년에는 일본공산당원 1,600여 명을 검거했고, 그중 500여 명을 기소한다. 다음 해에는 700여 명을 검거하였고 탄압의 강도를 한층 높였다. 경찰은 여성운동가이며 작가인 이토 노에와 그의 애인, 조카를 살해했으며 노동조합 지도자 히라사와 게이시 외 9명의 노동운동가를 죽이기도 했다. 치안 유지를 명목으로 거센 탄압이 일어난 것이다.

유언비어로 시작된
관동대학살

그리고 다이쇼 데모크라시의 전성기인 1923년 9월 1일, 도쿄를 비롯하여 간토 지역에 대지진이 발생한다. 일명 '관동대지진'이 일어난 것이다. 사망자만 10여만 명. 도쿄 일대에서는 지진으로 전신시설이 무너지면서 대규모 화재가 일어났다. 대부분의 가옥이 여전히 나무로 지어졌는데 합선과 누전으로 발화된 불길이 가옥으로 옮겨붙으면서 인명 피해가 커졌다.

대지진이 발생하자 오후 1시 10분경 비상경계령이 내려졌고, 오후 2시 경시청의 출병 요구로 주요 지점과 건물에 군이 투입되었다. 오후 8시 반 이후 위수사령관이 별궁에 진입하는 등 계엄령 체제로 들어가는데 이즈음에 '조선인 방화설'을 비롯한 악성 유언비어가 돌기 시작한다. 악성 유언비어는 누가 퍼뜨렸을까? 연구에 따르면 자연발생설과 유포설로 나뉜다. 자연발생설은 유언비어의 발생 지점이 도쿄, 요코하마, 가와사키 등 산발적이고 유언비어 간 연속성도 없어서 일본 민중이 자발적으로 시작했다는 입장이다. 후자는 계엄군과 경찰이 '조선인 방화설', '조선인 봉기설'을 주장하며 '사회주의자들과 결탁한 조선인' 혹은 '사회주의자 조선인'들에 대한 경각심을 높이는 과정에서 등장했다는 입장이다.

어느 것이 결정적인 원인이 됐건 중요한 사실은 관동대지진 발생 이후 정부 당국, 군부, 경찰은 물론이고 재향군인회를 비롯하여 민간인들이 조직한 자경단에 의해 무시무시한 학살이 일어났다는 점이다.

9월 1일 … 8시경 일본인들은 해일이 오고 있다며 큰 소동을 일으켰는데, 10시경이 되자 갑자기 주위가 떠들썩해지고 소방단, 청년단과 중학생들까지 함께 와서 우리의 신체검사를 시작했다. 검사를 하면서 '만약에 작은 칼 한 자루만 나와도 죽을 줄 알라'라며 우리를 위협했다. … 12시 경이 되자 다리 쪽에서 심한 총소리가 들려왔다. … 우리는 비에 젖은 채로 온밤을 꼬박 새웠다. 4시 반경. … 쇠갈고리를 손에 든 소방단 8명이 우리가 있는 곳에 와서 … 목숨은 살려주겠다. … 이곳에 있으면 죽을 거야. … 우리는 이곳에서 처음으로 조선인 학살 사실을 알았다. 자경단은 날이 밝자 조선인이라고 판단되면 닥치는 대로 갈고리와 일본도로 학살하기 시작했다. … 다리 근처에 이르자 그곳에는 사체가 발 디딜 틈도 없이 가득 차 있었고, 다리 양쪽도 사체로 뒤덮여 있었다. 모두 조선인이 학살당한 사체였다.

당시 현장에 있었던 조인승의 증언이다. 일본 정부는 상황을 악화시켰다. 경찰들이 메가폰을 들고 경고문을 나눠주며 떠들어댔고 군인들도 통신체계를 이용해 유언비어를 공유하였다. 유언비어가 점점 사실이 되어갔다. 지진으로 폐허가 된 미쓰코시 백화점은 조선인이 폭탄을 던져 파괴됐다는 내용으로 둔갑하였고 이 내용 또한 전국으로 퍼져 나갔다.

그리고 군인들의 조선인 학살이 시작되었다. "9월 2일 이와나미 소위가 병사를 지휘하여 조선인 200명을 죽임." 당시 제1연대 제6중대 병사였던 구보노 시게지(久保野茂次)의 일기 내용이다. 야중포 제1연대 '진재(震災) 경비를 위해 병기를 사용한 사건조사표'에는 당시가 자세히 묘사되어 있다.

- 일시: 9월 3일 오후 4시경
- 장소: 에이타이바시 부근
- 군대 관계자: 야중 제1연대 제2중대 특무조장 시마자키 기마케
- 병기 피사용자: 조선인 약 32명

- 처치: 사살
- 행동 개요: … 조선인 … 17명도 갑자기 … 뛰어들기에 … 순사들의 요청에 따라 실탄 17발을 강물을 향해 쏘았음. 강물로 뛰어들지 못하고 도망치려 한 자는 다수의 피난민과 경관에게 타살됐음.

- 일시: 9월 3일 오후 4시경
- 장소: 오시마초 마루하치바시 부근
- 군대 관계자: 야중 제1연대 제3중대 마쓰야마 중위
- 병기 피사용자: 조선인 6명
- 처지: 사살
- 행동 개요: … 조선인 6명을 찾아내는데 … 폭탄 비슷한 물건들을 가지고 있었음. … 사격하여 사살한 것임.

기병연대 병사였던 에추우야 리이치는 '관동대지진의 회상'이라는 기록을 통해 당시의 상황을 자세히 회고했다.

> … 사람과 말이 전시 무장을 갖추고 … 2일분의 식량과 말먹이, 예비 말굽까지 휴대하고 실탄은 60발, 장교는 자기 집에서 가져온 진짜 칼로 지휘, 호령을 했기 때문에 마치 전쟁터에 나가는 기분이었다! … 장교는 칼을 뽑아 들고 열차의 안팎을 조사하며 돌아다녔다. … 조선인은 모두 끌어내렸다. 그리고 바로 칼날과 총검 아래 차례차례 거꾸러졌다. 일본인 피난민 가운데서 구름처럼 퍼져 나오는 만세, 환호의 소리! 원수! 조선인은 모두 죽여라! … 우리 연대는 … '피의 잔치'를 시작으로 하여 그날 저녁부터 밤중까지 본격적인 조선인 사냥을 했다.

자경단, 즉 민간인들이 스스로 만든 임시조직 또한 살벌했다. 자경단을 주도한 이들은 주로 '재향군인회'였다. 청일전쟁(1894), 러일전쟁(1904), 시베리아 출병(1918) 등 전쟁을 체험한 노병들이 행동에 나선 것이다.

> … 장작불 위로 4, 5명의 남자들이 조선인의 손과 발을 큰대자로 움직이지 못하도록 잡고서 태웠습니다. 불에 구워버린 것이지요. 불에 타자 피부가 다갈색이 됐습니다.

> … 잡힌 조선인 24명을 13명 한 무리와 11명 한 무리로 하여 철삿줄로 묶은 후 갈고리로 쳐 죽여 바다에 던져넣어 버렸다. 아직 숨이 붙어 있는 자가 있어서 다시 갈고리로 머리를 찍었는데….

위의 내용은 혼조 오쿠라바시 부근에서 목격된 일로 〈가호쿠신보(河北新報)〉에 실린 기사이다. 이 내용은 당시 열 살의 나이에 사건을 목격했던 다카세 요시오가 60년 후에 쓴 '이 눈으로 본 조선인 학살'을 통해 다시 한번 다루어졌다. 심지어 요코하마에서는 죄수를 석방하여 조선인을 살해하도록 했다.

대지진이라는 특수 상황. 일본 정부는 국민들의 불만이 폭동으로 번질까 봐 두려워했다. 희생양이 필요했던 것이다. 일본 민중도 마찬가지였다. 가혹한 자연재해 앞에 분노를 쏟아낼 제물이 필요했던 것이다. 정부와 국민의 필요. 이들은 스스로 유언비어를 만들었고 유언비어를 사실이라 믿었으며 그로 인해 심한 공포에 떨었다. 그리고 공포감을 떨치고자 엄청난 살해극에 동참했던 것이다. 식민지 조선인에 대한 무시와 모멸감이 바탕이었음은 두말할 나위가 없다.

대학살이 마무리된 후에도 끔찍한 일은 연이어 일어났다. 나라시노 수용소가 대표적이었다. 조선인 보호를 명분으로 300여 명의 조선인 노동자를 이곳에 머물게 했는데, 일본 정부는 이들에게 거리에 넘쳐나는 시체를 치우라고 명령했다. 혼조 피복제조장은 지진 직후 돌풍까지 몰아쳐 무려 3만 8,000여 명이 불에 타죽었는데 조선인들이 이를 치워야 했다. 박춘금, 이기동 같은 친일파들은 이를 기회로 여겨 '무료 봉사'라는 명분으로 조선인을 동원하는 데 동참했다.

다이쇼 데모크라시라는 일본 민주주의 최초의 전성기는 결국 일본인들만의 것. 그곳에 조선인은 없었으며 요시노 사쿠조 같은 이들의 입장은 소수에 불과했다. 더구나 일제는 급진적인 활동에 강경한 입장을 보였으며 대지진 당시에도 사회주의자들과 조선인을 위험군으로 규정하고 엄청난 폭압을 저질렀다. 그 직접적 결과는 엄청나게 많은 사람의 비통스러운 죽음이었다. 죽음밖에 없을까? 아니다. 위험천만한 행동을 합리화하기 위한 일본인들의 정신적 위기는 1930년대 이후 계속된다. 그리고 그러한 결과로 앞서 말했던 난징대학살이 있었던 것이다. 민주주의 실험이 실패로 끝난 1930년대 전쟁 국가 일본을 주목해야 하는 이유가 바로 이 때문이다.

25강

파멸을 향해 질주하다

군국주의 국가 일본

군국주의 일본 파멸하다!
미국
해군은 항공모함 중심으로 업그레이드
태평양전선에서 400만 이상 동원
미드웨이 해전 승!
과달카날 전투 승!
진주만 폭격!
필리핀 - 사이판
- 괌 - 하와이로 이어지는
미국의 태평양 방위선을
파괴하라!

1930년대 일본의 우경화 경향은 심각했다. 다이쇼 데모크라시 시대의 자유주의적이고 급진적인 분위기에 반발하면서 대정적심단, 황도의회, 대일본국수회, 적화방지단, 대일본정의단 등 극우 단체가 연이어 만들어졌다. 이후에도 유존사, 행지사, 건국회 같은 단체가 만들어졌고 이시와라 간지(石原莞爾), 기타 잇키(北一輝) 같은 극우 사상가들이 등장하였다.

극우 사상가이자 군인이기도 했던 이시와라 간지는 '세계 최종 전쟁론'이라는 독특한 주장을 펼쳤다. 제1차 세계대전 이후 잠시 평화가 왔지만 조만간 세계전쟁이 일어날 것이다. 그 결과 소련, 미국, 일본만 남을 것이고 미국은 소련과의 사투 끝에 승리를 거둘 것이다. 즉, 최종적인 전쟁은 미국과 일본의 싸움이 될 것으로 보았다. 이시와라 간지의 사상은 일본 군부에 큰 영향을 미쳤고 그로 인해 만주사변이 일어난다.

1931년 9월 18일 군부는 독자적으로 군사작전을 추진하였다. 관동군이 류탸오후 사건, 즉 펑톈 외곽의 류탸오후에서 만주철도 폭파 자작극을 벌이며 만주를 향해 진격하였다. 며칠 후 하야시 센주로 조선군 사령관 역시 혼성 제 39여단 병사 1만여 명을 이끌고 압록강을 넘어 북진하였다. 군부의 독단적 행동으로 내각은 붕괴됐고, 애초에 이 계획을 반대했다는 쇼와 천황은 상황의 조속한 수습을 전제로 군부의 결정을 승인하였다. 사실 메이지 헌법은 군부의 통솔권을 천황으로 규정하였기에 헌법상으로 군부는 내각의 통제를 받지 않는다. 하지만 실제로는 내각의 지휘를 받아왔는데 1930년대 극우화 경향이 이를 무력화한 것이다. 만주사변의 주모자였던 혼조 시게루는 시종무관장이 되는 등 천황의 측근이 됐고, 이시와라 간지 역시 참모본부 작전부장으로 승진하여 출세 가도를 달렸다.

극우 사상은 다양한 방식으로 표출되었다. 극우파 역사학자들은 일본, 조선, 만주, 몽골이 퉁구스족 계열이라는 '일만(日滿)동족설'을 주장하였다. 만주는 일본과 조선의 민족 발상지이며 한반도, 일본 열도는 물론이고 시베리아, 터키, 북극 등으로 민족이 갈라져 나갔다고 보았다. 이들은 만주에 사는 다양한 부족이 모두 일본계라고 주장하면서 중국을 적대시했다. 또한 고구려와 발해가 일본의 조공국이었다는 점도 강조했다.

중일전쟁 전야

1933년 오사카에서는 고스톱 사건이 일어났다. 신호등이 생긴 지 얼마 안 되던 때 육군 보병 나카무라 마사카즈(中村政一)가 무단 횡단을 하다가 교통계 경찰 도다 다다오(戸田忠夫)와 다툼을 벌인다. 사건은 고위 관료들의 갈등으로 번졌다. 이세키 다카마사(井関隆昌) 참모장은 오사카부 지사와 경찰서장에게 공식

사과를 요구하였고, 오사카부 경찰부장 아와야 센키치(粟屋仙吉)가 이에 맞섰다. 대화를 정리해보면 아래와 같다.

> 아와야: 군인이건 민간인이건 거리에 나왔을 때는 시민의 한 사람으로서 순사의 명령에 따라야 한다.
>
> 이세키: 군인은 언제 어디서나 폐하의 군인이니 거리에 나와도 치외법권적인 존재다!

비슷한 시기 군부에서도 고위 장교 간에 격론이 벌어졌다. 오바타 도시로(小畑敏四郎)와 나가타 데쓰잔(永田鉄山)의 논쟁이 그것이다. 오바타 도시로는 일본 최대의 위협을 소련으로 보았다. 이에 비해 나가타 데쓰잔은 중국과의 대결을 강조하였다.

> 오바타: 극동 소련군이 강해지기 전에 기회를 봐서 소련군을 격파해두자. … 중국, 미국이나 영국과는 싸움을 벌이지 말아야 한다.
>
> 나가타: 소련을 건드리면 전면전이 되어버린다. … 만주사변의 전과를 확대하여 … 중국을 단번에 처리하는 것이 긴요하다. … 중국의 자원을 이용하여 일본의 국력을 증진시켜 소련에 맞서야 할 것이다.

오바타와 나가타의 설전은 1933년 육군 전략전술 비밀회의 당시의 일이다. 오바타는 '예방전쟁론'을, 나가타는 '중국일격론'을 주장하였다. 소련을 무너뜨리자는 주장과 중국을 무너뜨리자는 주장의 충돌. 전쟁은 예정된 수순이고, 침략이 곧 자위권 행사라는 전제하에 이루어진 대화였다.

이 시기 일본의 군대 문화는 급속도로 변해갔다. 상징적인 사건은 '군도(軍

刀’의 변화였다. 러일전쟁(1904) 이후 일본군은 육군 복제를 확립하였고 이에 따라 서양식 군도를 사용했다. 펜싱 검처럼 손잡이 부분이 쇠로 감싸져 있고 디자인도 단순했다. 군도는 상징에 불과했기 때문에 병기라고 생각하지도 않았다. 하지만 극우화 경향이 군부에 널리 퍼지면서 군도의 모양이 바뀌게 된다. 군인들은 스스로를 천황의 군대, 즉 황군이라고 불렀고 군도 또한 가마쿠라 말기의 태도형(太刀形)으로 바뀌었다. 손잡이 부분에 장식이 없는 전통적인 일본도가 군도가 된 것이다. 국가 차원에서 ‘일본도단련회’가 조직되었고 패전 직전까지 8,100자루의 ‘야스쿠니도’가 만들어지기도 했다. 관동대학살은 물론이고 난징대학살에서도 일본도는 민간인 학살의 도구가 되었다.

이 뜨거운 극우적 열정이 문제를 일으켰다. 1935년 8월 12일, 육군성의 군무국장실에서 아이자와 사부로 중좌가 군도로 나가타 데쓰잔 소장을 처단한 것이다. 이듬해인 1936년 2월 26일 아이자와의 뜻을 계승하자는 황도파 청년 군인 수천 명이 반란을 일으킨다. 야스히데 중위 등 300명은 오카다 게이스케 총리를 습격, 야마모토 마타 등 150명은 육군대신 관저 점거, 보병 제3연대 150명은 스즈키 간타로 시종장 관저를 습격, 사카이 다다시 중위 등 150명은 사이토 마코토 내대신 사저를 습격, 다카하시 다로와 야스다 유타카 소위 등은 30명을 데리고 와타나베 조타로 교육총감 사저를 습격, 노나카 시로 대위 등 400명은 경시청을 점거, 근위보병 제3연대를 비롯한 100여 명은 고레키요 대장대신의 사저를 습격 등등. 극우 사상가 기타 잇키의 영향을 받은 젊은 장교들이 황도파를 조직한 후 거사를 일으킨 것이다.

천황은 격분하였고 고위 장교가 중심이 된 통제파가 상황을 수습하였다. 천황과 통제파는 황도파의 원대 복귀를 명령하였고 천황에게 절대적이었던 황도파는 천황의 생각이 자신들과 다르다는 것을 알게 되자 허무할 정도로 쉽게 진압되었다. 황도파의 몰락은 극우파의 몰락을 의미했을까?

그렇지 않았다. 사건이 진정된 후 히로타 고키 내각이 들어서는데 이때부터 군부가 내각마저 장악하게 된다. 고위 장교 중심의 통제파 역시 극우파에 영향을 받았기 때문이다. 육군 통제파는 해군의 군령부와 공동으로 '북수남진(北守南進) 정책', 즉 소련의 진출을 대비하며 북방을 수호하고 남쪽으로 진출한다는 침략 정책에 합의하였고 독일과 방공협정을 체결하는 등 전쟁 준비에 박차를 가했다. 1930년대 후반 민주주의의 실패와 극우파의 갈등을 넘어 군국주의로 무장한 전쟁 국가 일본이 등장한 것이다.

태평양전쟁으로 멸망에 이르다

극우파와 군국주의자. 1937년 중일전쟁은 극단적으로 변해간 일본 제국주의의 결과였다.

> 전투를 할 때 가장 재밌는 것은 약탈인데, 상관도 제일선에서는 보고도 못 본 척하니 마음 내키는 대로 약탈을 하는 자도 있었다. 어느 중대장은 "볼일이 다 끝났으면 문제가 일어나지 않도록 돈을 쥐여주든지 아니면 귀찮은 일이 벌어질지도 모르니 그냥 죽이도록 해라"라며 몰래 강간을 한 뒤의 처리 방식까지 가르쳐주었다. 전쟁에 참가한 군인을 하나하나 조사했더니 모두 강도 살인, 강도 강간의 범죄자들뿐이었다.

육군성 '비밀문서 제404호'에 나오는 내용이다. 하지만 전투에서의 승리가 실효적 지배를 보장해주지는 않았다. 중일전쟁이 한창인 1939년에 만주 서북부에서 노몬한(할힌골) 사건이 터졌다. 일본 관동군과 소련군이 충돌한 것이다. 싸움은 일방적이었다. 소련군은 전차, 중포, 비행기 등 첨단 무기로 공격하였고 일본군은 백병전으로 대응하면서 피해가 커졌다. 수색 제23연대장 이오키 중좌 자결, 제8국경수비대장 하세베 중위 자결, 보병 64연대장 야마가타 대좌 자결, 야포 13연대장 이세 대위 자결, 보병 62연대장 사카이 자결, 보병 71연대장 오카모토 대좌 자결. 수많은 지휘관이 자결하였고 5만 8,925명 중 1만 9,768명이 죽거나 다치는 등 일본의 처참한 패배였다.

예상보다 소련군은 강력했고 중일전쟁 또한 계속되었다. 전투에서는 이겼지만, 중국의 격렬한 저항으로 실효적인 지배가 불가능했다. 그럼에도 일본은 동남아시아를 쳐들어간다. 1939년 유럽에서 제2차 세계대전이 발발했기 때문이다. 독일이 프랑스와 네덜란드를 점령했고 베트남을 비롯한 인도차이나반도와 인도네시아의 섬들은 주인을 잃었다. 미국은 경고했다. 전선을 동남아시아로 확대할 경우 철강과 석유에 대한 금수 조치를 단행하겠다는 것이다. 그럼에도 일본은 동남아시아에 군대를 파견한다. 나름대로 방안이 있었다. 단기 결전. 진주만을 포격하여 미국의 아시아 개입을 차단하고자 했다. 진주만 기습작전으로 미국의 태평양함대가 파괴되었고, 일본군이 빠르게 남하하자 필리핀에 머물던 맥아더와 미군 역시 호주로 도망칠 수밖에 없었다.

하지만 이후의 상황은 반대로 흘러갔다. 미국은 일본과 독일을 상대로 선전포고를 했고 태평양과 대서양에서 장기전을 시작하였다. 1942년 들어 전세가 바뀌기 시작했다. 6월 5일부터 7일까지 벌어진 미드웨이 해전, 8월 7일부터 이듬해 2월 7일까지 전개된 과달카날 전투를 통해 미국은 확실한 승기를 잡게 된다. 일본은 미국이 하와이에서 오스트레일리아까지의 수송로를 확보할 것으로 예상했다. 따라서 미국의 항공모함을 공격하기 위한 미드웨이 작전을 실행한다. 일본 항공모함 4척과 미국 항공모함 3척의 싸움이었다. 이 해전에서 일본은 항공모함이 전멸하고 전투기 300대가 바다에 가라앉는 등 크게 패배한다.

그리고 과달카날 전투. 태평양전쟁은 항공모함과 비행기를 활용한 전쟁이었다. 공중전에서는 비행 거리에 제한이 있기 때문에 주변 섬을 점령하여 전투기의 활동 범위를 넓히고자 했다. 항공모함과 섬을 이용해 넓은 지역을 관할하며 전투기가 제공권을 장악하는 작전이었다. 일본은 마리아나제도, 즉 사이판섬, 테니안섬, 괌섬을 근거지로 삼았다. 그러려면 트라크섬이 있는 캐롤라인제도를 장악해야 하고, 캐롤라인제도를 지키려면 라바울을 지켜야 했다. 섬과 섬 그리고 항공모함과 비행기를 잇는 기나긴 방위선이 만들어진 것이다.

일본과 미국은 호주 북부 솔로몬제도 근처의 과달카날섬에서 충돌하였다. 일본 해군은 전함을 포함하여 함정 24척, 3만 483톤이 침몰당하고 전투기 893기가 격퇴되었으며 탑승원 2,362명이 전사했다. 육군 역시 3만 3,600여 명 중 8,200명이 전사했고 영양실조나 질병으로 1만여 명이 죽었다. 미국도 전함 24척, 2만 6,240톤이 침몰했고 육군 6만여 명 중 사상자가 7,000명이나 발생하였다. 5개월간의 치열한 대격전. 결국은 미국이 승리를 거두었다.

이때부터 일본의 전황은 악화되기만 했다. 이오지마를 비롯하여 수많은 전투에서 일본군은 격렬하게 저항했으나 미군은 압도적인 군사력과 뛰어난 작전 수행으로 대부분의 전투에서 승리를 거두었다.

일본은 후퇴를 반복할 뿐이었고 이 와중에 끔찍한 일을 벌인다. 가미카제(カミカゼ). 전투기나 어뢰를 개조한 후 자살특공대를 편성하여 미군 전함에 달려들었다. 싸움에 패배할 때는 항복하지 않고 옥쇄(玉碎), 자결을 선택하였다. 군인은 물론이고 현지인들에게도 강요했다. 사이판, 오키나와 등 곳곳에서 집단 자살이 벌어졌고 오키나와에서는 무려 10만이 희생되기도 했다. 미군이 상륙하기 전에 마을 사람들 모두가 동굴 같은 곳에 모여 집단 자살을 시도하였다. 마을의 지도자가 자신의 아내를 죽이는 것을 시작으로 남편이 아내와 자식을, 동네 사람들이 서로를 죽이는 참담한 비극이 발생한 것이다. 천황을 위한 명예로운 죽음. 일제는 끊임없이 이를 주입했고 군국주의에 물든 천황의 군대는 자살을 명예로 여겼다.

　하지만 시간이 흐를수록 전세는 기울었고, 필리핀을 비롯한 동남아시아 지역의 일본군은 궤멸되고 있었다. 오키나와까지 밀고 온 미군은 도쿄대공습을 감행하였고, 미군이 쏜 소이탄이 도쿄 시내를 불태웠다. 전쟁이 막바지에 도달한 것이다. 그럼에도 일본은 고집스러웠다. 본토 결전을 주장했으며, 식민지 조선 또한 포기하지 않았다.

광기로 얼룩지다

강제 징용

1. 폭력!
일단 맞고 시작
3. 전투 강요!
나무총 들고
미군과 싸워!
2. 사고!
위험한 곳일수록
조선인으로
징용
4. 학살!
맘에 안 들면 죽여!
징용의 현실

군국주의의 발흥과 전쟁. 일본 제국주의의 극단적 흐름은 조선 민중의 고통으로 이어졌다. 전쟁을 수행하기 위해 국가총동원법을 발동하였고 식민지 조선인들을 대규모로 강제 동원했으니 말이다.

내각을 장악한 일본 군부는 전쟁을 수행하는 데 필요한 인력과 물자 목록을 조선 총독부에 하달하였고 총독부는 인력 공출(징용)과 물자 동원을 총괄하였다. 경찰은 물론이고 군청 및 면사무소 직원, 심지어 철도청과 소방서 직원까지 동원되어 전쟁을 뒷받침하였다.

강제 동원은 합법적인 탈을 쓰고 진행되었다. 앞서 이야기했듯 국가총동원법이 포고되었고 해외 징용에 대해서는 좋은 조건이 제시되었다. 높은 임금과 좋은 근무 환경 등이 선전되었다. 일종의 취업 사기였던 셈이다. 강제 징용 초기에는 취업 사기가 많았다. 좋은 일자리를 알선해준다는 명목으로 사람들을 모았고, 그와는 정반대의 노동 현장에 조선인들을 내몰았다. 일단 동원이 되고 나면 돌아오기는 불가능했다. 강제성이 분명했던 것이다. 전쟁 막바지가 되면

말 그대로 사람들을 강제로 끌고 가서 일을 시켰다. 각종 산업시설에 끌고 가 방공호를 파거나 군복을 만들게 하는 등 강제 징용은 광범위하게 이루어졌다.

강제 동원 과정은 불합리하기 그지없었다. 징용 과정에서 발생하는 소요 비용을 조선인들에게 떠넘겼다. 뱃삯, 배 안에서 먹은 식사 대금, 지급된 옷값, 현지에 도착하여 작업장에서 사용하게 되는 기본적인 도구들까지 모든 비용을 강제로 끌려온 조선인들이 감당해야 했다. '선대금'이라는 명목으로 빚을 지운 것이다.

1938년부터 1945년 해방 직전까지 정말로 많은 사람이 고통을 당했다. 해외로 끌려간 사람들도 많았고, 국내에서 강제 노동을 한 이들도 부지기수였다. 해외로 강제 동원된 인원은 200여만 명으로 추정되며 국내 강제 노동은 600~700만 명에 이른다는 공식 자료가 존재한다. 강제 동원된 조선인들은 금속광산, 토목 공사장, 군수공장, 항만운수 공사장, 집단농장 등에 배치됐고 대부분 단순하고 고된 육체노동을 하였다. 탄광에서는 90% 이상이 갱내에서 광부로 일했고, 제강소에서는 용광로에 배치되었다.

생활 환경은 끔찍했다. 도망가지 못하도록 숙소의 창문에는 격자가 끼워져 있었고 셰퍼드를 풀어 감시했다. 천장에서는 물이 새고 바닥에는 썩은 다다미가 깔려 있었다. 난로에서 나오는 연기와 그을음으로 벽과 천장이 온통 검댕투성이였다. 화장실이나 목욕탕의 형편은 차마 말하기가 민망할 정도였는데, 목욕탕 물이 얼마나 더러웠던지 '된장국'이라고 불렀다. 식사도 형편없었다. 콩깻묵 찌꺼기에 극소량의 쌀을 섞은 밥에 소금국과 약간의 채소, 약간의 생선 그리고 단무지. 마실 물도 항상 부족했다.

통상 월급은 50엔 정도였다. 하지만 이미 할당된 빚에 매일 들어가는 식비, 숙박비, 퇴직적립금, 후생연금보험, 기타 온갖 강제저축과 강제헌금 등을 원천공제했다. 그러다 보니 매월 3~5엔 정도의 용돈만도 못한 전표가 지급되었다. 이 또한 현금으로 바꿔준다는 증표에 불과했다.

징용의 3대 현실

해외로 강제 동원을 당했던 사람들은 어디로 끌려갔을까? 일본이 가장 많았고 일본이 점령한 모든 지역이 대상이었다. 일본 본토와 중국 그리고 동남아시아와 오늘날 미크로네시아로 부르는 남양군도가 모두 포함되었다.

강제 노동, 강제 징용의 현실은 어땠을까? 첫째, 무차별 구타가 일상적이었다. 지역을 막론하고 현장에서 첫 번째로 벌어지는 일은 구타였다. 공통된 증언이 작업장에 도착하자마자 '맞는다'였다. 반 죽여놓고 시작하겠다는 심보였는지 징용으로 끌려간 모든 곳에서 무차별 폭력이 자행됐다. 폭력은 계속되었다. 일을 못한다고 때렸고 탈출을 시도했을 경우에는 끝까지 쫓아가서 붙잡아와 폭력을 행사했다. 가족에 대한 위협도 일상적이었다. 신원을 파악하고 있기 때문에 도주할 경우 조선의 가족들에게 보복하겠다고 겁을 준 것이다.

일본 자료를 보면 1945년 기준으로 후쿠오카에는 총 55개 탄광에 약 17만 명의 조선인이 있었다. 노동 강도와 구타, 폭력이 매우 심각했기 때문에 조선인들의 탈출이 이어졌고 열악한 작업 환경 때문에 해마다 700명 이상의 사망자가 나왔다. 나가사키현 앞바다에는 하시마 탄광이 있었다. '지옥섬'이라고 불리는 곳이었는데 섬 모양이 군함과 닮았다고 해서 '군함도'로 알려지기도 했다. 이곳은 해저 탄광이어서 습도가 높았고 갱도가 좁아서 몹시 더울 뿐 아니라 유독가스도 수시로 분출되었다. 광부들은 거의 몸을 눕히다시피 해서 탄을 캐야 했다고 한다. 탈출하고 싶어도 물살이 워낙 세서 성공한 예가 없다고 할 정도였다. 탈출을 시도하다가 물살에 휩쓸려 죽거나 막장 간부들에게 붙잡혀 매질을 당해 죽는 경우도 많았다.

지바 가나가와현에는 일본강관주식회사가 있었다. 이곳에서는 8,000명에 가까운 조선인들이 일했다. 경상남도 창녕 출신 김경석은 형을 대신하여 왔다가 근무 중 구타를 당해 평생 불구로 지내야 했다. 간부들만 때린 것이 아니었다. 어느 날 일본 형사가 찾아와서 '집에 가고 싶으냐'고 물어보자 '그렇다'고 고개를 끄덕거린 사람들을 경찰서로 끌고 가 구타했다는 증언도 있다.

둘째, 사고로 인한 사망이 흔했다. 조선인들은 주로 낙후된 현장에 배치됐기 때문에 사고가 많을 수밖에 없었다. 사고가 일어나도 신속한 구조작업이 어려웠고 구조작업 자체를 꺼리기도 했다. 중국 최남단 하이난섬에서는 1,000명 정도가 돌아오지 못했다. 영양실조, 전염병, 풍토병으로 죽어갔기 때문이다. "풍토병에 걸린 조선인들은 공기 주사를 놓아서 죽게 하고, 이들을 불태웠다." 현지 중국인들의 증언이다.

나가노현에는 마쓰시로 대본영이라는 지하 요새가 있다. 패망이 가까워지자 총사령부를 옮기기 위해 만든 거대한 지하시설이다. 도쿄의 황궁을 비롯하여 정부기관에서 방송국까지 중앙 행정조직 전체를 이전하고자 한 것이다. 이곳의 공사를 하기 위해 조선인들이 동원되었는데 발파와 낙반 사고가 많았고 영양실조로 인한 죽음 또한 흔했다. 2,000여 명의 조선인 노동자를 가둔 상태로 굴을 폐쇄하여 죽였다는 이야기, 조선인 유해를 흙과 섞어서 도쿄의 도로공사 자재로 사용했다는 이야기가 전해질 정도였다.

야마구치현 조세 탄광에서는 수몰 사건이 일어났다. 1942년 오전 10시 탄광의 본갱이 수압을 이기지 못하고 무너지면서 183명의 조선인 노동자가 갱에 갇혔다. 해저 막장이었기 때문에 버팀목을 제대로 설치했어야 하는데, 채탄량을 높이기 위해 버팀목을 마구 빼버리고 위험한 조업을 했기에 사건이 터진 것이다. 이미 일주일 전부터 갱도에 물이 새는 등 위험이 감지됐다. 문제는 사고가 일어났는데 구조작업을 하지 않았다는 것이다. 사람들이 갇혀 있음에도 막장을 막아버렸을 뿐 어떤 조치도 취하지 않았다. 단지 채탄작업을 계속하기 위해 다른 막장을 팠다.

셋째, 조선인들에 대한 분풀이식 학살이 일어났다. 특히 전쟁 말기에 심해졌다. 사할린에서는 소련과 조선인들이 내통했다는 유언비어가 광범위하게 유포되었다. 그로 인해 1945년 해방 직후인 8월 20일경 가미시스카(현 러시아령 사할린 레오니도보) 사건이 발발하였다. 가미시스카에서 일본이 후퇴하면서 18명의 조선인을 파출소에 감금하였고 경찰이 이들을 모두 죽인 후 시체를 불태우는 만행을 벌인 것이다. 같은 시기 미즈호(현 러시아령 포자르스코예) 사건도 있었다. 미즈호 마을은 250호 정도의 작은 규모였는데 이곳에서는 조선인들이 소작인으로 일하거나 토목공사 인부로 살았다. 그런데 같은 마을에서 살던 일본인들에 의해 27명의 조선인이 몰살당했다. 전쟁 막바지 소련군이 밀려오는 상황이었는데 성인은 물론 서너 살짜리 어린아이들, 포대에 업힌 갓난아이까지 모조리 일본인들에게 죽임을 당한 것이다.

남양군도로 끌려간 이들과 포로감시원들

비극은 다양한 형태로 반복되었고 억울한 죽음은 도처에 널려 있었다. 일본이 오랫동안 지배했던 남양군도에도 강제 동원은 이어졌다. 원래 이곳은 풍남산업, 남양흥발 등 일본 회사들이 진출하여 카사바, 사탕수수 등을 재배하여 설탕과 다양한 공업 원료를 재배하던 곳이었다. 전쟁이 일어나자 1939년부터 1940년 사이에 1,266명의 조선인이 이곳에 동원되었다. 데려오기 전에는 좋은 조건을 내세웠다. 10년만 일하면 1호당 4정보의 토지를 준다는 약속으로 가난한 농민들을 꾀었다. 하루 12시간 일하면 일한 만큼 임금과 수당을 지급하고 가족도 동반할 수 있다는 일종의 노동 이민을 권유한 것이다.

실상은 정반대였다. 약속은 지켜지지 않았고 고향으로 송금하려던 돈도 가로챘다. 섭씨 40도가 넘는 폭염 가운데 장시간 노동하고도 1943년 기준으로 조선인 평균 월급은 31원에 불과했다. 그 가운데 3분의 1은 강제 저축으로 뜯겼고, 나머지는 전표로 받았기 때문에 지정된 가게에서만 소비할 수 있었다. 당시 전표 사용 내역을 보면 34%가 약값이었다.

얼마 후 태평양전쟁(1941~1945)이 본격화되자 이들은 곧바로 군속, 즉 전쟁 수행을 돕는 노동자로 징발되었다. 또한 조선에서 새롭게 강제 징용된 조선인 군속들이 몰려들었다. 합법적인 노동 이민과 전쟁기 강제 징용이 뒤섞이며 모두가 징용자가 돼버린 것이다. 정확한 인원을 파악하기가 쉽지 않은데 태평양과 동남아 지역에는 5만 명 이상이 동원됐고 그중 절반 정도가 돌아왔다고 추정된다. 남양군도에서는 아마도 5,000명가량이 강제 징용에 동원되었고 그중 절반이 희생된 것으로 추정된다.

요구는 점점 심각해졌다. 미군이 상륙하자 폭약을 메고 미군 탱크로 들어가서 자폭을 하라고 요구했고 목검을 주면서 탱크를 막으라고 하는 등 끔찍한 일이 벌어졌다. 1942년 마셜제도의 밀리 환초 내 첼퐁섬에서 반란이 일어났다. 환초는 산호섬이 띠처럼 늘어선 곳을 말한다. 일본군은 이 섬들에 인원을 분산, 배치하였다. 그중 하나인 첼퐁섬에서 어느 날 일본군이 조선인 노동자들에게 고래 고기를 먹이는 사건이 발생한다. 당시 이 지역은 미군에 의해 보급이 차단된 상태였기 때문에 1년 가까이 굶주림에 시달리고 있었다. 그런데 조선인 군속이 종종 사라졌고 발견된 시체에는 살이 뜯겨나간 흔적이 있었다. 조선인 노동자들은 극도의 공포감에 휩싸였고 제공된 고래 고기를 인육이라고 생각하였다. 이들은 반란을 일으킨 후 일본군 여럿을 죽였으나 인근 섬에서 진압 부대가 밀려들었다. 결국 일을 주도했던 대여섯 명은 다이너마이트로 자살하였고 체포된 17명은 총살을 당하였다.

베트남, 필리핀, 인도네시아 등 동남아시아의 상황은 또 달랐다. 이곳에는 약 26만 명의 연합군 포로가 있었기 때문에 이들을 관리할 포로감시원이 필요했다. 그래서 조선인들을 데려왔다. 전투 지역은 50원, 비전투 지역은 30원을 지급한다는 조건에 수천 명의 조선인이 동원된 것이다. 이들 중 상당수는 징병이나 징용을 피하기 위한 방편으로, 더구나 포로감시원을 관리직이라고 생각하고 왔다.

하지만 기대와는 전혀 달랐다. 포로감시원들은 부산 노구치 부대에서 군사훈련을 받아야 했는데 '맞는 것도 훈련'이라면서 서로 따귀를 때리게 했고, 기강을 잡는다고 일본군 구두 밑창을 핥게도 했다. 무엇보다 포로감시원은 감시일만 하는 것이 아니었다. 포로를 감시하는 동시에 하루 15시간 동안 포로들과 함께 중노동을 해야 했다. 일본군의 매질과 학대 또한 대단했다.

태면철도는 일본군이 인도네시아를 점령하기 위해 만든 철도로 '버마철도'로도 불렸다. 400킬로미터가 넘는 구간인데 원래 공사 계획은 5년이었지만 이를 1년 4개월 만에 완공하라는 지시가 내려온다. 공사에 동원된 연합군 포로와 조선인 노동자는 4만 3,000명이었다. 하루 평균 100여 명이 사망했고, 공사기간에 동원 인력의 절반이 죽었다. 무리한 공사가 불러온 참극이었다.

일본이 패전하자 조선인 포로감시원은 일본군과 함께 동남아 포로수용소에 갇히게 된다. 이들은 광복의 기쁨을 누리지 못했다. 오행석의 예처럼, 개중에는 포로들을 잘 대해주어 풀려난 경우도 있었다. 하지만 그런 일은 극히 예외적이었다. 재판을 거치지 않고 '손가락 재판', 즉 연합군 병사들이 손가락으로 감시원을 지목하여 즉결 처분하는 경우가 속출했기 때문이다.

더구나 일본군 장교들은 책임을 떠넘기기 위해 포로 학대를 감시 역할을 한 조선인들의 문제로 몰아갔다. 시모무라 테이 육군대신이 1945년 9월 17일 '연합군 포로에 관한 응답 요령'을 정식으로 하달하면서 "포로 학대는 … 조선인과 타이완인의 자질 문제"라고 규정하였다. 재판장에 선 일본군 장교들 역시 자신의 명령으로 일어난 일이 아니며 조선인들이 워낙 성격이 포악해서 포로를 학대했다고 증언하였다. 그 결과 극동국제군사재판에서 조선인 포로감시원 20명이 사형선고를 받는다. 전체 전범 3,016명 중 무려 129명이 조선인 포로감시원이었다.

동남아시아에 포로감시원만 있었던 것은 아니다. 이곳에 끌려온 조선인은 1만 8,000명 정도로 추정된다. 이들은 비행장이나 항만·토목 건설 현장에 동원되거나 일본군 보급 활동에 배치되었고, 전쟁이 격화되자 총알받이로 사용되었다. 남양군도에서처럼 폭탄을 지고 돌격하거나 목검을 들고 탱크를 막으라는 명령을 받았다.

사할린,
이중 징용의 비극

사할린은 홋카이도 북부에 있는 섬이다. 워낙 추운 곳이기 때문에 사람이 살지 않았다. 홋카이도 원주민 아이누인은 '자작나무가 많은 곳'이라고 불렀고, 러시아인들은 이곳에 노예형을 선고받은 죄수들을 보냈기 때문에 '악마의 섬'이라고 불렀다.

일본은 러일전쟁(1904) 이후 사할린 남부를 지배하였다. 이곳에는 1938년 당시 약 7,600명의 조선인이 살았다. 이 지역에서 생산된 역청탄, 무연탄이 질이 좋았기 때문에 일자리가 많았다. 대우 또한 괜찮았기 때문에 조선인들의 이주가 이어졌다. 하지만 중일전쟁이 일어나면서 강제 징용을 통해 약 3만 명의 조선인이 사할린으로 몰려들었고 이미 정착한 이들 또한 징용자 취급을 당했다. 이들은 탄광, 벌목장뿐 아니라 비행장, 철도, 도로 등의 건설 현장에도 동원되었다.

사할린에서는 속칭 '이중 징용'의 비극이 일어난다. 전쟁이 장기화되면서 해상 운송에 문제가 생겼다. 미군의 공격으로 일본 선박의 운항이 점점 줄어들었고 배 자체도 귀해진 것이다. 어쩔 수 없이 일본은 사할린이 아닌 본토에서 석탄을 생산하고자 한다. 이에 따라 사할린에 있던 노동자 3,191명을 일본 본토로 전환 배치를 했다. 이들은 3,598명의 가족을 남겨둔 채 본토로 올 수밖에 없었다. 가족은 추후에 보내주겠다고 약속했지만 지켜지지 않았다. 남자들은 일본 본토에, 가족은 사할린에 나뉘게 된 것이다.

그런데 일본이 태평양전쟁에서 패배하면서 문제가 심각해졌다. 사할린 전체를 소련이 점령했고 6·25전쟁이 터지면서 한반도도 분단되었다. 이렇게 되니 사할린에 남은 가족은 일본으로 건너간 가장을 만나지 못하고, 고향이 한반도 남쪽인 사람들은 고향으로 돌아가지 못하게 되었다. 사할린에 남겨진 사람 중 상당수는 어린 자식을 둔 젊은 여성들이었다. 이들은 생활고에 굶어 죽거나 어쩔 수 없이 재혼을 해야만 했다. 패망 후 일본은 조선인을 외국인으로 규정하여 사할린 교포를 외면했고, 러시아인들은 조선인을 박대했다. 더구나 북한, 만주, 중앙아시아 등에서 파견된 노동자들과의 갈등까지 일어났다. 수십 년에 걸친 고초를 겪게 된 것이다.

전쟁 특수를 누린 일본 재벌들

강제 동원과 관련해서 오해하거나 놓치는 부분이 있다. 우선 '강제'라는 단어에 집착하면서 물리적 억압성만을 강제 동원으로 해석하는 경우이다. 앞에서 말했듯 초기 징용의 형태는 취업 사기 형식이 많았고, 후기로 갈수록 강제성이 짙어졌다. 취업 사기의 경우 강제성이 없었을까? 그렇지 않다. 징용 현장은 폭력으로 얼룩졌으며, 취업을 포기하고 집으로 돌아올 수 있는 자유 따위는 허락되지 않았다.

더불어 강제 동원을 통해 누가 이득을 보았느냐를 따져볼 필요가 있다. 대부분 징용 이야기가 나오면 끔찍한 사건·사고에 매몰된다. 하지만 강제 동원은 일제 입장에서는 전쟁 수행을 위한 치밀한 정책의 일환이었고, 정부와 군을 비롯한 모든 행정력이 총동원된 사업이었다. 그리고 그렇게 이루어진 대규모의 노동력은 결국 일본 재벌의 사업을 확장하는 데 쓰였다.

일본 재벌들에게 전쟁은 엄청난 특수였다. 전쟁은 군부와 재벌의 결탁을 낳았고 이들은 전시 경제를 통해 어마어마한 이윤을 벌어들였다. 미쓰비시는 앞에서 이야기했던 군함도의 하시마 탄광을 운영했고, 나가사키 조선소에 수천 명의 조선인 노동자를 동원하였다. 이들 대부분은 원자폭탄(1945)에 희생당했다.

미쓰이 또한 대단했다. 미쓰이는 우익 세력 및 군부와 유착했으며, 우익 사상가 기타 잇키에게 매년 2만 엔을 기부하였다. 그 덕분인지 미쓰이 최고경영자 이케다 시게아키는 1937년 일본은행 총재, 1938년 대장상 겸 상공상으로 입각했다. 국가총동원법 이후 미쓰이는 재빠르게 움직였다. 시바우라전기, 도요고압공업, 토요타자동차, 일만알루미늄, 일본제강 등 다양한 사업 부문에 진출했으며 군수산업에 적극적으로 참여하였다. 1944년 기준으로 미쓰이 계열의 탄광에서만 최소 3만 3,000명의 조선인 노동자가 일했다는 기록이 있는데, 실제로는 6만여 명이 강제 동원되었을 것으로 추정된다.

현재 일본 자민당의 대표적인 우익이자 총리를 역임한 아소 다로(麻生太郎)의 가문은 후쿠오카 일대에서 대를 이어 아소광업을 운영했다. 아소광업이 운영했던 요시쿠마 탄광 근처에서 공사하는 도중에 사람 뼈가 나왔다. 1985년의 일인데 유골을 수습해보니 총 504명이었고 그중 연고가 확인되지 않은 450명은 조선인으로 파악되었다. 아소탄광은 혹독한 노무 관리로 유명했다. 숙소 주변에는 3미터 높이의 판자벽과 철조망이 쳐져 있었고 감독들은 총을 차고 다녔다.

조선인들의 도주 시도도 많았는데, 당시 동네 신사의 신주이던 하야시 도라지(林寅治)가 이를 안타깝게 여겨 조선인들을 도왔다. 부상을 치료해주고, 오사카로 도망갈 수 있도록 기차표를 구해주거나 시모노세키에서 부산으로 가는 배표를 끊어주기도 했다. 무려 400여 명을 살렸다고 하는데 1943년 경찰에 발각되어 고문을 당했고 그 후유증으로 47세의 나이로 죽는다. 아소탄광은 현재 고급 골프장을 운영하는 아소기업으로 발전했고 일본 정계의 실력자들과 깊은 관계를 맺으며 정계에 막강한 영향력을 행사하고 있다. 조선인 노동자들을 도왔던 하야시 도라지의 아들 하야시 에이다이(林榮代)는 논픽션 작가로 활동하면서 일본의 전쟁범죄를 고발하는 작업을 계속하다가 2017년에 세상을 떴다.

전쟁 특수를 누린 기업은 그들만이 아니었다. 스미토모, 후지코시(不二越), 일본제철, 도와홀딩스 그리고 단일 기업으로는 최대 규모로 홋카이도에서 무려 3만 3,000명을 동원한 북해도탄광기선까지. 전쟁은 누군가에게는 끔찍한 고통을 안기는 한편, 누군가에게는 엄청난 돈을 벌어다 주었다.

전쟁은
여성을 비켜 가지 않았다

일본군 위안부

전쟁은 여성을 비켜 가지 않았다. 일본군 위안부, 수많은 여성이 성노예가 되어 일본군 점령지를 배회했기 때문이다. 기록에 따르면 상하이사변(1932) 당시 이미 일본 해군이 위안소를 설치했다. 위안소는 위안부가 모여 생활하는 곳을 말한다. 상하이 파견군 오카무라 야스지(岡村寧次) 참모부장의 회상, 상하이 총영사관이 작성한 '쇼와 13년(1938) 재류 일본인 특종 부녀자의 상황 및 단속, 그리고 조계 당국의 사창 단속 상황', '해군 위안소 작부'가 되기 위해 떠난 조선인 여성 2명의 '도항증명서'에 관한 아카마쓰 후쿠오카현 지사 보고(후쿠오카현 하치반 경찰서) 등을 통해 확인할 수 있다. 하지만 본격적인 동원은 중일전쟁 이후인 1938년부터 1945년 사이로 추정하고 있다.

조직적인 강제 동원

여성 강제 동원은 조직적으로 이루어졌다. 대표적인 자료가 '군 위안소 종업부 등 모집에 관한 건(육군성 부관통첩, 1938. 3. 4)'인데, 내용은 아래와 같다.

> 모집에 임하는 사람을 잘못 선정하여 이로 인해 모집 방법이 유괴와 같아 경찰 당국에 검거되어 취조를 받는 자가 나오는 등, 주의를 필요로 하는 사항이 적지 않으므로 장래에는 위안부 모집에서 파견군이 통제하고 이를 맡길 인물 선정을 주도면밀하게 하며, 그 실시는 관계 지방의 헌병이나 경찰 당국과 연계를 긴밀히 하고, 이에 의해 군의 위신 유지상, 그리고 사회문제상 유감없도록 배려할 것을 명령에 의거해 통첩한다.

이 문서는 우메즈 요시지로(梅津美治郎) 육군차관이 결재했다. 그는 이후 참모총장이 되었고 태평양전쟁에 패했을 때 미국 미주리 전함에서 일본 대표로 항복 문서에 서명한 인물이다. 위안부와 관련된 문서에는 고위 관료들이 등장한다. 상하이사변 당시 위안소 설치에 관계했던 상하이 파견군 참모부장 오카무라는 이후 중국 파견군 총사령관이 되었고, 고급참모 오카베는 북부중국방면군 사령관이 된다. 위안소 설치를 직접 관할한 나가미 중좌는 55사단장이 되었고, 난징 위안소 설치를 관할한 조이사무 중좌는 32군 참모장으로 오키나와에 부임했으며, 후저우 위안소 설치를 관할한 10군 데라다 참모는 기갑본부장이 되었다. 위안부는 보통 배로 이송했는데 군용선이 사용되었다. 당시 동남아시아나 태평양 지역으로 항해하는 배는 모두 육군성이 관할했다. 해군에서는 위안부를 '특요원'으로 불렀고 직접 관리했다. '셀레베스 민정부 제2복원반원 복원에 관한 건 보고(1946. 6)'를 보면 셀레베스(현 술라웨시)섬 남부에 인도네시아인 위안부 281명이 있었으며 해군 장교가 세 곳에서 위안소를 직영 감독했다는 내용이 나온다. 또한 위안부의 식료, 의복, 침구, 식기, 수도료 그리고 사용인의 급료 등 일체를 부대가 감독했다.

동원된 일본군 위안부의 숫자는 정확히 알 수 없다. 몇 가지 발굴된 문서를 통해 추산해볼 수 있는데, 예를 들어 '고역사역에 관한 건' 같은 문서를 보면 병사 29명당 1명 정도로 계산하고 있다. 이 문서는 일본 석탄통제회 동부지부장과 관련되어 발굴되었는데, 도야마현의 후쿠키 항만회사 등에서 쓰인 유사한 문서들 또한 일본군 20~30명당 1인의 위안부를 산정하고 있다. 또한 위안소, 즉 일본군 위안부들이 생활했던 공간은 사실상 일본군이 주둔했던 모든 곳에 들어섰다는 사실이 최근 입증되기도 했다. 이러한 상황을 바탕으로 추정했을 때 최소 수만에서 20만의 인원이 일본군 위안부로 강제 동원되었다는 사실을 알 수 있다. 단기 동원 또한 간과해서는 안 된다. 필리핀 위안부 46명의 기소장을 확인해보면 수일간에서 1개월 정도가 18명, 2개월에서 6개월이 15명, 8개월에서 1년 이상이 10명이었고, 2년을 넘는 경우가 없었다. 단기적인 성폭력과 장기적인 성폭력을 구분해서 이해할 필요가 있는데, 단기적인 성폭력을 고려하면 예상보다 훨씬 많은 사람이 피해를 당했을 수 있다.

여성들을 이토록 대규모로 동원한 사례를 찾기는 쉽지 않다. 왜 그랬을까? 강간 문제 때문이었다. 상하이사변 당시 군인에 의한 강간 사건이 발생했고, 이를 방지하고자 나가사키현 지사에게 요청하여 '위안부단'을 불렀다고 한다. 군대가 점령지에 주둔하면서 일으키는 고질적인 문제를 해소하고 싶었던 것이다.

또한 성병 문제를 해결하고자 했다. 성병 문제는 생각보다 심각했다. 1918년 시베리아 출병 당시 일본군은 약 2년간 성병 환자가 1,109명이나 발생하였다. 당시 전사자와 비슷한 수준이었다. 사할린에 파견한 헌병대에서도 환자 331명 중 33명이 성병 환자였다. 군부대 인근에는 성매매 여성들이 많았고 이들을 '가라유키상'이라고 불렀다. 이들이 대부분 성병 보균자였기 때문에 문제가 커진 것이다. 성병에 걸리지 않되 강간도 줄이고 군인들의 성욕도 해결하는 방법. 일본군 위안부가 탄생하게 된 배경이다. 정부와 군이 직접 관할하고 민간업자를 적절히 통제하면서 성병이 없는 일반 여성을 강제로 동원하는 체제를 만든 것이다.

위안부 동원과 위안소 관리는 조직적이었다. 전쟁 말기를 제외하고는 위안부 모집 과정에서 헌병이나 경찰이 직접 나서는 경우는 거의 없었다. 헌병 혹은 경찰이 민간업자를 모집하고, 민간업자를 활용하여 위안부를 모았다. 민간업자는 군이나 영사관이 발행한 허가증 혹은 경찰이 발행한 증명서를 가지고 활동했다. 위안소 설치 역시 민간업자가 마음대로 할 수 없었다. 동원 방식은 징용과 유사했다. "병사를 상대하는 식당에서 일한다", "일본 군대를 따라다니며 물건을 판매한다", "요리점의 여급이나 하녀로 일한다", "해군 수병이나 사관을 상대하는 카페에서 일한다" 식이 흔했다. 타지에서 일해야 하는 만큼 높은 급료를 보장했다. 취업 사기가 주를 이루었지만, 강제로 납치하거나 군인들이 직접 동원하는 경우도 있었다.

저마다 다른 이유로 끌려가다

끌려간 여성들은 조선인만이 아니었다. 타이완, 만주, 중국, 필리핀을 비롯한 동남아시아. 일본군의 점령 지역이 확대될수록 위안부 또한 늘어났다. 일본인 여성들이 끌려오기도 했다.

어떤 여성들이 일본군 위안부가 되었을까? 경제적으로 취약한 계층이 주를 이루었다. 결손 가정이거나 불화가 심한 집안의 자녀들도 많았고, 배움과 출세 욕구 때문이기도 했다. 이용수는 일본인 남자가 '빨간 원피스와 구두'를 보여주자 따라갈 결심을 했다. 오오목은 아버지는 몸져누워 있었고 어머니가 영세한 채소 가게를 운영하는 집의 딸이었다. 여복실은 일곱 살 때 어머니가 사망한 이후 아버지마저 병들자 여동생을 돌보며 마을 사람들이 나눠주는 음식으로 연명하던 소녀였다. 진경팽은 아버지가 동네 머슴이었는데 일찍 사망했고 오빠도 머슴이었다. 그래서 어머니가 일을 해서 가족을 먹여 살렸다. 배족간은 열두 살에 어머니가 재혼하면서 계부와 어머니에게 학대를 당했다. 이상옥은 학교에 다니는 것을 가족이 방해했다. 오빠가 죽이겠다고 협박하기도 했다. 그 때문에 가출하여 작은어머니 집에서 얹혀살면서 몇 년간 학교에 다녔으나 작은어머니조차 반대하자 다시 가출을 했다. 이득남 역시 학교에 다니는 것을 부친이 반대하고 집안일 때문에 그만둘 수밖에 없었다. 김분선 · 박두리 · 최일례 · 장춘월 · 김덕진 · 홍강림 · 홍애진 · 여복실은 집안이 극도로 가난했고, 배봉기 · 이영숙 · 전금화는 고아였다.

대부분 자립을 위해 혹은 가족의 빚을 갚기 위해 혹은 가출한 이후 생계를 위해 일거리를 찾다가 취업 사기를 당했다. 임금아는 막걸릿집 식모를 하다가 아는 동네 여자가 꾀어서, 김덕진은 가정집 식모였다가 돈을 벌 목적으로, 하군자는 도자기공장의 무급 수습을 하던 중 돌아가신 아버지 친구의 소개로 일거리를 찾다가 일본군 위안부가 되었다. 최정례는 식모보다 여공이 낫다고 생각해서, 이용녀는 여러 명이 같이 가니 마음이 놓여서였다. 김학순은 양부를 따라 돈을 벌러 중국에 갔다가 베이징에서 일본 군인에게 납치를 당했다. 정학수는 식모로 일하던 집의 아들에게 강간을 당할 뻔했다. 그날 도망친 후 부산 바닷가에서 일본군에게 납치당했다. 문옥주는 헌병들에게 강제로 끌려갔다. 일본군 위안부 문제는 지극히 사회 · 경제적 배경으로 가득하다. 더구나 여성이었기 때문에 겪을 수밖에 없는 문제들과도 조우했다.

바쁠 때는 천장을 보고 누워서 주먹밥을 먹으며 다리를 벌리고 있으면 군인이 차례로 와서 타고는 돌아가고 타고는 돌아간다. 아프다든가 어떻다든가 하는 상태는 이미 지나가 버려 하반신이 마비되어 전혀 감각이 없어진다. 겨우 때가 지나면 아랫도리가 붓고 배는 부풀어 아파서 하루 종일 진통이 있다. … 계속해서 차례로 군인들이 오기 때문에 쉴 틈이 없다.

– 카와사키 마사미, 〈환자수송제189소대〉 중

취업을 목적으로 온 여성들은 위안소에 도착한 후 폭력과 강간을 당했고, 시설 사용료 등을 이유로 빚을 떠안았고 이후에도 숱한 횡포를 당했다. 이 때문에 많은 위안부가 마약을 하고 자살을 시도하기도 했다.

일본군에 의한 폭력도 심각했다. 문옥주는 콘돔을 사용하지 않는 병사에게 콘돔 사용을 요구했다가 발로 걷어차였고, 이후 술을 마시고 3층에서 몸을 던져 중상을 입었다. 드문 일이 아니었을 것이다. 황당한 일도 많았다. 13사단장 우치야마 중장의 보고에 따르면 조선인 위안부를 사랑했던 '니가타에 아내가 있는' 어느 병사는 억지로 동반 자살을 권유했다. 위안부가 거절하자 권총을 발사하여 중상을 입힌 후 자살했다. 송신도 역시 알고 지내던 병사에게 동반 자살을 강요당해 칼로 옆구리를 찔리기도 했다.

일본군 위안부로 끌려갔던 여성들의 비극적인 이야기는 놀랍게도 1990년 대까지 알려지지 않았다. 말할 수 없었기 때문이다. 가부장 사회의 유교 문화가 강했기 때문이다. 김학순은 남편으로부터 "불결한 여자다, 군인을 상대했다"라며 구박을 당했고, 문옥주는 숙모에게 "양반집에서 너와 같은 계집이 나올 리가 없다"라는 소리를 들었다. 박순애는 "자식들의 인생을 쓸모없게 만들어버린 것을 생각하면 너무나 분하다"라고 회고했다. 필리핀의 헤르텔데스 바리사리사는 아버지가 "전염병 환자같이" 취급했고 친척들도 "더러운 것을 보는 것처럼 경멸했다"라고 증언했다. 난징대학살 당시 일본군에 의해 강제로 임신을 당했던 여성들이 가족과 동네 사람으로부터 받았던 비난과 비슷한 모습이다.

정신적 고통도 컸다. 일본인 위안부였던 기쿠마루(菊丸)는 1972년 47세의 나이에 아파트에서 자살하였다. "가난하다는 약점을 이용하여 나라를 위한다든가, 군속이라는 등으로 속여" 자신을 위안부로 만들었다는 데 대한 억울함과 고통을 끝내 이기지 못했던 것이다.

> 우울한 상태가 되면 겨울에도 방문을 열지 않으면 자지 못한다. 갑자기 남편이 혐오스러워서 닭살이 돋아 '나가'라고 소리 지르며 발광했다. 너무나 부끄러워 고통스럽다. 사람들로부터 떨어져 있고 싶고 자식이나 가족조차도 가까이하고 싶지 않다. 밖에 나가고 싶지 않다. 몇 번이나 자살하고 싶다고 생각했다. 며칠 동안 멍청해져 있거나 혼잣말을 하거나 몸이 아프다.

네덜란드인 위안부 잔느 오페르네의 회고이다.

> 무엇보다 심한 것은 남편이 나를 요구할 때마다 그 감각이 되살아나는 것입니다. 일본인이 한 짓 때문에 나는 지금까지 한 번도 섹스를 즐겁다고 생각한 적이 없습니다.

이순옥(가명)의 증언이다.

> 아직도 사회는 우리들을 경멸하고 있습니다.

일본군 위안부 문제의 본질은 어디에 있을까? 민족 문제일까, 인권 문제일까, 여성 문제일까? 이 문제는 어떻게 해결할 수 있을까? 일본의 사과와 배상뿐 아니라 깊고 높은 질문들과 마주해야만 할 것이다.

28강

해방을 완성하라!

의열단과 충칭 임시정부

대한민국 임시정부의 열망과 절망, 만주 일대 무장투쟁의 성취와 좌절. 그럼에도 독립운동은 계속되었다. 1920년대 후반 국내에서는 신간회 운동이 활발했다. 당시 화두는 민족협동전선. 안창호가 북경촉성회에서 최초로 민족유일당 운동, 즉 민족주의와 사회주의의 연대 투쟁을 제안한 이래 이념을 뛰어넘는 통합운동이 활발히 이루어졌고 국내에도 영향을 미쳤다.

중국에서는 1차 국공합작이 진행 중이었고 당시 코민테른(Comintern), 즉 국제공산주의 지도국은 건전한 민족 부르주아들의 혁명성을 인정하고 그들과 협력하여 제국주의를 타도하자는 입장이었다. 1926년 조선의 마지막 황제 순종의 죽음을 계기로 6·10만세운동이 일어난다. 사건의 여파는 작았지만 이를 계기로 좌우합작이 모색되었다. 사회주의자들은 정우회 선언(1926)을 통해 공식적으로 민족주의 진영과의 연합을 선언하였고 그 결과 신간회(1927)가 탄생하였다. 민족주의 진영의 거두였던 이상재가 초대 회장을 맡고 안재홍·문일평·김병로·허헌·홍명희 등 당대 좌우 진영의 인사들이 총망라됐으며, 자매

의열단과 충칭 임시정부

단체로 여성계의 좌우합작 단체인 근우회가 만들어졌다. 신간회는 이광수 등이 주도한 자치론을 '친일 기회주의'로 규정, 배격하였으며 민족의 단결을 강조하였다. 또한 '정치·경제적 각성'을 촉구하며 독립운동의 질적인 측면을 강화하고자 노력하였다.

신간회는 합법 단체였다. 전국에 120여 개의 지회를 두었고 3만 5,000명의 회원이 있었다. 신간회는 농촌 문제, 노동 문제 등 다양한 사회·경제적 이슈를 다루었다. 당시는 학생운동이 본격화되던 시점이었다. 조선청년연합회, 서울청년회 등 좌우익 각종 학생 단체가 만들어졌고, '마르크스 보이'라는 말이 유행하는 등 사회과학 공부에 대한 열기도 높아졌다. 학생들은 스스로 자치회와 독서회를 조직하였고 동맹휴학을 주도하는 등 '조선인 본위의 교육'을 강력하게 요구했다.

그리고 1929년에는 광주학생운동이 터진다. 일본인 학생과 조선인 학생의 충돌이 저항운동으로 발전한 것이다. 수개월간 수만 명의 학생이 쏟아져 나왔고 규모는 작더라도 흡사 3·1운동 때를 보는 것 같았다. 신간회는 이를 기회로 여겼다. 진상조사단을 파견하였으며 운동을 전국화하기 위해 노력했다. 진상 보고를 위한 대규모 민중대회를 준비했지만 일제의 탄압으로 실패하였다. 신간회는 원산 노동자 총파업을 지원하는 등 활발한 활동을 벌였다.

하지만 1931년 신간회는 해산이 된다. 합법적인 활동은 한계가 명확했고 좌우 갈등이 커졌기 때문이다. 우익이 중심이 된 중앙집행부는 일제에 타협적인 태도를 보였고, 사회주의자들은 이를 격렬하게 비판했다. 사회주의자들의 내부 분열 또한 심각했고 일부는 신간회 타도를 통해 세력을 확장코자 했다. 전반적인 상황이 좋지 못했다. 중국에서는 북벌 도중 좌우합작이 결렬되었고 국민당과 공산당이 대립하게 된다. 코민테른은 '연합전선'에서 '독자 행동'으로 새로운 지시 사항을 내린다. 안재홍 등이 민족협동전선을 유지하기 위해 동분서주했지만, 부산지부의 해소를 시작으로 신간회는 해체되고 만다. 최초의 진지한 좌우합작 노력이 3년여의 노력 끝에 실패하고 만 것이다.

의열단:
김원봉과 아나키스트

만주에서의 무장투쟁에 어려움을 겪고 있던 시절, 새로운 흐름이 만들어진다. 아나키스트들이 주도하는 의열 활동. 1919년 만주 지린성에서는 김원봉(金元鳳, 1898~1958) 등을 중심으로 의열단이 만들어진다. 단체명은 '정의로운 일을 맹렬히 실행하자'라는 의미였고 창립단원은 총 13명, 경상도 밀양 출신 20대 초반의 청년들이 많았다.

의열단원들은 아나키즘을 받아들였고 '직접 행동'을 추구했다. 1923년 의열단에 참여한 신채호는 조선혁명선언을 작성한다. "민중은 혁명의 대본영이며 폭력은 혁명의 유일 무기이다"라고 명시했고 '강도 일본'을 타도하기 위해 '5파괴 7가살(可殺)', 즉 5개의 기관을 부수고 7종류의 인간들을 처단해야 한다고 주장했다. '5파괴'는 조선 총독부, 동양척식주식회사, 매일신보사, 경찰서와 일제 주요 기관을 의미하고 7가살은 조선 총독 이하 고관, 군부 수뇌, 타이완 총독, 매국노, 친일파 거두, 밀정, 반민족 귀족 등을 말한다.

의열단원 중에는 김상옥(金相玉)과 나석주(羅錫疇)가 유명하다. 종로경찰서와 동양척식주식회사에 폭탄을 투척했고, 저항 과정에서 일경 수십 명을 홀로 상대한 무용담 때문이다. 하지만 의열단은 보다 크고 대범한 계획을 세운다.

1920년 1차 암살 파괴 계획. 의열단 단원 전원은 식민지 주요 기관에 대한 폭파 및 총독부 주요 인사들에 대한 처단 작업을 준비한다. 단둥을 거쳐 4월에 폭탄 3개, 5월에는 폭탄 13개 · 권총 2정 · 탄환 10발을 국내로 반입하였고 의열단원 10여 명이 국내로 잠입하여 서울, 부산, 마산, 밀양 등에서 운신하며 거사를 준비하였다. 하지만 밀정이 경기도 경찰부에 제보하는 바람에 의열단원 20명이 검거되고 폭탄이 전부 압수되는 등 거사는 실패한다.

하지만 활동은 계속되었다. 같은 해 9월 14일 상하이에서 출발한 박재혁(朴載赫)은 나가사키를 경유, 고서적상으로 위장하여 부산경찰서 서장 하시모토 슈헤이(橋本秀平)의 면전에서 폭탄을 터뜨리면서 경찰서 건물을 폭파, 하시모토를 처단하였다. 12월 27일 밀양 출신 노동자 최수봉(崔壽鳳)은 폭탄 2개를 밀양 경찰서에 투척하여 건물 일부를 파손하였다. 다음 해인 1921년 9월 기계 노동자 출신 김익상(金益相)은 조선 총독부에 폭탄을 던진다. 총독부 청사에 잠입하여 폭탄 3발을 던진 후 유유히 경찰의 추적을 따돌리는 대범한 행동으로 경찰을 혼란에 빠뜨렸다. 1922년 3월 28일 김익상, 오성륜, 이종암은 상하이를 방문한 육군 대장 다나카 기이치의 암살을 시도했지만 실패하였고 이때 김익상과 오성륜이 체포된다. 오성륜은 이후 친일파로 변절한다.

'암살단'이라는 지하조직을 결성한 김상옥은 사이토 총독 암살을 시도했지만 사전에 들통이 나면서 상하이로 탈출하였다. 그는 의열단에 가입하여 김원봉에게 무기를 건네받은 후 1922년 경성에 잠입하여 종로경찰서에 폭탄을 투척한다. 이후 수일간 경찰과 쫓고 쫓기는 공방전을 벌이다가 효제동 일대에서 포위된다. 그는 홀로 수백 명의 군경과 4시간 이상의 교전을 벌여 십수 명을 죽인 후 최후의 일발로 순국하였다. 의열단 활동에서 가장 컸던 사건으로 경성을 뒤흔들며 독립운동의 의기를 드높였다. 사실 김상옥이 종로경찰서에 폭탄을 투척했는가는 논란이 많다. 종로경찰서에서 의문의 폭발이 일어났고 이를 빌미로 김상옥을 추적했다는 주장도 있기 때문이다.

1923년 들어 2차 암살 파괴 계획이 준비된다. 이번에는 이르쿠츠크파의 지원을 받아 3월경 30여 개의 고성능 폭탄을 국내로 들여왔다. 하지만 경찰의 습격으로 관련자 18명 전원이 붙잡히고 폭탄도 모두 빼앗기면서 또다시 고배를 마셨다. 같은 해 하반기 의열단은 더욱 과감한 대규모 암살 파괴 계획을 시도하였다. 만주와 서울 그리고 도쿄를 동시에 뒤흔들겠다는 구상이었다. 남만주에서는 일본의 대륙 침략을 상징하는 철도 안봉선(安奉線)을 파괴하고자 7명의 결사대를 조직했다. 서간도의 통의부 및 의군부와 연합하여 계획을 꾸렸다. 국내에서는 16명의 의열단원이 장쭤성의 의용단과 합동으로 5명씩 암살대를 조직하였다. 이를 위해 천도교와 연대했는데 신숙, 최동오 같은 천도교 지도자들이 의열단에 가담했기 때문에 가능한 계획이었다. 마지막으로 일본 거사에서는 박열 등과 공동 행동을 통해 '천황 폭살'을 기획하였다. 하지만 이번 거사도 시작부터 뒤틀렸다. 관동대지진이 일어나면서 박열 등이 체포되었기 때문이다. 다른 지역에서도 비슷한 과정으로 폭탄과 무기를 압수당하고 거사도 치르기 전에 일본 경찰에 체포가 되었다.

의열단은 포기하지 않았다. 이번에는 소련의 지원과 북만주 비밀결사 적기단과의 연대를 추진했다. 폭탄 300발을 마련하여 도쿄 거사를 실행하려 했으나 이 역시 실패한다. 정보가 새어 나갔고 경찰이 급습하여 단원들이 잡히고 말았다. 간신히 도망친 의열단 최고령 단원 김지섭이 단신으로 도쿄로 진입, 황궁 앞에서 폭탄 3발을 던졌으나 모두 불발되고 말았다. 밀항 중 습기를 먹어 폭탄이 망가졌기 때문이다.

의열단의 활동은 대담했으나 큰 성과를 이루지 못했다. 그럼에도 과감한 도전이 가능했던 것은 이들을 후원하는 다양한 독립운동 세력이 있었기 때문이다. 또한 의열 활동이라는 새로운 투쟁 방략의 길을 열었다는 점에서도 의미가 있다.

김원봉은 보다 조직적인 투쟁을 도모하였다. 의열 활동에 대한 비판이 내부에서도 터져 나왔다. 젊은 독립운동가들이 다수 체포되어 처형당했고 조직이 노출되었으며 여러모로 득보다는 실이 많았기 때문이다. 김원봉과 의열단은 중국국민당과의 합작을 시도하였다. 의열단 단원 상당수가 국민당과 함께 북벌에 참가했고 장제스의 지원하에 드디어 조선혁명간부학교(1932)가 만들어졌다. 공식 명칭은 '중국국민정부 군사위원회 간부훈련반 제6대'로, 국민당 단기 간부 훈련소 신설반인 것처럼 위장한 것이다. 일본과의 외교 관계를 고려해서 학교 운영 사실을 비밀에 부쳤기에 국민당의 고위 관료들조차 간부학교의 존재를 몰랐다고 한다. 만 3년간 운영된 이 학교에서는 3기에 걸쳐 총 125명의 인재가 배출되었다. 매월 경상비 2,000~3,000원, 수시 필요경비 1,000~10,000원, 의열단 운영비 400~1,000원 등의 자금과 화기, 탄약, 피복 등을 국민당이 전액 지원했다. 교육과정도 군사학뿐 아니라 정치학과 자연과학과를 별도로 신설하여 경제학, 사회학, 철학, 혁명학, 대수, 기하, 물리, 화학, 지리까지 다양한 학문을 공부할 수 있게 하였다.

　이러한 성과에 힘입어 김원봉은 의열단을 재편한다. 민족혁명당(1935)을 창당한 것이다. 중국 관내의 다양한 독립운동 세력을 결집하여 일제와 싸우겠다는 의지였다. 초기에는 김구가 이끌던 임시정부를 제외하고 대부분의 단체가 민족혁명당에 참여하는 등 호기롭게 출발하였다. 하지만 민족혁명당 활동은 이내 한계를 드러냈다. 김원봉은 여러 세력을 포괄하는 통합의 리더십을 보이지 못했고, 조소앙·지청천 같은 저명한 독립운동가들과도 사이가 나빠졌다. 결국 수개월 만에 대부분의 세력이 민족혁명당을 떠났다.

　더구나 중국 국민당과 공산당 사이에서 김원봉은 갈팡질팡했다. 국민당의 지원을 받았지만, 공산당과도 좋은 관계를 유지하며 사회주의를 받아들이는 모습을 보였고 경제적 후원도 받았다. 최창익(崔昌益), 김두봉(金枓奉) 그리고 민족혁명당의 주요 세력은 김원봉을 떠나 중국공산당으로 떠났으며 국민당은 김원봉의 양다리 전략에 분개하여 지원을 중단하였다. 크게 세력을 잃은 김원봉과 민족혁명당은 어쩔 수 없이 1941년 임시정부에 참여하게 된다.

한인애국단원 이봉창, 윤봉길:
임시정부를 일으켜 세우다

1920년대 초반 의열단과 임시정부는 돈독한 관계였다. 임시정부 요인들은 의열단을 지원하기 위해 노력하였다. 당시 김구는 의열단의 활동에서 아이디어를 얻은 듯하다. 애초에 김구는 경무국장을 역임하는 등 임시정부의 강골 인사였다. 국민대표회의 이후 임시정부가 침체기에 들어가자 김구는 한인애국단을 조직하여 임시정부를 일으키기 위한 적극적인 활동을 벌인다. 그러한 노력의 결과 이봉창(李奉昌, 1901~1932)과 윤봉길의 의거가 성공한다.

1932년 1월 8일 오후 5시, 이봉창이 일왕이 탄 마차에 폭탄을 던졌다. 폭탄의 위력은 약했고 정확하게 조준되지 않았기 때문에 일왕은 다치지 않았다. 하지만 도쿄 시내에서, 그것도 일왕을 직접 겨눈 사건이었기 때문에 많은 이들에게 엄청난 충격을 안겼다.

시기적으로 중요한 때였다. 만주 창춘현 인근에서 조선 농민과 중국 농민 간에 우발적인 다툼이 벌어졌다. 이 작은 갈등이 '만보산 사건'이라는 이름으로 국내에 보도되면서 전국 각지에서 중국인 배척 운동이 일어났다. 조선인들은 떼를 지어 중국인들의 집이나 상점을 파괴하고 무차별 폭행했고, 많은 사람이 죽었다. 만보산 사건은 일거에 국제적인 문제로 비화되었고 중국인들은 조선인에게 분노하였다.

이 와중에 이봉창 의거가 일어난 것이다. 이봉창의 이력은 여느 독립운동가와 달랐다. 이봉창은 젊은 시절 식민지 현실을 인정하고 개인적 영달을 도모했다. 일어 실력도 유창해서 일본을 드나드는 데 아무 문제가 없었다. 그는 만주와 일본을 오가면서 일하고, 자질구레한 사업을 벌였지만 성공하지 못했다. 게다가 도박 등 나쁜 습관을 버리지 못했다. 하지만 그는 내면이 진실한 사람이었다. 일본인으로 위장해서 살아가면서도 식민지 조선인들이 당하는 뿌리 깊은 차별과 일본인들의 이중성에 괴로워했고, 결국 임시정부를 찾아온 것이다. 많은 독립운동가가 의심의 눈초리를 보냈지만 김구와의 수차례 단독 면담을 통해 신뢰를 얻는 데 성공하였고 폭탄을 들고 도쿄로 돌아왔다.

경시청 현관 앞쪽, 사람들이 빽빽이 몰려 있었고 이봉창은 앞에서 5~6번째 줄에 서 있었다. 일왕을 태운 마차가 나타나자 18미터 전방을 향해 폭탄을 정확하게 던졌다. 두 번째 마차라고 판단하여 던졌으나 일왕은 첫 번째 마차에 타고 있었다. 그는 현장에서 도망가지 않았고, 심문 중에 자신이 '흥분한 탓'에 목표 마차를 잘못 계산했다고 이야기했다.

반향은 엄청났고 중국인들은 열광했다. 상하이판 〈민국일보(民國日報)〉에서는 "일황이 열병 후 돌아가던 중 갑자기 저격받았으나 '불행하게도' 겨우 수행 마차가 터졌고 범인은 곧 잡혔다"라고 보도했다. 〈신보〉는 '한국 지사'라는 표현을 사용했고 〈시사신보〉, 〈중앙일보〉도 "한국의 '지사'가 일왕을 저격하다"라고 표현했다. 심지어 칭다오의 〈민국일보〉는 '한국 망하지 않아, 의사 이XX'라는 표제어를 썼고, 푸저우의 〈신조일보〉는 '안중근을 배워 … 애석하게 공격은 실패했다', 〈동방일보〉는 '왜적'이라고까지 표현했다.

일본은 이를 이용하여 상하이사변을 일으켰다. 일본 해군이 군함 30여 척, 비행기 40대, 육전대 6,000명의 병력을 끌고 중국을 쳐들어간 것이다. 만주사변에 이어 상하이사변이 일어났으며, 중국과 일본의 갈등이 극단으로 치닫게 되었다.

이봉창 의거는 한인애국단의 여러 의열 활동 중 하나였다. 김구는 미주 지역에 '편지 모금'을 주도하여 자금을 모았고 곧장 활동에 들어갔다. 이봉창 의거 전인 1931년 10월에는 난징에서 남만주철도회사(滿鐵) 총재 처단을 시도했다. 이봉창 의거 직후인 1932년 2월에는 중국인 용병을 매수하여 상하이에 주둔한 일본군의 사령부 역할을 했던 이즈모호를 폭파하려 했다. 3월에는 윤봉길

등이 상하이 비행장을 폭파하려고 했고, 이덕주·유진식 등은 조선 총독 암살을 시도했다. 그리고 1932년 4월 29일 일왕의 생일과 상하이사변 승리를 기념하기 위해 마련된 훙커우 공원 행사에서 윤봉길의 투탄 의거가 성공한다. 윤봉길 의거 한 달 후에는 최흥식, 유상근 등이 만주 관동청을 공격하기도 했다.

이봉창, 윤봉길의 연이은 의거는 큰 사건이었다. 윤봉길 의거는 다수의 일본인 고관이 폭파로 사망했기 때문에 사건의 여파가 매우 컸다. 일제는 배후로 지목된 김구를 잡으려고 혈안이 되었고, 반대로 중국은 임시정부의 의거에 큰 감동을 받는다. 장제스 총통은 이때부터 김구와 임시정부를 본격적으로 후원한다. 난징 중앙육군군사간부학교 교정에서 김구와 장제스가 만났고, 뤄양군관학교 한인특별반이 개설됐으며, 이는 한국광복군의 뿌리가 된다.

1940년, 충칭에서 건국을 준비하다

중일전쟁 당시 장제스와 국민당은 수도를 충칭으로 옮겨 항전을 계속하였다. 임시정부 역시 국민당의 도움을 받아 1940년 9월 충칭에 정착한다. 김구를 중심으로 조소앙·지청천 등이 모여 한국독립당을 결성하였고 김원봉의 민족혁명당을 비롯하여 중국에 있던 대부분의 독립운동 세력이 임시정부로 모여들었다. 약 20년 만에 김구를 중심으로 임시정부가 진영을 가다듬고 독립운동의 중심기관이 된 것이다.

한국광복군 본부 역시 충칭에 있었는데 강제로 징병되었던 한인들을 광복군에 끌어들이기 위해 노력했다. 그중 대표적인 것이 1945년 1월 일본군에서 탈출한 한인 51명이 광복군에 합류한 사건이다. 장준하(張俊河, 1918~1975), 김준엽(金俊燁) 등이 중심이 된 이들은 무려 6,000리를 걸어서 충칭에 도달했다. 목숨을 걸고 탈출했으며 수천 미터의 설산을 맨몸으로 넘는 등 온갖 우여곡절 끝에 이루어낸 기적이었다.

광복군은 인도와 미얀마 전선 등지에 파견되어 영국군 등을 도왔다. 또한 미국 CIA의 전신인 OSS(Office of Strategic Service)의 '독수리작전'에 참여하였다. 독수리작전은 광복군을 훈련시켜 국내에 투입, 주요 지역을 장악하는 국내 진공 계획이었지만 일본이 항복하면서 중단되었다.

충칭 임시정부는 사회주의 단체였던 조선독립동맹과의 통합도 추진하였다. 조선독립동맹은 중국공산당 산하의 대표적인 한인 사회주의 단체로 한인들의 명실상부한 통합임시정부를 이루려고 한 것이다. 김구는 조선독립동맹의 지도자 김두봉과 연락을 주고받았다. 중국공산당의 수도 옌안에서는 김구를 명예주석단에 추대하고 대회장에 쑨원·장제스·마오쩌둥과 함께 그의 초상화를 걸었으며, 임시정부 국무위원 장건상이 옌안에 파견되기도 했다.

충칭 임시정부는 국내에 밀사를 파견하였고 중국국민당 중앙선전부 대적선전위원회와 함께 일주일에 세 차례 약 10분씩 방송하면서 국내외 동포들의 항일의식을 고취했다. 또한 주미 외교위원부를 설치하여 미국을 대상으로 외교활동을 펼쳤으며, 중국공산당과의 관계를 유지하는 데에도 힘을 기울였다.

이러한 노력의 성과가 대서양헌장에 삽입된 '한국의 독립' 보장 문구다. 1943년 7월 26일 김구와 조소앙 등은 장제스와 회담을 가졌다. 이 자리에서 김구는 장제스에게 조선의 완전한 독립을 요구하였고 장제스는 이를 수락하였다. 얼마 후 열린 카이로회담(1943)에서 장제스는 임시정부와 합의한 대로 '한국의 즉각적인 독립'을 요구하였다. 영국의 처칠(Winston Churchill) 수상은 이를 매우 못마땅해했다. 수많은 식민지를 거느린 영국의 입장 때문이었다. 루스벨트는 장제스의 주장을 수용하되 '적당한 시기' 정도로 타협을 보고자 했다. 〈카이로선언〉에서는 '적당한 시기에 한국이 자유롭고 독립하게 될 것'을 결의하였고, 이는 〈포츠담선언〉 등에 계승되었다. 특정 식민지의 독립이 명문화된 사례는 한국이 유일한데 임시정부의 적극적인 외교 활동이 빛을 발한 순간이었다.

이 시기 〈대한민국건국강령〉 역시 주목해야 한다. 임시정부는 1941년 11월 25일 〈대한민국건국강령〉을 만장일치로 통과시킨다. 조소앙의 삼균주의를 바탕으로 한 주장인데, 다양한 독립운동가들이 동의했다는 점에서 의미가 큰 사건이다.

> 사회 각 계층이 지력과 권력과 부력의 '균등'으로 국가를 진흥하고 …
> 이는 우리 민족이 지켜야 할 최고의 공리(이다).

건국강령은 '균등'을 강조하였다. 1919년 대한민국 임시헌장에 등장했던 '일체 평등'과 사회주의자들의 주장 사이에서 새로운 대안을 마련코자 한 것이다.

> 보통선거제도를 실시하여 정권을 균등하게 하고, 국유제도를 채용하여
> 이권을 균등하게 하고, 면비 교육제도를 채용하여 학권을 균등하게 하
> 며 … 특권 계급이 소멸할 것이요, 소수민족이 침릉을 면할 것이다. …
> 동족이나 이족을 무론하고 모두 이렇게 한다.

민주공화정의 정체성을 분명히 하되 균등의 이상을 경제제도에 반영하며, 민족주의에 기반을 두되 세계시민주의적 관점에서 민족 간의 균등, 민족 구성원 간의 균등을 도모하겠다는 주장이다. 조소앙은 1930년대 삼균주의를 주창하였다. 그는 일제가 지배한 후 한반도의 모든 부문이 극단화되었다고 보았다. 특히 정치적 유린, 교육의 압박, 경제적 파멸이라는 세 가지 현상을 통해 인민의 기본 권리와 생활 권리 등이 모조리 불평등해졌으므로 해방 후 이러한 현

실을 극복해야 한다고 주장했다. 지청천은 '삼본주의'를 주장했는데 조소앙과 비슷한 생각이었다.

건국강령의 이상은 높았고 구체적이었으며 적극적이었다. 노동자들의 노동권과 파업권을 보장했으며 여성은 정치, 경제, 문화, 사회생활 모든 면에서 남자와 평등하다고 규정하였다. 노인과 어린이, 여공의 야간 노동 등에 대한 구체적인 조항을 마련했으며 노동자와 농민의 무료 의료, 건강 보장에 관한 규정도 담았다. 요즘 표현으로 한다면 보편적 복지와 궤를 같이한다. 토지는 원칙적으로 농민이 소유해야 하며 소작농 등 사회 최하위 계층부터 경제적 보상을 받아야 한다고 주장했다. 일제 식민지 기간에 점증한 소작농 문제에 대한 고민이었다.

건국강령은 급진적이기도 했다. 일제와 친일파가 소유한 일체의 사유재산을 몰수하여 가난한 농민, 무산자 노동 계층 등에 제공하며 개인의 균등한 생활을 위해 국가의 주요 부동산은 국유로 하며 '대생산 기관' 역시 국유로 하겠다고 선포하였다. 쑨원의 삼민주의에 영향을 받았으며 독일이나 북유럽 국가들이 지향하는 사회민주주의와 유사한 주장이었다.

1919년 상하이에서 임시정부를 만들 때 이들은 민주공화국의 이상을 바탕으로 조선 왕조를 뛰어넘는 사회를 선포하였다. 그리고 20여 년의 시간이 지난 후 이들은 역시 민주공화국의 이상을 지향하지만 자본주의의 모순과 사회주의의 비판을 뛰어넘는 균등 경제에 기초한 새로운 사회를 구체적으로 설계하였다. 독립운동가들은 끊임없이 고뇌하였고, 그러한 지적 노력을 통해 담대한 이상을 만들어갔던 것이다.

다시 격랑의 시대로

사회주의의 역사

우리도 함께 싸웠다

조선의 해방을 위해
중국공산당에
입당하다!

VS

일본군, 만주군
그리고 간도특설대.
항일유격대와 싸우다!

1917년 러시아혁명의 여파는 매우 컸다. 사회주의라는 새로운 대안이 등장했기 때문이다. 더구나 1920년 이후 임시정부의 외교독립활동이 실패하고 무장투쟁에서도 한계를 보이자 식민지 조선의 많은 청년이 사회주의자가 되었다. 한인 사회주의의 역사가 시작된 것이다. 초창기 한인 사회주의자들은 대부분 고등교육을 받은 사람들이었다. 4차 조선공산당 사건으로 검거된 사람들의 이력을 분석해보면 당원의 대부분이 젊은 세대였고, 당원의 절반가량이 중학교 이상, 20% 이상은 전문학교나 대학 수준의 교육을 받았다.

지역적인 영향도 있었다. 블라디보스토크, 이르쿠츠크, 치타, 하바롭스크 등 한인들이 거주했던 시베리아 지역은 소련 공산주의 운동에 일찍 영향을 받았다. 러시아혁명기 극동아시아 소비에트 정부 수립의 지도자로 하바롭스크시당 비서, 극동인민위원회 외무부장 등을 역임했던 김알렉산드라(1885~1918)가 대표적인 인물이다. 일본과 중국의 영향도 있었다. 일본은 아시아에서 사회주의가 가장 먼저 소개된 곳이기도 하고, 일본공산당을 비롯하여 활발한 급진적 활동이 있었다. 5·4운동(1919) 이후 중국공산당이 만들어지면서 중국에서도 사회주의의 영향력이 커졌는데 독립운동가들에게 지대한 영향을 미쳤다.

국내 사회주의 단체

국내에는 화요회, 북풍회, 서울청년회 등의 단체가 만들어졌다. 마르크스의 생일에서 이름을 딴 화요회는 1925년에 만들어졌고 18개월 정도 존속했다. 대부분의 회원이 조선공산당에서 중요한 역할을 담당했다. 화요회의 경쟁 단체는 북풍회였다. 화요회 회원은 90여 명, 북풍회는 40여 명이었는데 대부분 일본 유학생 출신이었다. 일본 유학생들 사이에서는 아나키즘이나 생디칼리즘 등도 인기가 있었다. 이들은 흑도회를 만들었고 이후 풍뢰회와 북성회로 쪼개진다. 북성회 출신 상당수가 국내로 돌아와 만든 단체가 북풍회이다. 마지막으로 서울청년회가 있다. 이들은 청년운동을 주도했는데, 서울파라고도 불렸다.

이들은 조선공산당을 결성하였고 농민운동, 노동운동 같은 기층 운동에도 열심이었다. 또한 백정인권운동인 '형평운동(1923~1935)', 민족협동전선운동인 신간회(1927)와도 함께했다. 조선공산당은 일제의 집요한 탄압으로 네 차례나 결성, 해체를 반복하였다. 이들 사이에서 파벌 투쟁도 대단했다. 서울파는 조선공산당과 협력하기를 거부했고, 모든 파벌이 가능한 모든 방식으로 상대 파벌을 공격했다. 화요회는 북풍회의 분열을 도모하기 위해 프락치들을 심어 놓았고 심지어 일제에 서로를 밀고하는 등 어처구니없는 모습을 보이기도 했다. 신간회 해소 또한 이와 연관이 있다. 1930년경에는 구상하이파와 서울파의 연합 세력, 그리고 이에 대항하는 ML 계열이 있었는데 ML계의 고경흠(高景

欽, 1910~?)이 신간회 해소 공작을 주도하였다. 일제는 단 한 번 신간회의 전국 대회를 허락했는데, 이때 ML계의 적극적인 노력에 의해 신간회 해소 결의가 이루어졌다. 사회주의 분파가 일제의 도움을 받아 민족협동전선을 무너뜨리는 허망한 사건이 일어난 것이다.

기독교와의 갈등도 시작되었다. 국내 최초의 노동 단체는 장덕수(張德秀) 등 이 조직한 조선노동공제회(1920)였다. 기독교 민족주의자들이 주도한 단체인데, 사회주의의 영향력이 커지면서 내부 분열이 일어났고 급진파가 남조선노농총동맹을 만들면서 분열되었다. 같은 시기 조선청년연합회 또한 좌우 분열이 있었는데 곳곳에서 비슷한 양상이 전개되었다. 기독교를 비롯한 종교계와 사회주의의 갈등, 민족주의와 사회주의의 갈등이 곳곳에서 일어난 것이다.

민족주의자와 사회주의자의 갈등

중국에서는 김원봉을 둘러싼 갈등이 인상적이었다. 의열단을 이끌고 중국 국민당의 지원을 받았던 김원봉은 점차 좌익과 가까워졌다. 그는 ML계 지도자 안광천(安光泉)을 만나 조선공산당재건동맹을 조직하고 정치군사학교를 설립하는 등 활발한 사회주의 활동을 벌이기도 했다. 하지만 정화암 등이 보기에 김원봉은 기껏해야 민족주의 좌파, 즉 민족주의의 근성을 완전히 버리지 못한 사람에 불과했다. 민족혁명당 결성에 참여했던 최측근 최창익 역시 김원봉을 사회주의자로 보지 않았다. 하지만 1930년대 중반까지만 하더라도 김원봉의 리더십은 강력했으며 한인 사회주의자들은 김원봉과 보조를 맞출 수밖에 없었다. 그런데 무정(武亭)이 등장하면서 상황이 급변하였다. 그는 마오쩌둥과 함께 대장정에 나섰으며, 특히 공산당의 군사 지도자였던 펑더화이(彭德懷)의 총애를 받았다. 무정은 펑더화이의 참모장이었으며 팔로군의 유능한 군사 지휘관이기도 했다. 중국공산당은 옌안에 정착한 후 무정과 김두봉 등을 후원하며 조선독립동맹이라는 단체를 만든다.

그리고 많은 이들이 김원봉을 떠났다. 김원봉의 개인 비서였던 쓰마루가 조선의용대 300여 명을 화북 지역으로 옮기자고 제안한 후 조선독립동맹에 합류한다. 뒤늦게 김원봉이 옌안으로 가려 하자 중국공산당은 '일개 소자산계급적 기회주의자', '개인영웅주의자'라고 비난하며 그를 배척하였다. 나름대로 좌우통합의 리더십을 시도했던 김원봉이 몰락한 순간이다. 어쩔 수 없이 그는 충칭 임시정부에 참여한다.

간도를 포함한 만주의 상황은 더욱 어려웠다. 간도 일대에서는 민족주의자들과 사회주의자들의 갈등이 벌어졌고, 만주사변 이후에는 일본의 지배력이 강화되면서 항일투쟁을 하는 데 어려움이 컸다. 1935년 초 중국공산당 동만특별위원회는 간도 지역에서의 활동을 포기했다. 일본의 집요한 소탕작전, 친일단체의 활약, 항일투쟁가들의 변절과 배반 등 원인은 여러 가지였다. 무엇보다 민중의 지지가 급격히 저하됐다. 예를 들어 반일회라는 단체는 1934년에 회원이 1만 2,000명이었는데 1년 만에 1,000명으로 격감하였다. 한인 사회주의자들이 보여준 무법적이고 무차별적인 폭력에 대한 반감이 커졌기 때문이다. 더불어 '민생단 사건' 같은 내부 갈등이 만주에서의 사회주의 운동을 몰락으로 몰고 갔다. 민생단은 1931년 일본의 후원하에 한인들의 민생을 개선하기 위해 만들어진 단체인데, 중국공산당이 이 단체를 의심하였다. 한인 사회주의자들 상당수가 친일파이며 이들이 중국공산당 내에 침투했다고 여긴 것이다. 확실한 증거도 없는 상태에서 의심이 걷잡을 수 없이 커져 나갔고, 이는 조직의 중추를 이루는 한인 사회주의자들에 대한 대대적인 탄압으로 이어졌다. 수많은 한인 사회주의자가 일본이 아닌 중국공산당으로부터 탄압을 받았고 처형당하기도 했다. 당시 동북인민혁명군 제2군 제1사 사장 주진, 동만특위 이상묵 등 저명한 한인 사회주의자들도 예외가 아니었다. 주진은 일본에 투항했고 이상묵은 공산주의 진영을 이탈했다.

그렇다고 이런 현상을 모두 부정적으로 볼 필요는 없다. 구국운동과 독립운동은 모두 세력 싸움이라는 지난한 정치 투쟁을 감내해왔으며, 민족주의 진영역시 극단의 갈등이 일어나기도 했다. 더구나 사회주의 진영은 1920년대에 뒤늦게 등장하였고 치안유지법을 비롯하여 일본의 강한 억압을 받았기 때문에 분파적인 성격이 강할 수밖에 없었다. 그럼에도 사회주의는 해방 초기에 선풍적인 인기를 누렸다. 젊은 식자층이 대부분 사회주의에 개방적이었고 지역 여론을 주도했기 때문이다.

그리고 김일성. 그와 관련된 기록은 부풀려진 경우가 많고 첨예한 논쟁들 또한 많다. 만주 일대에서 활발한 항일투쟁을 벌였던 것은 확실하다. 그는 중국공산당 산하 동북인민혁명군 제2군 제2단 정치위원으로 활동했다. 중국공산당에서 그의 실력을 인정했다는 것이다.

1936년 김일성과 그의 유격대는 백두산 근처에서 활동했다. 그는 한인 사회주의자들과 조선민족해방동맹을 결성했고 기독교 민족주의자들에 대항하기 위해 천도교와의 제휴를 도모하기도 했다. 김일성 유격대는 1937년 6월 4일 보천보 일대를 습격, 경찰주재소와 면사무소 등을 공격하였으며 경찰 몇몇을 살해하고 선전문을 살포하였다. 당시로서는 흔치 않은 국내 진공작전이었다. 일명 보천보 전투다. 현재는 소위 북한 항일투쟁사의 상징적인 사건이지만 당시에는 그렇지 않았다. 유격대의 사기는 고취되었지만 일제가 즉각 탄압에 들어가면서 활동이 극도로 위축되었다. 결국 김일성 등은 소련으로 이동하는데 김책(金策), 안길(安吉), 강건(姜健), 김일(金一), 최현(崔賢, 1907~1982) 등과 깊은 유대관계를 쌓는다. 이들은 해방 후에 북한 정권에서 중요한 역할을 담당하였다.

　　　　　　　　　　　　　　　　　　　　　　　　　　　　사회주의의 역사

베트남의 사회주의

당시 베트남의 상황을 살펴볼 필요가 있다. 한반도가 일제에 의해 식민지 수난을 당했듯 청프전쟁 이후 베트남은 오랫동안 프랑스의 속박 아래 있었다. 그리고 이들 또한 치열한 항쟁을 거듭하였다.

판보이쩌우, 판쩌우찐으로 대표되는 1세대 독립운동가들의 노력에도 불구하고 프랑스의 지배는 강화되었다. 독립운동은 우리와 비슷한 과정을 겪었다. 르엉응옥꾸옌 등은 무장투쟁을 시도하였고 응우옌반빈, 팜꾸인, 부이꽝찌에우 등은 식민 정부와 협력하면서 개혁을 시도했다. 응우옌반빈은 베트남 최초의 신문과 〈동양잡지〉 등을 창간하였고 팜꾸인 역시 〈남풍〉이라는 잡지를 발행하였다. 이들의 노력으로 베트남어의 로마자 표기법이 보급되었다. 베트남 현대어의 본격적인 시작이었다. 응우옌반빈, 팜꾸인 등이 하노이를 중심으로 북부에서 활약했다면 남부에서는 부이꽝찌에우가 입헌당을 조직하여 경제 발전과 근대화를 추구하였다. 입헌당은 대부분 지주나 자본가 출신이었기 때문에 화교와 대립하는 등 이익단체의 성격이 강했다.

화교는 중국인 이민자들을 말한다. 이들은 이미 명나라 때부터 동남아시아에 이주하였지만 현지인들과 어우러지지 않았다. 화교 공동체를 건설하였고 그들만의 경제 공동체를 발전시켰다. 따라서 화교와의 경쟁은 동남아시아 역사에서 중요한 부분이다. 입헌당 소속이었던 응우옌푸카이는 화교와 대항하기 위해 정미소도 세우고 안남상업회의소, 안남은행 설립 등을 추진하였다. 심지어 〈라 트리뷴 엥디젠(La Tribune Indigene)〉이라는 신문을 발행하며 중국인을 배척하자고 촉구했다.

그리고 1920년대. 중국에서는 국민당의 북벌이, 한반도에서는 3·1운동의 열기가 분출되던 시기 베트남 역시 민족주의적 열정이 뜨거워졌다. 1928년 장제스의 국민당 정부가 북벌에 성공한 데 고무되어 베트남 국민당이 만들어진다. 베트남 국민당은 응우옌타이혹의 지도하에 비밀리에 창당되었다. 홍강 델타 지역을 중심으로 급속도로 성장한 베트남 국민당은 1929년에는 120개의 세포 조직에 1,500여 당원을 확보하였다. 이들은 프랑스인 바젱(Bazin) 암살 사건을 계기로 하노이 서북쪽 옌바이의 프랑스군 병영을 공격하였고 럼타오를 비롯한 인근 지역에서, 다시 며칠 후에는 델타에서 무장봉기를 시도하였다. 하지만 모두 실패하였다. 수천 명이 체포됐고 응우옌타이혹을 비롯한 지도자들은 모조리 처형을 당한다. 베트남 민족주의 운동이 실패한 것이다.

그 결과 베트남에서는 사회주의 운동이 대세가 되었다. 민족주의적 열정이 사회주의에 흡수되었으며 베트남의 국부로 평가받는 호찌민이 등장한다. 그의 본명은 응우옌아이꾸옥이다. 호찌민은 유럽 생활 중 파리에서 판쩌우찐과 만나 긴밀한 유대 관계를 맺었고, 러시아혁명(1917)을 경험하면서 프랑스 사회당에 입당하였다. 호찌민은 레닌주의에 영향을 받았지만 중국 국민당 같은 민족주의 세력과도 어울렸으며, 파리강화회의(1919)에 참석한 대표들에게 베트남의 독립을 위한 8개 요구사항을 보내면서 이름이 알려졌다.

그는 프랑스 식민지의 독립운동가들과 합세하여 '국제식민지연맹'을 조직하고 기관지인 〈르 파리아(Le Paria)〉를 발간하였다. 또한 모스크바로 떠나 코민테른 제5차 대회에 참석한 후 국민당 정부 고문인 미하일 보로딘과 함께 중국 광둥을 방문한다. 그리고 이곳에서 베트남 최초의 공산당인 '베트남청년혁명동지회'를 결성하였다. 당시 광둥에는 망명한 베트남 민족주의자들이 많았고 '떰떰싸(心心社)'라는 단체가 만들어져서 프랑스 총독 암살을 시도하는 등 활발한 활동을 벌이고 있었다. 베트남청년혁명동지회는 이 조직들을 흡수하였고 정치적 독립과 더불어 토지개혁을 비롯한 사회 혁명을 주장하였다. 호찌민은 황푸군관학교에 베트남 젊은이들을 입학시켜 군사 훈련을 받게 했으며 쩐푸,

레홍퐁 같은 이들을 모스크바 동방노동자대학으로 유학 보냈다. 1925년에 만들어진 이 단체는 1929년이 되자 1,000여 명의 당원과 훈련받은 200여 명의 활동가를 배출하는 등 괄목할 만한 성장을 보인다. 활동이 커질수록 프랑스의 탄압은 거세졌다.

그런데 1940년 일본군이 베트남으로 쳐들어오면서 상황이 바뀐다. 일본은 프랑스를 완전히 내쫓지 않았다. 오히려 프랑스 식민당국과 조약을 맺어서 베트남을 비롯한 인도차이나 전역의 중요 지역을 장악했다. 프랑스의 지배력이 흔들리자 곳곳에서 프랑스에 대한 저항이 활기를 띠었다. 그리고 호찌민은 베트남독립동맹, 즉 베트민(Viet Minh)으로 불리는 베트남 혁명 연합전선을 결성한다. 충칭 임시정부와 유사한 행보였다. 베트민은 프랑스와 일본을 동시에 타도하자고 주장했으며, 독일이 소련을 침공하자 연합국에 대한 지지를 선언하였다.

1945년 일본은 프랑스 식민국을 완전히 몰아내고 직접 통치를 실시하였다. 이 시기 베트민은 미군과 협력한다. 임시정부가 그랬듯 미국 전략정보부(OSS)와 연대하였고 호찌민은 미군 제14공군 사령관과 만남을 가졌다. 베트민 지도부는 연합군 측의 지지를 공공연히 내세우며 베트남인들의 전폭적인 지지를 확보한다. 그리고 일본의 항복이 임박한 1945년 8월 베트민은 총봉기를 결행하였다. 8월 19일 하노이를 점령하고 8월 25일에는 남부의 대표 도시 사이공에도 진출하였다. 8월 혁명이 일어난 것이다. 형식적으로 존재하던 베트남의 마지막 왕조 응우옌의 바오다이 황제가 '황금 보도(寶刀)'를 베트민 대표에게 넘김으로써 9월 2일 베트남 민주공화국이 선포되었다. 호찌민은 사회주의 국가임을 선언하지 않았고, 미국 독립선언서의 구절을 차용하는 등 기민한 태도를 보였다.

하지만 상황은 녹록지 않았다. 독립을 선포했지만 일본군의 미곡 수탈은 이어졌고 몇 차례의 강력한 태풍, 냉해, 홍강의 대규모 범람, 콜레라의 창궐로

200만 명의 사망자가 발생하는 등 어려움이 계속되었다. 험난한 앞날을 예고하듯 신생 공화국의 첫해는 고통스러웠다. 그리고 조금 더 시간이 흘러 베트남은 한국과 전쟁의 복판에서 만나게 된다.

〈개론서〉

강준만,《한국 근대사 산책 1~10》, 인물과사상사, 2007~2008

역사문제연구소 편,《우리 역사의 7가지 풍경》, 역사비평사, 1999

　- 허흥식, 고려시대 처가살이혼과 일부일처제

　- 장병인, 조선 전기의 혼인제도를 통해 본 여성의 지위

　- 전형택, 노비의 저항과 해방

유용태 · 박진우 · 박태균,《함께 읽는 동아시아 근현대사 1, 2》, 창비, 2010

이이화,《이이화 한국사 이야기 1~22》, 한길사, 2015

한국근현대사학회 편,《한국근대사강의》, 한울아카데미, 2010

〈한국 근대사〉

강만길 외 저,《통일지향 우리 민족해방운동사》, 역사비평사, 2000

김영범,《한국 근대민족운동과 의열단》, 창비, 1997

김주용,《만주지역 친일단체: 친일, 비겁한 변명》, 역사공간, 2014

김희곤,《대한민국임시정부 연구》, 지식산업사, 2004

김희곤,《임시정부 시기의 대한민국 연구》, 지식산업사, 2015

로버트 스칼라피노 · 이정식 저, 한홍구 역,《한국 공산주의 운동사》, 돌베개, 2015

박헌호 · 류준필 편,《1919년 3월 1일에 묻다》, 성균관대학교출판부, 2009

　- 장인성, 3.1운동의 정치사상에 나타난 '정의'와 '평화'

　- 허수, 제1차 세계대전 종전 후 개조론의 확산과 한국 지식인

　- 박헌호, 3.1운동과 '낭만'의 조우 – 해방운동의 해방성과 육체성

　- 장석만, 3.1운동에서 종교는 무엇인가

- 천정환, 소문, 방문, 신문, 격문 – 3.1운동 시기의 미디어와 주체성
- 배성준, 3.1운동의 농민봉기적 양상
- 임종명, 탈식민 남한, 3.1의 표상과 경쟁, 그리고 설립 초기 대한민국
- 정종현, 유관순 표상의 창출과 전승 – 해방 이후 제작된 유관순 영화의 내러티브를 중심으로

박환, 《만주지역 한인민족운동의 재발견》, 국학자료원, 2014

이승원, 《세계로 떠난 조선의 지식인들: 100년 전 그들은 세계를 어떻게 인식했을까》, 휴머니스트, 2009

임경석, 《한국 사회주의의 기원》, 역사비평사, 2003

한국근대사학회, 《한국 독립운동사 강의》, 한울아카데미, 2007

한국민족운동사학회 편, 《미주지역의 한인사회와 민족운동》, 국학자료원, 2004
- 유영렬, 미주지역의 한인민족운동
- 정병준, 1940년대 재미한인 독립운동의 노선

〈일제시대〉

강덕상, 《학살의 기억, 관동대지진》, 역사비평사, 2005

강덕상 · 야마다 쇼지 · 장세윤 · 서종진 외 저, 《관동대지진과 조선인 학살》, 동북아역사재단, 2013

강만길 외 저, 《일본과 서구의 식민통치 비교》, 선인, 2004
- 노영순, 프랑스의 식민주의와 베트남 지배구조
- 최정수, 미국의 필리핀 지배전략과 자치화 정책
- 노기식, 일제의 '만주국' 동화이데올로기 창출과 교육문화정책
- 최규진, 일제의 조선지배와 식민지 노동정책(1920~1937)
- 최재희, 영국의 '인도군' 육성정책
- 변은진, 일제 식민통치의 성격과 조선인 군사동원

강창일, 《근대 일본의 조선침략과 대아시아주의: 우익 낭인의 행동과 사상을 중심으로》, 역사비평사, 2002

동북아역사재단 편, 《근대 열강의 식민지 통치와 국민 통합》, 동북아역사재단, 2010
- 아르노 낭타, 프랑스의 식민화 역사

마쓰모토 다케노리 저, 윤해동 역, 《조선농촌의 식민지 근대 경험》, 논형, 2011

민주화운동기념사업회 기획, 정근식 · 이병천 편, 《식민지 유산, 국가 형성, 한국 민주주의 1, 2》, 책세상, 2012
- 허수열, 공업화 유산

신용하 외 저, 《식민지 근대화론에 대한 비판적 성찰》, 나남, 2009
- 신용하, 일제의 식민지 공업정책과 한국사회경제, 1930~1945: 일제의 '식민지 근대화론', '개발론', '산업혁명론', '시혜론' 비판
- 전상숙, '조선 특수성'론과 조선 식민지배의 실제

- 하지연, 일제하 한국농업의 식민성과 근대성: 일본인 대농장 가와사키 농장의 소작제 경영사례를 통하여

오가와라 히로유키 저, 최덕수 · 박한민 역,《이토 히로부미의 한국 병합 구상과 조선 사회》, 열린책들, 2012

이건상 외 저,《일본의 근대화와 조선의 근대: 서구 근대사상의 수용과 근대교육의 성립을 중심으로》, 모시는사람들, 2013

이근욱 외 저,《제국주의 유산과 동아시아》, 동북아역사재단, 2014
- 최정수, 알프레드 T.마한의 거대전략과 '러시아 봉쇄전략'
- 최덕규, 러시아의 해군정책과 한반도 남북변경 위기(1885~1887)

이준식,《일제강점기 사회와 문화: '식민지' 조선의 삶과 근대》, 역사비평사, 2014

이타가키 류타 · 정병욱 편,《식민지라는 물음》, 소명출판, 2014

정병욱,《한국근대금융연구: 조선식산은행과 식민지 경제》, 역사비평사, 2004

정연태,《한국 근대와 식민지 근대화 논쟁: 장기근대사론을 제기하며》, 푸른역사, 2011

정태헌,《문답으로 읽는 20세기 한국경제사》, 역사비평사, 2010

허수,《식민지 조선, 오래된 미래》, 푸른역사, 2011

히우라 사토코 저, 이언숙 역,《신사 학교 식민지: 지배를 위한 종교-교육》, 고려대학교출판문화원, 2016

〈징병, 징용, 위안부〉

강덕상 · 야마다 쇼지 · 장세윤 · 서종진 외 저,《관동대지진과 조선인 학살》, 동북아역사재단, 2013

김호경 · 권기석 · 우성규,《일제 강제동원, 그 알려지지 않은 역사: 일본 전범기업과 강제동원의 현장을 찾아서》, 돌베개, 2010

요시미 요시아키 저, 남상구 역,《일본군 위안부 그 역사의 진실》, 역사공간, 2013

요시미 요시아키 저, 이규태 역,《일본군 군대위안부》, 소화, 2006

윤명숙 저, 최정원 역,《조선인 군위안부와 일본군 위안소제도》, 이학사, 2015

전쟁과 여성 대상 폭력에 반대하는 연구행동센터 편, 한국정신대문제대책협의회 번역기획, 김경원 외 역,《그들은 왜 일본군 '위안부'를 공격하는가: 강제연행, 고노 담화, 국민기금을 둘러싼 논쟁의 핵심을 말한다》, 휴머니스트, 2014

정혜경,《조선 청년이여 황국 신민이 되어라: 식민지 조선 강제 동원의 역사》, 서해문집, 2010

조성윤,《남양군도: 일본제국의 태평양 섬 지배와 좌절》, 동문통책방, 2015

최상구,《사할린 Sakhalin: 얼어붙은 섬에 뿌리내린 한인의 역사와 삶의 기록》, 일다, 2015

〈동아시아사〉

동북아역사재단 편,《동아시아의 역사 3: 개항 화해》, 동북아역사재단, 2012
- 김기승, 민족주의와 민족운동

　– 김정현, 평화를 향한 노력과 국제연대

동북아역사재단 편,《만주: 그 땅, 사람 그리고 역사》, 동북아역사재단, 2007

왕현종 외 저,《청일전쟁기 한중일 삼국의 상호 전략》, 동북아역사재단, 2009

　– 오비나타 스미오, 청일전쟁 전후 일본 정치에서의 동아시아 질서 구상

일본 역사교육자협의회 편, 신현승 외 역,《동아시아 역사와 일본》, 동아시아, 2005

〈일본사〉

가타야마 모리히데 저, 김석근 역,《미완의 파시즘: 근대 일본의 군국주의 전쟁 철학은 어떻게 만들어졌
　　는가》, 가람기획, 2013

고바야시 히데오 저, 임성모 역,《만철: 일본제국의 싱크탱크》, 산처럼, 2004

고야스 노부쿠니 저, 이승연 역,《동아 대동아 동아시아: 근대 일본의 오리엔탈리즘》, 역사비평사, 2005

다나카 아키라 저, 현명철 역,《메이지 유신과 서양 문명》, 소화, 2006

마루야마 마사오 저, 김석근 역,《현대정치의 사상과 행동》, 한길사, 1997

마리우스 B. 잰슨 저, 김우영 역,《현대 일본을 찾아서》, 이산, 2006

마쓰오 다카요시 저, 오석철 역,《다이쇼 데모크라시》, 소명출판, 2012

스즈키 마사유키 저, 류교열 역,《근대 일본의 천황제》, 이산, 1998

아라이 신이치 저, 김태웅 역,《역사 화해는 가능한가: 동아시아 역사 문제의 해법을 찾아서》, 미래M&B,
　　2006

야마다 아키라 저, 윤현명 역,《일본, 군비확장의 역사》, 어문학사, 2019

야마무로 신이치 저, 정재정 역,《러일전쟁의 세기: 연쇄시점으로 보는 일본과 세계》, 소화, 2010

엔드루 고든 저, 문현숙 · 김우영 역,《현대일본의 역사》, 이산, 2015

오카베 마키오 저, 최혜주 역,《만주국의 탄생과 유산: 제국 일본의 교두보》, 어문학사, 2009

요시다 유타카 저, 최혜주 역,《일본의 군대: 병사의 눈으로 본 근대 일본》, 논형, 2005

하라다 게이이치 저, 최석완 역,《청일 러일전쟁》, 어문학사, 2012

한도 가즈토시 저, 박현미 역,《쇼와사 1: 1926~1945 전전편》, 루비박스, 2010

〈중국사 및 세계사〉

E. H. 카,《러시아 혁명》, 나남, 1986

니콜라스 V. 랴자놉스키 · 마크 D. 스타인버그 저, 조호연 역,《러시아의 역사 상, 하》, 까치, 2011

로이드 E. 이스트만 저, 민두기 역,《장개석은 왜 패하였는가》, 지식산업사, 1990

루쉰 저, 이욱연 편역,《아침꽃을 저녁에 줍다: 루쉰 산문집》, 예문, 2003

송충기 · 김남섭 외 저,《세계화 시대의 서양 현대사》, 아카넷, 2010

쑨원 저, 김승일 외 역,《삼민주의》, 범우사, 2000

아시카와 요시히로 외 저, 정지호 등역,《중국 근현대사 1~3》, 삼천리, 2013

아이리스 장 저, 윤지환 역, 《역사는 누구의 편에 서는가: 난징대학살, 그 야만적 진실의 기록》, 미다스북스, 2014

유인선, 《새로 쓴 베트남의 역사》, 이산, 2002

이매뉴얼 C. Y. 쉬 저, 조윤수 · 서정희 역, 《근-현대 중국사(하): 인민의 탄생과 굴기》, 까치, 2013

전동현, 《두 중국의 기원》, 서해문집, 2005

조경란, 《중국 근현대 사상의 탐색: 캉유웨이에서 덩샤오핑까지》, 삼인, 2003

조너선 D. 스펜스 저, 김희교 역, 《현대중국을 찾아서 1, 2》, 이산, 1998

조너선 펜비 저, 노만수 역, 《장제스 평전: 현대 중국의 개척자》, 민음사, 2014

한형식, 《맑스주의 역사 강의: 유토피아 사회주의에서 아시아 공산주의까지》, 그린비, 2010

단박에 한국사(근대편)

개정판 1쇄 발행 2024년 4월 17일
(**초판 발행** 2016년 8월 31일)

지은이 심용환
펴낸이 박경순

그림 방상호
교정교열 공순례
디자인 김희림

펴낸곳 북플랫
출판등록 제2023-000231호(2023년 9월 12일)
주소 서울시 마포구 토정로 222 306호
이메일 bookflat23@gmail.com

ISBN 979-11-984934-7-7 (04910)
　　　　 979-11-984934-9-1 (세트)

한국사

단박에

족보

고조선

1 단군 조선

1) 위치: 요령~한반도 북부, 위치 논쟁 – 요동 중심설, 대동강 중심설 → 이동설
2) 유물: 북방식 고인돌, 비파형 동검, 거친무늬 거울, 미송리식 토기
3) 독자 문화
 ① 기원전 3세기경 부왕, 준왕 같은 강력한 왕이 등장하여 왕위 세습
 ② 상, 대부, 장군 등의 관직 설치
 ③ 요서 지방을 경계로 연나라와 대립할 만큼 강성

2 위만 조선

1) 성립(기원전 194): 중국 진한교체기 때의 이주, 준왕(남쪽으로 내려가 '진(삼한)'을 세움)을 몰아내고 왕이 됨
2) 발전: **철기 문화 본격 수용, 중계 무역**(동방의 예, 남방의 진과 중국의 한 사이의 직접 교역 차단)
3) 멸망: 섭하사건 → 한무제 침략 → 패수에서 승리 but 내분, 왕검성 함락 → 한군현 설치
 (ex. 평양에 낙랑군)

연맹 왕국

1 부여

1) 위치: 만주 길림시, 쑹화강 유역(땅 넓고 오곡 풍부, 오과 부족, 말 생산)
2) 정치: 5부족 연맹체, 왕권 미약 → 3C 말 선비족 침략으로 약화됨

중앙	왕 아래 **마가, 우가, 구가, 저가와 대사자, 사자** 등의 관리
지방	가(부족장)가 '**사출도**'라는 행정 구획을 다스림

3) 풍속
 ① 순장, 영고(12월, 수렵 사회의 전통), 우제점법
 ② 4조목의 법: 살인자 사형, 물건을 훔치면 12배 배상(1책 12법 → **고구려 영향**), 간음과 투기가 심한 부인 사형

5

⌈2⌉ 고구려

1) 위치: 압록강의 지류인 동가강 유역 졸본(환인) 지방, 산악 지대로 농토 부족, 약탈 경제 발달
2) 정치: **5부족 연맹체**
    ① **상가, 고추가** 등 '대가'들이 사자, 조의, 선인 등의 관리를 거느림, **좌식계급** 1만여 명(벽화로 존재)
    ② 1책 12법(부여 영향 → 백제 2~3배)
3) 풍속: **서옥제, 동맹**(10월), 조상신 숭배(주몽, 유화부인)

⌈3⌉ 옥저와 동예

1) 위치: 함경도(옥저)와 강원도 북부(동예), 고구려에 종속 **읍군, 삼로가 지배층**
2) 옥저: 민며느리제, 골장제
3) 동예: 무천(10월, 제천행사), 엄격한 족외혼, 책화

⌈4⌉ 삼한

1) 형성: 고조선 남쪽의 진과 고조선 유이민의 결합 – 마한의 목지국 주도, **신지·견지·읍차·부례**가 지배층
2) 사회: **제정 분리 사회** – 천군(제사장)이 소도 지배, 5월 수릿날, 10월 계절제, 변한(철 생산, 낙랑, 왜와 교역)

★ 제3조 ★
고대 중앙 집권 국가의 삼국 항쟁

⌈1⌉ 고구려

유리왕	만주 집안(국내성)으로 천도
태조왕	옥저 정복, 왕위의 독점적 세습
고국천왕	5부 개편(부족적 성격에서 행정적 성격으로), 왕위 부자 상속, **진대법**
미천왕	소금장수 출신, 낙랑군 축출
고국원왕	전연과 백제의 침략, 근초고왕에게 살해됨
소수림왕(4C)	**율령 반포, 불교 공인, 태학 설립: 중앙 집권 국가 체제 강화**
광개토왕(5C)	**중국 5호 16국 시대, 요동 정복(요하 국경), 신라 침입 왜구 격퇴, 동부여 통합, 백제 복종**
장수왕	남북조 시대(개로왕 북위조서), 평양 천도 → 남진 정책(남양만 or 아산만~죽령 이북) 중원고구려비(충주-신라 매금과 화친), 광개토대왕비(집안-임나일본부설)

영양왕	수의 침입, 을지문덕 **살수대첩**
영류왕	당의 침략 대비, 천리장성(부여성~비사성) 건설
보장왕	연개소문에 권력 집중, **안시성 싸움** → 연개소문 사후 지배층 권력 쟁탈전 → 멸망

2 백제

고이왕	한강 유역 장악, 관등제-관복제 도입, 율령 반포
근초고왕(4C)	마한 정복, 황해도 정복, 평양성 공격, 고국원왕 살해, 요서·산둥·규슈 지방 진출, 칠지도 왕위 부자 상속 확립 – 백제 왕권 전제화, 낙동강 유역의 가야에 대한 지배권 행사
침류왕	불교 공인
비유왕	**나제 동맹 with 눌지왕(신라), 장수왕 남진 정책 견제**
개로왕	한강 유역 상실
문주왕	웅진(공주) 천도
동성왕	**결혼 동맹 with 소지왕(신라) – 이찬 비지의 딸과 혼인**
무령왕	백제 중흥기, 지방 통제 강화(22담로), 남조와 교류(양직 공도)
성왕	'사비(부여)' 천도, '남부여'로 국호 변경, 일본에 불교 전파, 진흥왕과 함께 **한강 유역 일시 회복**, 관산성 전투(김무력)에서 전사 → 한강 유역 상실
무왕	미륵사(미륵사지 석탑)
의자왕	당항성, 대야성(성주 김품석) 등 신라 지역 병합, 여제 동맹

3 신라

왕위 변천	**거서간(귀인, 군장) → 차차웅(무당) → 이사금(연장자, 연맹장) → 마립간(대군장) → 왕**
내물 마립간(4C)	김씨 왕위 계승권 확립, 낙동강 유역 진출, 광개토대왕 지원, 고구려군이 신라 영토에 거주
지증왕	국호를 '신라'로 변경, '왕' 칭호 사용, 행정구역 정리, 우산국 복속
법흥왕(5C)	병부 설치, **율령·공복 제정, 골품제 정비**, 불교 공인, 연호 사용(건원), **금관가야 정복**
진흥왕(6C)	**화랑도** 국가 조직화, 불교 교단(황룡사, 흥륜사) 정비, **대가야 정복, '순수'비 건립** 한강 유역 확보(단양 적성비, 북한산 순수비), 함경도 진출(마운령비, 황초령 순수비)

4 가야 (광개토대왕 공격으로 낙동강 서쪽 연안 축소)

1) 전기 가야 연맹: **금관가야**(김수로왕, 김해 → **금관경**) 중심, 풍부한 철 생산 – '낙랑과 왜' 중계 무역
2) 후기 가야 연맹: 5C 후반 **대가야**(고령 – 바위그림) 중심으로 발전, 6C 초 신라와 결혼 동맹(법흥왕)

5 ▨ 삼국의 통치 체제

1) 중앙 정치 조직

고구려	10여 관등	대대로(제가 회의 수장) → 막리지(특정 가문 주도)	5부(욕살)
백제	16관등	상좌평(좌평은 귀족회의 우두머리 → 1품 관등으로 변화)	5방(방령)
신라	17관등	상대등(이벌찬~대아찬은 진골 차지, 6두품을 위한 중위제도)	5주(군주)

2) 지방 행정(부·방·주·촌): 부·방·주 – 지방관 파견, 촌 – 토착 세력인 촌주가 지배
3) 군사 조직: 지방 행정 조직과 군사 조직 일치 – 군사 지배 성격이 강함

6 ▨ 삼국 통일

1) 백제 부흥 운동: 좌평 복신, 승려 도침이 왕자 '풍'을 추대(주류성), 흑치상지(임존성), 왜의 지원 (백강 전투), 실패
2) 고구려 부흥 운동: 검모잠(한성), 고연무(오골성)가 보장왕의 서자 '안승'을 추대(금마저-익산), 신라 지원, 실패
3) 나당전쟁: 매소성(육전)–기벌포(해전) 전투에서 당군 격퇴, 대동강~원산만 경계(평양 제외)로 통일

★ 제4조 ★
남북국 시대

---

1 ▨ 통일신라의 발전과 멸망

	상대	중대	하대
구분	내물왕~진덕여왕	무열왕~경덕왕	혜공왕~경순왕
왕통	성골 – 내물계	진골 – 무열계	진골 – 내물계
왕권	약함(상대등: 수상)	강함(시중: 수상)	약함(상대등 대두)
토지	녹읍, 식읍	관료전	녹읍 부활

1) 신라 중대

무열왕	의자왕 대야성 함락, 사위 김품석 죽음 → 고구려 연개소문에 외교 시도 선덕여왕 때 비담의 난 제압, 권력 장악 → 상대등 알천의 양보로 즉위 9서당 창설(민족 융합책), 집사부 재편 → 백제 멸망
문무왕	삼국 통일

신문왕	김흠돌의 난 진압, 국학 설립, 문무 관료전 지급, 녹읍 폐지
	9주 5소경 완성: 9주에 장관 파견(군주 → 총관 → 도독: 행정 기능 강화)
	9서당 10정 정비: 한(산)주에 2정 배치, 6두품 세력과 왕권의 결합(국왕의 정치적 조언자)
성덕왕	**정전 지급**
경덕왕	**녹읍 부활**, 성덕대왕 신종 제작

2) 신라 하대

혜공왕	대공의 난, 96각간의 난, 김지정의 난
선덕왕	혜공왕 살해, '내물계' 즉위
원성왕	**김경신(원성왕) vs 김주원 대립**, 알천을 건너지 못하게 되면서 김경신 즉위
헌덕왕	**김헌창의 난**(무열계, 웅주 도독)
살육전	민애왕이 희강왕을 살해하고 즉위 → 신무왕이 장보고 도움받아 민애왕 살해하고 즉위
진성여왕	원종·애노의 난, 최치원 개혁 시도, 적고적의 봉기, 기훤(죽주), 양길(원주), 궁예, 견훤 등장

3) 행정 조직

중앙	**집사부 시중의 지위 강화**, 집사부 아래 위화부를 비롯한 13부, 감찰 기구: 사정부(중앙), 외사정(지방)
지방	9주: 행정적 기능 강화, 지방관 파견(**외사정 감찰**), 촌주가 촌의 실무 담당
	5소경: 수도의 편재성 보완 ex. 중원경(충주), 서원경(청주)
	특수 행정구역: 향·부곡, 상수리 제도: 인질 제도, 지방 세력 견제(→ 고려 기인제도)

4) 신라 말기
① 호족(성주, 장군, 성수, 웅호) 성장: 지방 행정−군사권 장악, 낙향귀족 or 군진 기반(ex. 장보고) or 촌주 출신
② **6두품 출신 유학생**(최승우, 최언위 등), **선종 승려**(지방 중요성 자각)의 반 신라화
   → **호족과 연계 개혁 추구**
③ 후백제: 견훤이 완산주(전주)에 도읍(900), 신라에 적대적, 호족 포섭 실패
④ 후고구려:
   궁예(강릉 → 송악 → 철원 등으로 기반 이동), 국호 교체(→ 마진 → 태봉)
   광평성(중앙 행정 기구) 조직, **새로운 신분제 모색 → 고려 초기 관제에 영향**

2 발해

1) 발전

국왕	이름	연호	활동
고왕	대조영	천통	동모산에 건국
무왕	대무예	인안	당, 신라 vs 발해, 돌궐, 왜 → 흑수말갈 문제 → 동생 대문예와 갈등, **장문휴 등주(덩저우) 공격, 일본과 수교(고려 국왕)**
문왕	대흠무	대흥 보력	정혜·정효공주 아빠, 당-신라 등과 친선 도모, 불교적 성왕이라 자칭 **신라도 개척, 상경으로 천도** 천도: 중경현덕부 → 상경용천부(목단강 유역) → 동경용원부(블라디보스토크)
선왕	대인수	건흥	**5경 15부 62주 정비**(서경 압록부, 남경 남해부), 요동 진출, 해동성국

2) 행정 조직

중앙 조직	**3성 6부제**(당의 제도 수용, 독자적 운영 - 이원적 통치 체제) 정당성의 장관인 '대내상'이 국정 총괄, 감찰 기구: 중정대, 최고 교육기관: **주자감**
군사 조직	10위(중앙군), 지방군, 독립 부대(국경 요충지)

★ 제5조 ★
중세

---

1 고려 국왕

왕건	① 연호 천수, 취민유도(세율 1/10), **사심관(경순왕 김부 최초)-기인(인질) 제도**, 흑창(→ 의창), 역분전(공신전) ② 정계-계백료서: 관리에게 규범 제시, 현존 ×, **훈요 10조**: 후대 왕에게 정책 방향 제시 ③ 북진 정책: **평양(서경) 개발, 100일 이상 머무르기, 청천강~영흥만까지 국경 확대**
정종	호족 간 권력 쟁탈전: 왕규의 난 → 왕식렴 진압, 광군(거란 대비)
광종	① 왕권 강화: 후주 쌍기 등용 → 관복제, 과거제, 노비안검법, 독자 연호(광덕, 준풍), 주현공부제 ② 불교 지원: 귀법사(균여) 창건, 승과, 국사-왕사 제도 ③ 민생 안정: **제위보**
경종	시정 전시과

성종	① 특징: 최승로 시무 28조 건의 → 유교 정치 질서 강화 + 문벌귀족 사회 성립 ② 통치 제도: 중국·신라·태봉의 관제 참고해서 통치 기구 개편 – 2성 6부제, 중추원, 삼사, 도병마사 등 ③ 지방 제도: 12목(현종 때 8목)에 지방관(외관 파견), 향리제도 정비(촌주 → 호장, 부호장) ④ 기타: 거란 1차 침입(서희 활약), 최초 화폐 건원중보(철전) 발행, 국자감–박사 제도 정비 * 시무 28조: 5대왕 평가(태조↑, 광종↓), 연등회–팔관회 축소, 유교 자주적 수용, 치국(유)–수신(불) 분리
목종	개정전시과, 천추태후 섭정(→ 강조의 변)
현종	거란 2·3차 침입, 7대 실록 – 초조대장경 편찬
문종	경정전시과, 사학 12도 진흥
인종	**이자겸의 난, 묘청의 서경 천도 운동**, 김부식의 삼국사기, 상정고금예문 최초 간행 (→ 1234년(고종)본 현존)
의종	무신정변, 김보당의 난 → 명종(무신집권기~최충헌)
충렬왕	국자감 → 성균관, 수시력 도입
충선왕	개혁 시도 → 실패, 만권당(이제현), 소금 전매제
공민왕	① 개혁 시도: **정동행정 이문소–정방 폐지, 쌍성총관부 수복, 전민변정도감 설치(신돈 등용), 성균관을 순수 유학 기관으로 개편(이색을 성균관 대사성에 임명)** ② 요동 진출 시도, 홍건적의 침입 → 복주(안동)로 몽진, 직지심체요절 간행

2 ▮▮▮ 통치 체제

1) 중앙 정치 조직

2성	중서문하성	최고 관서, 문하시중이 국정 총괄, 재신(2품 이상)과 낭사(3품 이하)로 구성
	상서성	정책 집행 담당, 산하에 6부(이·병·호·형·예·공부에서 정무 분담)
중추원		군사 기밀(추밀(2품 이상))과 왕명 출납(승선(3품))
삼사		송 제도 수용, 화폐와 곡식 출납에 대한 회계 담당(cf. 호부: 양안과 호적 작성)
도병마사, 식목도감		재추기관(재신 + 추밀: 국가 중대사 결정), 합좌기구 * 고려 귀족 정치의 특징
어사대		정치의 잘잘못 비판, 관리의 비리 감찰
대간		어사대 관원 + 중서문하성의 낭사로 구성: **간쟁, 봉박, 서경**

2) 지방 행정 조직
    ① 일반 행정구역: 5도(안찰사 파견) – 주, 군, 현 설치(지방관 파견)
    ② 군사 행정구역: 양계(병마사 파견) – 진 설치(국방상의 요충지)
    ③ 속현의 수가 주현보다 많음 → 주현을 통해 속현 및 특수 행정구역(향·부곡·소) 간접 통제, '향리'
    가 실무 담당

3) 군역 제도와 군사 제도
   ① 중앙군: 2군(친위 부대), **6위(수도, 국경 방어)** → 직업 군인, 군인전 지급, 직역 세습
   ② 지방군: − 주진군(초군, 좌군, 우군): 양계 주둔, 국경수비
              − 주현군(광군, 일반 군현): 군인전 ×, 병농일치군

4) 과거 제도
   ① 특징: **지공거, 좌주(시험관) & 문생(합격자) 간 결속 강화 현상**, 양인 이상 응시 가능
      (향리 자제 응시 가능)
   ② 문과: 제술업(문학, 정책 시험) 〉 명경업(유교 경전) + 음서(5품 이상) → 관료
   ③ 잡과: 기술관(농민 주로 응시, 향부곡민 응시 제한)
   ④ 승과(광종): 승관 cf. 조선 명종 때 부활, 무과 ×

★ 제6조 ★
인종(이자겸의 난, 묘청의 서경 천도 운동)
→ 의종(무신 정변)

---

1 문벌귀족 사회의 동요

1) 문벌귀족 사회: 호족 + 6두품 → 혼인, 과거, 음서, 공음
   cf. 향리 자제들은 과거 합격 후 혼인 통해 문벌귀족이 됨

2) 이자겸의 난(1126)

> 예종 때 경원(인주) 이씨 이자겸의 세력 독점 → 인종의 반격 → 이자겸, 척준경(윤관과 여진 정벌)의 재반격
> → 예종이 이자겸 집에 가택 연금 → 이자겸과 척준경의 권력 장악 → 이자겸과 척준경의 분란 → 인종이
> 척준경 설득 → 척준경이 이자겸 제거 → 정지상이 척준경 탄핵

3) 묘청의 서경 천도 운동(1135)

> 예종과 묘청의 만남(신진 관료 정지상 추천) → 서경 천도 주장(풍수지리설), 칭제−금국 정벌 주장, 대화궁 건설
> (벼락 떨어짐) → 보수파 관리 반발(용침 사기 사건) → 천도 운동 실패, 서경에서 반란(국호 대위국, 연호 천개) →
> 김부식 진압(개경에 있던 정지상도 살해)

2 ▪▪▪ 무신 세력의 부상

1) 무신정변(1170)

> **의종**의 향락과 실정, 무신 차별(젊은 문신 한뢰가 대장군 이소응의 따귀 때림) → 정중부 등의 난(정중부의 수염 태운 김부식의 아들 김돈중 등 살해) → **명종 옹립, 중방**(대장군, 상장군 합좌 기관) 중심 정치 → 이의방(이고의 난, 김보당의 난(의종 복위 운동), 조위총의 난) → 정중부(망이·망소이의 난) → 경대승(도방-경호실) → 이의민(신라 부흥 운동과 연루) → 최충헌(만적의 난)

2) 최씨 무신 집권
    ① **최충헌** 집권: 봉사 10조 제시(실천 ×), **교정도감** – 최고 집정부, **도방** 재설치(경호 강화)
    ② 2대 **최우**: **삼별초**(야별초 → 좌별초 + 우별초 + 신의군) – 군사기관, **정방**(인사권), **서방**(문신 회유)
    ③ 몰락: 최충헌 → 최우 → 최이 → 최항 → 김인준 → 임연 → 임유무
       * 원종이 몽골 강화에 성공하면서 붕괴

★ 제7조 ★

거란(서희, 강동6주) → 여진(윤관, 동북9성) → 몽골(김윤후, 다인철소)

---

1 ▪▪▪ 거란(10C 말~11C 초)

1) 1~3차 침입

> 1차 침입(993, 성종): 거란이 송과 단교 요구, 주전론 vs 할지론 대립 → **소손녕 vs 서희(고구려 후계 논쟁 → 거란과 수교 약속 → 강동 6주(압록강 아래 의주 일대) 확보)** → 2차 침입(1010, 현종): 강조의 정변 계기, 양규의 선전 → 3차 침입(1019, 현종): 강감찬의 귀주 대첩 승리

2) 영향: 고려-송-거란의 세력 균형 유지, 나성 축조(개경), 천리장성 축조(압록강~도련포)

2 ▪▪▪ 여진(12C)

> **윤관의 별무반(신기군-기병, 신보군, 항마군-승병)** 편성과 정벌(척경입비도) → 동북 9성(함경도 일대, 위치 논쟁) 축조(1107) → 1년 만에 돌려줌 → 금 건국, 거란 멸망, 고려에 군신 관계 요구, 이자겸 요구 수용

3 ▪▪▪ 몽골(13C)

1) 26년간 6차례 항쟁

> 사신 피살 구실로 침입(1231) → 무신 정권(최우)의 강화도 천도 → **처인성 전투(용인, 김윤후)**에서 몽골 장수 살리타 사살, **다인철소(충주) 항쟁**, 팔만대장경 조판 → 몽골과 강화, 개경 환도 → 삼별초의 대몽항쟁(배중손): 강화도·진도·**제주도(김통정)**에서 저항, 여몽 연합군(김방경)에 의해 진압

2) 내정 간섭
　① 영토 강탈: 동녕부(자비령 이북-황해도), 탐라총관부(제주) 설치 → 충렬왕 때 반환
　　쌍성총관부(철령 이북-황해도) → 공민왕 무력 수복
　② 내정 간섭: 관제 격하(부마국의 지위: 중서문하성 + 상서성 → 첨의부, 중추원 → 밀직사, 6부 → 4사)
　　정동행성(일본 원정 담당 → 내정 간섭 기구로 유지), 만호부군사에 영향, 다루가치(감찰관) 파견
　③ 경제적 수탈: 공녀(결혼도감), 매(응방 설치) 등
　④ **권문세족**: 원과 연결 통해 권력 보유(ex. 기철 일파, 다루가치 말잡이 or 역관, 기존 문벌가 등), **대농장 보유**

4　홍건적과 왜구(14C)

1) 신흥 무인 세력 등장: 최영(홍산 전투), 이성계(황산 전투)

2) 신진사대부
　① 출신: 지방 향리 자제 출신, 과거를 통해 중앙에 진출
　② 성격: 성리학 수용, 불교 비판, 권문세족과 대립
　③ 계보: 이재현 → 이색(성균관 대사성)
　　→ 정도전(역성혁명파, 전면적 토지개혁), 정몽주(온건개혁파, 전면 토지 개혁 반대)

3) 고려의 멸망

> 공민왕 개혁 실패 → 이인임 일파 득세 → 최영 숙청, 우왕 옹립 → **명의 철령위 설치 통보** → 최영 요동 정벌 추진 → 이성계 반대, **위화도 회군** → 최영 숙청, 공양왕 옹립 → **급진개혁파(정도전, 조준, 권근)가 과전법**(정도전의 전면 개혁 실패, 조준의 온건 개혁안 통과) **실시** → 정몽주(온건개혁파) 숙청 → 조선 건국

★ 제8조 ★
근세

1　조선 국왕

태조	정도전: **재상 중심의 정치** 주장, 불교 비판(**불씨잡변**), 민본적 통치 규범, 성리학 통치 이념
태종	① 왕권 강화: 왕자의 난으로 정도전 살해, 개국 공신 세력 축출, 사병 혁파 ② 관제 개혁: **6조 직계제 채택, 사간원의 독립**(고위 관료 견제) ③ 경제 기반 안정: 양전사업·호패법 실시, 사원전 몰수, 저화 발행 ④ 기타: 송도 → 한성 천도, 서얼-재가녀 자손 등용 금지, 노비종부법
세종	① 왕권과 신권의 조화: **의정부서사제** 시행(인사와 군사는 세종이 처리), **집현전**(사가독서제) ② 유교적 민본 사상 실현: 주자가례 시행 장려, **삼강행실도**(충신·효자·열녀 행실 모음집, 그림 포함) ③ 기타: 총통등록(최해산, 화포주조), 삼포개항 → 계해약조

문종	왕권 약화, **김종서·황보인** 등 재상의 실권 장악
세조	① **계유정난**: 노산군(→ 단종)·안평대군·김종서·사육신(성삼문) 등 살해, 왕권 찬탈 ② **6조 직계제**, 집현전 폐지, 경연 폐지, 종친 등용, 경국대전 제작(호전, 형전 완성), **진관체제 + 보법**
성종	① **홍문관** 설치: 학문 연구(집현전 계승), 왕의 자문 기구 ② 경연 강화: 왕의 학문 연마, 정책 토론과 심의 ③ 경국대전 완성, 동국여지승람, 국조오례의, 악학궤범 편찬
명종	16C, 삼정문란 – 임꺽정
광해군	**대동법**(선혜청), 기유약조, 동의보감, **중립외교, 인목대비 서궁 유폐, 영창대군 살해** → 인조반정
영조	균역법, 가혹한 형벌 폐지, 사형수 삼심제, 신문고 부활, 청계천(준천) 준설, 속대전 편찬
정조	① 왕권 강화: **규장각 설치 – 초계문신제도, 과거(대과) 주관, 장용영**(친위 부대) 서얼 허통(검서관 – 박제가, 이덕무, 유득공), 지방 수령의 권한 강화 ② **화성 건설**: 수원, 거중기(배다리) → **시흥행궁** → **현륭원**(사도세자묘) 참배 코스, 상언과 격쟁 ③ 신해통공: 육의전을 제외한 시전의 금난전권 폐지(육의전은 갑오개혁 때 폐지) ④ 기타: 고금도서집성 수입, 무예도보통지(백동수), 노비추쇄 혁파 등
순조	홍경래의 난

2 　 통치 체제

1) 중앙 정치 체제

통치 중심 기구	**의정부**(국정 총괄, 재상 합의제), **6조**(정책 집행, 이호예병형공조)
3사(언론 기능)	**사헌부**(대사헌): 관리 감찰, **사간원**(대사간): 간언, **홍문관**(대제학): 경연 주관
왕권 강화 기구	**승정원**(도승지): 왕명 출납, 의금부: 국가의 큰 죄인 담당
기타	한성부: 서울의 행정과 치안, 춘추관: 역사서 편찬과 보관, 성균관

2) 지방 행정 조직: **모든 군현에 지방관 파견**, 향·소·부곡을 일반 군현으로 조정
　① 수령: 지방의 행정·사법·군사권 장악(조선 후기 정조 때부터 향촌사회에서 권력 장악)
　② 관찰사: 수령 지휘 감독(cf. 고려는 '안찰사')
　③ 향리: 수령의 실무 보좌하는 '세습 아전'(군역 면제, 외역전 지급 × ← 유향소의 규찰 대상)

3) 군역 제도
　① 양인개병제: 16~60세 모든 양인 남자 but 현직 관료, 학생, 향리(직역 중인) 등 제외
　　종신·외척·고급 관료 자제들은 고급 특수군에 편입 → 사실상 양인들이 감당
　② 보법(세조): 정군(군역 담당)-보인(정군 비용 부담, 봉족) 체제
　③ 조직: 5위 – 중앙군, 무반(무과 선발 장교), **갑사**(하급 직업 군인), **진관**(지방군), 잡색군(예비군)
　④ 교통, 통신 체제: 봉수제(봉수꾼(신량역천)이 관리), 역참제(역원, 말 관리)

3 **관리 등용**

1) 종류: 과거, 음서(2품 이상 but 고위 관료로 승진 어려움), 천거(**현량과(조광조)** 때 강화)

2) 과거제
　① 대과(문과): 문관 선발

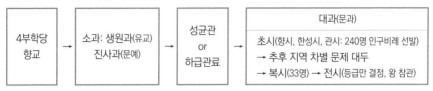

4부학당 향교	→	소과: 생원과(유교) 진사과(문예)	→	성균관 or 하급관료	→	대과(문과)
						초시(향시, 한성시, 관시: 240명 인구비례 선발) → 추후 지역 차별 문제 대두 → 복시(33명) → 전시(등급만 결정, 왕 참관)

　② 무과: 문과와 동일 28명 선발
　③ 잡과: 기술관(역과, 의과, 음양과, 율과 등) cf. **취재 ≠ 잡과**, 하급 실무직(서리, 훈도, 교관 등)
　④ 응시 자격: 양인 응시 가능, 문과는 탐관오리, 재가한 여자의 아들, **서얼** 등 응시 제한
　⑤ 종류: 정기 – **식년시**(3년마다), 부정기 – 별시, 증광시(나라 경사), 알성시(성균관 학생만)

3) 인사 관리: **상피**(출신 지역에서 활동 금지), **서경** – 5품 이하 관리 사헌부와 사간원의 심사와 동의

★ 제9조 ★
훈구 vs 사림 → 사화 → 붕당

---

1 **훈구 vs 사림**

1) 훈구파: 관학파(정도전 계열) 계승 → 세조~중종 때 공신(이극돈, 박원종 등)

2) 사림파
　① 계보: 정몽주 → 길재 → 김종직(성종, 사림파 견제) → 김일손, 김굉필, 정여창(연산군) → 조광조
　　(중종)
　② 특징: **왕도 정치, 향촌 자치, 공론(사대부의 여론) 중시, 청요직(3사와 전랑직) 차지**

2 **사화**

1) 연산군: 두 차례 사화
　① 무오사화: **'김종직'**의 조의제문을 사관 김일손이 사초로 소유 → 훈구대신 이극돈의 모함
　② 갑자사화: 부중 세력 임사홍이 '폐비 윤씨' 사건 밀고 → 폐비 윤씨 사건에 동의한 사림파 숙청

2) 중종
   ① 배경: 중종반정의 공신 세력을 견제하기 위해 사림 등용
   ② 기묘사화: **조광조(급진 개혁, 현량과·향약 주장, 소격서 혁파, 위훈 삭제 요청)** → 훈구파 반발(주초위왕)

3) 명종
   ① 배경: 대윤(윤임) vs 소윤(윤원형-문정왕후 동생) 대립
   ② 을사사화: '인종(대윤) → 명종(소윤)' 거치면서 외척 대립 → 대윤과 가까웠던 사림파 탄압

4) 붕당: 선조 때 사림 정치 청산 → 척신 심의겸의 동생 심충겸의 이조 전랑 천거 문제 사림파 분열
   ① 서인: 심의겸 등, 기성사림 + **이이, 성혼 학파**
   ② 동인: 김효원 등, 신진사림(이황 → 이후 남인, 조식 → 이후 북인, 서경덕 학파)

★ 제10조 ★
조선 전기 대외 관계 → 임진왜란, 병자호란

---

1 명(사대 정책)

태조 때 요동 문제(정도전)로 마찰, 자주적 실리 외교

2 여진(교린 정책)

1) 회유책: 귀순 장려(관직, 토지와 주택 제공), 국경 무역 허용(무역소)
2) 강경책: 4군 6진(세종 때 김종서) 개척(압록강~두만강 국경 확립)
3) 사민 정책: 삼남 주민의 북방 강제 이주 – 토관 제도(토착민을 하급 관리로 임용)

3 동남아시아(교린 정책)

류큐·시암·자바 등이 조공, 류큐의 문화 발전 기여

4 왜(교린 → 임진왜란 → 통신사)

1) 세종: 쓰시마섬 토벌(이종무), 왜관 폐쇄 → 삼포개항(부산포·제포·염포, 왜인 60명 거주)
   → 계해약조(세견선 1년 50척, 3포 거주 20일, 세사미두 200섬)
2) 중종: 삼포왜란 – 삼포 거주 왜인 반란, 비변사 설치(임시 기구) → 임신약조
3) 명종: 을묘왜변 – 왜구 전라도 연안 습격, 국교 단절, 비변사 상설 기구

4) 임진왜란
   ① 붕당의 대립: 김성일(동인) vs 황윤길(서인)
      → 전쟁 준비 × → 가토 기요마사, 고니시 유키나가 등 침략
   ② 이순신(조산만호로서 여진족 진압): 임진왜란 – 옥포 해전, 한산도 대첩(남해 제해권 장악)
   ③ 명: 이여송이 평양성 수복, 심유경이 화의 주도 → 실패
   ④ 기타: 의병(곽재우, 정인홍 등) 활약, 훈련도감(직업군) 설치, 유성룡(**속오법** 실시), 권율(행주대첩) 등

5) 정유재란
   ① 전라도 남원 파괴, 칠천량 해전(원균) 패배 → 직산 전투(조명연합군) 승리, 이순신: 명량해전(울돌목), 노량해전
   ② 결과: 공명첩 발급, 일본 문화 발전의 토대 마련

6) 대일 강화
   ① 관계 변화: '에도 막부'의 국교 재개 요청 → 사명대사 파견(강화 성립, 조선인 포로 송환)
   ② **기유약조**: 왜관(부산 초량 왜관 – 강화도 조약 때까지 유지) 재설치, 일정 범위에서 교섭 허용
   ③ **조선 통신사**: 일본의 요청(정권 교체 시 국제적 인정을 위해) → 1607~1811 12차례 파견

5 ▨ 청[병자호란 → 북벌론]

1) 중립 외교(광해군): 강홍립이 후금에 항복, 명과의 관계를 유지하면서 후금과 친선을 꾀함

2) 인조반정: 남인과 서인 집권

> 친명배금정책 → **정묘호란** → **주화론(최명길)과 주전론(김상헌, 윤집 등)의 대립** → **병자호란** → 남한산성 피난
> → 삼전도비(서울 송파구)

3) 북벌론
① 효종: **송시열**, 송준길, 이완 등 – 소중화사상에 근거, 문화적 우월감
② 숙종: **윤휴** – 청에서 '삼번의 난'으로 혼란

> * **송시열(서인 → 노론)**: 효종 때 북벌 주장 → 현종 때 **예송 논쟁** 주도 → 숙종 때 윤휴를 사문난적(성리학의 절대화)으로 비판, 윤증과 갈등(노소 분당) → 소의 장씨 원자 책봉 반대로 **숙종에게 사형 당함**
> * **윤휴(남인)**: 현종 때 예송 논쟁에서 송시열과 대립 → **성리학의 상대화**(독자 해석, 6경과 제자백가에서 대안 추구) → 숙종 때 북벌 주장 → 송시열에게 사문난적으로 몰리고, 경신환국 때 사형 당함

★ 제11조 ★
근대 태동기의 변화

1 통치 체제의 변화

1) **비변사**: 왜란을 거치며 구성원·기능 확대(정무 총괄) → **의정부, 6조 체계 무능화** → 세도정치기에 더욱 강화

2) 3사, 이조·병조 전랑: 각 붕당의 이해관계 대변

2 군사 제도의 변화

1) 중앙군: 훈련도감(직업적 상비군, 삼수병 편성) → **5군영 체제**(숙종 때 완료) → 서인이 군영 장악

2) 지방군: 진관(지역 단위 방어) → **제승방략(중앙에서 장수만 파견)** → **진관 복구, 속오군 체제(양천 혼성군)**
   * 속오군 체제: 양반~노비까지 모두 편제 but 양반의 군역 회피, 사실상 상민과 노비들만 남음

3 붕당 정치

1) 선조

> 정여립 모반 사건 → 정철의 기축옥사(동인 대탄압) → 건저 문제(정철 실각, 서인 몰락, 남인 집권) → 서인 처리 문제 두고 남인(온건파-유성룡)과 북인(급진파-이산해, 정인홍, 이이첨)으로 분열

2) 광해군: **북인**이 정권 독점

3) 인조반정: 서인 집권, 남인 일부 참여 – 상호 비판적 공존 체제 형성

4) 현종: **예송 논쟁(서인-송시열 vs 남인-윤휴) → 대립 심화**
   ① 발단: 자의대비 복색 문제 – 서인(왕=최고의 사대부)과 남인(왕≠사대부)의 입장 차이
   ② 1차(기해예송): 3년설(남인) vs 1년설(서인) → 서인 승리
   ③ 2차(갑인예송): 1년설(남인) vs 9개월설(서인) → 남인 승리

5) 숙종: **환국** – 왕권 강화-일당 전제화, 탕평론이 제기되었으나 실천되지 않음
   ① **경신환국**: 남인 영수 허적의 유악사건 → **서인 집권**: 남인 처리 문제로 노론(송시열) vs 소론(윤증) 분열
   ② 기사환국: 소의 장씨(장희빈) 원자(→ 경종) 책봉에 서인 반대 → 남인 집권, 송시열 사사
   ③ 갑술환국: 폐비 민씨 복위 운동 → 서인 재집권, 남인 몰락

6) 경종: 소론 집권 → 노론은 숙빈 최씨의 아들 영인군(→ 영조)을 왕세제로 추대, 대리청정 실시

7) 영조
  ① 완론탕평: 왕의 논리에 동의하는 탕평파 중심의 국정 운영, 사림 존재 부정, 서원 대폭 정리
  ② 이조 전랑의 관리 천거 및 선발 **관행 폐지**(정조 때 천거권 폐지) → 강력한 왕권으로 일시적으로 억제

8) 정조
  ① 준론탕평: 적극적인 탕평책, 영조 때의 척신과 환관 제거, 권력에서 배제된 소론과 남인 계열 등용
  ② 벽파 vs 시파: 시파 – 사도세자의 죽음을 애도, 정조의 국정 논리에 동의하는 입장(노론 일부 + 소론 + 남인)
  ③ **문체반정**(정치 세력 균형 도모): 벽파(노론)가 남인의 '천주교 신앙' 공격
    → 정조가 '고문운동' 주도하며 노론 공격(연암 박지원의 문체, 청국의 패관소설과 잡서 수입 금지)

4 ▨ 세도 정치

1) 전개: 정조 사후 3대 60년간 '안동 김씨(김조순)', '풍양 조씨'. '반남 박씨(박종경)' 등 외척 세력이 권력 행사
2) 특징: 소수 가문이 권력 독점 → **비변사가 핵심 정치 기구로 성장** → 매관매직: 수령이 향촌에서 절대권 행사

5 ▨ 토문강과 독도

1) 백두산정계비: 청의 만주 지역 성역화, 국경 분쟁 → 서쪽 압록강, 동쪽 토문강 경계 설정
  → **토문강 논쟁(쑹화강 상류 or 두만강)** → 1900년대 일제가 토문강을 두만강(석을수)으로 인정
  → 일제가 **만주 철도 부설권 대가로** 간도를 중국에 넘겨줌

2) 독도: 숙종 때 **안용복**이 울릉도와 독도가 우리 영토임을 확인 → 대한제국에서 '이범윤'이 간도 관리사로 파견 → 한일의정서 등을 통해 일제가 '시마네현'에 편입

★ 제12조 ★
수취체제

1 ▨ 경제정책

1) 삼국시대: 진대법(→ 의창 → 환곡), 철제 농기구 보급, 우경 장려(지증왕)
2) 고려시대: 왕건 취민 유도 정책, 흑창 설치(→ 성종 때 의창)
3) 조선시대: **농본주의 경제 정책(중농주의)** → **상공업 통제**(소비 억제, 도로와 교통수단 미비)

2 ▪ 조세제도

1) 삼국시대

조세	'재산의 정도'에 따라 **'호'를 나누어 곡물과 포를 징수** * 고구려: '조'는 '호'마다 3등급, 세는 '인두세'로 포 5필, 곡식 5섬
공물	**호(집집마다)를 기준으로 특산물 징수**
노동력	15세 이상의 남자 – 신역, 요역

2) 고려시대

조세	호부, 삼사에서 양안과 호적 작성 → 조운: 개경 '좌우창'으로 운송 **한전(밭)과 수전(논) 구분 → 토지 비옥도에 따라 3등급 구분, 1/10 수취(취민유도)**
공물	호(집집마다)를 기준으로 특산물 징수 **관청에서 주현에 할당 → 주현이 다시 속현과 향·부곡·소에 할당, 향리가 징수**
노동력	'정남'에게 부과, 인정에 따라 호를 9등급으로 구분

3) 조선시대

조세	과전법(1결당 300두 고정, 1/10 수취)에 기초 → 답험손실법(풍흉에 따라 관리가 납부액 조정) 실시 **세종: 토지비옥도(전분 6등)와 풍흉의 정도(연분 9등)에 따라 1결당 20~4두 수취** 조운: ① 운송로: 전라도·충청도·황해도 → 바닷길, 강원도 → 한강, 경상도 → 낙동강·남한강 ② 잉류 지역: 국경에 가까운 평안도, 함경도는 군사비와 사신접대비로 사용
공물	호 기준으로 특산물 징수(전세보다 부담) **→ 방납의 폐단(서리의 농간) → 수미법 제기(이이, 류성룡)**
노동력	군역: 군역의 요역화 현상 → **대립제, 방군수포제** 일반화 → 군적수포제로 군역 해이 요역: 초기 인정에 따라 구분 → 성종 이후 '토지 8결당' 1인, 1년 6일 이내

수취체제 문란: 16C 명종 때 삼정의 문란 + **환곡의 고리대화**, 임꺽정 등 도적 증가

4) 근대 태동기

구분		배경	내용	결과 및 영향
조세	**영정법** **(인조)**	양난 후 황폐화 → 개간, 양전 실시	풍흉과 관계 없이 1결당 미곡 4두 (전세의 정액화, 전주에게 유리)	전세의 비율이 낮아짐 부가세 부과
공납	**대동법** **(광해군)**	방납의 폐단	**1결당 미곡 12두(별공은 존재)** 삼베, 무명, 동전 등으로도 납부 (공납의 전세화)	지주 반발, 농민 환영 공인(어용상인) 등장 **상품 화폐 경제 발달**
군역	**균역법** **(영조)**	불합리한 군포 징수 공명첩으로 양반 증가	**1년에 군포 1필로 경감** 결작, 선무군관포(부유한 평민에 부과), 어장세, 선박세 보충	농민 부담의 일시 경감 → 결작을 소작농에 전가

수취체제 문란: 개혁에도 불구하고 **삼정의 문란 심화**, 특히 세도정치기에 극에 달함
→ 홍경래의 난, 임술농민봉기

★ 제13조 ★
토지제도

1 삼국시대

1) 민전: 자영농이 소유한 땅(귀족 사유지일 수도 있음), 매매·증여·상속 가능
2) 녹읍: 관료 귀족의 직무 대가
3) 식읍: 왕족, 공신에게 준 토지와 가호 * 녹읍과 식읍에서는 조세, 공물, 노동력 징발 가능

2 통일신라

1) 왕권 강화: **신문왕(관료전 지급 → 녹읍 폐지), 성덕왕(정전 지급)**
2) 귀족 부활: 경덕왕 – 녹읍 부활, 관료전 폐지, 정전 유명무실화
3) 민정 문서
   ① 조사: '매년' 변동 조사 → '3'년마다 재작성 → 촌주가 조세·공물·부역 등을 수취
   ② 분류: 호구 – 인정의 다소에 따라 9등급으로 구분, 인구 – 연령·성별 따라 6등급으로 구분,
      여자·가축·나무 등도 조사
   ③ 토지 종류: 내시령답, 관모답(관리의 토지), **촌주위답(촌주의 토지), 연수유답(농민의 토지)**

3 고려시대

1) 전시과: 관료를 18등급으로 나누어 전지(조세)·시지(땔나무) 분급, 수조권만 지급, 사망 or 퇴직
   시 반납

역분전	태조	개국 공신	공훈	논공행상 성격
시정 전시과	경종	전직(산관) 현직(직관)	공로 + 관등	문무백관~**한인**, 원칙적으로 세습 불가
개정 전시과	목종		관등	**군인전** 규정 포함(차별이 심함), 현직 관리 중심
경정 전시과	문종	현직(직관)		**공음전** 규정, 무관 대우 향상, 토지 부족 현상

* 녹과전: 녹봉 부족, 신직 관리 생계용으로 고려 후기부터 제공

2) 전시과의 종류

과전	문무 관리	**구분전**	하급 관료와 군인 유가족
공음전	5품 이상의 관료(세습 가능)	내장전	왕실(왕실 경비 충당)
한인전	6품 이하의 하급 관료 자제	공해전	중앙과 지방의 각 관청
군인전	군인(군역 세습으로 토지 세습)	사원전	불교

* 공음전, 외역전(향리), 군인전은 '영업전'이라고도 불림. 신분, 권리, 의무 등을 함께 세습

4 **조선시대**

1) 과전법

> 권문세족 토지 몰수 → **경기도**에 한해 실시, 신진 사대부의 경제 기반 마련 → **전현직 관리에게 지급**
> **수신전**(관리의 미망인), **휼양전**(사망한 관리의 어린 자제) 지급

2) 직전법(세조)

> **현직 관리**에게 토지 지급(전체적으로 지급량 축소), **수신전·휼양전 폐지**, 국가 재정 강화
> → 훈구파의 토지 소유욕 자극, 대농장 확대 요인

3) 관수관급제(성종)

> 국가가 경작자에게 조를 받아 현직 관리에게 지급 → **국가의 토지 지배권 강화**, 농장 확대 가속

4) 과전법 폐지(명종)

> 녹봉제 실시, 병작 반수제 강화 → 지주 전호제 강화

★ 제14조 ★
농업, 수공업, 상업, 대외 무역

1 **농업**

1) 삼국시대: 휴경농법 → 4~5세기경부터 철제 농기구가 점차 보급됨 → 6세기경 철제 농기구와 우경 확대

2) 고려시대
① 농법 발달: 깊이갈이 일반화, 시비법 발달(풀 태우기, 똥오줌), 휴경지 감소
밭농사 2년 3작 점차 보급, 이앙법(모내기법) 남부 지방 일부 보급
② 고려 후기 변화:
  - 12세기 이후 연해안의 저습지 개간
  - 강화도 피난 시기 이후 강화도 중심으로 간척 사업
  - **농상집요** 소개(원나라 농서, 이암), 목화씨 보급(문익점)

3) 조선시대
① 중농 정책: **농사직설**(세종-전국에서 농법 수집), 금양잡록(강희맹 사찬농서), 구황방법 제시(메밀, 도토리)

② 농법 발달
- 조·보리·콩 2년 3작의 일반화, 모내기법 '남부지방' 보급, 벼·보리 이모작 시작
- 시비법 발달(밑거름, 덧거름), 휴경지 소멸, 목화 생산 확대로 의생활 개선, **약초와 과수 재배 확대**

4) 근대 태동기
① 지주전호제: 18C 말 일반화 → 소작인의 저항 → **도조법(도지법)** 대두 → 지주-전호가 경제적 관계로 전환
② **광작** 발달: 모내기법 확대(벼-보리 이모작 생산 향상) → **부농** 형성 → 임노동자 발생(광산, 포구에서 노동)
③ 상품 작물 재배: 쌀, 목화, 채소, 담배, 약초 등 – **쌀의 상품화** 활발

2 수공업

1) 삼국시대: 관영 수공업(**노비** or 장인이 생산)

2) 고려시대
① 전기: 관청 수공업(공장안에 등록된 기술자가 생산)과 소(특수 행정구역) 수공업 주심
② 후기: 승려가 노비를 동원 '기와, 술, 소금' 등 생산

3) 조선시대
① 관영수공업: 기술자(공장, 장인) 공장안 등록 → **부역으로 생산, 초과분은 세금 내고 판매**
→ 16C 부역제 해이
② 가내수공업: 농가에서 자급자족 형태로 무명, 명주, 모시, 삼베 등 생산

4) 근대 태동기: 판매를 위한 제품 생산 활발, 장인세만 납부하면 비교적 자유롭게 생산 활동 가능
① **선대제** 수공업: 상인이 자금과 재료를 지급 → 가내수공업 형태로 제작 및 회수, **상업 자본이 수공업 장악**
② 독립 수공업자 등장: 18세기 후반에 독자적으로 제품을 생산하여 직접 판매하는 사람도 등장

3 상업

1) 시장
① 삼국시대: 5C 말 경주에 시장 설치 → 6C 초(지증왕) 동시전 설치 → 통일신라 때 '서시'와 '남시' 설치
② 고려시대: 개경 '시전' 설치, **'경시서'** 감독 → 지방은 비정기 시장과 행상 → 후기 조운로에 따른 교역, '원' 발달
③ 조선시대: 개경 시전을 서울로 이전, 독점판매권(금난전권) 획득, 경시서(→ 평시서) 감독

④ 근대 태동기

공인	어용상인, 대동법 실행에 따라 등장 → 일부는 '도고(독점상인)'로 성장
사상(ex. 송상)	지방 장시 연결, 대외 무역 등으로 성장, 만상(의주): 대청무역, 내상(동래): 대일무역 **송상(개성): 전국에 지점(송방) 설치**, 인삼 무역 관여, 만상과 내상 중계, 유상(평양) 등
난전상인	무허가 상인, 칠패, 송파 등에서 활동, 시전 상인 탄압 → **정조의 통공정책**으로 활성화
보부상	장시: 15C 말 등장 → 18C 전국 확산: 정기 시장(5일장) 일반화, 일부 상설시장화 장시를 하나의 유통망으로 연결(비상시 군대 역할도 함, 혜상공국, 황국협회 등)
선상, 객주, 여각	포구: 세곡과 소작료 운송 기지 → 18C 상업 중심지로 성장(강경포, 원산포 등) 선상: 선박으로 세곡선 운반 → **경강상인**(세도가와 연결, 시장 독점) 　　　 → 선박 제조업 등에도 진출 → '도고'화 객주, 여각: 상품 매매, 보관, 숙박, 금융업 등

2) 화폐

고려시대	건원중보(철전)	최초의 화폐, 성종 때 제작 → 목종 때 유통 재시도, 동전으로 재제작 → 다점과 주점 등에서 사용, 일반 농민은 '**곡식**'과 '**베**' 사용
	활구(은병)	숙종, 고려의 지형 본뜸, 중기 이후 유통 활성화 삼한통보, 해동통보, 해동중보 등도 유통
조선시대	저화(지폐), 조선통보	태종 유통 시도 but 실패, 일반 농민은 '**곡식**'과 '**무명**' 사용
태동기	**상평통보**, 신용화폐(환, 어음) 등	18C 후반 전국 유통 – 세금과 소작료의 동전 대납 → 지주, 대상인 등이 고리대와 재산 축적 수단으로 사용 → '**전황**' 발생

3) 광업
　① 조선 전기: 정부가 '부역' 동원, 독점 채굴
　② 17C 중반: **설점수세제**(민간인에게 광산 채굴 허용 + 세금 부과) → 광산 개발 촉진
　③ 17C 후반: 청 무역 등으로 은 수요 증가 → 전국에 '**은광** 개발(경기도, 평안도 등) 활기
　④ 18C 중반: 정부의 광산 채굴 금지 → **잠채** 활성화 → 물주(상인 자본)가 덕대(전문 경영) 고용,
　　광산 운영

4　대외무역

1) 삼국시대
　• 고구려 – 남북조 · 유목민족, 백제 – 남조 · 왜, 신라 – **당항성** 확보 이후 중국과 직접 교역
2) 통일신라
　• **울산항** – 이슬람 상인, 청해진(장보고, 진도) – 남서해 해상권 장악
　• 중국 진출: 산동반도, 양쯔강 등
3) 발해
　• 산동반도 덩저우에 '발해관'
　• **무역로: 상경 → (중경) → 당, 상경 → 동경 → 일본, 상경 → 남경 → 신라**

4) 고려시대
- **벽란도(예성강 어귀)**, 송 − 최대 교역국, 거란·여진 − 은 수입, 식량 수출
- 왜 − 수은·황 수입 및 식량 수출, 아라비아(대식국) 상인 왕래
5) 조선시대
① 전기: 명 − 사신 왕래 시 공무역·사무역, 여진 − 무역소, 왜 − 왜관
② 태동기: **개시·후시** 발달, 역관·상인(의주 만상, 동래 내상 등) 등의 참여 활성화
청 − 증강·봉황성·책문, 여진 − 경원·회령, 왜 − 동래·초량

★ 제15조 ★
신분제

1️⃣ 삼국시대

1) 초기 신분 구조 → 이후 '귀족−평민−천민' 형태로 구조화

가, 대가	부여와 초기의 고구려(좌식자)에 존재, 호민 통해 읍락 지배, 관리와 군사력을 갖고 정치 참여
호민	경제적으로 부유한 계층, 향촌 지배자
하호	농민, 조세 등의 의무, 가·대가 등에게 쌀·물고기·소금 등을 바침
노비	주인에게 예속, 천민층

2) 고구려 지배층: 왕족 고씨, 5부 출신 귀족
3) 백제 지배층: 왕족 부여씨와 8성의 귀족
4) 신라 골품제
① 제도 형성: 골제(왕족) + 두품제(귀족) → '법흥왕' 때 통합, 진평왕 때 '성골'과 '진골' 구분
② 진골: 중앙과 지방 관청의 장관직 독점, **대아찬~이벌찬** 관직 독점, 시중(중시) − 집사부 장관 차지
③ **6두품**(득난): 중대 − 왕의 정치적 조언자 → 하대 − 개혁안 제시(최치원), 호족과 결합(최승우, 최언위)
'아찬'까지만 진급 가능 → 중위제(중아찬, 사중아찬 등 명예직 부여)
④ 4·5두품: 지배층의 말단
⑤ 1~3두품: **'통일신라' 때 평민화**
5) 발해: 이원적 구조, 지배층(왕족인 대씨와 고구려 유민 고씨) + 피지배층(말갈족 부락)

2 ■ 고려시대

1) 지배층
   ① 문벌귀족: 혼인·음서제·공음전 등으로 신분 세습, '개경'에 거주 → 죄를 지으면 '귀향' 형벌
      지방 향리의 자제가 과거 합격 → 혼인 통해 '문벌귀족화'
   ② 권문세족: 원과 연고로 지위 획득(몽골어 역관이나 다루가치 말잡이 등, 과거 문벌귀족 출신도 포함),
      대농장 소유
   ③ 신진사대부: 지방 향리·중소지주의 자제 → 과거로 중앙 정계 진출, **성리학 수용, 불교 비판**

2) 중류층
   ① 하급 관리: 잡류 − 중앙 관청 말단 서리, 남반 − 궁중 실무 관리, 역리 − 지방 역(원) 관리
   ② 하급 군인: 군반 − 직업 군인, 군인전 + 직역 세습
   ③ 향리: 지방 행정 실무 관리, 호장 − 지방의 실질적 지배층, 속현에서 세금 징수 등 권한 보유

3) 양민
   ① 농민, 조세·공납·역 의무
   ② 특수 행정구역민: 신분 양인, **역·진** 거주민, 향−부곡(농업)−소(수공업): 조세 부담 높고 거주
      이전 자유 없음

4) 천민: 매매·상속·증여의 대상, **일천즉천**
   ① 공노비: 입역노비 − 관청에서 잡무·**급여**로 생활, 외거노비 − 지방에서 농업 종사, 규정 액수
      납부
   ② 사노비: 솔거노비·외거노비 − 농업, 농민과 비슷한 생활 수준, 신분 상승 가능, 신공 바침, 재
      산 축적 가능

3 ■ 조선시대

1) 양반 관료 사회: 법제적으로 **양천제** → 실질적으로 **반상제**로 구조화
   ① 의미: 본래 문반(동반) + 무반(서반) → 관료 체제가 정비되면서 가족이나 가문까지 지칭
   ② 특징: 생산에 종사하지 않음, 현직 or 예비 관료로 활동, 유학자로서의 **인문적 소양**과 자질 함
      양에 힘씀
   ③ 신분적 특권 제도화: 각종 국역 면제, 서얼의 관직 진출 제한, 사족(유학, 양반)과 이서층(중인)
      분리 경향

2) 중인
   ① 특징: 직역 세습, 같은 신분끼리 혼인, 관청 주변에 거주, 경제적으로 여유로움
   ② **서리**: 중앙 관청의 하급 관리 → 방납의 폐단을 일으킴
   ③ **향리**: 지방 관청의 하급 관리, 세습 아전, 토지 지급받지 않음
   ④ **역관**: 통역관, 전문적 실무 능력 보유, 조선 후기 대외 무역에 관여하여 경제적 성공을 거두
      기도 함

⑤ **서얼(중서): 조선 전기부터 차별, 문과 응시 금지(경국대전에 법제화)**
⑥ 기술관: 역관, 의관, 천문관, 지관, 산관, 율관, 금루, 화원 등

3) 상민(양인)
① 종류: 농민, 수공업자, 상인(상인세 납부) 등
② 신량역천: 신분은 양인이나 천역 담당 – **수군, 봉수, 조졸(조운)**, 조례, 나장, 일수, 역졸(조례 이하 관아 심부름꾼)

4) 천민: 대부분이 노비
① 원칙

일천즉천	원칙적으로 양인과 결혼 불가 but 노비 증식 수단으로 양천 결혼 횡행
천자수모법	노비 간 소생은 '어머니 소유주'에 귀속

② 노비 증식 억제책: 양인 감소 방지

노비종부법(태종)	아버지가 양인이면 자식도 양인 → 실패
노비종모법(후기)	어머니가 양인이면 자식도 양인 → 신분 구조 변화

③ 백정: 고려시대엔 '화척', 조선시대엔 도살업·유기제조업·육류판매업에 종사
④ 조선 중기 이후 천민화: 백정, 광대, 사당, 무격
⑤ 직역 노비: 창기, 의녀, 악공

5) 신분제 동요(근대 태동기)
① 양반층 동요: 붕당정치·세도정치 등으로 다수 양반 몰락 → 향반, 잔반
② 양반층 증가: 공명첩 발급, 부농 등 상민의 신분 상승 추구 → 신분제 동요
③ 중인 신분 상승 운동: 서얼의 규장각 검서관 등용, 서얼·중인 등 소청운동 전개, 역관(서학 등 외래문화 수용)
④ 노비 해방: **관노비 해방(1801, 순조 1)** → 노비세습 폐지(1886, 고종 23) → **신분제 폐지, 사노비 해방(갑오개혁)**

사회질서

1 삼국시대

1) 고구려: 상무적 사회 기풍, 엄격한 형법(도둑질 12배 배상), **진대법, 형사취수제, 서옥제**
2) 백제: 상무적 기풍, 엄격한 형법(도둑질 2배, 관리 횡령 3배), 중국 문화 향유, 투호·바둑·장기 등의 오락을 즐김
3) 신라: **화랑도** – 진흥왕 때 확대(ex.이사부, 사다함 등), 원광의 세속5계, 화랑(귀족)과 낭도(평민)로 구성

2 고려시대

1) 무신집권기 민중 봉기

> 조위총의 난(서경, 농민 가세), **공주 명학소**(특수 행정구역) 망이·망소이의 봉기,
> 운문·초전의 김사미·효심의 봉기(경주 출신 이의민과 내통), 만적의 봉기(개경, 최충헌의 가노, 신분 해방 운동)

2) 원간섭기: 몽골풍(고려에 몽골 문화), 고려양(몽골에 고려 문화) 유행

3) 향도
   ① 기원: 용화향도(김유신의 화랑도)
   ② 고려시대: 불교 신앙 조직(법회, 보시, 매향 활동), 승려나 향리가 주도, 일반 신도 참여
   ③ 조선시대: **향촌 공동체**(두레와 유사) 형태로 변화
      → 조선 중기에는 '사족'이 주도하는 '동약'에 흡수(향약(상도) + 향도(하계)) 형태
      → 조선 후기 '상두계(장례계)' 성격 강화(≒향도계, 동린계): 술과 노래를 즐겼는데 양반들이 이를 음사라 여겨 금지하려 함

4) 사회 안전망

> ① 의창: 고구려 진대법 영향, 평시에 곡물 저장 → 흉년에 빈민 구제
> ② 상평창: 물가 조절, 개경·서경·12목에 설치
> ③ **동서대비원**: 개경의 동쪽과 서쪽에 설치, 환자 진료 및 빈민 구휼
> ④ 혜민국: 의약 전담
> ⑤ 구제도감, 구급도감: 임시 기관, 재해 수습
> ⑥ **제위보**: 기금 마련 후 '이자'로 빈민 구제(cf. 학보, 경보, 팔관보 등 다양한 기금 조성)

↓ 조선시대로 계승

> ⑦ **사창**: 양반 사족들이 자체적으로 운영 → 흥선대원군 때 환곡 개혁 수단으로 활용
> ⑧ 재생원: 지방민 구호, 진료
> ⑨ 동서활인원: 유랑자 수용, 구휼

3 **조선시대**

1) 법률 제도: 경국대전과 대명률로 처리, 반역죄·강상죄가 가장 무거운 죄

    ① 민사 소송: **초기 - 노비 문제 → 후기 - 산송(묘지) 문제**가 주류

    ② 사법 기관: 1차에선 지방 수령이 처리, 상소 가능 → 사헌부, 의금부, 형조, 한성부, 장례원(노비 문제) 담당

2) 유향소(=이아, 향소, 향청)

    ① 구성원: 향임, 감관, 향정, 좌수, 별감 등

    ② 역할: 향촌 질서 유지, 풍기 단속, 향리의 악폐 감찰, 수령 보좌

    ③ 특징: 고려 말 등장 → 태종 혁파 → 세종 때 부활 but 경재소 견제 → 세조 혁파 → **성종 때 부활**

3) **경재소**: 중앙고위관리가 출신지역 유향소 통제, 중앙과 지방의 연락 담당 → 17C 초(선조) 폐지

4) **향약**: 풍속 교화, 유교 윤리 보급, 사족의 향촌 지배 수단

    ① 구성원: 약정, 부약정, 직월 등

    ② 발전

> 조광조가 유향소·경재소 혁파, 향약으로 대체 주장, **여씨향약** 보급 → 이황의 '예안향약' 실천
> **→ 이이의 '해주향약'이 모범**, '동약' 구조로 정착 → 17C 이후 수령과 신향 등의 도전으로 무력화

5) **서원**: 16C 이후 지방에 설립, 향촌 사림 결집 → 당쟁의 후방 기지

6) **향회**(≒유향소, 향약)

    ① 기능: **향임** 임명, **향안** 작성, **향규** 등의 규제 조항 마련

    ② 향안(≒청금록, 양반 명부): 친족 신분에 하자가 없어야 함 + 재지사족의 '공론'으로 결정

    ③ 변화

> 17C 사족의 향촌 유지 수단 → 18C **향전**(재지사족 vs 신향(요호부민, 부농)) → 동성마을, 사우, 문집 발간
> but 양반의 권위 약화 → 정조와 세도 정치 이후 '**수령 + 이향(향리)**' 중심 재편 → **부세 자문** 기구로 변화

4 **태동기의 사회변화**

1) 사회 불안: 비기, 도참, 정감록, 무격신앙, 미륵신앙 등 유행

2) 천주교

> 서학 보급 → 경기 남인(이벽, 정약용 일가 등)을 중심으로 신앙으로 받아들여짐 → 이승훈(최초의 영세신자) →
> 내세사상과 평등사상 전파 → **유교 제사 거부**(정조 때 윤지충 등의 진산사건): 신분 질서 부정으로 이해 → **신
> 유박해(1801), 기해박해(1839)** 등 탄압 but 세도정치기 동안 성장

3) 동학

> 경주 몰락 양반 최제우 창도(유불선 + 민간신앙 결합, 인내천·시천주 사상) → 최제우 처형(백성을 현혹한다는 죄)
> → 최시형 교단 수습(동경대전·용담유사 편찬, **삼남지방 중심으로 교세 확장**)

4) 농민봉기
  ① 삼정의 문란: 소극적 항거(소청, 벽서, 괘서)
  ② **홍경래의 난**(1811): 순조 때, 정주성 함락, 청천강 이북까지 진출 but 평양은 함락하지 못함
    평안도 지방의 몰락 양반(지역 차별 반발), 영세 농민, 중소 상인, 광산 노동자 등 참여
  ③ **임술농민봉기**(1862): 농민봉기 전국 확산, 한때 '진주성' 점령

5 고려~조선시대의 가족 질서

1) 고려 초: 왕실에서 친족 간의 혼인(근친혼) 성행, 일부일처제가 일반적

2) 고려~조선 전기 여성의 지위: 남녀가 거의 대등한 지위 유지

> **남녀 균분 상속**, 호적에 출생순 기재, 아들이 없을 경우 **딸이 제사, 사위가 처가의 호적에 입적** 가능, 사위나
> 외손자도 음서 혜택, 여성의 재가가 비교적 자유로움

3) 조선 후기: 부계 중심의 가족 제도 강화, 일부일처제 but 축첩제

> **친영 제도** 정착, 남녀 차등 상속, 장자가 제사 전담 및 재산 상속 우대, **양자** 제도 일반화, **부계 위주의 족보**
> 편찬, 효와 정절 강조(과부 재가 금지), 동성 마을 형성 등

★ 제17조 ★
역사서

---

1 삼국시대

1) 목적: 중앙 집권 체제 정비
2) 고구려: 유기 → 신집 5권(이문진) – 영양왕
3) 백제: 서기(고흥) – 근초고왕
4) 신라: 국사(거칠부) – 진흥왕
5) 통일신라: 화랑세기(화랑 일대기), 고승전(신라 승려), 한산기(한산주 지리지) – 김대문, 주체적 문화
  의식

2 **고려시대**

1) 건국 초기: 왕조실록 – 거란 침략으로 유실 → 7대 실록(태조~목종) 현종 때 편찬, 덕종 때 완성 but 현존 ✕

2) 중기: **김부식의 삼국사기(기전체) – 현존하는 최고의 역사서, 유교 합리주의 사관, 신라 계승 의식**

3) 후기
   ① 특징: 민족 자주 의식, 문화 주체성
   ② 해동고승전(각훈): 신라 고승 30여 명의 전기
   ③ 동명왕편(이규보): 고구려 건국 영웅 동명왕 업적 칭송 '서사시'
   ④ **삼국유사(일연)**: 충렬왕 때, 불교사 중심, 고대의 민간 설화 수록, **단군 신화(민족 시조)**
   ⑤ **제왕운기(이승휴)**: 충렬왕 때, 역사를 단군부터 서술, **중국사와 대등하게 파악**하는 자주성

4) 말기: **사략**(이제현): 정통 의식과 대의명분을 강조하는 성리학적 유교 사관, 사론만 현존

3 **조선시대**

1) 고려사 편찬: 왕조의 정통성 및 성리학적 통치 규범 정착 목적

고려국사(정도전) → 15C: 고려사(기전체, 세종 때 김종서·정인지), 고려사절요(편년체, 문종 때 김종서 등)

---

2) 기타: 동국통감(성종 때 서거정, 편년체, 고조선~고려 말까지 정리), 16C 동국사략(박상) – 사림파 역사 의식

3) 태동기
   ① **이익**: 실증적·비판적 역사 서술, 중국 중심 역사관 탈피, 주체적 자각 강조
   ② **동사강목(안정복)**: 이익의 제자, 이익의 역사의식 계승, 마한 정통론 주장
   ③ **연려실기술(이긍익)**: '조선시대'의 정치와 문화 정리
   ④ 해동역사(한치윤): 500여 종의 중국 및 일본 자료 참고
   ⑤ 동사(이종휘): 고구려 역사 연구
   ⑥ **발해고(유득공)**: 발해사 연구, 동사와 더불어 한반도 중심의 협소한 사관 극복

★ 제18조 ★
유교

1 **고려시대**

1) 통일신라: 6두품 출신 학자 – 강수(외교문서), 설총(이두, 화왕계), 최치원(빈공과)

2) 고려 전기
   ① 태조: 유학자들(최언위, 최응 등)이 유교주의에 입각한 국가 경영
   ② 성종: 최승로의 시무 28조 개혁안 수용(자주적, 주체적 성격)

3) 고려 중기: 유교사상의 보수화
   ① **최충**: 해동공자, 9재 학당, 훈고학적 유학 + 철학적 유학
   ② 김부식: 보수적이며 현실적 유학
4) 고려 말기: 성리학의 전래
   ① 전래: **안향(충렬왕)** → **이제현(충선왕 때 만권당 교류)** → **이색(공민왕 때 성균관 대사성)** → **정몽주·정도전**
   ② 특징: 사회 개혁 사상, **소학과 주자가례** 중시, 권문세족과 불교 비판

2 조선시대

1) 관학파: 성리학 외의 다양한 사상 포용, '주례'(중국 고대 하·은·주나라 예법) 중시 → 부국강병 추구, 실용적 경향
   ① 윤리·의례서: 삼강행실도(세종, 충신·효자·열녀, 그림), 국조오례의(성종, 국가 의례)
       → 16C 사림파 - 이륜행실도(중종, 연장자~연소자), 동몽수지(어린이)
   ② 법전: 조선경국전, 경제문감(정도전), 경제육전(조준), **경국대전**(조선의 기본 법전)

2) 사림파: 왕도정치, 향촌자치 추구 - 경연 강조, 공론 중시, 청요직(삼사 언관직, 전랑직, 사관 등) 진출
   ① 학파와 정파의 형성

주기론	서경덕 : 주기론의 선구자, 불교와 노장사상에 개방적
	조식(북인): **학문의 실천성** 강조(→ 의병장 다수 배출), 노장사상에 포용적
	이이(서인): 동호문답, **성학집요**(신하의 가르침을 통해 **군주의 '기질' 변화**) 저술, 현실적·개혁적 성격
주리론	이언적: 주리론 선구자
	이황(남인): 주자서절요, **성학십도**(군주가 **스스로** 성학을 따름), 이상주의, 일본 성리학에 영향

   ② 성리학의 절대화 vs 상대화 경향

송시열	**의리명분론**, 주자 중심의 성리학 절대화
윤휴, 박세당	6경과 제자백가에서 대안 모색 → 사문난적으로 몰려 사망

   ③ 노론 vs 소론

노론(이이 계승)	**호락 논쟁**: 인간과 사물의 본성이 같은가(**낙론 → 북학파**), 다른가(**호론 → 위정척파사**) 논쟁
소론(성혼 계승)	성리학 이해에 탄력적, 양명학과 노장사상 수용 → 정제두의 강화 학파

   ④ **양명학**: 정제두 - 일반민을 도덕 실천의 주체로 인정, 신분제 철폐 주장 → 강화학파 → 국학에 영향

3) 실학
   ① 선구: 이수광(지봉유설), 한백겸(동국지리지), 고증학과 서양 과학 영향
   ② 중농학파(경세치용학파) 경기 남인, 토지 제도 개혁

유형원	반계수록 저술, **균전론** 주장(자영농 육성), 문벌·과거·노비 제도 모순 비판
이익	성호사설 저술, **한전론** 주장, 나라를 좀먹는 여섯 가지 폐단 비판 → 이익 학파 형성
정약용	실학 집대성, 목민심서(지방 행정 개혁), 경세유표(중앙 행정 개혁) 등 저술 **여전론** → **정전제** 주장, 과학·상공업 발달에 관심

③ 중상학파(이용후생학파, 북학파), 서울 노론, 청 문물 수용 + 생산력 증대

유수원	우서 저술, 상공업 진흥 및 기술 혁신 강조, 사농공상의 **직업적 평등 및 전문화** 주장
홍대용	임하경륜 저술, 기술 혁신과 문벌 제도 철폐, 성리학의 극복 강조, 중화사상 비판
박지원	**열하일기** 저술, 상공업 진흥(수레와 선박 이용, 화폐 유통의 필요성), **농업 생산력 증대**(상업적 농업 장려, 수리 시설 확충), 양반 문벌 제도의 비생산성 비판
박제가	**북학의** 저술, 청 문물 수용 주장, 청과의 통상 강화, 수레와 선박 이용 역술, 소비 권장

★ 제19조 ★
불교

1 삼국시대

1) 불교 수용: 왕권 강화 → 업보설, 불교식 왕명, 미륵불(화랑) 신앙
2) 호국 불교: 원광 법사(세속 5계) → 자장(황룡사 9층탑, 선덕여왕)
3) 불교 사상의 발달

원효	**불교 사상 이해**(금강삼매경론, 대승기신론소), **분파 의식 극복**(일심사상), **불교의 대중화**(아미타 신앙)
의상	**화엄 사상**(화엄일승법계도): 모든 존재가 상호 의존적 관계, 조화 강조 아미타 신앙 소개, 관음 신앙(현세의 고난에서 구제받고자 함), 부석사 건립
혜초	인도 순례 → **왕오천축국전** 저술(인도와 중앙아시아 풍물 기록)

2 고려시대

1) 전기: 균여(화엄종) – 보살의 실천행 강조 → 개경에 흥왕사·헌화사 건설 → 화엄종·법상종 유행
(문벌귀족 후원)

2) 중기: **의천**(교관겸수, 내외겸전)
① 불교 통합 운동: 화엄종 중심의 교종 통합(흥왕사를 근거로) → 선종 통합 시대(국청사 창건) →
천태종 창시
② 한계: 의천 사후 교단 분열, 귀족 중심의 불교 지속

3) 무신집권기: 불교 개혁 운동
  ① **지눌: 수선사 결사**(송광사), **정혜쌍수**(선교일치), **돈오점수**(수행법) 제창, **선교 통합**(조계종) → 이후 불교계 중심
  ② 혜심: 지눌의 제자, **유불 일치설** 주장 → 성리학 수용의 사상적 토양 마련
  ③ 요세: 교종, 백련 결사, 법화 신앙(참회 신앙) 강조, 지눌과 더불어 지방민의 호응이 큼

4) 대장경(경-율-논 삼장으로 구성)
  ① **초조대장경**: 현종 때 거란의 침입을 물리치기 위해 간행 → 몽골 침입 때 유실, 인쇄본 일부가 현존
  ② 교장(속장경): 의천이 송·요 주석서를 모아 편찬, '신편제종교장총록' 제작, 교장도감 설치, 신라인 저술 포함
  ③ **팔만대장경**(재조대장경): 몽골 침입으로 소실된 초조대장경 대신 간행, 해인사에 보관

★ 제20조 ★
교육기관

---

1 삼국시대

1) 고구려: 태학(귀족 자제, 경전·역사서 교육), 지방 – 경당(평민 자제, 평양 천도 이후 설립, 한학·무술 교육)
2) 백제: 5경 박사, 의박사, 역박사
3) 신라: 임신서기석(청소년들 유교 교육의 흔적)
4) 통일신라
  ① 국학: 4~6두품 하급 관료 입학, 9년간 공부 → 관직 승진
  ② 독서삼품과: 원성왕, 유교 이해를 3등급으로 구분, 실제 효과(귀족 견제)는 미미
5) 발해: 주자감

2 고려시대

1) 관학
  ① 국자감: '유학부(국자학·태학·사문학, 7품 이상 관리 자제), 기술학부(율학·서학·산학, 8품 이하 or 서민 자제)'로 구성 → 충렬왕 때 '성균관'으로 개칭, 공민왕 때 '순수 유교 교육기관'으로 개편
  ② 향교: 지방, 지방 관리와 서민 자제 교육

2) 사학

> 고려 중기 최충의 '문헌공도(시중최공도)' 등 사학 12도 융성, 관학 위축
> → 관학 진흥: 서적포, 국학 7재, 양현고, 청연각·보문각, 경사 6학 정비, 섬학전 설치

3 **조선시대**

1) 국립 교육기관

   ① 성균관: 최고학부, '대성전(제사)-명륜당(경연)-동재·서재(기숙사)-존경각(도서관)'으로 구성

   ② 4학: 4부 학당(북학까지 설립해서 5부 학당으로 만들려고 했음), 중등 교육기관

   ③ 향교: 지방 중등 교육기관, 부목군현에 하나씩 설립, 교수와 훈도 파견, 향례

2) 사립 교육기관

   ① 서원: 백운동서원(풍기 군수 주세붕 → 명종 때 이황 건의에 따라 사액서원('소수서원')으로 개명)이 **시초,**
   향음주례 지냄, '사당(제사)-동재·서재(기숙사)-강당-존경각' 구조

   ② 서당: 초등 교육기관

★ 제21조 ★
과학 기술

---

1 **인쇄술**

1) 신라: 목판인쇄술 – **무구정광대다라니경(세계 최고, 8C 초, 석가탑에서 발견)**, 닥나무 제지술 발달

2) 고려: 목판인쇄술 발달(대장경 등), 금속활자술 발달, 종이 제조 전담 관서 설치

   ① **상정고금예문**(1234): 12C 예종 때 고금의 예문을 모은 의례서

     → 강화 천도 때 예관이 못 가져옴. 최우가 보관, 강화도에서 금속활자로 28부 인쇄

   ② 직지심체요절(1377): 청주 흥덕사, 현존하는 최고의 금속활자본

3) 조선

   ① 태종: 주자소 설치, 계미자 주조

   ② 세종: 갑인자 주조, 식자판 조립, 조지서 설치

2 **역법**

1) 고려: 초기에는 **당의 선명력** 사용, 충선왕 때 **원의 수시력** 채용

2) 조선: 천상열차분야지도(천문도) – 태조 때 제작(고구려 천문도 바탕)
   칠정산(중국 수시력 + 아라비아 회회력 참고, 우리나라 역사 최초로 서울을 기준으로 천체 계산)

3) 태동기: 시헌력(아담 샬 제작, 김육), **지전설(김석문, 홍대용-무한우주설)**, 곤여만국전도(마테오 리치)

3 **의학**

1) 고려: 태의감·향약방 – 독자처방 시작, 향약구급방 – 우리나라 최고의 의학 서적

2) 조선: 향약집성방, 의방유취(의학 백과사전)

3) 태동기: 동의보감(허준), 마과회통(정약용-홍역연구, 박제가와 종두법 연구), 동의수세보원(이제마, 사상
의학)

★ 제22조 ★
고분, 탑, 불상

1 ▮ 고분

1) 고구려: **돌무지무덤(만주 집안의 장군총)** – 벽화 × → 굴식 돌방무덤: 벽화 ○ – 무용총, 강서대묘, 안악3호분
2) 백제
    ① 한성 시기: 계단식 돌무지무덤 – 고구려 영향, 서울 석촌동 고분
    ② 웅진 시기: 굴식 돌방무덤, 벽돌무덤 – 중국 남조 영향, 무령왕릉
    ③ 사비 시기: 굴식 돌방무덤 – 규모는 작으나 세련됨
3) 신라: 돌무지 덧널무덤(천마총)
4) 통일신라: 화장 유행(불교 영향), 소규모 굴식 돌방무덤 – 둘레돌에 12지신상 조각
5) 발해: **정혜공주묘** – 굴식 돌방무덤, 모줄임천장(고구려 영향), 돌사자상, **정효공주묘** – 벽돌무덤, 묘지와 벽화

2 ▮ 탑

1) 고구려: 목탑 양식, 현존 ×
2) 백제: **미륵사지 석탑 – 서탑만 일부 현존**, 목탑 형식, 동양 최대 규모 / 부여 정림사지 5층 석탑
3) 신라: 황룡사 9층탑 – 목탑, 몽골 침입 때 유실 / 분황사탑 – 모전 석탑
4) 통일신라
    ① 신라 중대: 감은사지 3층 석탑, 불국사 3층 석탑(석가탑): 이중기단 3층탑 / 다보탑
    ② 신라 말기: **진전사지 3층 석탑 – 기단과 탑신에 부조로 불상 조각**
        승탑(팔각원당형, 쌍봉사 철감선사탑)과 탑비: 선종 영향
5) 고려: 신라 양식 일부 계승, 다각 다층탑, 안정감 부족, 자연스러운 모습
    ① 중기: **월정사 8각 9층 석탑(강원도 평창)**
    ② 말기: **경천사 10층 석탑(원의 영향, 대리석 제작 →** 일제강점기 경복궁으로 옮겼다가 현재 국립중앙박물관 소장)
6) 조선: 전기 – **원각사지 10층 석탑(**탑골 공원에 존재, 국보 2호)
7) 석등: **법주사 쌍사자 석등**, 발해 석등

3 ▮ 불상

1) 삼국시대: 금동미륵보살반가상, 연가7년명 금동여래입상(고구려), 서산 마애삼존불(백제), 경주 배리석불입상(신라)
2) 통일신라: 석굴암(네모난 전실, 좁은 통로, 둥근 주실)의 본존불상(관음보살상)과 보살상
3) 고려시대: **광주 춘궁리 철불, 영주 부석사 아미타소조여래좌상(신라 양식), 논산 관촉사 석조미륵보살입상**

4 ▨ 건축

1) 고려시대: 주심포식(봉정사 극락전, 부석사 무량수전, 수덕사 대웅전) → 다포식(성불사 웅진전): 조선에
  영향

2) 근대 태동기
  ① 17C: **보은 법주사 팔상전** – 규모가 큰 다층 건물, 내부가 하나로 통하는 구조
    불교의 사회적 지위 + 양반 지주층의 경제 성장 반영
  ② 18C: 논산 쌍계사, 부안 개암사 – 장식성 강한 사원, **부농과 상인의 지원**

5 ▨ 자기

1) 고려시대
  ① 11C: 순수청자 – 신라·발해 전통과 송의 자기 기술을 수용해서 독자적 경지 개척
  ② 12C~13C: **상감청자** – 상감법을 자기에 활용, 전라도 강진·부안에서 널리 제작, 강진에서
    최고급 청자 공급
  ③ 은입사 기술 발달 – 청동향로, 청동정병
  ④ 나전 칠기 공예: 옻칠한 바탕에 자개를 붙임, 경함·화장품갑·문방구 등

2) 조선시대
  ① 고려 말~조선 전기(14~15C): 분청사기 – 청자에 백토의 분을 칠한 그릇
  ② 조선 중기(16C): **백자** – 깨끗, 담백, 선비들의 취향에 적합
  ③ 조선 후기(18C): **청화 백자** – 흰 바탕 푸른색, 옹기 – 서민

6 ▨ 조선시대 그림

1) 15C: 중국 화풍을 선택적으로 수용, 독자적 화풍 개발 – **일본 무로마치 시대의 미술에 영향**

안견	도화서 화원	**몽유도원도**	현실세계의 환상적인 이상세계를 표현
강희안	문인 화가	**고사관수도**	간결하고 과감한 필치로 인물의 내면세계 표현

2) 16C: **산수화·사군자** 유행, 이상좌(노비 출신 화원, 송하보월도), 강인한 정신과 굳센 기개 표현

3) 태동기

정선	진경산수화, 중국 화법 + 우리 고유 화법 = 자연의 사실적 표현, **인왕제색도**·금강전도
김홍도	씨름, 밭갈이, 추수, 서당 등 일상생활을 소탈하고 익살스러운 필치로 묘사
신윤복	양반과 부녀자들의 생활, 남녀의 애정 등을 감각적, 해학적으로 묘사
강세황	영통동구도, 서양식 음영법 사용
김정희	세한도(선비의 절개), 동국진체(이광사) → 추사체

★ 제23조 ★
흥선대원군의 개혁

1 개혁: 세도 정치 혁파, 내정 개혁 → 왕권 강화

종실 세력 강화	능력에 따른 인재 등용, 종친과 신설(전주 이씨들만 응시 가능)
비변사 폐지	비변사 기능 축소 → 의정부에 통합, 삼군부 부활, 수군 군사력 강화
서원 정리	만동묘 철폐(충북 괴산, 송시열이 명나라 신종과 의종 황제 제사) 1871년 600여 개 가운데 47개만 존치 → 문묘 배향 인물에만 한개소 서원 or 향소 존치
양전사업(전정)	토지대장 정리, 토호 토지 겸병 금지, 면세 어장과 노전(갈대밭)도 세금 징수
사창세 실시	각 면에서 인구 많은 동리에 '사창' 운영, 진대 기능과 정부 재정 확보
호포법 시행	과세 균등의 원칙, 양반의 면세 특권 폐지 → 호당 2냥씩 징수
법전 정비	'대전회통', '육전조례' 편찬
경복궁 중건	원납전 징수, 통행세 징수, 당백전 남발(상평통보의 100배), 청전(청나라 화폐) 불법 유통 → 물가 앙등, 유통 질서 혼란

2 통상 수교 거부 정책과 양요

신유박해(1801) 기해박해(1839)	영국, 프랑스로 러시아 견제하려는 대원군의 초기 유화 정책 실패

↓

병인박해	12명 중 9명 신부 및 8,000명 신도 처형(~1872, 7년간 지속) → 리델 신부 탈출, 톈진 도착 → 병인양요 발발

↓

병인양요(1866): 프랑스군의 강화도 침입	한성근 부대(문수산성)와 양헌수 부대(정족산성)에서 격퇴 → 프랑스군의 외규장각 문화재 약탈

↓

오페르트 도굴사건(1868)	충청도에서 두 차례 통상 요구(1866) → 남연군의 묘 도굴(덕산)

↓

제너럴셔먼호 사건(1866)	병인양요 직전, 미국 상선 대동강 출몰 → 관찰사 박규수 공격
신미양요(1871)	강화 해협 점령(초지진, 덕진진 점령) → 어재연 부대가 광성보에서 분전

전국에 척화비 건립(1871)

개항, 개화, 위정척사 운동

1 　 개항과 불평등 조약 체제

1) 운요호사건(1875)
   ① 정한론: 일본 정부 '외교 관계 개선 요구' → 황제 어구 사용 등으로 문서 접수 거부 → 정한론 대두
   ② 운요호 초지진 불법 점거 → 박규수 수교 주장 → 흥선대원군 반대, 최익현 지부복궐소(with 도끼)

2) 강화도 조약(병자수호조약, 조일수호조규, 1876)

① 조선은 자주독립국이다 ② 3개항 개항: 원산, 인천, 부산 ③ 일본인의 치외 법권, 해안 측량권 인정 ④ 성격: 최초의 근대적 조약, 불평등 조약	⑤ 조일수호조규 부록: 일본 외교관 국내 여행권, 일본 거류민 거주 지역 설정, 일본 화폐 유통 ⑥ 무역 규칙: 일본 수출입 상품에 대한 무관세 및 양곡의 무제한 유출 허용

3) 조미수호통상 조약(1882)
   ① 배경: 황쭌셴의 '조선책략' 유포, 청나라 알선, 서양 열강 중 첫 번째 조약 체결
   ② 불평등조약: 치외 법권, 최혜국 대우, 거중조정, 협정 관세 내용 포함
   ③ 이후 '영국(1883)', '독일(1883)', 러시아(1884, 청 간섭 배격), 프랑스(1886, 천주교 공인)

2 　 개화정책 추진

2차 수신사(1880)	김홍집. 조약 개선 목적 → 실패, '황쭌셴' 회담 → 조선책략
개화 정책	통리기무아문과 12사 설치, 5군영 → 2영(무위영, 장어영), 별기군 설치(일본인 교관)
조사 시찰단(1881)	박정양 등 조사 파견. 동래 암행어사로 위장, 일본 정부 기관, 각종 산업 시설 시찰
영선사(1881)	김윤식 등, 지식과 재정 부족으로 1년 만에 귀국 but '기기창' 설립에 영향
보빙사절단(1883)	민영익, 유길준, 미국 + 유럽 시찰, 최초 구미 사절단 → 육영공원, 전등, 우정국 영향

3 　 위정척사 운동

구분	1860년대	1870년대	1880년대
주장	척화주전론	왜양일체론	조선책략 반대
대표학자	이항로, 기정진	최익현, 유인석	이만손 '영남만인소', 홍재학 '척사상소'

★ 제25조 ★
임오군란과 갑신정변

1 임오군란(1882)

구식군인들의 봉기	정부 고관 및 척신 공격, 일본인 교관 사살, 일본 공사관 습격 → 흥선대원군, 도시 빈민층 합세 → 명성황후 '장호원'으로 피신, 장례식

↓

흥선대원군의 재집권	개화 정책 중단 - 5영 부활, 통리기무아문 폐지

↓

민씨 일파의 재집권	민씨 정권의 요구로 청군 출병 → 군란 진압 → 청은 대원군을 '군란책임자'로 규정

↓

제물포 조약(with 일본)	50만 원 배상, 일본 공사관의 경비병 주둔, 3차 수신사(박영효) 파견
조청상민수륙무역장정 (with 청)	① 청에 예속, 위안스카이, 마젠창, 묄렌도르프(→ 급진 개화파와 갈등) 파견 ② 청국 상인: **서울, 양화진 상점 개설, 내지 통상권** ↓ 청의 내정 간섭, 청 상인의 침투, 일본 상인과 경쟁, 민씨 일파 '친청 정책'

2 통상개화론 → 개화파

1) 통상개화론

박규수: 연암 박지원 손자, 제너럴셔먼호 격파, 대원군 집권기에도 통상 주장, 운요호 사건 때 수교 주장
오경석: 역관, 청에서 '해국도지', '영환지략' 반입, 유홍기(유대치) - 의관

2) 개화파의 두 흐름

구분	급진 개화파(독립당)	온건 개화파(사대당)
대표인물	**김옥균, 박영효**, 홍영식, 서광범 등	**김홍집**, 어윤중, 김윤식 등
행동	갑신정변	민씨 정권 참여
정치적 입장	사대 정책 및 **청의 간섭 비판**	**친청 사대 정책**
개혁 방향	급진 개혁 → 근대적 자주독립 국가	점진적 개혁, 서양 종교 금지 주장
본보기	일본 메이지유신	청의 양무운동

3) 급진 개화파의 활동
① 박문국, 우정국 설치 주도
② 일본유학생 파견: 근대적 학문, 군사 지식 습득
③ 일본에서 차관 도입 시도

3 **갑신정변(1884)**

1) 배경: 청의 내정 간섭 심화, 묄렌도르프와 '통리기무아문' 운영에서 마찰, 일본의 군사 재정적 지원 약속

2) 전개

목표	① 민씨 정권 타도 ② 청의 간섭 배제 ③ 급속한 개화 정책 추진
전개	베트남 문제로 프-청 전쟁 → 우정국 개국 축하연 이용, 정변 후 새로운 정부 수립 → 청군 개입, 일본 약속 불이행 → 박영교, 홍영식은 청군에 사살 → 김옥균(홍종우: 이후 황국협회에 암살), 박영효(2차 갑오개혁 때 돌아옴, 이후 친일파) 망명

3) 갑신정변 14개조 정강

① 청 간섭 배격: 청에 잡혀간 대원군 귀환, 조공의 허례 폐지
② 입헌군주제 지향: **문벌 폐지, 인민 평등권**
③ 행정 제도 개선: 의정부, 6조 외의 불필요한 기관 폐지, 대신과 참찬은 의정부에 모여 정령 의결, 반포
④ 재정 및 조세 구조 정상화(but 토지개혁 외면): **지조법 개혁, 모든 재정은 호조 통괄**
⑤ 기타: **규장각 폐지, 혜상공국(보부상 지원체) 혁파**

4) 결과

한성조약	조선-일본	일본에 배상금 지불, 일본 공사관 신축비 부담
톈진조약	청-일본	청·일군 공동철수 + 일본과 청의 동등 파병권 획득

정변 이후: 조러 비밀 협약 추진(청 간섭 견제 목적)
거문도(포트 해밀턴) 사건(1885): 러시아 남하에 대한 영국 견제
한반도 중립화론: 유길준, 독일공사 부들러 → 러일전쟁 때 고종, 제2공화국 때 혁신계 등이 동일 주장

★ 제26조 ★
갑오개혁, 광무개혁

---

1 **갑오-을미개혁 ← 갑신정변, 동학농민운동의 영향**

1차 개혁 (1894.7)	일본의 경복궁 점령 → 흥선대원군 섭정, 1차 **김홍집 내각**, **군국기무처** 성립, 유길준도 참여
	① 정치: 개국 연호 사용, 왕실 사무와 정부 사무 분리, 6조 → 8아문, 과거제 폐지
	② 경제: 탁지아문, 은본위제, 지세의 금납화
	③ 사회: 신분 제도 철폐(1801. 공노비 해방 → 사노비 해방 및 봉건적 폐습 타파(과부의 재가, 조혼 금지)

↓

2차 개혁 (1894.12)	청일전쟁 일본 승리 → 흥선대원군 퇴진, 군국기무처 폐지, 2차 김홍집 내각(김홍집, 박영효 연립 내각)
	① 정치: 홍범14조(왕실의 정치 개입 배제), 지방관의 사법-군사권 행사 배제, 8아문 → 7부, 전국 23부
	② 교육: 교육입국조서(학부 아문) – 한성소학교, 한성사범학교

↓

3차 개혁 (1895.8)	삼국 간섭 → 친러 내각(박정양, 정동파) → **을미사변** → 3차 김홍집 내각 → **단발령** → 을사의병, 아관파천
	① 정치: '건양' 연호 사용, 단발령, 친위대-진위대 설치
	② 근대화: 태양력, 종두법

2 ▨▨ 대한제국(1897): 독립협회의 환궁 요구, 1년 만에 환궁

* 광무개혁: 칭제 건원(연호: 광무), 중국과 사대관계 '공식' 청산, **구본신참**(전제주의, 점진적 개혁)

분야	개혁 내용
정치	국제 반포(1899), 전제 황권 강화 표방, **지방 행정구역 개편**(23부 → 13도제)
경제	**양전사업**(양지아문), **지계**(지계아문) **발급** – 근대적 소유관계 정립 목적 상공업 진흥: 근대적 공장과 회사 설립, 실업 교육, 유학생
군사	원수부 설치(황제 군권 장악), 무관학교(장교 양성)
외교	**이범윤** 간도 관리사, 간도를 함경도 행정구역에 편입(1902)

3 ▨▨ 간도와 독도

1) 간도
   ① 숙종: 백두산정계비 건립(1712) – 19C 중엽 토문강 해석 문제 발생
   ② 19C 후반 개척 → 간도 관리사 파견 → 함경도의 행정구역에 편입(1902)
   ③ **간도 협약**(1909): 만주 철도 부설권 대가로 일본이 청의 영토로 인정

2) 독도
   ① 숙종 시기: 안용복이 울릉도와 독도가 우리 영토임을 확인 → 공도 정책 중단, 1882 울릉도 개척령
   ② 대한제국: 울릉도를 군으로 승격, 독도 관할(1900), **러일전쟁** 중 시마네현에 편입

동학농민운동 & 독립협회

1 1890년대 교조신원운동

1) 삼례집회, 복합 상소(1892): 교조의 신원 회복 및 동학 탄압 중지 요구
2) 보은집회(1893): 탐관오리 숙청과 일본, 서양 세력 축출 요구

2 동학농민운동의 전개: 반봉건, 반외세

제1기	고부 농민 봉기(1894.1): 고부 군수 조병갑 학정 → 사발통문 모의 → 전봉준 등 지도부, 무장 농민군 구성 → 만석보 파괴, 안핵사 탄압에 재봉기
제2기 (1차 봉기)	**4대강령, 격문발표(보국안민, 제폭구민)**, 전봉준·손화중·김개남 등 주도 → 4.23 **황토현 전투** → 4.27 **전주성 점령**, 관군 청군 출병 요구 → 일본 동시 출병
제3기	5.7 **전주화약, 교정청 설치** → 전라도 일대 **집강소**(자치 행정 조직) 설치 → 폐정개혁안 실천 → 청일전쟁 발발
	① 사회문제 개선: 탐관오리 및 횡포한 부호 엄징, 불량한 유림과 양반 무리 징벌 ② 봉건 폐습 개선: 노비 문서 소각, **백정이 쓰는 평량갓 없앰, 과부 개가 허용** ③ 농촌 모순 개선: 잡세 일체 폐지, 공사채는 물론 기왕의 것도 무효화, **토지를 평균 분작**
제4기 (2차 봉기)	일본의 승리 → 일본의 내정 간섭 → 재봉기(남접: 전봉준, 북접: 손병희) → 논산 집결 → 공주 우금치 전투에서 패배

3 아관파천(1896. 2. 11)

러시아 영향력 강화, 김홍집 친일 정권 붕괴 → 열강 이권 침탈 본격화

4 독립협회

1) 활동: 서재필(필립 제이슨)·윤치호·이상재 등, **독립신문 발간(1896)**, **독립문 건립**(1897, 영은문 자리)
2) 만민공동회(관민공동회) 활동

자주 국권 운동	러시아 군사·재정고문 철수, 한러은행 폐쇄, **부산 절영도 조차 요구 규탄** 프랑스, 독일 광산 채굴권 반대 운동
의회 설립 운동	관민공동회 개최(만민공동회에 정부 대신 참여) → **헌의 6조** 건의, 채택 → 고종의 재가
	외국에 의지하지 않고 관민이 협력, 전제 황권 공고히 할 것(입헌군주제 지향)
	이권 조약은 중추원(민선, 관선 50석 의회 설립) 의장과 함께 서명, 국가 재정은 **탁지부**

3) 해소: 고종 환궁 → 공화정 음모설(윤치호 or 박영효 대통령설) → **황국협회**(이용구, 홍종우) + 병력으로 해산

★ 제28조 ★
애국계몽운동 & 의병활동

1 ███ 애국계몽운동: 사회진화론, 교육과 산업 강조

1) 활동: 독립협회 계승, 신민회 결성을 통해 '무장투쟁론' 흡수

보안회(1904)	일본의 개간권 요구, **황무지 개간권 반대 운동** 성공(with 농광회사)
일진회(1904)	송병준·이용구 주도, 한일합방청원운동 후 강제 해산
헌정연구회(1905)	을사조약 반대 투쟁, 입헌군주제 연구
대한자강회(1906)	헌정연구회 계승, 월보 발행, 일진회 대항, 고종 퇴위 반대 운동
대한협회(1907)	대한자강회 계승, 추후 일진회와 함께 한일합방청원운동

2) 서북학회(박은식), 기호흥학회: 학교 설립, 민중 계몽
3) 신민회: 최초의 공화정체 추구(cf. 대한광복회, 임시정부)

합법단체	교육: **대성학교**(평양, 안창호), 오산학교(정주, 이승훈), 산업: 자기회사, 태극서관
비밀결사	**서간도 삼원보에 '신흥무관학교**(= 신흥강습소, 신흥학원), 밀산부(소만 접경지) 한흥동
해체	105인 사건(안명근의 안악사건 → 데라우치 암살사건으로 확대 조작)

2 ███ 항일 의병 운동

1) 을미의병(1895)
   ① 을미사변, 단발령 → 위정척사파 유생 주도(유인석, 이소응, 허위) + 농민, 동학농민군 잔군 가담
   ② 해산: 아관파천 후 단발령 철회, 고종의 해산 권고
   ③ 일부 농민 '활빈당' 조직: 1900년 무렵 반침략, 반봉건 투쟁 전개

2) 을사의병(1905): 을사조약 반발, 활빈당 등 참여

> 민종식 – 충남 홍주성 / **최익현** – 전북 태인에서 봉기, 순창에서 관군 대치 → 쓰시마섬 유예 → 순절
> 신돌석 – 경북+강원, 평민의병장(농민운동과 활빈당 경험) → 유격전 형태로 발전

* 을사조약 반대 투쟁: 5적 암살단(나철, 오기호), 장인환과 전명운이 외교 고문 스티븐스 사살
  안중근이 하얼빈역에서 '이토 히로부미' 사살, 민영환 자결, 이재명 의사 이완용 암살 시도

3) 정미의병(1907): 고종의 강제 퇴위, 군대 해산

> ① 의병전쟁: 시위대 대장 박승환 자결 → 일본군과 시가전
> ② **서울 진공 작전**: 13도 통합 의병 부대(이인영, 허위) 1만여 명 경기도 양주에 집결
> ③ 대한매일신보 지원: 각국 영사관에 의병을 국제법상 교전 단체로 승인해 줄 것을 요구

4) 이후 호남 지역을 중심으로 의병전 수행 → 일본의 **남한 대토벌(1909) 작전**으로 국내 의병전 종결

★ 제29조 ★
일제의 침략과 국권 피탈

---

1 일제의 식민화 과정

1) 1905년
   ① **가쓰라-태프트 밀약**(1905.7): 거중조정 위배, 일본은 미국의 필리핀 지배를, 미국은 일본의
   조선 지배를 확인
   ② **제2차 영일동맹**(1905.8): 1차 영일동맹(1902), 일본은 인도, 영국은 조선에 대한 지배권 인정.
   공수 동맹
   ③ **러일전쟁**(1905.9): 러시아 압록강 하류의 용암포 점령 → **포츠머스 조약**

2) 일제의 식민화 과정

> 한일의정서(1904.2): 러일전쟁 중 고종의 한반도 중립화 시도, 일본의 공수 동맹 강제
> 군사 전략상 필요지 자유 사용, 일본 동의 없이 제3국과 조약 체결 불가

↓

> 제1차 한일 협약(1904.8): **외교(스티븐스)와 재정(메가타) 분야에 외국인 고문 임명**

↓

> 제2차 한일 협약(1905, 을사조약): 외교권 박탈(보호국화), **통감부 설치**(1906. 2, 이토 히로부미) 내정 간섭
> 총리대신 한규설, 외무대신 박제순, 학부대신 이완용
> 반발: **헤이그 특사**(1907.4) - 이준, 이상설, 이위종 → 고종 강제 퇴위(1907.7)

↓

> 한일 신협약(1907.7, 정미7조약): 정부 각부에 일본인 차관을 두게 함(**차관정치**), 군대 강제 해산

↓

> 기유각서(1909.7): 사법권 강탈 → 경찰권 박탈(1910. 6)

↓

> 한일합병(1910.8): 일진회 한일합방 운동
> → 한일 병합 조약 공포(1910.8.29): 총리대신 이완용, 통감 데라우치(초대 총독)

2 ▨▨▨ 1910년대 일제의 식민 통치[무단 통치] - 데라우치 총독

헌병경찰제	세금과 민사소송 업무, 마을 미풍양속까지 간여, 즉결처분권(체포 및 4개월 구금), 하루 80대 **태형**, 언론·출판·집회·결사의 자유 제한(보안법, 신문지법, 출판법)
토지조사사업 (1912~1918)	① 기한부 신고제, 복잡한 구비 서류와 절차 ② 총독부의 토지 약탈: 미신고 농토, 전국의 황무지와 소유관계 불분명한 토지 차지 → **동양척식주식회사나 일본인 지주에게 헐값 불하** ③ 식민지 지주제 확립: 지주의 소유권 옹호, 소작농 경작권 박탈
회사령(1910)	민족 자본 성장 저지(**허가제**) cf. 산림령, 어업령, 광업령, 전매제

3 ▨▨▨ 1920년대 일제의 식민 통치[1919년 3·1운동 영향, 문화 통치] - 사이토 총독

문화 통치의 허실	문관 총독 임명 가능(실제로는 없었음), 보통경찰제(경찰의 수, 장비, 유지비 증가) 조선일보·동아일보 발행 허가(**검열 강화, 기사 삭제**, 정간·폐간 자행)
산미증식계획 (1920~1934)	① 배경: 제1차 세계대전 이후 일본 공업화 진전 → 쌀 부족 → 쌀값 폭등(1918) ② 제1차(1920~1925): 무리한 계획으로 목표 달성 실패, 1925년 중단 ③ 제2차(1926~1934): 경제 공황으로 일본 지주들이 한국 쌀 수입 반대, 1934년 중단 ④ **식민지 지주제 강화**: 증산 실패, 수탈은 계획대로 강행 → 만주 잡곡 수입 수리 조합비, 품종 개량비, 비료 대금 등 증산 비용을 농민에게 전가 쌀 중심의 단작형 농업 구조 형성
의회 설립, 참정권 부여	지방 행정기관인 도·부·군·면에 협의회 설치, 친일 인사 위원으로 임명

4 ▨▨▨ 1930~1940년대 일제의 식민 통치[1931 만주사변, 1937 중일전쟁, 1941 태평양 전쟁] - 미나미 지로 총독

1930년대 전반기	① 농촌 진흥 운동(1932~1940) ② 남면북양 정책(1934): 경제 공황, 한반도 원료 공급지화
황국 신민화	내선 일체, 일선 동조론, **황국 신민 서사 암송(1937)**, 신사 참배, 궁성 요배
병참기지화 정책	전시 경제 체제, 공업화 정책, 북부 지방에 중공업 시설 건설(for 군수 물자 생산)
민족 말살 통치	창씨개명(1940), 조선어 사용 금지, 동아일보·조선일보 폐간(1940), 집회·결사 '허가제'
국가총동원법(1938)	**산미증식계획 재개, 식량 배급제와 미곡 공출제 실시, 쇠붙이 공출** 노무 동원(1939), 징용령(1939), 지원병제(1939) 학도 지원병제(1943), 여자 정신대 근무령(1944), 징병제(1944)

3·1운동 이전의 민족운동

1 1910년대 국내 비밀 결사

1) 독립의군부(1912): **임병찬, 복벽주의**, 조선 총독에게 국권 반환 요구서 보내려는 계획 중 발각, 해체
2) 대한광복회(1915): 군대식 조직(총사령: 박상진, 부사령: 김좌진), 조선국권회복단(대구) 확대, 결성
   '공화정치 실현' 목표, 만주에 독립군 기지 및 사관학교 건설
3) 송죽회: 평양 숭의여학교 교사와 학생들의 비밀결사

2 독립전쟁론: 실력양성론 + 의병 전쟁론 결합

		13도 의군(1910)	연해주 의병 연합체(유인석, 이범윤, 이동휘)
연해주	**블라디보스토크** (해삼위)	권업회(1911)	연해주의 대표적 독립운동 단체, 권업신문(신채호)
		대한광복군 정부 **(1914)**	권업회 확대 발전 → 이상설·이동휘를 정·부통령으로 하는 독립군
		대한국민의회(1919)	전로한족중앙협의회 확대 개편 → 3·1운동 후 수립된 임시정부(대통령: 손병희)
만주	**서간도 삼원보** (신간회)	경학사, 부민단	한인 자치 단체
		신흥무관학교	독립군 양성에 크게 기여
	북간도	**서전서숙, 명동학교**	민족 교육을 위한 사립학교
		중광단 → 북로군정서	대종교 계통의 독립운동 단체
		밀산부 한흥동	소만 접경지대
중국	상하이	**신한청년단**	김규식을 파리 강화 회의에 파견
미주	미주 각 지역	대한인국민회	안창호, 독립운동 자금 간도·연해주에 전달
	하와이	대조선국민군단	박용만, 미주 지역에서 가장 큰 군사 조직

★ 제31조 ★
3·1운동과 대한민국 임시정부

1 3·1운동

1) 배경: 민족자결주의의 영향, 외교독립에 대한 기대, 고종 황제 독살설

중국	만주 지린성, '중광단' 39명(**무오 독립 선언서** or 대한독립선언) 발표, 조소앙 집필, 무장투쟁 표방
일본	도쿄에서 유학생들이 **2·8 독립 선언** 발표(조선청년독립단, 이광수 집필) → 만세 시위 전개

2) 전개

점화	종교계 준비, 대중화·일원화·비폭력의 3대 원칙 태화관에서 독립선언서(내용 추상적) 낭독 → '파고다공원'에서 학생대표 낭독

↓

도시 확산	청년·학생·교사 및 도시 상인·노동자들이 주도, 전국 주요 도시 확산

↓

농촌 확산	농민과 산간 벽촌까지 확대, **'무력 투쟁화'**(일제 기관 및 친일 지주 습격)

↓

국외 확산	만주, 연해주, 미주, 일본 등지에서 만세 시위(ex. 필라델피아 한인 자유 대회)

↓

정부 수립	① 한성정부(서울, 이승만 집정관 총재, 이동휘 국무총리) - 외교독립론 ② 대한국민의회(연해주, 손병희 대통령) - 무장독립론 ③ 임시정부(상하이, 이승만 국무총리) * 3개 모두 '공화주의' 이념 표방

2 대한민국 임시정부

1) 임시정부 통합
   ① **한성정부의 법통 인정, 대한국민의회의 조직 흡수, 외교 활동이 편한 중국 상하이에서 결성**
   ② 이승만을 대통령으로 선출, 신채호는 '위임 통치 청원서'를 근거로 반대, 국무총리 이동휘
   ③ 정치 형태: 최초의 3권 분립 민주 공화 정체, 입법권은 '의정원', 행정권은 '국무원', 사법권은 '법원'

2) 임시정부 활동
   ① 비밀 행정 조직: 연통제(지방 행정기관), 교통국(통신 기관)
   ② 자금 모금: 애국 공채, 국민 의연금 모금(만주 **이륭양행**과 부산 **백산상회**)
   ③ 군사 활동: 상하이 육군무관학교, 만주 독립군 직할(**광복군 총영, 육군 주만 참의부**)
   ④ 외교 활동: 파리강화회의(1919.1~1920.1)에 대표단(김규식 외무 총장) 파견, 구미 위원부(이승만) 설립
   ⑤ 독립신문: 이광수 주필, 사료 편찬소 설치(한일 관계 사료집 간행)

3 ▮▮▮ 국민대표회의

1) 배경

① 노선 갈등: 외교독립론(이승만) vs 무장투쟁론(이동휘) vs 실력양성론(준비론, 안창호)

② 위기: 연통제와 교통국 조직 파괴, 외교 활동 성과 미미, 사회주의 사상 유입과 세력 간 갈등 심화

③ 국민대표회의 소집(1923): 창조파 vs 개조파

창조파	김규식, 박은식 등	임시정부 해체, '만주'에 새로운 정부 수립, 무력 항쟁 강조
개조파	안창호 등	임시정부의 개혁과 존속, 실력양성 우선
현상 유지파	이동녕, 김구 등	임시정부를 그대로 유지하자고 주장

2) 결과: 회의 실패, 창조파·개조파 모두 임시정부 탈퇴, 임시정부 위축

3) 개헌

1차 개헌(1919)	2차 개헌(1925)	3차 개헌(1927)	4차 개헌(1940)	5차 개헌(1944)
3·1운동	국민대표회의 위기 극복		충칭임시정부	
대통령제	국무령 중심	국무위원 중심	단일지도체제 (주석)	주석-부주석 (대일 항전)

★ 제32조 ★
6·10만세운동(1926) & 광주학생항일운동(1929)

---

1 ▮▮▮ 6·10만세운동(1926)

1) 경과

① 순종(융희 황제) 승하, **사회주의자** 주도 → 민족주의자(천도교계) 참여(좌우합작)

② 일제: 운동 대비 경찰·군 동원, 부산과 인천에 군함 대기

③ 성년층 준비 실패: 사회주의 계열 구속, 천도교당 수색, 경고문 압수

④ **학생운동 성공**: 관수교, 돈화문(서울) 등지에서 기습적 시위, 규모는 3·1운동에 비해 작음

2) 의의

① 주장: **일본 제국주의 타파, 토지는 농민에게, 8시간 노동제, 조선인 본위의 교육**

② 결과: 민족협동전선 강화, 신간회 성립(1927)에 결정적 영향

2 ███ **광주학생항일운동(1929)**

1) 배경: 1920년대 동맹 휴학 – 한국사, 언어 왜곡, 역사·지리 과목 폐지 or 축소 + 일본인 교원 배척
2) 경과: 1929.11.3 일본 4대 명절 '명치절' 광주고보 vs 광주중학(일본인) 학생 충돌 → 광주일보 습격 → 광주고보생 가두 투쟁 – 조선 독립 만세, 일본 제국주의 타도, 광주중학 타도, **식민지 교육 철폐**
3) 확산: 신간회 지원으로 전국적 항일 투쟁으로 발전, 3·1운동 이후 최대 규모(식민지 기간 두 번째 규모) 운동

★ 제33조 ★
의혈투쟁

1 ███ **의열단(1919)**

1) 의열단: 김원봉이 만주 지린성에서 조직(무정부주의, 아나키즘)
   → 신채호 조선 혁명 선언(의열단 선언, 1923): 민중은 혁명의 대본영, 폭력은 혁명의 유일 무기

2) 의거

박재혁(1920)	부산경찰서에 폭탄 투척	최수봉(1920)	밀양경찰서에 폭탄 투척
김익상(1921)	총독부에 폭탄 투척	김상옥(1923)	종로경찰서에 폭탄 투척
김지섭(1924)	일본 왕궁에 폭탄 투척	나석주(1926)	동양척식주식회사에 폭탄 투척

3) 확대 발전: **황푸군관학교(국민당 운영 기관)에** 입학 → 만주–상하이 사변 계기로 '난징'으로 이동
   → 국민당 정부 지원 **'조선혁명간부학교'** 창립

4) 민족혁명당(1935) 결성: 의열단 + 한국독립당(조소앙), 지청천 등 5개 좌우 단체 합작 → 지청천, 조소앙(민족주의 우파) 이탈 → 조선민족전선연맹(좌파 연합)으로 개편
   → **조선의용대(1938) 결성**(한커우), 호가장 전투에서 승리
   → 무장부대는 '조선독립동맹(김두봉)' 산하의 '조선의용군'으로 개편, 조선의용대 지휘부는 '광복군'에 편입

2 ███ **한인애국단(1931)**

1) **임시정부 침체**: 국민대표회의 결렬, 만주사변과 만보산 사건으로 중국인과 조선인 간 갈등 심화
2) 만보산 사건: 창춘 근교 만보산에서 조선 농민 vs 중국 농민 수로 갈등 → 국내에서 재중국인 테러
3) 결성: 임시정부 침체 극복 목적, 김구 주도
4) 활동: **이봉창 '일본 국왕 폭살 기도'(도쿄)** → 중국 언론 보도 → 상하이 사변과 훙커우 전승 기념식 **윤봉길 의거(상하이)** → 장제스 극찬 → **중국 임정 지원 강화**

만주 지역의 무장투쟁

1️⃣ 1920년대 무장투쟁

1) 1910년대 평안도~만주 일대: 천마산대(광복군 총영의 별동 부대), 보합단, 구월산대
2) **봉오동 전투**(1920): 홍범도의 대한독립군 + 군무도독부군, 국민회군 연합 → 일본군 157명 사살
3) **청산리 대첩**(1920): 훈춘 사건 → 김좌진 북로군정서, 홍범도 대한독립군 등 만주 독립군 연합
   청산리에서 6일간 접전(어랑촌, 백운평, 천수평 전투), 일본군 2,000명 사망
4) **간도참변**(1920~1921): 독립군 기간 파괴 목적, 동포 사회 파괴 → 대한독립군단(서일 외 4,000명)
   전열 정비
5) **자유시참변**(1921): 볼셰비키 적군 + 이르쿠츠크파(러시아 귀화 공산계) 군권 장악 과정, 무장 해제
   요구 → 상하이파(이동휘계) 거부 → 적군의 공격 → 사망자의 다수가 '익사자'
6) **3부 결성**(1923~): 민정 기관(자치 담당)과 군정 기관(독립군 활동)을 모두 갖춤

참의부(1923, 압록강 건너편, 광복군 직할)	국민부: 조선혁명군(남만주)
정의부(1924, 지린과 봉천 중심 남만주 일대) →	혁신의회: 한국독립군(북만주, 김좌진·지청천)
신민부(1925, 북만주 일대 소련 귀환 독립군)	

7) **미쓰야 협정**(1925): 경무국장 미쓰야와 만주 군벌 장쭤린 협약, 독립군과 간도 조선 민중 탄압
   → 1920년대 후반 무장투쟁 위축

2️⃣ 1930년대 무장투쟁

	지도자	연합	작전
한국독립군	지청천	중국 호로군	북만주 승전: 솽청바오, 다뎬쯔링, 쓰다오허쯔, 둥징청성 전투
조선혁명군	양세봉	중국 의용군	남만주 승전: 영릉가 전투(1932), 흥경성 전투, 양세봉 1934년 암살

3️⃣ 충칭 임시정부

1) 한국독립당 결성
   ① 민족주의 계열 통합: 한국국민당(김구) + 한국독립당(조소앙) + 조선혁명당(지청천)
   ② 좌우 통합 임시정부: 주석중심제, 김원봉의 민족혁명당(조선의용대)도 참여, 화북독립동맹과
      통합 시도

2) '삼균주의'
   ① 건국 강령: 조소앙 주장을 수용, '개인과 개인, 민족과 민족, 국가와 국가의 균등'
   ② 특징: 보통선거제(정치), 국유제도(경제, 국가사회주의), 의무교육(학권)의 균등 달성

3) 한국광복군(1940): 지청천 총사령관, 김원봉의 조선의용대 흡수 강화
  ① 대일 선전포고(1941): 태평양전쟁 발발 직후 대일·대독 선전포고
  ② 비정규전 참전: 미얀마-인도 전선에서 영국군과 연합 작전(포로 심문, 암호문 번역, 선전 전단, 회유 방송)
  ③ 국내 정진군 편성, 국내 진공 작전 준비: 미국전략정보처(OSS)와 제휴

★ 제35조 ★
개항 이후의 경제와 사회

1️⃣ 상권 침탈

1) 거류지 무역: 이중 중계 무역(초기 일본의 영국산 면직물 중계 판매, 객주·선상·여각 등 조선인 중간상인 성장)
2) 조청상민수륙무역장정(1882): 내지 통상권 → 청 상인과 일본 상인의 경쟁, 조선 상인 몰락, 청 수입 비중 증대
3) 청일전쟁(1894): 일본 상인의 독점 **지배**

2️⃣ 이권 침탈: 아관파천(1896) 이후 본격화 - 최혜국 대우 이용

1) 러시아: 재정고문, 군사교관, 한러은행, 경원·종성의 광산 채굴권, 압록강-두만강-울릉도 산림 채벌권
2) 미국: **경인철도 부설권**(→ 일본 매입), 운산 금광 채굴권
3) 일본: **경부철도 부설권**, 직산 금광 채굴권
4) 프랑스: **경의철도 부설권**(→ 일본 매입)

3️⃣ 일본의 금융 지배

1) 제1차 한일협약(1905): **재정(탁지부)고문 메가타 파견**, 금본위제도 시행
2) 화폐 정리 사업(1905~1909)
  ① 화폐 개혁: 구백동화를 일본 제일(다이이치)은행 발행권으로 차등 교환, '갑종'과 '을종'만 교환
    * 일본 제일은행이 중앙은행이 됨, 제일은행권 + 신백동화 유통
  ② 결과: 일본 상인들은 사정을 알고 있어서 피해 면함, 국내 상공업자들 큰 타격, 물가 폭락
    * 신화 발행 지체에 따른 유동성 결핍, 어음 시장 혼란
3) 일본의 **차관 제공** → 국채보상운동 전개

4️⃣ 일본의 토지 약탈

1) 청일전쟁 이후: 대농장 경영(전주, 나주, 군산)

2) 러일전쟁 이후: 토지 약탈 본격화

   ① 황무지 개간권 요구(1904), 철도 부지와 군용지 확보 → 미개간지와 역둔토 약탈

   ② 동양척식주식회사 설립(1908): 토지 매입, 일본 농민의 조선 이주 지원

5 경제 침탈 저지 운동

1) 방곡령(1889,1890): 함경 감사 조병식, 황해 감사 조병철 → 1개월 기한 넘김, 철회 및 배상금
2) 상권수호운동(1898): 시전상인들의 상권수호운동(**황국중앙총상회**)(with 독립협회)
3) **국채보상운동(1907)**

   ① 발단: 차관 빚 1,300만 원, '대구 서상돈 800원 의탁'에서 시작

   ② 진행: 국채보상 기성회 조직, 대한매일신보의 지원, 여성의 사회 참여, 금주·단연 운동

   ③ 통감부 탄압: 양기탁 국채보상의연금 횡령 혐의, 베델 추방 → 운동 실패

6 근대적 민족 자본의 형성

1) 근대적 상회사 설립(1883): 장통회사, 대동상회
2) 대한제국 '식산흥업정책': 조선은행(관료 자본), 한성은행, 천일은행(민간 자본) → 화폐 정리 사업으로 몰락

7 국외 이주 동포 증가

1) 만주, 간도: 청나라의 공도 정책 해제, 생활 터전(19C 후반, 북간도) → 독립운동 기지(20C 초, 서간도)
2) 연해주: 러시아가 이주 장려(19C 후반) → **신한촌** 형성 → '무장투쟁의 중심지'로 발전(20C 초) → 중앙아시아 강제 이주(1937)
3) 미주: 하와이와 멕시코, 미국 서해안, 쿠바 등지로 **노동 이민**(사탕수수 농장) → **사진 신부**
4) 일본: 유학생에서 산업 노동자로 이주자 확대, 관동 대지진 → 관동 대학살(1923) 6,000여 명 학살

★ 제36조 ★
1920년대 국내 민족운동

---

1 사회주의 유입과 운동의 다양화

1) 사회주의 운동: 1926. 치안유지법으로 탄압

사회주의자	일본 제국주의 + 우리나라 지주와 기업인까지 타도 대상
민족주의자	지주와 소작인의 단결, 실력양성 운동에 주력

2) 청년운동: 조선청년연합회(우익) + 서울청년회(좌익) → 조선청년총동맹(좌우합작, 1924)

3) 소년운동: 천도교, 방정환, 어린이날(1923), 어린이 존댓말 쓰기 운동, 조선소년연합회(1927)
4) 형평운동
   ① 배경: 백정에 대한 사회적 차별, 백정 자녀 교육 문제, 일제 식민지하 제도적 차별
   ② **1923. 진주 백정 '조선형평사'** 설립, 형평 운동
5) 여성운동: **근우회(1927)(좌우합작 단체)**, 여성에 대한 사회적 차별 비판

2 ▰▰ 민족 유일당 운동: 민족 협동 전선 운동

1) 중국 관내 민족 유일당 운동
   ① 대동단결 선언: '황제권 → 민권 이양' 주장, 민족 유일당 운동의 효시
   ② 안창호 '일대혁명당'의 '이당치국' 주장, '한국독립유일당북경촉성회' 결성

2) 국내 민족 유일당 운동: **신간회(1927) − 전국 단위 조직, 합법단체 활동**

정우회 선언(1926) − 1920년대 코민테른 전략에 영향(민족주의자들과의 제휴) → 조선민흥회 → 신간회

↓

주도: 안재홍·이상재 등 주도, 허헌(좌) vs 김병로(우) 등 참여 강령: 민족의 단결, 정치적·경제적 각성 촉구, 친일 기회주의자 배격
활동: 1929년 광주학생항일운동 조사단 파견, 진상 보고 민중 대회 준비 but 실패 한국인에 대한 착취 기관 철폐, 타협적 정치 운동의 배격, **한국인 본위의 교육 실시** 농민운동, 노동운동, 학생운동 등 다양한 사회·경제적 운동 지원

↓

해소(1931): 일제의 탄압에 따른 집행부의 우경화 vs **사회주의자 비판** − 1920년대 코민테른 전략에 영향(12월 테제 − 독자노선 추구)

3) 좌우합작운동의 역사
   ① 1910년대: 임시정부(무장투쟁론 + 외교독립론 + 실력양성론)
   ② 1920년대: 국내 − 신간회, 중국 관내 − 3부 통합 운동
   ③ 1930년대: 민족혁명당(좌우합작, 임시정부 불참)
   ④ 1940년대: 임시정부(한국독립당 + 민족혁명당)
   ⑤ 해방 이후: 좌우합작위원회, 남북협상, 7·4남북공동성명

★ 제37조 ★
국내 민족주의자들의 실력양성 운동

1 **물산장려운동: 회사령 폐지(1920) → 관세 철폐(1923) → 신은행령(1927)**

1) 배경: '미쓰이', '미쓰비시' 등 한국 진출, 국내 기업(평양 고무신 공장, 평양 메리야스 공장)의 위기감 고조
2) 단체: **조만식 주도, 평양에서 '조선물산장려회' 발족, 자작회(학생 중심), 토산애용부인회 등**
3) 활동
    ① 경제 민족주의: 국산품 애용, 조선 산업 보호 및 조선 부르주아의 '자본 축적', '반일' 정치색 배제
    ② 구호: **'내 살림 내 것으로', '조선 사람 조선 것', '우리가 만들어서 우리가 쓰자'**
    ③ 강연회, 선전 행사: 근검, 절약, 금주, 단연 운동 전개
4) 결과: 생산 시설 확충 미흡, 상인이나 자본가 계급의 농간으로 가격 앙등, 일제 간섭 및 사회주의자들의 비판

2 **민립대학 설립 운동**

1) 단체: 조선교육회(이상재, 윤치호) 등 **'민립대학 기성 준비회'(서울)** 조직
2) 활동: 한국인의 재력과 노력으로만 설립, 100만 원 모금 운동
3) 실패: **1923년 관동 대지진, 남부 지방의 가뭄과 전국적인 수해** → '경성제국대학' 설립(1924)

3 **문자 보급 운동과 브나로드 운동(1930년대)**

1) 조선일보: '아는 것이 힘, 배워야 산다', 남녀 '한글 보급반' 조직, '한글원본' 등 교재 사용
2) 동아일보: '브나로드 운동'. '농촌 계몽운동' – 문맹퇴치, 농촌의 생활 개선(cf. 심훈의 '상록수')
3) 조선어학회: 한글 강습회 개최 & 우리말 보급 운동

★ 제38조 ★
농민운동과 노동운동

1 **농민운동**

1) 배경: 식민지 지주제(토지조사사업과 산미증식계획), 7~8할의 고율 소작료

2) 1920년대 농민운동: **생존권 투쟁**(소작권 이전 반대, 소작료 인하)
  ① **암태도 소작 쟁의**(1923): 전라남도 신안에서 약 1년간 지주 문재철과 투쟁 → 소작료 인하, 구속자 석방
  ② 조선농민총동맹(1927): 전국적인 농민 조합으로 조직적 소작 쟁의 전개 → 일제의 산미증식 계획에 타격
3) 1930년대 농민운동: 항일 민족운동(제국주의 타도), 농민의 토지 소유 실현 요구(사회주의 영향 강화)

2 ▪▪ 노동운동

1) 배경: 일제의 식민지 공업화 정책 → 노동자 수 급증, 가혹한 노동 조건 ← **사회주의 사상 영향**
2) 1920년대 노동운동: **생존권 투쟁**(작업환경 개선, 임금 인상, 민족 차별 대우 철폐)
  ① 노동 단체 결성: 조선노농총동맹(1924), 조선노동총동맹(1927)
  ② **원산 노동자 총파업(1929)**: 라이징 선 회사의 일본인 감독의 한국인 노동자 폭행, 최대 규모의 쟁의
    *동조 파업 or 격려 전문 but 가혹한 탄압(원산 상공회의소)으로 4개월 만에 실패
3) 1930년대 노동운동
  ① 변화: 군수 공업 시설의 확충으로 노동자 수 급증, **합법적 노동운동 금지**
  ② 혁명적 노동조합 운동(비합법): 일본 제국주의 타도, 노동자-농민 정부 수립 주장, **항일 민족운동 발전**

★ 제39조 ★
근대 문물 수용과 언론의 발달

---

1 ▪▪ 근대 문물의 수용

1883	박문국, 전환국, 기기창
1884	우정국, 전신(전보 총국, 서울~인천)
1885	광혜원 – 갑신정변기 때 알렌이 민영익 치료 → 병원 설립 후 12일 만에 '제중원'으로 개명
1887	**전등 – 경복궁**
1897	**독립문**
1898	한성전기회사(미국인 콜브란과 황실 합작), **전화**(경운궁, 1902년 상용화), 명동성당(고딕양식)
1899	**경인선, 전차**(서대문~청량리, 미국 지원)
1904~1905	경부선, 경의선(러일전쟁 중)
1910	덕수궁 석조전(르네상스식)

2 ▐ 근대 신문 창간

한성순보	순한문	1883	박문국. **관보**, 갑신정변으로 폐간 → 1886 한성주보, 최초의 상업 광고
독립신문	순한글, 영문	1896	**서재필(필립 제이슨)** 창간. 친일 신문 '한성신보'와 대립
제국신문	순한글	1898	이종일, 이승만 – 서민과 부녀자 대상
황성신문	국한문	1898	남궁억, 박은식, 신채호 – 유학자층 대상, **장지연 '시일야방성대곡'**
대한매일신보	순한글	1904	양기탁 발행, 영국인 베델 소유, 박은식, 신채호(독사신론, 영웅전) 주필 – 국채보상운동, 정미의병 지원, 〈the Korea Daily News〉
만세보	천도교		
경향신문	천주교 → 해방 이후 강력한 야당지, 이승만 때 폐간		
해조신문	연해주 최초 순한글 신문, 장지연		
권업신문	연해주, 신채호		
신한민보	미주, 현재까지도 발행		

★ 제40조 ★
근대 교육, 국학 연구, 문화와 종교

---

1 ▐ 근대 교육과 국학 연구

1) 근대적 교육기관 설립

원산학사	1883	**최초의 사립학교**. 함경도 덕원, 산수 · 기기 · 농업 등 근대 학문과 무술 교육
동문학	1883	정부에서 통역관 양성소 건축. 영어 · 일어 교육
육영공원	1886	서울 정동. 보빙사 영향, 미국인 교사(헐버트, 길모어, 벙커) 초빙. 상류층 자제 교육

2) 교육 입국 조서 반포(1895): 2차 갑오개혁, 학무아문(학부) 설치
   ① 1895: 한성 사범 학교 개교, 소학교령(한성 소학교) 공포
   ② 1900: 최초의 중등 교육기관 '한성중학교' 설립, 근대적 교과서 편찬

3) **사립학교**: 기독교 선교 목적 + 여권 신장, 국어 · 한국사 · 한국지리 등을 중점 교육

개신교 계열	배제학당, 이화학당, 경신학교, 정신여학교, 숭실학교 등
애국계몽운동 계열	대성학교, 오산학교, 보성학교, 진명여학교, 양정학교, 보성학교 등

2 국학, 국어

1) 신채호
   ① **독사신론**(1908): **근대 계몽 사학**, 민족주의 역사학의 연구 방향 제시
   ② 영웅전 저술: '을지문덕전', '이순신전', '최도통전', '강감찬전' 등을 통해 애국심과 민족의식
   고취
   ③ 외국의 독립운동사: '미국 독립사', '베트남 망국사', '이태리건국 삼걸전' 등을 통해 역사적
   교훈 강조
2) 박은식(with 장지연, 최남선): 조선 광문회 – 동국통감, 해동역사 등 17종 고전 간행
3) 국어 연구: 국문연구소(1907) – 주시경, 국어 문법 저술, '한글' 용어 탄생

3 문화와 종교

1) 신소설(1905~1910)
   ① 대표 작품: 혈의누(이인직), 자유종(이해조), 금수회의록(안국선)
   ② 특징: 언문일치 문장 사용, 근대 문물 소개 → 일본 침략 합리화 경향
2) 신극 운동: 원각사(1908) – **은세계, 치악산 공연**
3) 종교

천주교	'조프수호통상조약'으로 선교의 자유, 애국계몽운동
개신교	서양 의술 및 근대식 학교, 조선 기독교청년회(YMCA) 창립
천도교	동학 계승, **손병희**(3대 교조), 만세보 발간
유교	**박은식**(유교 구신론) → 유교 개혁 주창(**양명학** 강조)
불교	한용운(조선 불교 유신론) → 불교 자주성 회복
대종교	**나철–오기호** 창시, 단군 신앙, 만주(중광단 → 북로군정서) 무장투쟁

★ 제41조 ★
식민지 교육 정책 + 식민사관

1 식민지 교육 정책

1910년대 1차 교육령(1911)	교사 제복 + 칼 차고 수업, **보통학교 수업 단축**(4년)
	중등 교육 기회 제한, 실업 교육 등 기술 교육에 치중, 대학 교육 불허
	학제 변경: 소학교 → 보통학교, 고등보통(중학) + 전문·실업학교, 3면 1교 정책
사립학교 규칙(1911)	– 사립학교 규제 및 통제, **서당 규칙**(1918) – 개량서당(근대식 교육) 탄압

1920년대 2차 교육령(1922)	**보통 교육 수업 연장(4년 → 6년)**, 학교 수 증대(1면 1교 주의) 한국어 필수화, 대학 설립 가능
1930년대 3차 교육령(1938)	황국 신민화 교육, **조선어 수의(선택) 과목** 학제 변경: 보통학교 → '심상'소학교, 고등보통학교 → 중학교
1941. **국민학교령**(→ 1996)	
1940년대 4차 교육령(1943)	**조선어·조선사 교육 금지**, 전시 동원 체제 의무교육제 준비(의무교육은 해방 후 시행), 교육 기간 축소(4년)

2️⃣ 식민사관: 조선사편수회 '조선사' 서술(편년체), 청구학회

정체성론	일본은 서구와 동일한 역사 발전 이룸, 조선은 10세기 말 고대 일본 수준 **봉건사회 결여론**, 사회·경제적 내적 발전 없이 단순하게 왕실 변동에 그침
타율성론	한국사의 출발은 중국 이주자들의 식민 정권, 기자·위만 조선 강조
당파성론	조선은 스스로의 정쟁으로 나라가 붕괴
일선동조론	일본은 부강한 본가, 조선은 빈약한 분가

★ 제42조 ★
역사학, 문화와 종교

1️⃣ 역사학

1) 민족주의 사학: 정신주의 사관, 문일평, 관념적 역사관
   ① **박은식**: 민족정신을 '혼'으로 파악, **근대사 연구** – 한국통사, 한국 독립운동 지혈사
   ② **신채호**: 고대사 분야 연구 '**조선 상고사**', 역사를 '**아와 비아의 투쟁**'으로 규정, 낭가사상
   ③ 조선학 운동: 실학에서 주체성 찾으려 함, 정인보 '얼', 문일평 '조선심'
2) 사회 경제 사학: 백남운(조선사회경제사): 식민사학의 정체성론 비판, 민족주의 역사학의 관념적 특수성 비판
   세계사의 보편적인 법칙이 한국사에도 적용됨을 강조, 유물사관(사적유물론) 주창
3) 진단학회(1934): 이병도 등, 청구 학회와 대항, 진단 학보 발행, **실증사관**, '사관'이 결여되었다는 비판

2️⃣ 한글 연구

1) 조선어연구회: 이윤재, 최현배 등, 잡지 '한글' 발간, '가갸날' 제정(한글날)
2) **조선어학회**: 한글 맞춤법 통일안, 표준어, 외래어 표기법 통일안 제정
   '우리말 큰사전' 편찬 시도(→ 한글학회 1957. 큰사전 편찬 → 1991. 우리말 큰사전 편찬)
   한글 교재 편찬, 조선어학회 사건(1942)으로 해체 – 치안유지법으로 탄압

3 ▌ 문학

1) 1910년대: 2인 문단 시대(이광수: '무정', 계몽기 신문학, 장편소설, 최남선: 신체시)
2) 1920년대
    ① 초반: 낭만주의(김동인 '창조', 염상섭 '백조', '폐허' 등 동인지 간행, 퇴폐주의 문학)
    ② 중반: 조선 프롤레타리아 예술동맹 '카프(KAPF)' 결성, 저항 문학, 현실주의 문학 활동
    ③ 후반: 이상화·한용운·김소월. 문학성 + 현실성을 포괄
3) 1930년대(중일전쟁 이후): 항일문학 활동 전면 금지, 이광수·최남선 친일화, 윤동주·이육사 활동

4 ▌ 예술

1) 연극: 토월회(1923, 일본에서 결성) → **극예술연구회(1930년대)**
2) 영화: **아리랑(1926) – 나운규**

★ 제43조 ★
8·15 광복과 미군정

---

1 ▌ 국제회의

국제회의	시기	참가국	내용
카이로 선언	1943	미·영·중(장제스)	적당한 절차를 거쳐 한국 독립
얄타 회담	1945	미·영·소(스탈린)	소련군의 대일전 참전 결정
포츠담 회담	1945	미·영·소	카이로 회담 결정 확인, 미·영·중·소 4개국 신탁 통치 (최대 50년)

2 ▌ 미군정

1) **일반명령 1호**: 38도선 분할에 대한 최초의 공식 기록
2) 맥아더 포고령: 미군정이 유일한 정부, 스스로 '점령군'이라고 인식, 친일 부역자 유지, 한민당 인사 중용
3) 군정: 군정 사령관 '하지' 중장, 우익 지원 – 과도 입법 의원(민정장관 안재홍), **좌우합작위원회 지원**

3 ▌ 건국준비위원회

1) 수립: 건국동맹(1944) 확대 결성 – 조선 총독부와 협상, **치안대 조직**, 진보적 민주주의 통일 기관 표방
2) 활동: 좌우합작 – 여운형(좌파)·안재홍(우파) 연합, 송진우(우파) 반발(임시정부 추대론)
3) 인민공화국 선포: 안재홍 탈퇴, 좌익 득세 → 미군정에 대응해서 공화국 선포(주석 이승만), 미군 정 불인정

4 ▮ 정치 세력의 대립

한국독립당(한독당)	우익	김구	임정 세력 대표
독립촉성중앙협의회(독촉)	우익	이승만	한민당과 관계 유지
한국민주당(한민당)	우익	송진우	미 군정청과 긴밀 관계

★ 제44조 ★
반탁운동 → 좌우합작운동 → 남북협상 → 정부 수립

---

1 ▮ 1945~1947: 모스크바 3상회의 → 미소공동위원회

회의결과: (1) **임시 민주주의 정부 수립**, (2) 미소공동위원회 설치, (3) **신탁통치 실시(최고 5년)** 등

↓

좌우익의 격렬한 이념 대립		
우익: 김구 주도, 김규식·이승만·한민당 참여	vs	좌익: 박헌영, 조선공산당 계열
'신탁 = 식민', 카이로–포츠담 회담 물거품 주장		코민테른 지시, 임시정부 수립에 초점

1차 미소공동위원회(1946.3): 참여 단체를 두고 대립 – 소련은 반탁 단체 제외, 미국은 모든 단체 참여 주장

↓ 결렬

이승만 정읍 발언(1946.6): 국내 지도자의 '단독정부' 수립 최초 발언, 한민당 지지

↓ 대응

좌우합작운동: **김규식(우익)·여운형(좌익) 좌우합작위원회(1946.7) 구성, 미군정 지원**
좌우합작 7원칙 발표(1946): 미소공동위원회 속개, 토지개혁(유조건 몰수, 체감 매상), 친일파 처리 등

↓

2차 미소공동위원회(1947): 자국에 우호적인 정부 수립 추구 → 실패 → 1947년(**트루먼 독트린**) 냉전 격화

2 ▮ 1948년: 5·10총선거 vs 남북협상, 제주4·3사건

1) 한국 문제의 UN 상정: 유엔 총회 – 남북한 총선거 결의 및 유엔 한국 임시위원단 파견 → 소련
   의 반대로 북한 입국 실패 → UN 소총회에서 가능 지역(남한)에서 투표 결의

2) 남북협상: 김구(한국독립당), 김규식(민족자주연맹)
  ① 진행: 북한에 '남북 정치 지도자 회담' 제안 → '남북 제정당, 사회단체 대표자 회의'에 초청
    → 남북 지도자 회의(김구·김규식 vs 김일성·김두봉) → 성과 없음
3) 제주4·3사건: 좌익 중심의 무장 폭동, 서북청년단 등의 과잉 진압, 6년간 지속, 5·10총선거 진
  행 불가
4) 5·10총선거와 정부 수립
  ① 5·10총선거: 김구(한독당), 김규식(중도파), 공산당 선거 불참, **제헌의회(단원제) 구성 – 임기
    2년**
  ② 8·15 정부수립: **대통령 이승만(국회 간접선거)**, 부통령 이시영 → UN에 유일한 합법 정부로
    승인
5) 여수·순천 10·19사건: 제주4·3사건 진압 명령 → 군대 내 좌익 세력의 반란 → 숙군 작업

3　　1949년: 반민특위(실패), 농지개혁(성공)

1) **반민족행위처벌법**(1948.8 → 1949년부터 본격 체포): 제헌의회가 제헌헌법 통해 소급법 제정 규정
  ① **반민특위**: 이광수, 최남선, 최린(민족 대표 33인, 천도교), 박흥식(화신산업 사장), 노덕술(친일 경찰)
    등 구속
  ② 반발: 남로당 국회 프락치 사건, 반민특위 습격 사건, 이승만 특별 담화 → 전원 무죄 석방
2) 농지개혁법(1949): 6.25 시행 직전 1차 완료, 해방 후에도 진행, 지주제 철폐
  ① 배경: 식민지 지주제의 모순 시정 요구, 북한의 토지개혁(5정보 이상 토지, 무상 몰수, 무상 분배)
  ② 실시: 3정보 이상 농지 **유상 매입, 유상 분배** → 지주에게 '지가증권', 농민은 '1.5배 5년
    분할 상환'
3) 귀속재산처리법(1949 → 1958년까지 매각): 미군정 **'신한공사'** 설립, 일본인 재산 동결, 연고자 매
  각 → 자본주의 경제 세력 대두 ≠ 지주(지주는 농지개혁 통해 소멸)

★ 제45조 ★
한국전쟁
(1950~1953: 애치슨 선언 → 낙동강 → 압록강 → 흥남 → 1·4후퇴 → 반공 포로 석방)

1　　배경

1) 외국군 철수(남한은 미군 군사고문단만 존재), 조선의용군(화북독립동맹)이 북한 인민군에 편입
2) **애치슨 선언**: 미국 방위선(알류산 열도–일본–오키나와–필리핀), 남한과 대만 제외

2　　전개

남침, 낙동강 전선(임시 수도 부산) → 유엔군의 인천상륙작전(북한군 패퇴) → 압록강 유역 진격
→ 중국군(중공군) 참전 → 흥남(원산 일대) **철수** → 1·4후퇴(서울 재함락) → 평택, 오산 지방까지 후퇴
→ 국군과 유엔군의 총공세로 서울 재수복 → 38도선 근처에서 교착 상태

3 **휴전**

1) 휴전회담: 소련이 UN에 제안, 개성에서 회담, 이승만 반대(거제 포로수용소 등에서 **반공포로 석방 사건**)
2) 휴전협정(UN, 중국, 북한) → 한미상호방위조약(미군의 한국 주둔, 장기간 경제 원조)

★ 제46조 ★
이승만 정권
(제1공화국)

1 **발췌개헌(1952)과 사사오입개헌(1954)**

1) 발췌개헌: **부산정치파동, 간선제에서 직선제, 양원제**
   ① 배경: 제2대 국회에 반이승만 성향의 무소속 의원(ex. 조소앙) 대거 진출
   ② 진행: 헌병대가 국회 버스 및 국회의원 연행, 백골단·땃벌떼 등의 정치 깡패 득세, 국회에서 기립 표결
2) 사사오입: **초대 대통령의 중임 제한 규정 철폐**
3) 3대 대통령선거(1956)
   ① 선거: **이승만(자유당) vs 신익희(민주당, 못 살겠다 갈아보자, 급사) vs 조봉암(무소속 돌풍)**
   ② 결과: 대통령 이승만, **부통령 장면**

2 **독재 체제 강화(1958~1959)**

1) **진보당 사건**(1958): 조봉암이 3대 대선(무소속 돌풍) 이후 창당(**혁신계**), 비미비소 사회민주주의 주장 국가보안법(제주4·3사건 때 제정)으로 '간첩'으로 몰아 사형(법살)
2) 신국가보안법 제정(1958): 반공 체제 강화
3) 경향신문 폐간(1959): 언론 탄압, 야당지 폐간 처분

3 **4·19혁명(1960)**

1) 4대 대통령 선거(3·15 부정선거): 이승만 vs 조봉암(민주당, 사망), 부통령 이기붕
2) 4·19혁명(1960)
   ① 경과: **마산의거** → 김주열 사망 → 초중고생 궐기 → **전국 교수단 궐기** → 이승만 하야, 하와이로 망명
   ② 요구: 이승만 관제 정권(관료+경찰) 비판, 부정선거와 학생 죽음 규탄, **대통령 선거 재실시 요구**
3) 허정 과도 정부: '내각제와 양원제'로 헌법 개정(제3차 개헌)

4 **제2공화국**

1) 7·29 총선(1960): 민주당 승리, 대통령 윤보선, 국무총리 장면 체제
2) 민주주의 발전: 혁신계 활동(남북 학생회담 등) but 신구파로 갈라져 파벌 정치, 국민 기대에 부응 못 함

★ 제47조 ★
박정희 정권
(군정 → 제3공화국 → 유신)

1　5·16 군사 정변

1) 배경: 감군 정책 – 군부 불만 고조, 정군 운동 실패 → 박정희 소장, 김종필 등 육사 8기생 시도
2) 군사 정부(1961~1963)
　① **국가재건최고회의**(의장 박정희): 군사혁명위원회 개칭, 초헌법적 최고 기구
　② 혁명공약: **반공을 국시로** 절망과 기아선상의 민생고 해결, 공산주의와의 대결 위한 '실력 배양' 등
　③ 정치인들 정치 활동 금지, 국회 해산 but 부정 축재자 처벌, 부랑배 소탕, 농어촌 부채 정리
　④ **제1차 경제개발 5개년 계획**(1962) → 경제개발과 반공 제일주의: 민주주의 억압
3) 민정 이양: **대통령 중심제**(중임 제한)**와 단원제로 헌법 개정**(3공화국), 민주공화당 창당

2　제3공화국: 황소식, 민족적 민주주의 표방

1) 한일협정(1965)
　① 반발: 6·3 시위(1964) – 민족적 민주주의 장례식
　② 타결: 김종필–오히라 메모 → 한·미·일 삼각 공동 안보체제 성립
　③ 문제: 개인 청구권(원폭 피해자, 사할린 동포, 위안부 문제 등) 소멸, 독도 문제, 일본 미사죄 문제 등 발생
2) 브라운 각서(1965): 베트남 파병(1965~1973) → 한국군 현대화, 베트남 특수
3) 한반도 긴장: 1·21사태(1968, 무장공비 31명이 청와대 기습), 푸에블로호(미국 첩보함) 납치
4) 3선 개헌(1969)
　① 명분: 조국 근대화 완성, '이번이 마지막' 논리
　② 신민당 대통령 후보 김대중: 영구 집권 체제 예상, 성장이 아닌 분배 경제론 주창, 45.2% 득표

3　유신 체제(제4공화국): 한국적 민주주의의 토착화

1) 배경: 닉슨 독트린(데탕트) – 냉전 완화, 미·중 수교, 민심 이반(여촌야도 현상)
2) 10·17 비상선언: 국회 해산, 정치 활동 금지
　① 유신헌법: **통일주체국민회의에서 대통령 선출**(간접선거), **유신정우회가** 국회 3분의 1 지배 **긴급조치권** 부여, 대통령 임기 4년 → 6년, 중임 제한 철폐
　② 민주화운동 탄압: 민청학련사건(2차 인혁당, 1974), 군사 통치 강화(학도호국단 조직, 민방위대 창설)
　③ 붕괴(1979): YH사건 → **김영삼 의원직 제명** → 부마항쟁 → 10·26 사태(중앙정보부장 김재규)

★ 제48조 ★
전두환 정권
(1980 5·18 → 1987 6월항쟁)

1 신군부(전두환·노태우 등 육사 11기, 정규사관학교 세대)

1) 1980년
   ① 12·12사태: 대통령(최규하)의 재가 없이 계엄사령관(정승화) 강제 연행 but '서울의 봄' 분위기 유지
   ② 5·18광주민주화운동: 군부의 전국 비상계엄 확대 + 5·17 군부 쿠데타 → 시민군과 계엄군 무장 충돌
2) 제5공화국
   ① 국가보위비상대책위원회 → 민주정의당 창당 및 제5공화국 수립(정의사회 구현, 복지사회 건설)
   ② **헌법 개정: 선거인단에 의한 대통령 간접선거, 7년 단임제**

2 1987년 6월항쟁

1) 경과: **박종철 고문치사 사건 → 4·13 호헌 조치**(헌법 개정 거부)
   → 6월항쟁(연세대 이한열 사망, 호헌 철폐, 독재 타도, 민주 헌법 쟁취)
2) 6·29 선언: 민정당 대표 노태우 발표, **대통령 직선제 개헌** 수용 → 5년 단임제로 헌법 개정

3 1987년 이후

1) 노태우 정부(1988~1993)
   ① 선거: 민정당 노태우 vs 통일민주당 김영삼 vs 평화민주당 김대중 vs 신민주공화당 김종필
   ② **여소야대 국회**: 13대 국회의원 선거에서 민정당 패배 → **5공 청문회, 3당 합당** 통해 거대 여당 창당
   ③ **북방 외교**: 소련(1990), 중국(1992)과 수교
2) 김영삼 정부: **문민정부**, 금융실명제, 공직자 재산 등록, 지방자치제 전면 실시, OECD 가입
   역사 바로 세우기(총독부 건물 철거, 전두환·노태우 재판), **집권 말 외환위기 – IMF 구제 금융**
3) 김대중 정부: 최초 평화적 정권 교체, **대북 포용 정책**(햇볕정책)

★ 제49조 ★
통일 정책

1 ▨ 북한의 역사

1) 김일성 1인 체제: 주체사상 성립(1967) → 사회주의 헌법 공포(1972): 국가 주석제 도입 → 사망 (1994)
2) 북한 경제 정책
    ① 1950년대: 협동 농장제, 천리마 운동(중공업 우선 정책)
    ② 개방 정책: 합작회사경영법(합영법) 제정(1984)
3) 북한 통일 정책: 연방제(1국가 2체제)

2 ▨ 통일 정책

1) 이승만 정권: 북진 통일론
2) 장면 정권: 유엔 감시하의 남북한 총선거 주장, 선경제 후통일

3) 박정희 정권: 선건설, 후통일 – 실력 배양 강조
    ① 1971: 최초 남북적십자회담 → 최초 남북 이산가족 상봉(1985)에 영향
    ② **1972: 7·4남북공동성명 – 평화 통일 3원칙: 자주, 평화, 민족 대단결**
        → 이후락 부장과 김영주 부장을 공동 위원장으로 '남북조절위원회' 구성
    ③ 1973: 6·23 평화통일 외교정책 선언 – 남북한 동시 유엔 가입 제안

4) 노태우 정권: 북방 정책
    ① 1988: 7·7 선언 – 북방 정책 선언 → 남북 고위급 회담 추진
    ② **1991: 남북한 UN 동시 가입 → 남북 기본 합의서 → 한반도 비핵화 공동 선언(1992)**

    > • 정전 상태에서 평화 상태로 전환하기까지 정전 협정 준수, 판문점 남북 연락소 설치 및 운영
    > • 무력 불사용 및 불가침, 군사 분계선의 불가침 경계선화
    > • 자원 공동 개발과 물자교류, 자유로운 왕래와 접촉, 각종 시설 설치

5) 김영삼 정권: 1차 핵위기
    ① 1994: 북한 NPT(핵확산조약) 탈퇴 → 제네바 합의
    ② 1996: KEDO(한반도에너지개발기구) 설립, 경수로 건설 사업 추진

6) 김대중 정권
    ① 1998: 금강산 해로 관광(현대그룹 정주영 회장 추진)

② 2000: 6·15 공동 선언 – 최초의 남북 정상 회담, 비행기 타고 평양에 가서 김정일 만남

- 남과 북 통일 문제는 자주적으로 해결
- 남측의 연합제안과 북측의 낮은 단계 연방제안에 공통성이 있다고 판단, 통일 지향
- **금강산 육로 관광, 개성공단, 경의선 복구, 이산가족 수차례 상봉**(정기 면회소는 설치 실패)

★ 제50조 ★
대한민국 경제와 사회의 변화

---

1 경제 발전

1) 이승만 정권: 농산물 및 소비재 원조 → 삼백(제분, 제당, 섬유 공업) 산업 발달, 경제개발계획 수립
2) 장면 정권: 경제개발 5개년 계획 마련 – 5·16 군사 정변으로 중단
3) 박정희 정권: **외자(차관)경제** → 경제 규모는 커졌으나 무역 적자 구조 지속
   ① 1960년대: 경공업, 서독에 광부와 간호사 파견, 베트남 특수
   ② 1970년대: 포항제철 준공(1968), 경부고속국도 개통(1970), 중화학공업, 중동 진출
   ③ **오일쇼크: 1차(1973~1974) → 2차(1978~1980)**
4) 전두환 정부: 3저 현상(저금리, 저유가, 저달러)과 플라자 합의로 호황 → 무역 구조 개선
5) 김영삼 정부(1990년대)
   ① 대외 시장 개방: 1993년 우루과이 라운드 타결, 쌀 시장 개방 → WTO 발효, 세계화 → IMF 이후 전면 개방
   ② 외환위기(1997년 말~): IMF, IBRD, ADB 등 지원(IMF 관리체제)
      → 고금리 정책, 구조조정, 금융 및 기업 사업 통폐합, **금 모으기 운동** → 2001년 조기 졸업 (김대중 정권)

2 농촌과 사회

1) 새마을운동(1970)
   ① 농촌운동: **시멘트 무상** 공급 → 농촌 초가집이 사라지고 도로 부설 → 외형 변화, **소득 배가 운동** 진행
   ② 도시와 공장으로 확산: 의식 개혁 운동(근면, 자조, 협동)
2) 노동운동
   ① 노동운동 탄압: 전태일 분신 사건(1970) → YH무역 사건(1979)
   ② 운동 활성화: 6월항쟁(1987) 이후 노동조합 결성 확산
   ③ 민주노총(1995) 결성, 노사정위원회 구성(1998) 등으로 발전

단박에 한국사 족보

지은이 심용환   **펴낸곳** 북플랫

출판등록 제2023-000231호(2023년 9월 12일)   **주소** 서울시 마포구 토정로 222 306호   **이메일** bookflat23@gmail.com

* 비매품 *

고조선부터 현대까지
한국사 시험 완벽 대비

<단박에 한국사 족보>
비매품